suhrkamp taschenbuch 2859

Als im November 1919 Sylvia Beach ihren Buchladen *Shakespeare & Company* in der Rue de l'Odéon eröffnete, gab es in »Odénia« bereits seit fünf Jahren einen literarischen Treffpunkt: das *Maison des Amis des Livres*, dessen Besitzerin die Buchhändlerin und Verlegerin Adrienne Monnier war.

Adrienne Monnier war aber auch Schriftstellerin. Mit den *Aufzeichnungen aus der Rue de l'Odéon* nehmen wir teil an ihrer Reise durch die Welt der Literatur. Mit ihren Erinnerungen an Walter Benjamin, Sylvia Beach, Bryher, Colette, Hemingway, Saint-Exupéry, Gisèle Freund und anderen lernen wir sie als große Porträtistin kennen. Ihre Betrachtungen zum Beruf der Buchhändlerin und ihr Rückblick auf die »ersten Freunde des Hauses« sind selbst Literaturgeschichte und zeigen, wie spannend der Literaturbetrieb sein kann.

Adrienne Monnier wurde am 26. April 1892 in Paris geboren. Am 15. November 1915 eröffnete sie ihren Buchladen in der Rue de l'Odéon. Bis 1951 war er Treffpunkt der literarischen Avantgarde. Unheilbar erkrankt, setzte sie ihrem Leben am 19. Juni 1955 ein Ende.

Adrienne Monnier
Aufzeichnungen aus der Rue de l'Odéon

Schriften 1917-1953

Aus dem Französischen von
Nicolaus Bornhorn
Herausgegeben und
mit einem Nachwort versehen von
Carl H. Buchner

Suhrkamp

Umschlagabbildung:
Adrienne Monnier. Gemälde von Paul-Emile Bécat, 1921.
Princeton University Library.

suhrkamp taschenbuch 2859
Erste Auflage 1998

Lizenzausgabe mit freundlicher Genehmigung
des Insel Verlags Frankfurt am Main und Leipzig
Suhrkamp Taschenbuch Verlag

Druck: Nomos Verlagsgesellschaft, Baden-Baden
Printed in Germany
Umschlag nach Entwürfen von
Willy Fleckhaus und Rolf Staudt

1 2 3 4 5 6 – 03 02 01 00 99 98

Inhalt

ERSTER TEIL

La Rue de l'Odéon:
Rendezvous am Carrefour der Gedanken

ZWEITER TEIL

Die Freundin des Buches

DRITTER TEIL
Anhang

ERSTER TEIL

La Rue de l'Odéon: Rendezvous am Carrefour der Gedanken

An der Türschwelle des 20. Jahrhunderts

DIE GRÜNDUNG DES LADENS

Erneut ist Krieg.

Ich bin Buchhändlerin geworden im Verlauf jenes anderen Krieges, im November 1915. Offen gestanden war die schreckliche Göttin mir wohl gesinnt. Auch das Eisenbahnunglück vom November 1913, bei dem mein Vater beinahe umgekommen wäre, wendete sich zu meinen Gunsten, brachte es ihm doch jene Abfindung ein, die er mir später zur Geschäftsgründung überließ.

Oft muß ich an den Spruch Heraklits denken: »... alles entsteht durch Zwietracht und Not.« Ein Spruch, der mir wie die Maske eines Tragödienspielers erscheint, mit quadratisch aufgerissenem Maul, jederzeit bereit, zum Schrei anzusetzen, eine Klage oder einen Vorwurf vorzubringen.

Bei seiner Ankunft zerreißt das Kind das mütterliche Fleisch, und die Schreie der Mutter zerreißen des Vaters Herz. Opfer über Opfer werden zum Wohle des Kindes auferlegt und geduldig ertragen. Und doch gereicht auch ihm das Leben nicht zum Glück. Das goldene Zeitalter ist ein Mythos – man muß zahnen, und das ist erst der Anfang. Doch Menschen und Dinge beugen sich zu den Maßen des Kindes hinab und lächeln ihm zu.

So kam es, weil der Krieg herrschte, zu Umwälzungen, die meinen Plänen zugute kamen. Meine Eltern begingen die weise Torheit, mir das wenige Geld anzuvertrauen, das sie besaßen, das sie je besessen haben. Da Krieg herrschte, gab es in dem vornehmen Universitätsviertel, dem mein Sehnen galt, Boutiquen zu erschwinglichen Preisen. Die Konkurrenz konnte mich nicht ersticken, waren doch die meisten Buchhändler zu den Waffen gerufen. Da das Leben verlangsamt ablief, mangelte es mir nicht an Zeit, ein Metier zu erlernen, dessen Praxis mir gänzlich unbekannt war. Ich liebte ganz einfach Bücher, und der Beruf der Buchhändlerin würde es mir ermöglichen, ganze Wände damit zu bedecken; ich würde in den Ozean des Wissens hinabtauchen. Aber ach! der Schein trog, und die Dinge erwiesen sich als weitaus schwieriger als gedacht. Meiner Unerfahrenheit wegen kam es zu vielen Kämpfen und Prüfungen. Hätte ich jedoch die Gefahren vorhersehen können, wohl nie hätte ich mich eingelassen auf dieses Abenteuer. Es kommt alles, wie es kommen soll.

Denke ich an jene Jahre zwischen 1915 und 1918 zurück – und wie könnte ich zum jetzigen Zeitpunkt nicht daran denken? –, erstehen wahre Kindheitsjahre vor meinen Augen.

Viele glauben, daß ich zur Zeit der Geschäftsgründung schon eine Gruppe von Freunden um mich gesammelt hatte, eine Gruppe, die mich gedrängt hätte, bestimmte Richtungen anderen vorzuziehen, die – um nur ein Beispiel zu nennen – aus meinem Hause eine der Nouvelle Revue Française angegliederte Kapelle gemacht hätte. Diese Art Anschuldigungen habe ich oft zu hören bekommen (bei manchen klang es gar wie eine Anklage). Die Wahrheit sieht freilich ganz anders aus. Als ich mich in der Rue de l'Odéon niederließ, war ich eine Unbekannte. Der gemietete Laden stand leer; vor mir hatten dort Antiquitätenhändler normannische Schränke verkauft. Für mich waren gerade drei Jahre in den Annalen zu Ende gegangen, wo ich der vortrefflichen Madame Brisson als Sekretärin zur Seite stand; dennoch hatte ich an diesem so einflußreichen Ort der Rive Droite keinerlei Beziehungen knüpfen können, zumindest keine Beziehungen, die ich hätte aufrechterhalten wollen. Die von mir geschätzten Autoren verkehrten dort nicht, noch nicht: denn früher oder später laufen ja alle Fäden zusammen. Meine Vorlieben und Vorstellungen hatten sich so in aller Unabhängigkeit entwickeln können; die Umgebung hatte keinen Einfluß darauf gehabt.

Die Rive Gauche lockte mich, und bis heute hat dieser Lockruf nichts von seiner Kraft eingebüßt. Ich kann mir nicht vorstellen, sie jemals zu verlassen, genausowenig wie ein Organ den ihm zugewiesenen Platz im Leib aufgeben kann.

Nun, da ich zu den Bewohnern der Rue de l'Odéon gehörte, führten mich meine ersten Schritte zum Mercure de France und zur Nouvelle Revue Française; jedoch nicht in ihre Salons, sondern in ihre Verkaufsabteilungen. Ich machte den dortigen Buchhaltern erste Aufwartungen: beim Mercure war es Monsieur Blaizot, bei der Nouvelle Revue Française Monsieur Gorce. Sankt Petrus als Wächter an der Paradiesespforte hätte mir nicht mehr Respekt einflößen können als diese beiden ehrwürdigen Herren. Wie oft muß ich für sie Grund zur Belustigung abgegeben haben, war ich doch jedesmal, wenn ich sie in ihren Büros aufsuchte, um Bestellungen aufzugeben, völlig aus dem Häuschen.

Als ich mich als Buchhändlerin niederließ, bestand mein Hauptgedanke keineswegs darin, das Wohlgefallen der Autoren zu erringen; um ihre Bücher ging es mir, für die sie ihr und damit unser aller Bestes gaben. Ich strebte das Reich Gottes an; der Rest war Zugabe.

Und diese Zugabe stellte sich sogleich im Überflusse ein. Auch zählte sie nicht zu den geringsten Gaben, handelte es sich doch um die Freundschaft der Autoren; Beziehungen, welche in der feinen bürgerlichen Gesellschaft gesucht und in hohem Maße geschätzt werden, gilt doch jede von ihnen als schmückender Orden.

Wie viele Mädchen, wie viele Frauen haben mich beneidet, haben sich ein Schicksal wie das meine erträumt! Einige von ihnen haben gleich mir versucht, einen Laden zu eröffnen. Nach kurzer Zeit schon waren die meisten entmutigt. Sie hatten erfahren, daß es nicht bloß darum ging, Salon zu halten, sondern daß viel Arbeit, eine Unzahl lästiger, bisweilen ausgesprochen materieller Aufgaben dazugehörte. Aufräumarbeiten, Pakete, Abrechnungen... Beständig schlagen Staub und Papierwust über einem zusammen.

An all das muß man sich gewöhnen, denn dieser Beruf bringt nicht genug ein, als daß man sich viele Hilfskräfte leisten könnte, und es heißt nicht von ungefähr: Selbst ist der Mann (die Frau).[1] Hat man sich im übrigen erst einmal daran gewöhnt, leidet man auch nicht mehr darunter, sondern erträgt die Last mit einer gewissen Genugtuung, als eine Art Buße, welche alle Vorteile der von ganzem Herzen angenommenen Buße mit sich bringt.

Ein strenges Ordnen erteilt bessere Lehren als die meisten weisen Bücher; kleine Probleme erhellen die großen. Man versteht das Streben nach Lebensraum: das große Drama einer Buchhändlerin ist der Platzmangel. In jedem Jahr kommen zu den schon vorhandenen Büchern neue hinzu, in jedem Jahr muß man eine zusätzliche Ecke finden, in der sich noch ein Regal unterbringen läßt. Und die Erkenntnis stellt sich ein, daß, erhielte man auch die ganze Welt, es immer noch des Platzes ermangeln würde. Der Lebensraum... noch ein Mythos! Solange es nicht an Geist mangelt, solange dieser wachsam bleibt, wird es auch an Platz nicht mangeln. Den Quantitäten gelingt es fast nie, und wenn, dann nur für kurze Zeit, jene den Qualitäten geweihten Orte zu dominieren; Orte, an denen Kämpfe fast ausschließlich geistig ausgetragen werden, an denen der Mensch nur jenen Dingen Raum und Substanz verleiht, welche es auch verdienen; wo Entscheidungen ohne Selbstgefälligkeit getroffen werden, ist diese doch Quelle schlimmster Verwirrungen.

Obengesagtes bezieht sich natürlich nur auf Buchhandlungen.

Es gibt im Beruf der Buchhändlerin Entschädigungen, welche die lästigen Aufgaben aufwiegen: die glanzvollen Besuche von Autoren und aufgeklärten Amateuren. In solchen Momenten erstrahlt das Leben in all seiner Pracht; so farbenfroh sind die Gespräche dann, daß man bisweilen trunken und erregt daraus hervorgeht.

Doch gibt es nicht nur die glanzvollen Besuche, sondern ebenso das Kommen und Gehen der Kundschaft, die mehr oder minder freundlich, mehr oder minder anspruchsvoll sein kann. Unter nicht wenigen Gesichtspunkten ist der Buchhändler ein Händler wie jeder andere auch: er muß auf Abruf bereitstehen, »mit geschultertem Gewehr«. In unserem Metier besteht die Schwierigkeit darin, Großzügigkeit und Freundlichkeit – die guten Geister im Lande der Bücher – mit der Sorge um das materielle Wohlergehen zu vereinbaren, das es, will man nicht zugrunde gehen, wohl zu beachten gilt.

Gut vermag ich mich noch an die Leiden zu Anfang zu erinnern, verursacht durch mürrische oder einfach nur banale Menschen, die ein interessantes Gespräch oder eine gute Lektüre unterbrachen. Welch ein Bruch, das Buch, den Freund oder die Freundin zu verlassen! Ich spürte, wie mein Gesicht sich zur Grimasse verzog. Meine inneren Teufel stießen sich in die Seite und zwinkerten mir zu: »Worauf wartest du noch, übergib ihn doch uns!« Auf Dauer sagte ich mir dann: »Das kann so nicht weitergehen; wie die echten Ordensleute darf auch ich keine Vorlieben kennen, es sei denn unwesentliche.« Der Geist der Bücher ist ein Lächeln, das allen gilt. Ich gab mir also Mühe, jedem zuzulächeln; zuerst war es ein bemühtes und gezwungenes Lächeln, dann aber folgten große Siege auf die kleinen: mein Lächeln brachte mich zum Lächeln.

Erste Freunde des Hauses

Der erste brillante Besucher jener Zeit – wir schrieben das Ende des Jahres 1915 – war Paul Fort.

Wohl niemand hätte in den Augen einer jungen Frau, welche gerade die Annalen verlassen hatte, besser den Dichter in Person darstellen können. Er hatte langes Haar, trug einen Hut mit flacher Krempe, und seine Sprache war blumig. Er führte ein freies, augenscheinlich sorgloses Leben und war ein richtiger Bohème, ein notorischer Bohème sogar. Seiner Balladen wegen bewunderte ich ihn. *La chapelle abandonnée* (Die verlassene Kapelle) zählte und zählt auch heute noch zu jenen Gedichten, die ich über alles auf der Welt schätze. Mehr als einmal fanden wir Gefallen an dem Spruch: »Der Ochse läßt das Brüllen nicht«, eine Formel, die uns wie eine Verankerung im Leben erschien.

Paul Fort stattete uns oft Besuche ab; er bezauberte uns durch seine Einfachheit und seine gute Laune. Er lud uns ein in sein »goldenes Logis« in der Rue Gay-Lussac, wohin wir auch nach Belieben Freunde mitbringen konnten.

Da Forts Finanzen sich stets in traurigem Zustand befanden, bot er uns bald darauf einen vortrefflichen Handel an: den gesamten Lagerbestand seiner Zeitschrift *Vers et Prose.* Dies durften wir uns nicht entgehen lassen! Wie oft hatte ich die *Vers et Prose* schon durchgeblättert, welch außergewöhnliches Prestige besaßen sie in meinen Augen, und plötzlich bot man mir eine ganze Wagenladung davon an: 6676 Exemplare! Zudem begnügte er sich mit einem äußerst günstigen Preis: fünf Sous das Exemplar, also 1669 Francs für alle Hefte zusammen. Dennoch stellte dies eine große Ausgabe für uns dar, hatten wir doch all unser Geld in die Einrichtung investiert.

Zum Glück lag das Heft Nummer 4, das zu jenem Zeitpunkt als einzige Veröffentlichung die *Soirée avec Monsieur Teste* enthielt, in großer Anzahl vor. Unsere Auslage am Eingang zur Boutique – ein kleiner Kasten auf vier Beinen – blieb zwanzig Jahre lang mit diesen artischockenfarbenen Nummern angefüllt (selbst heute noch könnte ich einem möglichen Bedarf nachkommen).

In diesem Heft Nummer 4, in besagter Kiste, entdeckte der junge Aragon, der damals sein P.C.N.[2] vorbereitete, den *Monsieur Teste,* und er war es, der mir als erster davon berichtete, bevor ich überhaupt Zeit gehabt hatte, ihn zu lesen. Auch André Breton und Philippe Soupault kauften das Heft, und zwar gleich mehrere Exemplare.

André Breton war gutaussehend und von gemessener Natur. Er war bekannt mit Jean Royère und Guillaume Apollinaire. Letzterem brachte er fanatische Zuneigung entgegen, die er im übrigen deutlich kundtat.

Breton war der erste, der mir von der *Jeune Parque* (Die junge Parze) erzählte; Valéry selbst hatte sie, wenn ich mich recht erinnere, bei Royère gelesen. »Nun«, fragte ich ihn, »wie hat sie ihnen gefallen?« – »Transparent ist sie«, war die Antwort, »und ›grau‹.« Seine Art, »grau« zu sagen, konnte einen in Trance versetzen. Dieses Grau war das Gegenteil eines banalen Graus. Es war die Gesamtheit der grauen Substanz[3]: Geist, Wasser, Wolken, Stein… Es war nichts weniger als die göttliche Langeweile, welche Wunder hervorbrachte. Strände für Geisterschiffe. Unbewohnte, sich selbst überlassene Städte. Die Morgendämmerung der Ersten Tage…

Die Hüter der Schwelle

Ich habe Léon-Paul Fargue schon sehr früh, im Februar 1916, kennengelernt. Er wurde sogleich zum besten Freund des Hauses. Er kam jeden Tag vorbei; zuerst ging er hinüber zur Rue de Vaugirard, zur Rythmique seines Freundes Couvreux, um den Mädchen beim Tanzen zuzuschauen; im Anschluß daran traf er in der Rue de l'Odéon ein, wo er oft bis zum späten Abend blieb.

Alsbald erschien er mir – stärker noch als Paul Fort – als der Dichter in Person (dieses Urteil bezieht sich ausschließlich auf die Persönlichkeiten, nicht aber auf deren Werke). Paul Fort war mittleren Alters, überaus freundlich, aber in gewissem Sinne unbeweglich wie ein Bild. Fargues dagegen gehörte zur Moderne; seine Denkweise war fortschrittlicher und differenzierter. Er war zugleich ein Mann von Welt (im wahren Sinne des Wortes) und ein Kind, wie ja in jedem Dichter das Kind fortleben muß. Ich verdanke ihm viel. Für unsere kleine Gruppe war er ein wunderbarer Lehrer; er hat uns die Naivität genommen. Die Lektionen waren barocker Natur. Ganz im Stil der Zen-Meister setzte er die Wirkung des Schocks ein, anders gesagt: er setzte uns subtilen Schikanen aus. Vor unseren Augen trennte er alle Nähte des Lebens auf und zeigte uns im Anschluß daran, wie sie wieder zugenäht wurden. Über Fargue ließen sich problemlos mehrere Bände schreiben, die den entomologischen Erinnerungen Fabres ähneln würden. An dieser Stelle kann ich nur einen kleinen Strauß binden. Zumindest sollte ich aber die »potassons« erwähnen.

So wie andere Soldaten an der Front waren, waren wir »potassons« hinter den Linien.

Fargues war auf das Wort gestoßen, zu Lebzeiten Charles-Louis Philippes.[4] Ursprünglich bezeichnete es, soviel ich weiß, eine große, gutmütige Katze, behaglich und gedrungen wie ein Kessel. Ich habe andernorts schon versucht, diesen Begriff zu definieren; diese Definition kann ich an dieser Stelle nur wiederholen:

POTASSON. – *Eine Spielart der menschlichen Spezies, welche sich auszeichnet durch Freundlichkeit und Sinn für das Leben. Der potasson bewertet das Vergnügen positiv: er ist auf der Höhe der Zeit, gutmütig und hat Schneid. Wenn mehrere potassons zusammenkommen, verlaufen die Dinge zu aller Zufriedenheit, mühelos werden Mittel und Wege gefunden, man vergnügt sich, die Welt ist hell und man durchquert sie von einem Ende zum andern, von den Riesentieren der Urzeit – man war dort, man hat sie gesehen – bis hin zum Ende der Zeiten, wo alles von neuem beginnt; und dies stets gutgelaunt und mit gesegnetem Appetit.*

Diese Definition hatte ich ausgearbeitet, um auf das Wohl unserer lieben Freundin Raymonde Linossier anzustoßen, die im Jahre 1930, in der Blüte ihres Lebens, von uns gegangen war und die wir alle schmerzlich vermißten.

Raymonde gab sich mit Vorliebe den Titel der »jüngsten potasson der Welt«. Als ich sie im Jahre 1917 kennenlernte, hatte sie gerade zum Vergnügen ihrer Schwester Alice und ihres Freundes Francis Poulenc einen sonderbaren Roman von nur wenigen Seiten verfaßt: *Bibi-la-Bibiste.*

Niemand nahm die Gemeinschaft der potassons ernster und trug mehr zu ihrem Wohlergehen bei als Raymonde. Ich selbst stand dieser Gruppe eher gleichgültig oder nachsichtig gegenüber und neigte dazu, alle Antragsteller mit dem Titel eines potasson auszuzeichnen. Nicht, daß ich daran geglaubt hätte, aber ich sagte mir, Gott werde die Seinen schon erkennen und schon das Streben nach diesem Titel bezeuge eine Befähigung; zudem ziehe der Umgang mit den Guten sicherlich Bekehrungen nach sich. Raymonde war weitaus anspruchsvoller; wir beschlossen, eine Zwischenklasse einzuführen, jene der »Potassonsanwärter«; eine große Anzahl von Aspiranten fand Aufnahme in diese Klasse, und Raymonde konnte sie dann nach Belieben dort festsetzen, indem sie ihre Aufnahme immer wieder aufschob. Ich glaube, daß sie nur bei Charles de Morandière, den sie relativ schnell in den Kreis der potassons aufnahm, eine Ausnahme gemacht hat.

Echte potassons gab es nur ganz wenige. An dieser Stelle begnüge ich mich mit einer Aufzählung der ersten Mitglieder: Valery Larbaud, Charles Chanvin, Léon Pivet, Daragnès, Léon Delamarche. Zusammen bildeten sie eine Art Ministerium. Zu den weiblichen Mitgliedern zählten außer Raymonde Linossier vor allem Thérèse Bertrand-Fontaine und Jacqueline Fontaine. Sylvia Beach stellte für sich genommen schon eine Sonderklasse dar. Erik Satie sollte hier nicht vergessen werden, dessen Rolle in bezug auf Fargue jener zwischen Taschi-Lama und Dalai-Lama glich. Satie hatte ursprünglich vorgehabt, eine marche des potassons zu komponieren; als er dann seine *Pièces montées* (Baumkuchen) und gerade auch seine *Marche de Cocagne* (Schlaraffenmarsch) schuf, hat er dabei wohl an uns gedacht.

Eine letzte Eintragung werde ich der Akte der potassons noch hinzufügen, eine Notiz Valérys aus dem Jahre 1917, in welcher er uns öffentlichen Nutzen zuerkannte:

Zweifellos Donnerstag

D'autres préfèrent la prairie
Mais les plus sages vont nier
La rose dans ta librairie
O Mademoiselle Monnier.[5]

In diesem Sinne werde ich Samstag gegen zwanzig Uhr eintreffen, zum Diner in Gesellschaft vollwertiger potassons

Beglückt, einer der Ihren zu sein
Paul Valéry

Wäre ich dabei, meine Memoiren zu redigieren, gäbe es auch über Satie so manches zu berichten. Er kam sehr oft in die Rue de l'Odéon, zwei- bis dreimal die Woche. »Wissen Sie«, hat er später zu mir gesagt, »Ihr Haus erinnert mich ungemein an die Ladenstube des Père Bailly, an die Librairie de l'Art indépendant; Monsieur Claude[6] tauchte dort regelmäßig auf.«

Persönlich hatte ich den Père Bailly nie kennengelernt, ich wußte nur, daß er als erster die *Tête d'Or* (Goldhaupt) und *La Ville* herausgegeben hatte, folglich der junge Claudel dort verkehrt hatte.

Später entdeckte ich, daß er einer der ersten leidenschaftlichen Verfechter orientalischer Literatur gewesen war. Er hatte die hervorragende Übersetzung der Bhagawadgita von Burnouf verlegt. Einige Jahre lang gab er eine Zeitschrift heraus, die sich dem Studium alter Religionen, insbesondere der Mysterien, widmete. Mehr als einmal ging mir durch den Kopf, daß der Père Bailly so manchem die Augen für die Schönheiten der Weden und die Herrlichkeiten des 1880 von Pierret übersetzten Ägyptischen Totenbuches geöffnet hat. Die Literaturwissenschaft täte gut daran, diese wichtige Quelle nicht zu vernachlässigen. Ich habe da so meine eigenen Vorstellungen dazu.

War Fargue der Mann, der zweifelsohne am meisten Einfluß auf unsere nach außen gerichteten Aktivitäten hatte, so wurde doch Jules Romains zu meinem persönlichen Lehrmeister, zu meinem »Guru«, wie die Hindus sagen würden.

Ich lernte Romains etwa zur gleichen Zeit kennen wie Fargue, zu Beginn des Jahres 1916; sein Werk jedoch hatte ich schon früher entdeckt. Ich arbeitete noch bei den Annalen – wo man im übrigen nichts von Romains wissen wollte –, als ich im Jahr 1913 im *Mercure de France* auf die Erzählung *Ancien maître des hommes* stieß (die heute einen Teil des Buches *Vin blanc de la Villette* ausmacht). Diese Erzählung hatte mich erschüttert. Schon von Kindesbeinen an hatte ich für alles, was mit Religion und Okkultem zu tun hatte, eine Leidenschaft. Eine instinktive Neigung hatte mich schon vom elften Lebensjahr an die Graphologie, die Handlesekunst, und die Physiognomie studieren lassen. Das Wort »Magie« übte auf meinen Geist eine magische Macht aus.

Ich habe mich dabei, wie ich glaube, nicht allzu dumm angestellt. Ich wollte keine Magierin im Zeitlichen sein, sondern auf geistigem Gebiet. Novalis brachte ungefähr alle Neigungen meiner Kindheit zum Ausdruck.

Zu einem Zeitpunkt, da ich diese benötigte, gab mir Romains eine solidere Nahrung, eine genauere und fortschrittlichere Weltsicht zu kosten; ich war damals zweiundzwanzig.

Schlag auf Schlag las ich alles, was bis dahin von Romains erschienen war: *La Vie unanime, Mort de quelqu'un, Les Copains, Sur les quais de la Villette, Puissances de Paris, Odes et Prières, Un Etre en marche.* Ich begab mich zu Sansot und zu Messein und stöberte dort das *Manuel de déification* sowie *Le Bourg régénéré* auf. Trunkenheit und Sättigung stellten sich ein. Der Unanimismus (unanime = einstimmig, einhellig) erschien mir als großartiger, fruchtbarer und wahrhaft genialer Gedanke. Er stellte, wie mir schien, die unerschütterlichste, deutlichste Antwort dar, welche jemals auf die religiöse Frage gegeben worden war.

Es amüsiert mich, daß die jungen Menschen heutigentags die Soziologie entdecken, ein Begriff, den man noch vor wenigen Jahren in der Literatur nicht hätte benutzen können, ohne sich lächerlich zu machen.

Im 1910 erschienen *Manuel de déification* stößt man auf folgenden Satz, der mich auch heute noch in Erstaunen versetzt: »Dein höchster Gott der Gegenwart, die Großstadt könnt' es sein...«

Romains übte großen Einfluß auf meine Ideenwelt aus. Gerade in dem Augenblick, da ich mich anschickte, eine Gruppe zu gründen, stattete er mich mit äußerst nützlicher Wegzehrung aus, gab er meinem zum Quietismus neigenden Geist das Rüstzeug.

Falls Sie wissen möchten, wie ich ihn kennenlernte: nun, ich entschloß mich, ihm zu schreiben. Es muß ein 15. Dezember oder 16. Januar gewesen sein. Anstelle von Briefpapier hatte ich ein Blatt genommen und ungefähr folgendes geschrieben: »In der Rue de l'Odéon gibt es eine Buchhandlung, die Ihre Werke liebt.« (Wie man sieht, war ich weder Mann noch Frau, ich war eine Buchhandlung.)

Kurze Zeit später kam er vorbei (er trug damals noch einen Bart) und verlangte Monsieur Monnier zu sprechen. Wie erfreut war ich, daß er mein Geschlecht nicht erraten hatte!

Damals kannte ich die *Oden* auswendig und sprach sie mir fast jeden Abend tränenüberströmt vor. Im Schaufenster stellte ich das Gesamtwerk Romains aus. Dieser Vitrine wegen betrat Sylvia Beach, die später zu meiner besten Freundin wurde, den Laden. Da Sylvia die Haare kurzgeschoren trug, ließ auch ich die meinen abschneiden. Zu jener Zeit war dies ungeheuer gewagt, insbesondere für eine »Händlerin«. Christine Lalou tat es mir als eine der ersten nach. Beiläufig sei hier noch erwähnt, daß die ersten Frauen mit kurzgeschorenen Haaren Lehrerinnen waren, und zwar um das Jahr 1916 herum.

Anspruchsvolle Freunde

Ich war stolz darauf, Romains ohne Anstoß von außen entdeckt zu haben. Noch während meiner Zeit in den Annalen waren mir dort die Namen Claudel, Jammes und Péguy zu Ohren gekommen. Orte wie die Annalen begannen gerade erst, ihre Existenz zur Kenntnis zu nehmen; Madame Brisson fragte sich, welchen der drei sie zuerst bitten solle, einen Vortrag an der Universität zu halten. Sie hatte sich Photographien der drei zeigen lassen, und ihre Wahl war auf Claudel gefallen. Ich erinnere mich noch genau an das Photo, das sie in Händen hielt: Claudel, in Konsulatsuniform und mit Schnurrbart, gab sich darauf gelassen; zweifellos ein schöner und ehrenwerter Mann.

Henriette Charasson, die in jener Epoche Ratgeberin in Fragen der Ästhetik bei den Annalen war, hatte mich zu einer Aufführung des Stückes *l'Otage* (Die Geisel) mitgenommen, welches im Œuvre gegeben wurde und in dem die wundervolle Eve Francis mitspielte. Beim Verlassen des Theaters hatte ich Debussy bemerkt – damals ein Gott für mich –, der ebenfalls das Theater verließ und den Kragen seines Mantels hochschlug.

Das Stück hatte mich stark bewegt, doch muß ich zugeben, daß die enorme Präsenz der katholischen Kirche mich störte. Mit zwanzig ist man begierig auf alles, was modern ist; die »Moderne« versorgt einen mit – wie auch immer gearteten – Vitaminen, leidenschaftlich liebt man alle geistigen und formellen Neuerungen und strebt mit allen verfügbaren Kräften der Zukunft entgegen. Jede Anspielung auf die Vergangenheit erinnert ans Elternhaus, von dem man sich doch lösen möchte. Claudel ist kein Autor für die Jugend, es sei denn, sie ist katholisch und mystisch wie er.

Liebt man jedoch die Poesie, so gerät man eines Tages in seinen Bann, und dann läßt er einen nicht mehr los.

Der erste starke Eindruck, den Claudel bei mir hinterließ, entstammt einem Winternachmittag des Jahres 1915, als ich *Tête d'Or* las. Nach der ersten Lektüre hatte ich so gut wie nichts verstanden: vage, bisweilen betörende, in Nebel getauchte Formen. Ich beschloß, das Werk ein zweites Mal zu lesen. Am Ende brach ich, ohne ersichtlichen Grund, in Schluchzen aus.

Von jenem Augenblick an habe ich Claudel verstanden oder besser gesagt: be-griffen. Ich sah, daß es nichts zu verstehen gab: ist man dieser Welt gegenüber nicht offen, findet man keinen Zugang zu ihr, und die Art und Weise, sie zu betreten, besteht gerade darin, nicht zu denken und sich ganz seinen Empfindungen hinzugeben.

Die Poesie Claudels ist in hohem Maße magnetisch; keine andere versetzt so sehr in Trance, in Verzückung. Sie entspricht ihrem Wesen nach den Vorstellungen, die man sich vom Genie macht; sie gewährt Zutritt zum Leben der Seele. Die Dramen, die zum *Arbre* gehören, ähneln den Eleusinischen Mysterien.

Diese wenigen Erinnerungen können den unerschöpflichen Claudel nur umreißen. Erwähnt sei hier noch, daß es mir vergönnt war, ihn 1919, am Ende des Krieges, kennenzulernen, als er aus Rio de Janeiro zurückkehrte.

Im Dezember 1916 schrieb ich zum ersten Mal an André Gide; ich bat ihn, uns ein Exemplar der *Nourritures terrestres* zum Geschenk zu machen, nicht mir persönlich, sondern meiner Leihbibliothek. May Raynaud hatte mir ihr Exemplar geliehen, und natürlich war ich begeistert gewesen. Hier Gides Antwort:

Madame oder Mademoiselle

Ihr erlesener Brief geht mir nahe, und ich empfinde wahre Trauer darüber, Ihnen das gewünschte Buch nicht unverzüglich zusenden zu können. Selbst wenn ich mich in Paris befände, könnte ich Ihnen nicht weiterhelfen: nachdem die Nourritures terrestres *auf nicht auffindbare Leser gewartet haben, sind sie nun ihrerseits unauffindbar geworden, und ich habe, im Hinblick auf eine Neuauflage, dem Drucker das letzte mir verbliebene Exemplar übergeben. Schon vor einigen Monaten hätte ich die Fahnen in Händen halten sollen – aber wir befinden uns in Kriegszeiten.*

Sind auch der Prométhée mal enchaîné *und die* Voyage d'Urien *vergriffen? Das versetzt mich in Erstaunen.*

Ihr Brief hat mir ein wenig Trost gebracht, in einer Stunde, da ich ihn bitter nötig hatte.

Ich danke Ihnen von ganzem Herzen

ANDRÉ GIDE

Ja, die *Nourritures*, der *Prometheus* und auch *Urian* waren, zu meinem Verdruß, vergriffen. Man fand sie zwar bei Camille Bloch, der gerade, hinkend und taub, aus dem Krieg zurückgekehrt war, doch verkaufte er sie, zu Recht, zu hohen Preisen. Und es erwies sich als teuflisch schwer, die *Cahiers d'André Walter* aufzutreiben, für die man mehrere Hundert Francs verlangte. Paul Léautaud, der mir oft beim Mercure über den Weg lief, wenn ich dort Nachlieferungen bestellte, erzählte mir, daß einer der hausinternen Scherze darin bestand, die Besucher auf das Fach mit Gides Werken hinzuweisen mit den Worten: »Wollen Sie nicht ein wenig Nahrung mitnehmen? Sonst verdirbt sie noch.«

Als ich besagtem Léautaud gegenüber meiner Bewunderung für Claudel Ausdruck gab, sagte er nur: »Um Himmels willen, lassen Sie mich mit dem in Ruhe, der bringt uns nur die Pfaffen ins Haus!«

Léautaud hatte sein Büro beim Mercure in eine Brotkammer verwandelt; man konnte dort keinen Fuß vor den andern setzen, war doch der gesamte Boden mit Zeitungsblättern bedeckt, auf denen eine Vielfalt von Brotkrusten zum Trocknen auslag. Den ganzen Krieg über sammelte Léautaud Brot für seine Hunde und Katzen, die eine große Hausgemeinschaft bildeten. Auch ich habe ihm mehrmals ein volles Netz mitgebracht. Abends dann hob sich seine Silhouette vor dem Gitter des Jardin de Luxembourg ab, wenn er, gebeugt unter der Last seines Brotsackes, in seinen Vorort aufbrach.

Léautaud war es auch, der eines Tages in Begleitung Apollinaires vor meiner Buchhandlung auftauchte. Apollinaire war mit einer schweren Kopfverletzung von der Front zurückgekehrt. Ich hatte ihn noch nie gesehen, aber wie oft hatte Breton mir schon von ihm erzählt! Im Innern des Ladens sagte jemand zu mir: »Das ist Apollinaire.« Ich betrachtete aufmerksam diesen beleibten Uniformierten mit birnenförmigem Haupt, eine Art Père Ubu[7], gekrönt mit einem seltsamen schmalen Lederriemen. Die beiden Männer blieben eine Zeitlang vor dem Schaufenster stehen, deuteten mit dem Finger auf verschiedene Bücher, verzogen das Gesicht zu einer Grimasse und gingen ihres Weges. Drei Minuten später öffnete sich plötzlich die Tür, Apollinaire betrat den Laden, und ein Wortschwall ergoß sich über mich: »Das ist aber ein starkes Stück, daß kein einziges Buch eines Kriegsteilnehmers in Ihrem Schaufenster ausliegt!« Ich ließ mich nicht aus der Fassung bringen, antwortete vielmehr mit ruhiger Stimme, daß nur ein böswilliger Zufall daran schuld sei, daß *Alcool* nicht dort stehe, daß ich den Band am Vortag verkauft und ihn nachbestellt habe. Doch würde ich das Buch nicht seiner Kriegstüchtigkeit wegen ausstellen, sondern weil er ein zutiefst bewunderter Dichter sei. Wir wurden sogleich gute Freunde.

In jener Epoche, will mir scheinen, war auch Blaise Cendrars oft bei uns zu Gast. Er genoß unser aller Sympathie. Cendrars ging ganz in seiner Zeit auf, er lebte im »tiefsten Jetzt« – ein Lyriker der Maschinen. Die Atmosphäre von Abenteuerfilmen ging von ihm aus, denn er sprach wenig und hinterließ zugleich einen starken Eindruck. Wie wohl bekannt sein dürfte, hatte er den rechten Arm im Krieg verloren (als Schweizer hatte er sich freiwillig gemeldet). Anstatt ihn zu behindern, unterstrich dieses Gebrechen noch seinen heroischen Stil; seine Unbeholfenheit entbehrte nicht der Anmut. Folgende hübsche Geschichte kursierte über ihn:

Er war mittellos aus dem Krieg zurückgekehrt und mit einem Gedicht zum Mercure gegangen. Das Gedicht wurde angenommen, woraufhin er um einen kleinen Vorschuß bat. Man gab ihm zu bedenken, daß der Mercure für Gedichte nie Honorar zahle. »Dann bringen Sie's eben als Prosa raus, und geben mir meine hundert Sous!«

Geburt der Avantgarde

Die Versammlungen der Gruppe *Lyre et Palette* (Leier und Palette) vereinigten alle herausragenden Fauves jener Epoche: Apollinaire, Cendrars, Max Jacob, André Salmon, Pierre Reverdy und Jean Cocteau, der sich dreist unter sie mischte. In einem geräumigen Atelier der Rue Huygens lasen die Autoren zumeist aus eigenen Werken. Ich machte bereitwillig einige Schritte auf sie zu, aber es gelang mir nicht mitzutun; diese Form der Gegenwart erschien mir zu begrenzt, als altere sie vorschnell unter dem Gewicht ihrer eigenen Zaubersprüche, wie jene Pflanzen, welche die Fakire im Handumdrehen zum Keimen, Wachsen und Verblühen bringen.

Ich erinnere mich noch genau an den Tag, als ich aus Zürich die beiden ersten Nummern der Zeitschrift *Dada* erhielt; ich fand sie abstoßend, um ehrlich zu sein; entschlossen, sie niemandem zu zeigen, verbannte ich sie in eine Schublade (wie man sieht, gehörte ich damals zu den »Reaktionären«, wie unser Freund Saillet sagen würde). Wenig später suchte

Jean Paulhan mich auf; er war im Begriff, den *Guerrier appliqué* zu veröffentlichen, und fragte mich, ob ich *Dada* vorrätig hätte. »Ich will sie Ihnen gern ausleihen«, war meine Antwort, »vorausgesetzt, Sie trennen die Seiten nicht auf. Sobald die Rechnung kommt, werde ich sie zurückgeben.«

Heute würde ich wahrscheinlich nicht mehr so handeln. Doch welche Alternativen gibt es in solchem Falle? Sollte man das, was man liebt, ebenso behandeln wie das Ungeliebte, das, was einem gut erscheint, ebenso wie das als schlecht Erachtete? Man kann sich irren, ohne Frage, aber am besten ist es wohl noch, seinem Empfinden zu folgen, insbesondere wenn dieses Empfinden ausreichend bedacht, d. h. ausreichend lange mit dem Einblick in ewige Formen konfrontiert worden ist. (Ich muß hinzufügen, daß ich Tzara in der Folge als bedeutende Persönlichkeit und als Dichter – der er zweifelsohne ist – schätzen lernte.)

Die von Madame Lara und ihrem Gatten veranstalteten Versammlungen der Gruppe *Art et Action* waren nicht weniger avantgardistisch als jene der Gruppe *Lyre et Palette;* sie waren jedoch weitaus naiver (im Sinne von ursprünglich).

Auf einer dieser Versammlungen wurde Francis Poulencs *Rhapsodie nègre* uraufgeführt. Ebenso erinnere ich mich noch an die eindrucksvolle Aufführung des Stückes *Dit des jeux du monde* (Das Stück von den Spielen der Welt) von Paul Méral. Die Schauspieler trugen Perücken und Masken aus Wolle nach der Art Nénettes oder Rintintins.[8] Sprechchöre deklamierten auf höchst emphatische Weise einen eher faden Schwulst. Das hatte weder Hand noch Fuß, oder um genauer zu sein: hatte einen endlos langen Pferdefuß. Von Zeit zu Zeit ragte ein trostreicher Satz aus dem Text heraus: »Die Welt wird weiterbestehen.«

Nachdem dieses monotone Gezeter etwa eine Stunde gewährt hatte, begann das zermürbte Publikum, sobald die Vortragenden eine Pause machten, in deren Art zu skandieren: »Die Welt wird weiterbestehen.«

Ich glaube, dies hat sich 1918 abgespielt, kurz vor Kriegsende.

Erwähnung verdienen hier auch zwei kleinere Zeitschriften: *Sic*, 1916 von Pierre Albert-Birot ins Leben gerufen, und *Nord-Sud*, gegründet 1917 von Pierre Reverdy.

Sic, das war das Urtümlichste vom Urtümlichen. Ich habe Monsieur und Madame Birot gut gekannt, Gino Severini hatte sie schon kurz nach Geschäftsgründung mitgebracht. Ein paradiesisches Paar; sie Gesangslehrerin, er Maler. Auch verfaßte er Untertitel zu heiteren Postkarten. Severini war ihnen über den Weg gelaufen, weil sie in demselben Haus wohnten wie er. Bald schon hatte er versucht, sie zum Futurismus zu bekehren, was sich als nicht weiter schwierig erwies. In Kürze waren sie die Zukunft (Futur) in Person und hätten jedem X-Beliebigen Vorträge darüber halten können; so auch Apollinaire, der sie zu adoptieren glaubte, und in Wirklichkeit von ihnen adoptiert wurde. Zuzeiten fiel es ihm schwer, es ihnen gleichzutun. Die Krönung dieser Geschichte war die denkwürdige Aufführung der *Mamelles de Tirésias.*

All diese »barbarischen« Manifestationen hatten etwas Rührendes an sich, und sie hatten etwas zu sagen, etwas Machtvolles und Neues, das sich nur stotternd äußern konnte. Diese Spiele waren bei weitem nicht willkürlich, der Grund der Dinge setzte sie in Gang, jener ewige, gütige Urgrund, »malempia«, der in gewissen Epochen stärker in Bewegung ist als in anderen. Die unsrige hat es uns spüren lassen!

Wir wissen alle sehr wohl, daß wir auf eine Wiedergeburt (renaissance) zusteuern. Die tiefgreifender Erneuerung unterworfenen Formen durchlaufen die Stadien der Kindheit. Diese Stadien sind, wie es scheint, mit Rimbaud, Mallarmé, Cézanne und van Gogh in Erscheinung getreten. Unanimismus, Kubismus und Futurismus waren Weiterentwicklungen; Dadaismus und Surrealismus stellten die Flegeljahre dar; welcher Vollendung sie zustreben, bleibt Gottes Geheimnis. Das Erreichen des urteilsfähigen Alters wäre jedenfalls wünschenswert.

Die Epoche des letzten Krieges war für den Geist im allgemeinen eine Zeit der »Schulpause«, der Unordnung: man gab den Worten die Freiheit. Danach die Zeit der großen Krisen, der »Kreuzworte«, wie Aragon in seinen letzten Gedichten sagte. Wann bricht die Epoche der geordneten Worte an?

Der Seher aber – ein Sänger mit verbundenen Augen – erblickt oberhalb der menschlichen Kämpfe jene der Götter, und er vernimmt ihr Gelächter!

(1940)

RAYMONDE LINOSSIER: DADA AVANT LA LETTRE

Raymonde Linossier bin ich zum ersten Mal im Oktober 1917 begegnet. Sie war damals Studentin an der Ecole de Droit, während ich das Handwerk der Buchhändlerin in meiner »eigenen« Schule erlernte. Seit zwei Jahren übte ich einen Beruf aus, von dem ich kaum mehr kannte als die Trunkenheit, die sich einstellt im Gespräch mit anderen Buchliebhabern.

Raymonde Linossier hatte eines schönen Morgens die Schwelle der Buchhandlung überschritten, aber nicht wie jene Passanten, die nur die Zeit totschlagen, sondern in freundschaftlich unbeschwerter Stimmung, wie jemand, der zu Besuch kommt. Hatte man ihr von meinem Hause berichtet? Ich glaube kaum. Später, als ich sie besser kannte, sah ich, daß sie allem und jedem mit charmantester Höflichkeit begegnete.

Sie bat mich um die Adresse eines Druckers, dem sie den Satz eines Romans anvertrauen könne. Das Wort »Roman« betonte sie mit schalkhaftem Lächeln; es handele sich um ein von den Schwestern X verfaßtes Werk mit dem Titel *Bibi-la-Bibiste.*

Während die junge, ganz in Schwarz gekleidete Frau sprach, betrachtete ich sie aufmerksam. Ihre Physiognomie war beeindruckend, Kinn und Mund ausgeprägt, die ebenfalls vollen und starken Lippen glichen einer Blume in voller Blüte. Beherrscht wurde diese heftige, fast ungebändigte untere Gesichtshälfte von Augen, in denen all der Sanftmut, all die Zurückhaltung zu lesen waren, die von der schönen weiblichen Seele erwartet werden. Sie waren, reinen Saphiren gleich, von ungetrübtem, zartestem Blau.

Trauer und Sorge haben diese schönen Augen niemals zu verschleiern vermocht, Nachsinnen und Freude aber ließen Weihrauchschwaden darüber hingleiten.

Die Stimme Raymonde Linossiers war ebenso bemerkenswert wie ihr Gesicht, eine summende, gedämpfte, zarte Stimme. Gebrechlich wie Vogelzehen klammerte sie sich an die Worte, ließ sie mit unzähligen winzigen Flügeln erzittern. Samten begann sie, um dann in zerstreuter, wenngleich aufmerksamer Schwebe zu verharren. Während ich diese Zeilen niederschreibe, glaube ich, sie noch zu vernehmen; sie webt sich in mein Ohr, ist so gegenwärtig und ungreifbar wie die Seele, deren menschlicher Ausdruck und geheimnisvolle Verästelung sie war.

Wenig später vertraute sie mir *Bibi-la-Bibiste* an, ein wahrlich außergewöhnliches Werk von außergewöhnlich geringem Umfang: fünf Kapitel, das längste bestand aus fünf Zeilen. Hier das erste Kapitel mit dem Untertitel *Enfance* (Kindheit):

Ihre Geburt glich jener der anderen Kinder
Deshalb erhielt sie den Namen Bibi-la-Bibiste
(So war beschaffen die Kindheit von Bibi-la-Bibiste)

Ich gestehe, daß ich ein wenig verwirrt war und kein eindeutiges Urteil abgeben konnte. Im übrigen schien sie auf meine Verwirrung nur gewartet zu haben: sie wurde wunschgemäß bedient.

Vermutlich brachte uns die von Monsieur und Madame Birot herausgegebene Zeitschrift *Sic* (die damals in ihrer Blüte stand) auf die Druckerei Paul Birault, die sich in der Rue Tardieu Nr. 4, in den tiefsten Tiefen von Montmartre, befand. Wir spürten, daß ein Werk wie *Bibi* eines ungewöhnlichen Druckers bedurfte, der so exzentrisch und »fauve« sein mußte wie das Buch selbst. Raymonde machte sich also eines Morgens auf den Weg und entdeckte nach mühevoller Suche besagte Druckerei. Da Monsieur Birault einberufen war, traf sie dort nur seine Gattin an, eine ungemein freundliche Person, die eigenhändig die ihr anvertrauten Arbeiten mittels einer Handpresse bewältigte. Kein literarisches oder typographisches Wagnis schreckte sie; geht meine Erinnerung nicht fehl, war sie sogar als einzige in der Lage, bestimmte Ideogramme

Apollinaires und seiner Schüler zu drucken. Besser hätte Raymonde es nicht treffen können. Die Bedingungen Madame Biraults waren mehr als redlich, und binnen kurzem lieferte sie eine elegante, gediegene Broschüre aus, die sie, gemäß dem Wunsch der Autorin, auf imitiertem Japanpapier in einer Auflage von 50 Exemplaren gedruckt hatte.

Bibi-la-Bibiste war Francis Poulenc, einem Jugendfreund, gewidmet. Dieser tauchte einige Zeit nach dem ersten Besuch Raymondes bei uns auf. Er war ohne Begleitung und trug im Arm einen riesigen Blumentopf, bestimmt für eine Verwandte, die im Viertel wohnte. Seine Allüre war ganz die eines Elefantenbabys, dem man noch nicht die Ohren langgezogen hat. Er bat darum, ihm ein bestimmtes, von Kissling illustriertes Programmheft zu besorgen, das bei der letzten Zusammenkunft von *Lyre et Palette* herangezogen worden war. Es war die Zeit, da *Art et Action*, *Lyre et Palette* und unsere eigenen bescheidenen Veranstaltungen ungefähr alle in der Hauptstadt verfügbare geistige Munition ausgaben. Die Bedeutung von Madame Lara und Monsieur Autant, die sich während der härtesten Kriegsjahre auf glanzvolle und beherzte Weise um die literarische, musikalische und künstlerische Avantgarde gekümmert haben, ist niemals ausreichend herausgestellt worden. Ihnen ist die Uraufführung der *Rhapsodie nègre* zu verdanken, und von ihnen erfuhr ich auch, daß Poulenc unter den jungen französischen Komponisten die herausragendste Begabung darstellte.

Als wir dann *Bibi-la-Bibiste* in gedruckter Form in Händen hielten, wurde sie zu einer Quelle der Erheiterung und Entspannung. Auch Ezra Pound zeigte sich sehr beeindruckt und ließ sie in seiner *Little Review* abdrucken.

Hinzugefügt sei noch, daß *Bibi* eine regelrechte Doktrin ins Leben rief: den Bibismus – doch vielleicht war es auch umgekehrt, und die Doktrin hat das Werk hervorgebracht.

Beim Bibismus handelte es sich um eine Art Dada avant la lettre. Ein ausgeprägter Sinn für das Barocke und die Kunst der Primitiven zeichnete ihn aus. Auch liebäugelte er mit jenen volkstümlichen Kunstformen, die sich in Plüschphantasien, muschelverzierten Schmuckkästchen, Überraschungspostkarten, Gemälden in Briefmarkengröße und Konstruktionen aus Flaschenkorken äußern. Ah! Raymonde Linossier war sicherlich ein Kind ihrer Zeit, aber sie war es als kühne, subtile und vor allem taktvolle Vorreiterin. Sie hat ihren Neigungen niemals unangemessene Bedeutung zugestanden, war immer die erste, die darüber lachte. Ihr Lachen kam stets von Herzen, und so manches Mal kamen ihr die Tränen dabei. Da, wo die Dadaisten das tragische Element betonten, stellt sie das zärtliche heraus. Sie hatte eine Vorliebe für Kunstformen, die noch in den Windeln liegen, jener Mutter ähnlich, die weiß, daß all dies Leben nur allzuschnell heranwächst und ernst wird und daß nichts den Spielen und dem Durcheinander der Anfänge gleichkommt.

Bedenkt man, wie sehr Raymonde das Primitive schätzte, dann ist es um so erstaunlicher, wie stark ihr kritisches Bewußtsein ausgebildet war. Sie brachte Werte nicht durcheinander und schuf auch nicht willkürlich neue; hatte sie Vorlieben, so wußte sie warum; in vielerlei Hinsicht war ihr Denken männlich. Auf den Gebieten der Literatur, Musik und Malerei war sie eine Liebhaberin ersten Ranges, ein Mitglied der Pariser Elite.

Der von ihr bevorzugte Dichter war zweifelsohne Léon-Paul Fargue. Sie kannte seine *Poèmes* schon, bevor sie unseren Buchladen, in dem Fargue stets auf lebhafte Bewunderung gestoßen war, betrat. Mehr als einmal hat sie mir erzählt, wie ihre Lehrerin ihr schlechte Noten gegeben und sie gescholten habe, weil sie ihre Hausaufgaben mit Zitaten aus den *Poèmes* verziert hatte. Wie zu erwarten, lernte sie Fargue kurz nach ihrem ersten Besuch bei uns kennen, und die beiden schlossen sogleich Freundschaft. Es war die große Zeit der potassons (s. o.) – d. h. jener Menschen, auf welche der Spruch zutraf: *o té un janti*[9]. Diese Institution, die Fargue zum Vater, mich zur Mutter hatte, hat in den Jahren 1918 bis 1923 außergewöhnliche Wirkung und Ausstrahlung bewiesen.

Nach dem bisher Gesagten sollte jedoch nicht der Eindruck

entstehen, daß wir unsere Zeit ausschließlich mit Scherzen verbrachten. Unser Väterchen verdiente sich seinen Lebensunterhalt mühselig mit dem Anbringen seiner bekannten kelchförmigen Leuchter aus emailliertem Glas; ich meinerseits hatte die Plackerei mit der Buchhandlung; und Raymonde ihr Jurastudium – das sie ebenso ernst nahm wie ihre Freundinnen Lucienne Astruc und Juliette Veiller. Zusätzlich hatte sie noch Kurse in der Orientalistik belegt, die sie mit ebensogroßer Leidenschaft verfolgte wie zwei weitere Freundinnen von ihr, Sarah Lévy und Marcelle Lalou.

Im Alter von vierundzwanzig Jahren wurde sie zur Anwältin ernannt und begab sich auch sogleich auf Stellensuche.

Man hat mir wiederholt bestätigt, daß es für Frauen sehr schwierig war, bei Gericht zugelassen zu werden – schwieriger noch als auf medizinischem Gebiet – und daß für eine empfindsame und bescheidene Frau die Hindernisse dort fast unüberwindlich waren. Raymonde hatte das Glück, einen Arbeitgeber zu finden, der zu unseren Freunden und zur Gruppe der potassons gehörte: Monsieur Charles Chanvin. Zwei Jahre lang stand sie ihm als Sekretärin zur Seite, und gewiß hätte sie dank ihres Talents und dank seines Einschreitens Karriere gemacht, wäre nicht die Orientalistik dazwischengekommen, die zuerst nur Zerstreuung gewesen war, bald jedoch ihre gesamte Energie beanspruchte. Sie gehörte zum Kreis der Amis de l'Orient (Freunde des Orients) und kümmerte sich seit dem Jahre 1923 aktiv um den Bilderdienst des Museums Guimet. Im Jahr 1925 wurde sie dort fest angestellt, was ihre Freunde jedoch nicht von ihr selbst, sondern durch einen Zufall erfuhren, als nämlich die *Mythologie asiatique illustrée* herauskam, an der sie mitgearbeitet hatte. Sie besaß im Museum ein eigenes, sehr schön ausgestattetes Büro, in dem sie nachmittags arbeitete. Eines Tages hatten Gabrielle Romains, Sylvia und ich sie dort besucht und waren von ihr durch die Säle geführt worden, die wir dann mit ihren Augen sehen und schätzen lernten.

Raymondes Bescheidenheit hatte nicht ihresgleichen. Ihre Schwester, die Ärztin Alice Ardoin, hat mir von einer kurzen

Reise in die Vereinigten Staaten berichtet, die sie zusammen unternommen hatten. Raymonde war, ausgestattet mit zahlreichen Empfehlungsschreiben ihrer französischen Dozenten und befreundeten Orientalisten, in New York und Philadelphia mit den dortigen Orientalisten zusammengetroffen und von diesen, wie sie ihrer Schwester gegenüber hervorhob, mit offenen Armen empfangen worden; kein Wunder, mit diesen Schreiben in der Tasche! hatte sie hinzugefügt. Aus dem späteren Briefverkehr zwischen den amerikanischen und französischen Orientalisten ging jedoch hervor, daß sie rein auf Grund ihres persönlichen Auftretens großen Eindruck hinterlassen und alle Welt mit ihren profunden Kenntnissen in Erstaunen versetzt hatte.

Sie sprach nie über ihre Arbeit oder ihre Projekte. Der Artikel, den René Grousset im vergangenen Februar in *Les Débats* über sie veröffentlicht hat, kam für viele ihrer engsten Freunde einer Enthüllung gleich. Erst mußte sie uns genommen werden, damit wir erfahren durften, daß sie zum Schlag der echten Gelehrten und zu den »aktivsten Organisatorinnen« des Museums Guimet gehört hatte.

Denn sie wurde uns genommen! Wie war solches möglich? So jung, so von allen geliebt und so außerordentlich begabt, wie sie war! Und wie rücksichtslos hat der Tod zugeschlagen – in nur zehn Tagen hat er sie dahingerafft.

Während ich obige Zeilen niederschrieb und ein Bild von ihr zu fixieren suchte, habe ich düstere Gedanken so weit als möglich beiseite gelassen. Ich wollte, daß dieses Portrait – in Wahrheit nur eine Skizze – mit den Farben des Lebens ausgestattet sei; deshalb wählte ich die heitersten Erinnerungen.

Raymonde... bezog dieser Name sich auf unsere Freundin, dann schien er mit subtiler Energie aufgeladen zu sein. Wir sagten: Raymonde, und es war wie der Duft des Ambers, die Spur eines Lächelns, das In-Beschlag-Nehmen des Herzens. Diese »Welt« (monde), mit der ihr Name auslautete, was umfaßte sie nicht alles, welch einen Bedeutungsreichtum besaß sie für uns, wie viele Anklänge lagen darin verborgen! – All jenen, die ihr nachtrauern, möchte ich sagen: Spürt Ihr nicht, daß dieser Name noch lebt, daß die Seele ihn weiterhin bewohnt? Aus purer Koketterie heraus tat sie, als sei sie verschwunden – gewiß ihr gelungenster Schelmenstreich, damit man sie noch leidenschaftlicher suche, und finde.

(1930)

MÉMORIAL: DIE JUGEND DER RUE DE L'ODÉON

Poesie, das bedeutet Suche nach Einheit, über die Hemmnisse der Worte (mots) und Übel (maux) hinweg. Je höher die zu bewältigenden Hindernisse, desto süßer die Ruhepause danach; doch mehr als Ruhepausen sind es nie.

Mit der Poesie verlassen wir das gewöhnliche Leben, legen wir die alltägliche, beschmutzte, abgenutzte und ausgebeulte Kleidung ab und Festgewänder an: diese sind neu oder so gut wie neu, in lebhaften oder hellen Farben gehalten; sollten sie schwarz sein, dann tiefschwarz, weiß, dann blendendweiß. Die Farben erhalten so all ihre Bedeutung, welche Worte und selbst Ideen nicht auszudrücken vermögen. Einzig die tiefen Gefühle vermögen es, als ob das große mütterliche Wesen seine Anwesenheit manifestiere, zärtlich und machtvoll zugleich.

Einen Augenblick lang werde ich also meine – graue – Alltagskluft ausziehen und Sonntagsstaat anlegen, der zwar ebenfalls grau ist, aber durchzogen von Weiß und Blau. Und ich werde versuchen, eine glückliche Stunde, eine Stunde in Begleitung der Dichter zu inszenieren.

Beginnen will ich mit einem Bild aus der Kindheit des Buchladens; und um dies zu bewerkstelligen, werde ich aus mir herausgehen, den Blickwinkel eines jener jungen Dichter annehmen, die damals bei uns verkehrten. André Breton könnte es sein, Louis Aragon oder auch Philippe Soupault.

1916-1917. Es herrscht Krieg. Er liegt uns, den Einwohnern von Paris, gegenüber in Lauerstellung wie eine halb gebändigte Raubkatze, von der uns nur ein simpler Graben trennt. *La Guerre au Luxembourg* (Krieg im Jardin de Luxembourg), wie Cendrars sagt. Ich denke da eher, insbesondere im Hinblick auf unsere kleine Welt der Rive Gauche, an einen Zoo, in dem die Kinder entzückt und schaudernd zugleich den wilden Tieren zuschauen, um sie dann anschließend im Spiel zu imitieren. Denn Kunst und Literatur jener Epoche waren fauve (wild). Oder wie Eltern in der ihnen eigenen, ihre Kinder betreffenden Ironie sagen: sie können nur größer und schöner werden.

In der Rue de l'Odéon hat vor kurzem eine Buchhandlung das Licht der Welt erblickt. Sie wird von zwei jungen Damen geführt: die eine rundlich, mit rosa Wangen, eher blond, sehr mitteilsam, Mademoiselle Monnier. Die andere groß, dunkel, sehr zurückhaltend, Mademoiselle Bonnierre.

Mademoiselle Monnier spricht langsam, mit ein wenig singender Stimme. Ist sie Französin? Ihrem rundlichen und farbenfrohen Gesicht nach könnte sie Flämin sein. Auch deren Naturell besitzt sie, ist zugleich mystisch und materiell veranlagt: ein gutes Stück Fleisch schätzt sie ebensosehr wie ein gutes Buch, und das wohlgestaltete Gedicht schließt den schmackhaften Kuchen nicht aus. Sie hat eine Vorliebe für Breughel. Und doch ist sie Französin, ist, wie sie uns anvertraute, in Paris zur Welt gekommen und hat dort ihr ganzes Leben verbracht. Mütterlicherseits hat sie etwas von der Savoyarde, ein italienischer Einschlag: bei Piero della Francesca stößt man auf füllige Figuren mit hoher Stirn und weit geöffneten Augen, die ihr ähnlich sind.

Mademoiselle Bonnierre dagegen ist immer ernst, von einer fast klassischen Melancholie. Ihre Stimme ist sanft, ein wenig gedämpft. Mit ihrem edlen, wohlgeformten Gesicht erinnert sie an einen jungen Mann der Renaissance oder auch an die Frauen auf den Bildern Dante-Gabriel Rossettis. Die Symbolisten hätten sie geschätzt und willkommen geheißen als Vertreterin des von ihnen angestrebten androgynen Typs.

Mademoiselle Monnier (mit Vornamen Adrienne) sieht ganz wie die Geschäftsführerin aus. Sie ist sehr belesen. Für Claudel, Gide, Jules Romains und Léon-Paul Fargue legt sie wahrhafte Begeisterung an den Tag. Die beiden Letztgenannten kennt sie gut, ist ihnen freundschaftlich verbunden. Als Buchhändlerin ist sie schon weit fortgeschritten, hat aber noch ihren Weg vor sich. Ihr ist bisher nicht aufgefallen, daß Apollinaire die anderen beherrscht. Von der Bedeutung Jarrys hat sie keine Vorstellung. Selbstredend verehrt sie Rimbaud, will aber nicht zugestehen, daß Lautréamont noch wichtiger sein könnte. Warum zieht sie Pierre Reverdy, Blaise Cendrars oder Max Jacob, die ihr manchmal einen Besuch abstatten, Fargue und vor allem Jules Romains vor? Sind nicht jene die eigentlich Modernen? Des öfteren taucht Pierre Albert-Birot in ihrer Buchhandlung auf; er bringt persönlich die von ihm herausgegebene Zeitschrift *Sic* vorbei, in der man, ohne auf allzuviel Widerstand zu stoßen, Gedichte unterbringen kann. Sollte man nicht auch versuchen, sie im *Mercure* zu veröffentlichen – Rachilde und Léautaud schauen manchmal herein? Leider erscheint die *Nouvelle Revue Française* nicht mehr. Gide kennenzulernen wäre fabelhaft – Teile seines Werkes kennt sie ja schon. *Les Caves du Vatican*, welch ein Buch! Und Lafcadio kann sich damit brüsten, uns zu gleichen. *Les Nourritures terrestres*, die irdische Nahrung... mit diesen wenigen Worten glauben sie, alles gesagt zu haben, dabei ist das Buch überholt, bald werden wir ihr von unserer eigenen Nahrung zu kosten geben.

Ein junges Mädchen geht Mademoiselle Monnier und Mademoiselle Bonnierre zur Hand: sie macht Besorgungen (kaum weiter als bis zur Rue de Condé oder Rue Madame), staubt die Scheiben ab oder wickelt die Bücher in Pergamentpapier ein. Alle Bücher hier sind mit durchsichtigem Papier überzogen, als sei's eine dünne Eisdecke... Eis- oder Feuerjungfrauen...? Gérard de Nerval ist einer der Unsrigen... Die Hauptaufgabe des Mädchens besteht jedoch darin, sich um die Katze zu kümmern. Während Mademoiselle Monnier sich mit den Kunden beschäftigt, streichelt sie die Katze, schnürt ihr ein wenig die Kehle zu, um ihr ein interessantes Miauen zu entlocken. »Mein Püppchen, mein Kätzchen«, sagt sie zu ihr, und wirft dabei dem Besucher stechende Blicke zu wie eine Biene. Auf der rechten Wange hat sie ein bemerkenswertes Schönheitspflästerchen. Und sie ist auch sehr hübsch. Sie heißt Hélène.

In diesem Buchladen trifft man ständig auf junge Frauen: in der Mehrzahl sind es Studentinnen im Besitz eines Leseabonnements. Zu zweit oder dritt umschwirren sie die Schaukästen, denen sie dieses oder jenes Buch entnehmen; ein kurzes Lachen mag dabei aufklingen oder ein unterdrückter Schrei, wie bei Badenden, die ins Wasser gehen. Sie rufen einander, auch wenn sie dicht zusammen stehen, als könnten unsichtbare Wasser sie trennen; Colette oder Simone heißen sie meist. Fargue, der wie zufällig zugegen ist, geht auf sie zu, neckt sie oder gibt einen Ratschlag zum besten: »Nicht dieses Buch, Mademoiselle, lesen Sie lieber Charles-Louis Philippe oder die Bücher meines Freundes Valery Larbaud… *Enfantines*, *Femina Marquez*, das sind edle Perlen.«

Raymonde Linossier, eine erstaunliche junge Frau, ist hier fast täglich anzutreffen – als wäre sie hier zu Hause. Sie hat ein schmales Bändchen geschrieben und drucken lassen: *Bibi-la-Bibiste*, hat sogar eine Lehre begründet, den Bibismus, der unseren eigenen Neigungen entgegenkommt. Mit ein wenig Mut könnte sie etwas daraus machen, aber dafür ist sie wohl zu weiblich und im Grunde, trotz ihrer Beherztheit, zu schüchtern. Ihr engster Freund ist Francis Poulenc, ein blutjunger Komponist, von dem noch nichts zur Aufführung gelangt ist; er soll im Augenblick an einer *Rhapsodie nègre* arbeiten. Zu ihm hat eines Tages die kleine Hélène gesagt (wobei sie die entsprechenden Gesten andeutete): »Ich kenne die Männer; erst wollen sie nur den kleinen Finger, dann nehmen sie die ganze Hand.«

Raymonde ist vernarrt in die Gedichte Fargues. Was sie wohl zu den unsrigen sagen würde? Sie kann so spöttisch sein.

Bisweilen taucht Rinette, die Schwester Mademoiselle Monniers, hier auf; sie ist schon verheiratet, heißt es. Adrienne ist die ältere der beiden. Sie sind sich sehr ähnlich, haben dieselbe helle Stimme, die bei einem Gefühlsausbruch oder in der Begeisterung in hohe Lagen übergeht. Fargue, wie ein Vater bedacht auf das gute Benehmen seiner Kinder, ermahnt sie des öfteren: »Nun schreit doch nicht so!« Apollinaire findet Rinette sehr hübsch, und in der Tat ist sie noch rosenfarbener als ihre Schwester und viel sanfter, wenn sie sanft ist. Leider bleibt sie nie sehr lange.

Dem jungen Dichter, der uns damals Besuche abstattete, hätte solches durch den Kopf gehen können, glaube ich, und noch so manch anderes mehr.

Fargue, Sylvia Beach und Pierre Reverdy

Schon von 1916/17 an verkehrten bei uns allerlei Dichter, von denen manche in ihrer Blüte, andere in ihrer Reife standen. Zu ersteren gehörte auch Léon-Paul Fargue, der für unsere kleine Gruppe zum wohltätigen Lehrmeister wurde. Heutzutage weiß ich, daß wir sowohl unter literarischen als auch unter moralischen Gesichtspunkten keinen besseren hätten finden können. Ich weiß nicht, ob er uns zu leben lehrte; in jedem Fall zeigte er uns, wie das Leben beschaffen ist. Wie viele Schuppen sind uns dank seiner Hilfe von den Augen gefallen! Uns nicht verwöhnt zu haben: dieses Lob kann ich ihm nicht oft genug aussprechen.

Als ich ihn im Februar 1916 kennenlernte, war er in eher düsterer Gemütsverfassung. Die Hochzeit mit einer jungen, schönen und reichen Frau war gerade geplatzt, und er grollte jenen, die ihm seiner Meinung nach in dieser Geschichte schlechte Dienste erwiesen hatten. Auch was die materiellen Lebensumstände betraf, hatte er Grund zur Sorge.

Seine Freunde von der Nouvelle Revue Française lebten weit verstreut: Larbaud in Alicante; Gide vorwiegend in Cuverville, und wenn er in Paris war, nahm ihn das französisch-belgische Foyer stark in Anspruch; einzig Valéry lebte am Ort, aber er wohnte in einem weit entfernten Viertel, zudem ließen ihm sein Familienleben und die Arbeit bei Monsieur Lebey kaum Zeit. Fargue kam also täglich in die Rue de l'Odéon, im allgemeinen gegen Ende des Nachmittags. Meist stießen Freunde dazu: Satie, Daragnès, Pivet, Chanvin, Delamarche oder auch La Morandière. Zu den weiblichen Mitgliedern der Gruppe gehörten noch, abgesehen von Raymonde Linossier, Jacqueline Fontaine und Thérèse Bertrand, zwei außergewöhnlich schöne und ernste Medizinstudentinnen. Und schließlich gab es noch Sylvia Beach.

Diese junge Amerikanerin besaß ein originelles, ungemein fesselndes Gesicht. Sie sprach fließend französisch, mit eher englischem als amerikanischem Akzent; um genau zu sein, es war weniger ein Akzent als eine energische, entschiedene Art, die Worte auszusprechen; während des Zuhörens dachte man nicht so sehr an ein Land als an eine Rasse, den spezifischen Charakter einer Rasse. In der Unterhaltung kannte sie weder Zögern noch Pausen, nie fehlten ihr die Worte, bei Bedarf erfand sie, vom Englischen ausgehend, neue, durch Vermischung und Erweiterung französischer Vokabeln; all dies tat sie mit einem ausgeprägten Sinn für unsere Sprache. Ihre Funde waren in der Regel so zutreffend, so entzückend und drollig, daß sie sogleich in unseren Sprachgebrauch übergingen, als hätten sie immer schon existiert; man kam nicht umhin, sie zu wiederholen, und gab sich alle Mühe, sie zu imitieren. Kurz, diese junge Amerikanerin hatte viel Humor, besser noch: war die Verkörperung des Humors schlechthin.

Sylvia trug die Haare kurzgeschoren, woraufhin ich auch die meinen schneiden ließ. Sie hatte eine ungewöhnlich schöne Schwester, Cyprian, die in Filmen mitwirkte: in *Judex* hatte sie die Rolle der Belle-Mirette[10] innegehabt. Louis Aragon bekannte, daß er sich bis über die Ohren in sie verliebt habe; einmal war er ihr bis zum Marché aux Oiseaux nachgegangen, den sie regelmäßig aufsuchte, weil sie Vögel liebte. Die literarischen Vorlieben der beiden Schwestern gingen eindeutig in Richtung Avantgarde; sie besuchten die Zusammenkünfte der Gruppe *Lyre et Palette* ebenso wie jene der Gruppe *Art et Action;* auch der berühmten Vorstellung *Les Mamelles de Tirésias,* zu der Apollinaire uns alle geladen hatte, wohnten sie bei.

Daß Fargue in Gesellschaft ein blendender Unterhalter war, ist bekannt; seine Melancholie kam erst zum Vorschein, wenn die »potassons«, wie wir sie nannten, gegangen waren. Seine Verspätungen waren stadtbekannt – war er zum Diner geladen, tauchte er zum Dessert auf –, aber mit gesundem Menschenverstand gab er zu bedenken, daß an einem Orte abwesend zu sein ja bedeute, woanders anwesend zu sein.

Ich werde hier das poetische Portrait, das ich im Jahre 1922 von ihm anfertigte, wiedergeben. Dem Portraitierten muß das Abbild gefallen haben, trug er es doch zu Maurice Martin du Gard, der damals die *Ecrits nouveaux* leitete. Er gab sich als der Autor aus, um so ein wenig Geld herauszuschlagen. »Aber das Poem handelt ja von Ihnen!« warf Maurice du Gard ein. »Ganz recht«, erwiderte Fargue, »in unserer Gruppe ist das gerade in Mode gekommen.« Meine Autorschaft wurde erst im Augenblick der Abrechnung aufgedeckt.

FARGUE

Comme un astre fidèle
Il paraît tous les soirs
Son heure est incertaine
Asservie aux nuages
Et docile aux regards.
Toute lampe l'allume
Toute douceur le tient.
Il fend d'une blessure
Plus sucrée que la joie
Les nuits couleur de figue.
Poète, cher grief,
Plainte que rien n'apaise
Vie sans cesse abîmée
Dans les mains de démons,
Oh grâce refusée
Montre tes yeux faussés
Par un long désaccord,
Détruis sous ton reproche
Les vides murs des jours
Où chasseur de tendresse
Tu n'auras pas trouvé
La viande pour nourrir
»La bête du bonheur«.[11]

Ein anderer Dichter, den ich damals schon sehr schätzte und den ich seitdem immer mehr ins Herz geschlossen habe, ist Pierre Reverdy.

Im Jahre 1917 brachte er uns in regelmäßigen Abständen die Zeitschrift *Nord-Sud* vorbei, die er mit so großer Beherztheit herausgab.

Beherztheit... voilà ein Begriff, den man oft gebraucht im Zusammenhang mit jungen Zeitschriften, die ein kurzes, aber glänzendes Leben vor sich haben. Im Falle Reverdys hat dieser Begriff seine volle Berechtigung.

Wenn ich heute die sorgfältig aufbewahrten Nummern dieses Periodikums durchblättere, dann erscheint es mir exemplarisch für die avantgardistische Zeitschrift schlechthin. Die Aufmachung war bescheiden; aus ökonomischen Gründen fiel das Titelblatt weg, die erste der insgesamt sechzehn Seiten erfüllte diese Funktion. Der Titel – einfache schwarze Großbuchstaben – hob sich stark vom weißen Grund ab. Der Herausgeber blieb unerwähnt, nur am unteren Rande des Titelblatts stieß man auf die lakonische Notiz: »Alle die Zeitschrift betreffenden Einsendungen bitte an Rue Cortot Nr. 12 im achtzehnten Arrondissement richten« (dies war Reverdys Adresse). Der Preis war relativ hoch: fünfzig Centimes, während *Sic* nur vier sous (zwanzig Centimes) kostete.

Im Vergleich zu anderen Zeitschriften war *Nord-Sud* ernster und kohärenter; sie wollte eine literarische Entsprechung des Kubismus sein. Die Redaktion war hervorragend besetzt, in jeder Nummer stieß man mehr oder weniger auf dieselben Namen: Apollinaire, Max Jacob, Paul Dermée, Vincent Huidobro.

Einige der schönsten Gedichte aus Apollinaires *Kalligrammen* sind hier zum ersten Mal abgedruckt worden. Das in der ersten Nummer veröffentlichte Gedicht *La Victoire* (Der Sieg) ist ein regelrechtes lettristisches Manifest avant la lettre.

André Breton, Louis Aragon und Philippe Soupault haben in *Nord-Sud* ihr literarisches Debut gegeben (*Sic* war dafür nicht seriös genug). Breton steckte damals noch in seiner stark an Mallarmé ausgerichteten Phase. Seine Gedichte aus jener

Zeit, die in der Sammlung *Mont-de-Piété* (Gipfel der Frömmigkeit) zusammengefaßt sind, rufen Assoziationen an den Eiffelturm wach, den »Lehnsessel« auf Elefantenbeinen, mit metallisch gezacktem Leib und punktförmigem Haupt.

Die in *Nord-Sud* abgedruckten Manifeste trugen, wie nicht anders zu erwarten, die Signatur Reverdys, bisweilen auch jene Paul Dermées. Reverdy beschäftigte sich vorwiegend mit dem Kubismus. Dermée war der Autor des in der ersten Nummer abgedruckten literarischen Manifests mit dem Titel: »Als der Symbolismus den Geist aufgab.« Man war auf der Suche nach einer Formel für einen neuen, auf innerer Notwendigkeit gegründeten Klassizismus... keine Entwicklung... das an der Quelle selbst geschöpfte Gefühl. Unter anderem war dort zu lesen: »Welche Mühen nehmen nicht jene talentierten, auf die Ergriffenheit des Zuschauers abzielenden Schauspieler auf sich, um einer theatralischen Tirade einen trefflichen Schrei zu entreißen. Warum da nicht den schönen Schrei für sich bestehen lassen und die Tirade opfern?«

Keiner hat dieses Vorhaben besser in die Tat umgesetzt als Reverdy. Seine Gedichte haben einen neuen Stil des Empfindens geschaffen, der im Einklang steht mit dem Kubismus der Städte: einheitliche, in den neutralen, dunklen Farben öffentlicher Gebäude gehaltene Formen; das Schwarz so schwarz wie die Nacht; das Weiß so unerbittlich wie das von Mauern aus Gips reflektierte Licht... Schnee... Kälte. Das Grau, so übermäßig viel Grau, ist Staub. Die weibliche Seele des Dichters, Freundin der Tränen, auf immer erschüttert über den alltäglichen, ungestümen Kampf der Frauen gegen den Staub. Staub, die Müdigkeit schlechthin, gegen welche die vertikale Statur des Menschen ungewappnet ist.

Fast alle Gedichte Reverdys sind tragischer Natur, von einer Entblößtheit, die nicht ihresgleichen hat.

Sie ähneln Halluzinationen, so starr ist der auf das Objekt, auf die Empfindung gerichtete Blick. Wie auf den Gemälden Braques wird das Objekt eingekreist und seine elementare Form, seine magnetische Ladung kommen zum Vorschein. Diese Erscheinungsweise hat nichts gemein mit den imaginierten Phantomen eines Bosch oder Michaux, grauenvollen Phantomen gewiß, aber auch ergötzlichen, ihrer Zahl und Mannigfaltigkeit wegen. Bei Reverdy ist es ein für sich stehendes, surreales Phantom, das sich von der materiellen Substanz des Objekts und der geistigen Substanz des Betrachters nährt. Der solcherart in Betrachtung versunkene Mensch gerät in Trance und macht die panische Erfahrung, daß die Energie ihn verläßt und dem Bereich des Außermenschlichen zustrebt. Oft nimmt diese Erfahrung alptraumhafte Züge an, kann bis zu den Schrecken der Verdoppelung führen. In diesem Sinne kann man bei Reverdy von Askese sprechen, die er bis an die Grenzen des Erträglichen getrieben hat.

Als Ursprung dieser Askese muß man zweifelsohne das Sakrament des Unglücks ansehen, die zugleich erlittene und erwählte Armut.

La Lucarne ovale (Die ovale Dachluke), 1916, während der Kriegsjahre entstanden, beginnt feierlich mit folgenden Zeilen:

En ce temps-là le charbon
était devenu aussi précieux
et rare que des pepites d'or
et j'écrivais dans un grenier
où la neige, en tombant
par les fentes du toit,
devenait bleue.[12]

Weiter unten, auf der Seitenmitte, diese wenigen Worte:

L'hiver m'a chassé
dans les rues.[13]

Und noch weiter unten:

On ne peut plus
dormir tranquille
quand on a une fois
ouvert les yeux.[14]

Ja, viele der Gedichte Reverdys, insbesondere jene aus der Anfangsphase, verbreiten die Atmosphäre des Elendsquartiers; in seiner Mitte sitzt ein Mann, der starr vor sich hinblickt. Es kostet Mühe, ihn anzusprechen, so wie es auch ihn Anstrengung kostet, mit uns ins Gespräch zu kommen. Nach der Art der Armen sagt er zu uns: »Darf ich Sie in meine armselige Behausung bitten.« Und man muß sich in der Tat zwingen, sie zu betreten und der Not ins Auge zu sehen. Doch läßt man sich darauf ein, welch Seelenbündnis entsteht daraus! Das Elendsquartier wird zum antiken »Klagefeuer« (»feux de misère«), zum neuen Licht, dessentwegen alle anderen Lichter gelöscht werden.

In den anderen Sammlungen lassen sich ebensoschöne Gedichte finden; einige sind erschütternd; jene, welche ich gerne vorgetragen hätte, widersetzen sich jeglicher Interpretation.

Reverdy hat großen Einfluß auf die jungen Poeten seiner Zeit ausgeübt. All jenen, die ihm nahegekommen sind, hat er eine Schwere, eine Tiefe vermittelt, die sie ohne ihn nie gehabt hätten. Kurz: Apollinaire war der brillante, gewandte Vater, und man brannte darauf, es seinen Erfolgen und Streichen gleichzutun; Reverdy dagegen die hingebungsvolle, dunkle Mutter, die das Leben vom Herzen her erfuhr. Hat er nicht selbst in *Gant de crin* (Roßhaarhandschuh) gesagt: »Ich bin dunkel wie das Gefühl?«

Jene Teufelskinder (die zukünftigen Dadaisten) haben ihn abgöttisch geliebt und verehrt. Aragon hat ihm in *Feu de joie* (Freudenfeuer), seiner ersten Gedichtsammlung, das schönste, längste, aufrichtigste Poem gewidmet, *Lever*, der Anbruch, wie Tagesanbruch. Und Breton hat ihm in *Clair de terre* (Erdenschein) das berühmte Gedicht *Tournesol* (Sonnenblume) zugeeignet, das zum geheimnisvollen Angelpunkt von *L'Amour fou* werden sollte.

Wie aus dem bisher Gesagten hervorgeht, übte Reverdy einen grund-sätzlichen Einfluß aus, im wahrsten Sinne des Wortes. Die Formen, die Spiele mit der Form, all diese schönen kleinen Erfindungen, fielen in den Herrschaftsbereich Apollinaires.

Als ich Breton zu Beginn des Jahres 1916 kennenlernte, trug er die himmelblaue Uniform der Assistenzärzte in der Armee. Er war in irgendeiner Provinzstadt stationiert, kam aber recht häufig nach Paris. Zu diesem Zeitpunkt waren Aragon und Soupault ihm noch nicht begegnet; ebenso wie diese beiden erschien er ab und zu in der Buchhandlung. Später wurden sie dann alle zu Stammkunden. Unsere Gespräche waren vom ersten Augenblick an tiefschürfend. Wir waren nie derselben Ansicht, glaube ich, selbst wenn die angesprochenen Themen oder Autoren: Novalis, Rimbaud, der Okkultismus... dies eigentlich ermöglicht hätten; seine eigenwilligen Standpunkte, die keine anderen neben sich gelten ließen, beirrten mich. Er war weit »fortgeschrittener« als ich. Meine Sichtweise mußte ihm reaktionär erscheinen, während ich in den Augen der Laufkundschaft als Revolutionärin galt: ich hatte gerade Romains und den Unanimismus entdeckt, hatte mich in diese neue Erfahrung gestürzt, so wie einige Jahre später andere sich in den Surrealismus stürzten.

Breton war damals noch weit von der Position entfernt, die er später als Kopf einer ganzen Schule innehaben sollte; er akzeptierte sogar die Stellung eines Schülers und wurde zum Jünger Apollinaires, dem er fanatische Verehrung entgegenbrachte. Er unternahm auch den Versuch, mich für seinen Clan zu gewinnen, aber statt meine Überzeugungen ins Wanken zu bringen, verstärkte er sie eher noch. Im übrigen gehörten wir nicht ganz derselben Generation an, ich war drei oder vier Jahre älter als er (ich war vierundzwanzig und er ein- oder zweiundzwanzig).

Zudem verspürte ich weniger als er das Bedürfnis nach Neuem um jeden Preis. Ich brauchte mich nicht gegen den Despotismus eines bourgeoisen Milieus aufzulehnen, hatte ich doch bewundernswerte Eltern, die mich immer hatten frei entscheiden lassen, mich in meinem Bemühen um Unabhängigkeit sogar unterstützt hatten; insbesondere meine Mutter war allzu bereit, schneller und weiter vorzudringen als ich.

Auch gegen die Gesellschaft brauchte ich mich nicht aufzulehnen; niemand steckte mich in eine Uniform oder schickte mich in den Krieg. Ich war zu jung und viel zu sehr für die Literatur eingenommen, als daß ich mit einer anderen Welt als jener der Bücher Solidarität empfunden hätte, in der ich, solange man mich nicht störte, mein Glück fand.

Meiner Ansicht nach ließ Apollinaire sich und uns nicht die Zeit, Atem zu schöpfen. Warum dieses »Schneller, um Gottes willen, schneller!« Warum um jeden Preis auf »neue Laute« aus sein, warum »allem einen neuen Namen geben«? Die neuen Dinge sind nur so lange neu, als es die alten gibt, die sie im Auge behalten.

Ein neuer Geist... aber der Geist ist immer neu. Nur die Formen, in die er sich hüllt und die er hinter sich läßt, veralten. Das pausenlose Erfinden vergrößert nur den Stapel abgelegter Kleidung und läßt der Überraschung nicht einmal die Zeit, sich als solche zu erweisen.

Wir wissen ja alle, daß die Maschine eine neue Epoche einleitet und wir uns anpassen müssen an sie. Aber schneller als sie sein zu wollen und ihr im voraus das zum Futter vorwerfen, was sie von uns vielleicht gar nicht fordern wird, ist keine Anpassung.

Im übrigen war ich durchaus empfänglich für das poetische Genie des Verfassers von *Alcools;* er glich einem genialischen, gerissenen und geschmeidigen Kater, der, auch wenn er aus dem sechsten Stock stürzt, auf die Pfoten zu fallen kommt, während er, glaube ich, mit Schadenfreude zusah, wie andere sich dabei die Knochen brachen.

Zu Beginn unserer Beziehung war der Einfluß Mallarmés auf Breton ebenso stark wie jener Apollinaires. *La Dernière Mode* (Die neueste Mode), die er bestens kannte, faszinierte ihn. Hatte er nicht auch Verbindung zu Dr. Bonniot? Meine Erinnerung läßt mich da im Stich. Aber daß er mit Jean Royère Umgang pflegte, dessen bin ich mir sicher; dieser hatte Verse von ihm in der Zeitschrift *La Phalange* (Die Phalanx) veröffentlicht. Im Hause Royères wohnte er im Jahre 1917 auch Paul Valérys Lesung der *Jeune Parque* (Jungen Parze) bei, die damals noch in Manuskriptform vorlag, und er war der erste, der mir davon berichtete. Auf meine Frage, wie die Lesung gewesen sei, antwortete er nur: »Transparent, und grau.« Dieser Eindruck bestätigte sich nicht, als ich selbst das Gedicht las: während ihn der Klassizismus des Werkes bewegte, war mir der dramatische Aspekt ins Auge gesprungen. Durch die unterkühlte Form hindurch spürte ich das »konvulsivische«, »berstend-starre« Leben der *Parque*, wie der spätere Verfasser von *L'Amour fou* es wohl formuliert hätte.

Kommen wir auf Mallarmé zurück. Breton war von ihm derart bezaubert, ja besessen, daß er in seinen Briefen den höflichen, preziösen Ton des Meisters nachahmte – ganz das alte Frankreich. Jemanden, der so einfach und ungezwungen war wie ich, konnte dies nur in Erstaunen versetzen. Seine eigene Schreibweise verleitete mich ebenfalls zum Träumen: sie war angestrengt, gleichförmig, geglättet wie fein gelocktes Haar. Eine englische Schreibweise, wie man mir sagte.

In mehr als einer Weise stimmte seine Physiognomie überein mit seiner Art zu schreiben. Er war schön, aber seine Schönheit war nicht jene der Engel, sondern der Erzengel. – Ein Einschub: Engel sind anmutig, Erzengel dagegen von ernster Natur. Die Engel lächeln immer, sie sind das Lächeln in Person, und ihr Werk ist liebenswert; Erzengel dagegen haben im allgemeinen wichtige Aufgaben zu erfüllen: Menschen aus dem Paradies verjagen, Drachen töten etc. – Sein Gesicht war massiv und wohlgeformt; die Haare trug er ziemlich lang, auf noble Art in den Nacken geworfen; seinem Blick blieb die Welt und selbst die eigene Person fremd, er war alles andere als lebhaft, und von der Farbe der Jade.

Breton lächelte nie, aber bisweilen lachte er, ein kurzes, sardonisches Lachen, das inmitten seiner Rede aufklang, ohne seine Gesichtszüge durcheinanderzubringen, ganz wie bei jenen Frauen, die auf ihre Schönheit bedacht sind.

Ja, er gehörte eindeutig zum Typus der Erzengel, wie auch T. S. Eliot, mit dem er aber nichts gemein hat, es sei denn die Zugehörigkeit zu jener Familie von Figuren, die am Eingang der Kathedralen aufragen.

Das Gesicht des englischen Dichters strahlt gewiß nicht diesen Gleichmut aus, es sieht gequälter aus; diese Qual jedoch ist zeitlos, versteinert.

Im Falle Bretons ist es die Gewalt, die ihn zur Statue werden läßt. Er ist Schwertträger, die bewegungslose Wachsamkeit des Mediums ist ihm eigen.

Wie deutlich wurde dies in Anwesenheit Apollinaires! Ich erinnere mich an eine oder zwei unvergeßliche Szenen: Apollinaire sitzt mir im vertrauten Gespräch gegenüber, während Breton aufrecht an der Wand lehnt, mit starrem, panischem Blick; er sieht nicht den anwesenden Menschen, sondern das Unsichtbare, den schwarzen Gott, dessen Befehlen er Folge leisten muß.

Eben Gesagtes mag merkwürdig klingen, doch im Orient erschiene es völlig natürlich. Die Hindus zum Beispiel wissen besser als alle anderen um die geheimnisvolle Beziehung zwischen Meister und Schüler. Denken Sie nur an die zweite Begegnung zwischen Ramakrishna und Vivekananda: die bloße Berührung des rechten Fußes des Meisters versetzt Vivekananda in Panik. Seinen eigenen Worten nach beginnen die Wände des Zimmers sich um ihn zu drehen, sich aufzulösen, und vor ihm steht das blanke Nichts, ein Abgrund, der ihn zu verschlingen droht.

Ich möchte damit nicht sagen, daß sich zwischen Apollinaire und Breton Vorfälle ähnlicher Intensität abgespielt haben. Auch waren es keine Heiligen, obschon es eine Art Heiligkeit mit umgekehrtem Vorzeichen gibt, die in unserer Epoche in Mode ist; leben wir doch, um Monsieur Guénon zu zitieren, in der Endzeit des Kali-Yoga, oder anders gesagt, unter der Herrschaft des Antichristen.

Das Bemerkenswerteste an Bretons Gesicht war vielleicht der schwerfällige, extrem fleischige Mund. Die Unterlippe von fast anomalen Ausmaßen deutete, gemäß den Aussagen der klassischen Physiognomie, auf eine starke, vom Sexuellen beherrschte Sinnlichkeit hin, die Festigkeit dieses Mundes aber und seine außerordentlich strenge Form wiesen auf eine sehr einstudierte Persönlichkeit hin, die auf einzigartige

Weise Pflicht und Vergnügen vermischte, oder besser: ineinander verschachtelte.

Zu jener Zeit war ich den sogenannten okkulten Wissenschaften sehr zugetan; deshalb studierte ich auch die Linien seiner Hand. Eine Einzelheit stach heraus, die merkwürdige Kopflinie, die auf eine Neigung zum Wahn und allen damit verbundenen Erscheinungen hinwies. Ich gestehe, daß diese Linie mir ein wenig Furcht einflößte, gehörte ich doch nicht gerade zu den treibenden Figuren des Kali-Yoga. Ja, ich empfand Furcht und war deshalb auf der Hut.

Und trotzdem: welchen Charme, welche Autorität besaß dieser junge Mann! Alle seine späteren Freunde erlagen dieser Faszination. Jacques Préverts Aufzeichnungen ist zu entnehmen, daß sie ihn liebten wie eine Frau. Von ihm ging in der Tat, um mit Freud zu sprechen, die libidinöse Anziehung der Führerpersönlichkeit aus. Auch ich spürte sie, traf deshalb aber nur um so größere Vorsorge, mich ihr nicht auszusetzen. Im übrigen war dieser Widerstand nicht mein Verdienst, nicht gewollt, er entstand von allein. Hätte ich eine Zeitlang seinen Weg geteilt, wäre mein Verdienst vielleicht größer gewesen.

Recht bedacht, habe ich doch einige Schritte an seiner Seite getan: Als im Jahre 1919 die Zeitschrift *Littérature* gegründet wurde, zögerte ich keinen Augenblick, die Buchhandlung zu ihrem Auslieferungslager zu machen. Als Adresse des Herausgebers war das Domizil Bretons angegeben: Place du Panthéon, Hôtel des Grands Hommes. Die Rue de l'Odéon erfuhr nur bescheidene Erwähnung auf der zweiten Seite: »Was den Verkauf betrifft, wenden Sie sich bitte an das Maison des Amis des Livres.«

Aragon, Soupault und Cocteau

In der Zwischenzeit hatte ich die Bekanntschaft Louis Aragons und Philippe Soupaults gemacht, die die Buchhandlung nur wenig später als Breton zum ersten Mal betraten.

Louis Aragon war damals im vollen Besitz seines Vornamens, und der Hauch eines Schnurrbarts zeichnete sich ab.

Er war der freundlichste, empfindsamste junge Mann, den man sich denken kann, und der intelligenteste dazu. Mit ihm kam man schnell zu einem Einverständnis. Er liebte die Poesie, ohne immer gleich das Außergewöhnliche zu suchen. Als ich ihn kennenlernte, war er im ersten Jahr seines Studiums der Naturwissenschaften. Er hatte stets einen Band von Verlaine oder Laforgue dabei und war schockiert von der Grobheit seiner Studienkameraden. In einem unserer ersten Gespräche gestand er mir, daß das alberne und obszöne Gerede im Hörsaal ihm fast die Tränen in die Augen trieb.

Schon damals war er ein bemerkenswerter Unterhalter. Er konnte über Stunden hinweg von größter Beredtsamkeit sein, wobei er in einem leicht näselnden Tonfall sprach, der ihm auch heute noch eigen zu sein scheint und der seine Art von Ironie zum Ausdruck brachte: die Provokation des Kaspers, die scherzhafte Aufwallung. Es konnte vorkommen, daß Suzanne Bonnière den Laden um drei Uhr nachmittags verließ, um Besorgungen zu machen, und daß er um sechs Uhr, bei ihrer Rückkehr, noch an derselben Stelle in der Nähe des Schaufensters stand, vertieft in seinen eleganten Diskurs, der keine Unterbrechung erfahren hatte und ihn auch nicht zu ermüden schien.

Eines Tages trat er wieder einmal über unsere Schwelle und hatte ein Paar helle Handschuhe dabei. Er sei auf dem Weg zu einem Höflichkeitsbesuch in der Nachbarschaft. Im Feuer und Fluß der Rede vergaß er diesen Besuch dann gänzlich, und gegen Ende des Nachmittags riß eine ziemlich aufgebrachte Person (seine ältere Schwester, wie er uns später sagte) die Ladentür auf mit den Worten: »Louis, ich warte schon seit zwei Stunden auf dich; du bist wohl von allen guten Geistern verlassen!«

Natürlich liebten wir ihn alle sehr und zweifelten keine Sekunde daran, daß er eines Tages ein brillanter Schriftsteller sein würde.

Philippe Soupault muß ich im Jahre 1917 kennengelernt haben. An unsere ersten Begegnungen kann ich mich nicht mehr erinnern. In meinem Gedächtnis tritt er immer zusammen mit Breton und Aragon auf, denen er weiß Gott wo über den Weg gelaufen war. Schon damals vereinte sie die gemeinsame Sache.

Soupault war von den dreien der reizbarste, zugleich aber auch der graziöseste. Spottlust und Schalk lagen ihm jedoch weniger im Blut, als daß sie einer gewissen, ihm eigenen Nervosität entsprangen – diese hat ja bekanntlich gute Krallen. Zugleich hatte er Herz und Lebensart, die sich gegenseitig noch verstärkten. Letztlich fügte er sich selbst mehr Wunden zu als den andern, und es kostete ihn große Anstrengung, der Gesellschaft den Kampf anzusagen. Ich frage mich, ob nicht er zu Beginn von allen der tapferste war.

Auch Aragon schien von Natur aus nicht geschaffen für diese Art Heldentaten, aber sobald er ins Spiel gekommen war, fand er Geschmack an diesen Streichen, um so mehr als jener, der ihm eine fast väterliche Autorität hatte aufzwingen können, diese Taten billigte und förderte. Er konnte sich mit aller Kraft in den Kampf stürzen, hatte er sich doch prächtiges literarisches Rüstzeug zugelegt.

Aber ich greife vor. Eben Gesagtes trifft eher auf die Periode Dada zu, und noch beschäftigt uns die Epoche der Zeitschrift *Littérature.*

Die erste Nummer der Zeitschrift erschien im März des Jahres 1919. Ein anderes herausragendes Ereignis jenes Monats war die Aufführung von Saties *Sokrates* in der Rue de l'Odéon. Dies war schon deshalb ein Ereignis, weil das Werk bis dato nur bei der Prinzessin Edmonde de Polignac gespielt worden war, die es, ganz wie die Machthaber früherer Zeiten, in Auftrag gegeben hatte. Die Darbietung in unserem Hause konnte also sehr wohl als Erstaufführung gelten.

Suzanne Balguerie sang – und sie sang bezaubernd – die gesamte Partitur allein, eine wahrhafte Gewaltleistung, denn das Werk war für drei Stunden geschrieben. Satie selbst begleitete sie am Klavier, Jean Cocteau sprach die einleitenden Worte. Um einem relativ umfangreichen Publikum Genüge zu tun, veranstalteten wir an diesem Freitag, dem 21. März 1919, zwei Aufführungen: eine Matinée und eine Abendvorstellung. Abends war, neben Gide und Claudel, auch Francis Jammes anwesend, der sich vorübergehend in Paris aufhielt.

Schon im Monat, der diesem Ereignis vorausging, hatte Cocteau bei uns geglänzt anläßlich einer auf dem Programm nicht vorgesehenen Vorstellung, auf die ich nie sehr stolz gewesen bin. Es handelte sich dabei um die Lesung von *Cap de Bonne-Espérance,*[15] über die ich nun kräftig herziehen werde, um endlich meinen Aggressionstrieb zu befriedigen – der, wie man mir zugestehen wird, bisher kaum etwas zwischen die Zähne bekommen hat.

Ich empfinde weiß Gott Zuneigung, ja Bewunderung für Cocteau, und heutzutage mehr noch als in jenen Tagen. Welch verwöhntes Kind war er doch! Poet ist er zweifelsohne, doch, wie ich glaube, eher als Prosaist denn als Verfasser von Versen. Er besitzt einen durchaus eigenen Stil, von einer vorgetäuschten, berauschenden Reinheit; seine in Verse gefaßte Poesie treibt diese Künstlichkeit, verstärkt von jener dem Vers als solchem schon innewohnenden, auf die Spitze, und der Rausch schlägt um in Betäubung. Ich selbst bekomme jedenfalls Kopfschmerzen davon. Vielleicht bin ich ungerecht, aber mit schmerzendem Kopf fällt es schwer, gerecht zu sein.

Zu dem Zeitpunkt, da er das *Cap* verfaßte, hatte er gerade die moderne Poesie und deren Väter entdeckt. Er verleugnete *le Prince frivole* (den frivolen Prinzen) und *la Danse de Sophocle* (den Tanz des Sophokles), die doch so manche Kostbarkeit enthielten. Sich der Avantgarde in die Arme geworfen zu haben, dafür muß man ihm unbedingtes Lob zollen; er hat dabei nichts von seinen naturgegebenen Talenten verloren und mehr als eine Kokarde dazugewonnen.

Niemals war er erster beim Erklimmen der Bresche, aber immer war er es, der die Fahne hißte; einer mußte es ja schließlich tun.

Mit dem *Cap* hat er wahrscheinlich die dem *Coup de dés* (dem Würfelwurf) entsprechende Flagge aufpflanzen wollen. Mallarmé ist Ausgangspunkt der typographischen Recherchen Apollinaires, und vor allem Reverdys seit dessen *Lucarne ovale.* Letzterer hat sogar, wie mir scheint, als Korrektor gearbeitet. Apollinaires Suche war kaleidoskopischer Natur und führte schließlich zu den phantasievollen Ideogrammen.

Reverdys Suche war wohl durchdacht und fruchtbar; langanhaltender Einfluß ging davon aus. Apollinaire hatte die Zeichensetzung weggelassen; Reverdy führte sie wieder ein mittels klug verteilter Leerstellen innerhalb des Textes, damit jedes Gedicht eine ihm gemäße Form bekomme und eine »höhere Ordnung« offenbare.

Cocteau zögerte nicht, diese dem breiten Publikum noch unbekannte Technik bei der Komposition seines langen Gedichts zu verwenden; zugleich führte er als Protagonisten den allen bekannten Roland Garros ein, um sich so das Prestige der Luftfahrt und den Ruhm des Helden zunutze zu machen. Weitere Flügel hätte er kaum aufspannen können! So wurde auch für den Erstbesten offenkundig, daß er ein »Flieger der Tinte« war, der zu Recht behaupten konnte:

Ich necke die Ewigkeit.

Das *Cap* war, um bei der Wahrheit zu bleiben, ein Gedicht, das Aufmerksamkeit verdiente. Wie bei allem, was Cocteau unternahm, waren auch hier die Effekte zahlreich, überraschend und hatten eine persönliche Note. Hätte er nicht von Beginn an Garros und sich selbst die Etiketten »Dante und Virgil« angeheftet (gewiß hat er sich gefragt, welcher der beiden, Dante oder Virgil, besser auf ihn selbst zuträfe), wäre es uns leichter gefallen, die nachgeahmten, über das Gedicht verteilten Hahnenschreie, Flugzeuggeräusche, Kakadurufe und das Schwalbengezwitscher zu würdigen. Es gab sogar eine lettristische Passage, die von überwältigender Neuheit gewesen wäre, hätte nicht Pierre Albert-Birot schon als erster den Klang der Buchstaben auf diese Weise eingesetzt. – Die Vortragsart Cocteaus war ein Genuß, hat er doch eine metallene, der Wirkung des Sprachrohrs ähnelnde Stimme.

Noch zwei, drei Worte zu den Umständen, unter denen diese Lesung zustande kam.

Acht oder zehn Tage zuvor hatte in der Galerie Rosenberg, diesem Tempel des Kubismus in der Rue de la Baume, ein poetisch-musikalisches Avantgardespektakel stattgefunden.

Vom Programm weiß ich nur noch, daß Werke unseres geschätzten Satie aufgeführt wurden.

Dieses Treffen, das an einem Sonntag nachmittag stattfand, vereinte mancherlei Persönlichkeiten, darunter auch Gide, der alle Blicke auf sich zog. An jenem Nachmittag gelang mir ein Geistesblitz, der so sehr dem 18. Jahrhundert zugehört, daß ich ihn hier wiederzugeben wage.

Als Gide mit einem Anflug von Ironie zu mir sagte: »Aber dies ist ja eine Ansammlung genialer Geister!« antwortete ich ihm, mit einer Gewandtheit, die mich noch heute in Erstaunen versetzt (»glänzten« wir doch beide, Gide und ich, durch Mangel an Schlagfertigkeit): »Aber lieber Meister, Sie sehen ja nicht weiter, als Ihre Nase reicht!«

Kurz und gut, am Ende dieser Zusammenkunft (die wie alle Pariser Ereignisse durch das – wie üblich – verspätete Eintreffen Fargues ihr Siegel erhielt) kam Cocteau auf mich zu und sagte sinngemäß: »Gide hat den Wunsch geäußert, ich möge das *Cap* in der Rue de l'Odéon vortragen.«

Man sprach damals viel über dieses Gedicht, sein Verfasser hatte es schon in mehreren Salons vorgelesen, und so mancher Telefonanruf wurde getätigt, damit insbesondere Valéry sich positiv dazu äußere.

Nun, wenn dies Gides Willen entsprach, wie konnte ich da widersprechen?

Cocteau hatte nichts Eiligeres zu tun, als Gide die gute Nachricht zu überbringen: »Adrienne Monnier bat mich, das *Cap* in Ihrer Gegenwart in der Rue de l'Odéon vorzutragen. Sie kommen doch, nicht wahr?« Gide gab ohne Umschweife seine Zustimmung.

Wir erkannten natürlich sehr bald, daß wir einer List zum Opfer gefallen waren. Aber dies amüsierte uns eher, als daß es uns verstimmte, wohl auch deshalb, weil es sich nicht um eine größere Zusammenkunft, sondern um eine fast private Lesung in der Ladenstube handelte. Meine einzige »Rache« bestand darin, Cocteau mit dem Kucheneinkauf zu beauftragen (jeder Veranstaltung folgte ein Buffet mit Kuchen, Sandwiches und Portwein). Im allgemeinen besorgte ich all diese

Zutaten, dieses Mal jedoch würde ich nur den Portwein stellen.

Cocteau ließ eine »Brücke« von Rebattet kommen. Manch einer wird sich noch daran erinnern, daß es sich dabei um eine köstliche Schokoladentorte handelte. Dieser füllige, bröselige Kuchen war weder leicht aufzuteilen, noch ließ er sich leicht verspeisen: Teller und Gabeln wären vonnöten gewesen, die ich in der Buchhandlung nicht vorrätig hatte (ich hatte zu solchen Anlässen stets Teegebäck bestellt). Zum Schluß waren Finger und Taschentücher voller Schokolade.

Ungefähr dreißig Personen waren zur Lesung gekommen, darunter auch Fargue, Godebski und natürlich Satie. Cocteau hatte mich gebeten, ja keine Damen von Welt zu laden. Drei dieser Damen waren unvermeidlich, weil sie dem Haus eng verbunden waren. Dagegen hatte Cocteau darauf bestanden, daß ich soviel junge Leute als möglich einlade. Es mangelte nicht an jungen Frauen – ich hatte alle meine Freundinnen in Kenntnis gesetzt –, aber abgesehen von Marc Allégret, der Gide begleitete, sah man an jungen Männern nur Breton und Soupault, beide in himmelblauer Uniform. Sie hielten sich die ganze Zeit kerzengerade und strahlten geradezu vor Feindseligkeit. Zum Glück waren da noch die Damen von Welt, um das Genie an die große Glocke zu hängen.

Littérature: Geburt des Surrealismus

Ich komme auf *Littérature* zurück, deren Geburt kurz bevorstand. Unsere drei Freunde Louis Aragon, André Breton und Philippe Soupault würden sie herausgeben. Paul Valéry stand wie bekannt Pate.

Cocteau hat niemals auch nur den geringsten Text dazu beigesteuert. Er hatte die Verbindung zu Aragon gesucht, der zu jener Zeit irgendwo als Soldat stationiert war (der Ort ist mir entfallen). Eine Zeitlang kam ein freundschaftlicher Briefwechsel zustande, aber die beiden andern rückten die Dinge zurecht und entzweiten sie. Cocteau war darüber betrübt, und dies schrieb er mir auch.

Cocteau war also nicht vertreten in der Zeitschrift, doch einigen seiner Freunde wurde der Zutritt gestattet: Georges Auric, Darius Milhaud, Bernard Faÿ, Paul Morand.

Raymond Radiguet tauchte nicht weniger als fünf Mal auf: vier Gedichte und eine Betrachtung. Ich glaube, er hat dort sogar sein poetisches Debut gegeben. Er setzte seine Verse damals nach der Art Reverdys, dies gehörte zum guten Ton. Allerdings fand er bald wieder zu den Regeln der Klassiker zurück.

Das Aufgebot an Autoren der ersten Nummer war ausgesprochen spektakulär: André Gide, Paul Valéry, Léon-Paul Fargue, fast alle der großen Lieblingsautoren der Rue de l'Odéon. Dazu kamen noch: Max Jacob, Pierre Reverdy, Blaise Cendrars – unsere geschätzten »Fauves«. Jean Paulhan steuerte ein Fragment der *Guérison sévère* (strikten Heilung) bei, sein erster ernsthafter Versuch, einen Traum festzuhalten, vielleicht eine Antwort auf den schon 1908 von Jacques Rivière in seiner *Introduction à la metaphysique du rève* (Einführung in die Metaphysik des Traumes) zum Ausdruck gebrachten Wunsch.

Zwei der Herausgeber, Aragon und Breton, bildeten das Ende des Festzugs, mit Gedichten, die ebenfalls in Reverdyscher Manier abgefaßt waren.

Die berühmten Freunde dieser jungen Männer hatten sich weiß Gott nicht lustig gemacht über sie, im Gegenteil: Gides Beitrag, der Auftakt der Nummer, war ein wichtiger, noch unveröffentlichter Auszug aus den *Nouvelles Nourritures* (Neuen Früchten der Erde).

Dies konnte als Manifest für alle gegenwärtigen, vergangenen oder zukünftigen Lafcadios dienen. Hieß es da nicht:

Reinen Tisch, ich habe alles hinweggefegt. Das ist vollbracht. Ich stehe nackt auf der jungfräulichen Erde, vor neu zu bevölkerndem Himmel.

Und:

Ich träume von neuen Harmonien, von einer subtileren, freimütigeren Kunst der Worte; ohne Rhetorik; die nichts zu beweisen sucht.

An einer Stelle versuchte er sich gar an neuen typographischen Anordnungen, so wie man sich einen in Mode gekommenen Filzhut leistet. Da gab es u. a. die Zeilen:

...ich schaukle
auf dem äußersten Ende eines Strahls

in Form einer Schaukel. Und weiter unten:

Das weiße Blatt
leuchtet vor meinen Augen

Die Wirkung dieser Stelle wäre noch stärker gewesen, hätte er die ganze Seite weiß gelassen.

Hinsichtlich der Zeichensetzung ließ er nicht mit sich spaßen. Im übrigen hatten auch André Salmon und Max Jacob die herrschenden Regeln beachtet.

Valéry hatte den *Cantique des Colonnes* (Gesang der Säulen) beigesteuert, der dort aufschien, jünger und gewagter als der gesamte Rest und so schön!

Die wunderschönen Kindereien der ersten Strophe:

Douces colonnes aux
Chapeaux garnis de jour
Ornés de vrais oiseaux
Qui marchent sur le tour[16]

enden – nachdem wir einem Ballett abwechselnd feierlicher und unbefangener Bilder von unvergleichlicher Unbefangenheit beigewohnt haben – mit folgendem Finale:

Nous marchons dans le temps
Et nos corps éclatants
Ont des pas ineffables
Qui marquent dans les fables...[17]

Wenn man ein Liebhaber der Poesie ist, d. h. wirklich liebt, was man zu lieben behauptet, wie da nicht an Ort und Stelle alle viere von sich strecken und ein Jahrhundert lang schlafen?

Fargue schmorte damals in seiner Phase des Nicht-Schreibens. Mané Couvreux bemerkte dazu: »Wenn Fargue krank ist, denkt man, nun gut, er wird sich ins Bett legen müssen und zu schreiben beginnen. Aber nein, er zieht es vor zu gesunden.«

Also hatte Fargue aus den Taschen eines alten Überziehers zwei Phantasiestücke hervorgezogen, die später Teil der *Ludions* (Spielbälle/Hampelmänner)[18] werden sollten und denen er den bescheidenen Titel *Ecrit dans une cuisine* (Küchenaufzeichnungen) gegeben hatte. Das eine Stück war das berühmte *Grenouille du jeu du tonneau* (Frosch des Tonnenspiels)[19], das Satie vertont hatte. Man hörte es allerorten, und immer von neuem mit Vergnügen – Bathori sang es auf hinreißende Weise.

Die letzten Beiträge der Nummer waren mit L. A. und R. L. unterzeichnet.

Unter der Rubrik »Livres choisis« (Ausgewählte Bücher) besprach L. A. (Louis Aragon) die *Vingt-cinq poèmes* (Fünfundzwanzig Gedichte) Tristan Tzaras und die *Jockeys camouflés* (Getarnte Jockeys) Pierre Reverdys und führte dabei eine Gattung der Besprechung ein, die auch heute noch in voller Blüte steht, die Übertreibung und Hermetismus in sich vereint, eine Gattung, die sich vorzüglich dazu eignet, über die Malerei zu sprechen, geht es doch darum, das Sichtbare nicht zum Vorschein kommen zu lassen und das Unsichtbare zu enthüllen.

R. L., die Gründermutter des Bibismus, unsere geliebte Raymonde, hatte die revue des revues (Zeitschriftenüberblick) übernommen. Dem *Mercure de France* und auch dem *Eventail* (Fächer) gegenüber nahm sie eine ironische Haltung ein, während sie die *Ecrits Nouveaux* (Neuen Schriften) lobte, in denen Breton gerade einen Essai über Jarry veröffentlicht hatte. Mit dem Ungestüm der jungen Wilden hieß sie das Dada-Manifest des Jahres 1918 willkommen. *Boumboum, boumboum, boumboum.*

Im Anschluß an dieses Bumbum fanden sich vier besonnene und zugleich großsprecherische Zeilen:

Wir schätzen uns glücklich, als erste das Wiedererscheinen der Nouvelle Revue Française *ankündigen zu dürfen, als deren Herausgeber Monsieur André Gide fungieren wird; jene Zeitschrift der Vorkriegszeit, die nach Einschätzung der Belesenen die meisten Titel aufwies.*

Was daraus geworden ist, weiß man.

Unsere jungen Freunde waren, dies kann ich versichern, nicht sehr erfreut, ja sie waren sogar höchst verärgert darüber, von ihrem Lehrmeister so »hereingelegt« worden zu sein. Und doch hatte Gide wohl ernsthaft mit dem Gedanken gespielt, die Leitung einer Zeitschrift zu übernehmen – der seinen.

Bekannt ist auch, was aus der Zeitschrift *Littérature* wurde, die sich zwar nicht zum Langohr wandelte, dafür aber zum Dada.[20]

Auf die Einzelheiten dieser Entwicklung möchte ich hier nicht eingehen.

Angeführt sei hier nur, daß Tzara, der in der ersten Nummer in den Artikeln Aragons und Raymondes lediglich erwähnt wurde, schon ab der zweiten Nummer mit einem Gedicht in bester Manier vertreten war, einer Manier, die Jean Cassou so sinnreich als »rasende Übung in Dissonanz und Atonalität« bezeichnet hat. Es handelte sich dabei um *Maison Flake* (Haus Flake):

déclanchez clairons l'annonce vaste et hyaline animaux du service maritime
forestier aérostatique tout ce qui existe chevauche en galop de clarté la vie, etc[21]

Dieselbe Nummer zwei enthält merkwürdigerweise einen kurzen Ausschnitt aus *Amour couleur de Paris* (Liebe in der Farbe von Paris) von Jules Romains, ein bedeutendes Zugeständnis an Mademoiselle Monnier.

Von der fünften Nummer an veröffentlicht Tzara regelmäßig. So überrascht es, in der Nummer 11 auf Gides *Pages du journal de Lafcadio* (Seiten aus Lafcadios Tagebuch) und in der Nummer 12 auf Valérys *Ode secrète* (Geheime Ode) zu stoßen.

Die Nummer 13 enthält die dreiundzwanzig Dada-Manifeste. Das fünfzehnte Manifest wartet mit folgendem Rezept auf:

Wie man ein dadaistisches Gedicht anfertigt

Man nehme eine Zeitung.
Dazu eine Schere.
Suchen Sie einen Zeitungsausschnitt von der Länge des gewünschten Gedichts.
Schneiden Sie den Artikel aus.
Schneiden Sie im Anschluß jedes Wort des Artikels sorgfältig aus und geben Sie die Wörter in einen Beutel.
Man schüttele sanft den Beutel.
Nehmen Sie ein Wort nach dem andern heraus und behalten Sie die Ordnung der Entnahme bei.
Kopieren Sie gewissenhaft.
Das Gedicht wird Ihnen ähneln.
Und schon sind Sie »ein origineller Schriftsteller von bezaubernder Empfindsamkeit, wenngleich noch unverstanden vom gemeinen Plebs«.

Die Situation lag offen zutage. Von den Alten besaß nur noch Giraudoux die Koketterie, in der Nummer 16, inmitten des Umsturzes, ein Fragment seiner *Suzanne* zu veröffentlichen. Es ist die Stelle, da Suzanne den Göttern der Osterinsel begegnet. Giraudoux hat sicherlich eine Beziehung herstellen wollen zwischen diesen Götterfratzen und jenen, welche die wilde Literatur unserer jungen Männer anführten.

Wie erschöpft von der eigenen Raserei hat *Littérature* im Mai 1921, zwei Jahre nach ihrer Gründung, mit der Nummer 19 ihr Erscheinen eingestellt.

Doch war damit kein Totenschein ausgestellt. Weniger als ein Jahr später, im Mai des Jahres 1922, erschien sie erneut, mit Breton und Soupault als alleinigen Herausgebern. Wechsel des Titelblatts, dort fand sich jetzt ein Zylinder. Das Duo und der Zylinder überlebten drei Nummern; die vierte stellte ein Heiliges Herz Jesu zur Schau, und Breton stand nun allein an der Spitze. Als Leitartikel ein kurzes Manifest, *Clairement*

(Mit aller Deutlichkeit), in dem er sich in aller Schärfe von Tzara absetzte und im gleichen Atemzug die mythische Vorherrschaft seines Freundes Jacques Vaché begründete, der sich im Jahre 1919 das Leben genommen hatte. Damals stand er immer noch in gutem Einvernehmen mit Aragon und Soupault. Auch seine literarischen Zieheltern, Apollinaire und Reverdy, ehrte er noch; über sie sagte er: »Entspricht es nicht der Wahrheit, daß wir ihnen ein wenig von unserer Kraft verdanken?« Das Manifest klang aus mit folgenden Zeilen:

Es ist nicht gesagt, daß der Dadaismus zu anderem gedient hätte, als uns in jenem Zustand vollkommener Verfügbarkeit zu halten, in dem wir uns befinden und von dem wir uns nun hellsichtig entfernen, jenem zu, das nach uns verlangt.

Was nach ihm verlangte, nach ihm und seiner neuen Equipe, in der sich Robert Desnos und Benjamin Peret hervortaten, war die Reihe der wohlbekannten Experimente zu Sprache und Seelenleben. Rose Sélavy und die Medien traten auf den Plan. Noch war man nicht zur Befreiung der Sitten durch Zersetzung sexueller und religiöser Tabus übergegangen, die zu einer der Grundlagen des Surrealismus wurde.

Ich habe nicht die Absicht, hier auf den Surrealismus einzugehen (und sei es auch nur oberflächlich); dies wäre eine langwierige und seriöse Aufgabe. Es steht außer Frage, daß diese Bewegung von größter Bedeutung ist und zu den wahrhaft triftigen Vorgehensweisen hin zu einem neuen Humanismus zählt.

Das Werk, das Maurice Nadeau ihm gewidmet hat, erscheint mir ausgezeichnet, eine unschätzbare Dokumentation; in vielen Punkten stimme ich mit ihm überein. Meine einzige Einschränkung bestünde darin, daß es ihm nicht gelungen ist, die Sichtweise der betreffenden Gruppe zu überschreiten und sie in einen größeren Zusammenhang zu setzen. Mir scheint, daß seine historische und politische Einordnung gelungener ist als die literarische.

Zweifellos haben die Surrealisten ohne Umschweife anerkannt, was sie Apollinaire und Reverdy verdankten. Sie haben die Namen Poe, Hugo, Baudelaire, Mallarmé, Rimbaud, Lautréamont und Jarry in ihren Himmel gemeißelt. Auch Saint-Pol-Roux, Fargue und Saint-John Perse haben sie Einfluß zugestanden. Sie waren jedoch äußerst ungerecht gegenüber jenen Lehrmeistern, denen sie sehr viel verdankten, sowohl was ihre persönliche Entwicklung betraf als auch im Hinblick auf den Humanismus, dem sie sich verpflichtet fühlten.

Eines Tages werde ich auf diese Ungerechtigkeit zurückkommen, die mir so sehr zu Herzen ging und meine Würdigung ihrer Werke beeinträchtigte. Ich habe seitdem viel darüber nachgedacht; dabei haben sich gewisse Gründe herausgeschält, die man als mildernde Umstände anführen könnte. Im wesentlichen läuft es auf folgendes hinaus: die jungen, vom Geist des Schaffens beseelten Künstler fühlen sich durch jene Lehrer gehemmt, die das, was sie selbst vollbringen möchten, allzugut in die Tat umsetzen. Es kann für sie nur von Vorteil sein, nicht zu viel Respekt zu zollen.

Heutzutage kann ich die Dinge so sehen, damals aber fand ich den Absolutismus und das Ungestüm Bretons und seiner Freunde unerträglich (man muß dazu sagen, daß sie den Mund voll genommen haben!). Ich war empört über ihre Haltung gegenüber Gide, der sie doch so stark beeinflußt hatte; oder gegenüber Claudel, der mit den ersten, im *Arbre* (Der Baum) enthaltenen Dramen ein großes Werk geschaffen hat, das sich nur innerhalb der surrealistischen Ästhetik würdigen läßt; Claudel, der in *La Ville* (Die Stadt) geschrieben hat:

Der Bund aber oder die Ehe, die ein Mann eingeht mit einer Frau

Ist ungenügend, und die Liebe erschöpft sich wie die Freundschaft

Wie ein Ton aus einer endlosen Reihe besteht und die Obertöne umfaßt, bis hin zu den beiden Endpunkten des Gehörs

So beansprucht jeder Mensch, um seine Seele ganz auszuleben, vielerlei Akkorde. Und

Ist er nicht Unrat oder Schlamm, aus welchem die Wissenschaft keinen Nutzen zu ziehen wüßte,

Dann gibt es kein Wesen, und sei's noch so gemein, noch so niedrig,

Das nicht notwendig wäre zu unserer Einstimmigkeit.[22]

In dieser Behauptung waren Unanimismus und Surrealismus schon im Keime angelegt. Sie rechtfertigte schon im voraus die Vorliebe für den »Ausschuß«.

Claudel war übrigens auch der Grund, warum ich mich mit Breton überwarf.

Kurz nach Claudels Rückkehr aus Brasilien hatte ich im Mai 1919 eine bedeutende Matinée veranstaltet und dafür das Théâtre du Gymnase angemietet sowie Marguerite Moreno, Eve Francis, de Max, Jean Hervé und Yonnel verpflichtet.

Auf die Einzelheiten dieser Matinée möchte ich hier nicht eingehen, dies würde zu weit führen. Später werde ich vielleicht einmal die Zeit finden, eine Geschichte der Veranstaltungen in der Rue de l'Odéon zu schreiben.

Im Anschluß an diese Matinée veröffentlichte die Zeitschrift *Littérature* am Ende der Ausgabe einen Artikel unter der Überschrift: Matinée Paul-Claude L. (Paul Bindestrich Claude; L Punkt, wie eine Initiale). Der Artikel begann wie folgt:

Das Wasser siedet für mich, für mich zu diesem Feste. Das Feuer erlischt; ist das Wasser erkaltet, wird es zu einer der zahlreichen flüssigen Heimstätten zurückkehren.

Ich befinde mich in einem Haus, in dem alle geäußerten Worte bei denen, die sie hören, die Illusion erzeugen, eingeschlossen zu sein, verfolgt zu werden.

Es folgten noch dreiundzwanzig Zeilen dieser Art, voll kränkender und vager Andeutungen, mehr in den Bart gemurmelt als offen ausgesprochen.

Breton und ich hatten daraufhin einen heftigen Streit. Ich erinnere mich noch, daß er sagte: »Sie stehen Claudel bei, weil er Ihr Freund ist.« Was mich zu der Antwort veranlaßte, daß ich große Zuneigung empfände für ihn, gewiß mehr als für Claudel, aber daß ich seine Schriften nicht möge.

Seine Augen begannen zu glänzen, ich sah Tränen aufschimmern.

Nach diesem Vorfall standen wir natürlich nicht mehr auf freundschaftlichem Fuße miteinander.

Der Vermerk »Was den Verkauf betrifft, wenden Sie sich bitte an die Maison des Amis des Livres, 7, Rue de l'Odéon, Paris«, der auf der zweiten Seite von *Littérature* zu lesen gewesen war, verschwand ab der Nummer 7. Im Oktober wurden Verkauf und Geschäftsführung der Zeitschrift ins Sans Pareil verlegt, das damals in der Rue de Cherche-Midi lag.

War es noch vor oder erst nach dieser Adressenänderung, daß Breton mir aus den *Champs magnétiques* (Magnetfeldern) vorlas? Seltsamerweise kann ich mich nicht mehr daran erinnern, obwohl die Lektüre selbst einen lebhaften Eindruck bei mir hinterlassen hat.

Ich wußte, daß er, zusammen mit Soupault, an einem Gedicht arbeitete, dem er große Bedeutung zumaß. Eines Morgens kam er zu mir mit dem Manuskript unterm Arm und las mir alles bis dahin Geschriebene vor; hat diese Lesung ein oder zwei Stunden gedauert? Wie dem auch sei, mir kam es lang vor; die wohlklingende, aber monotone Stimme Bretons schläferte mich ein wenig ein.

Der Anfang erschien mir vortrefflich:

Gefangene der Wassertropfen, wir sind nur ewige Tiere. Wir laufen durch die lautlosen Städte, und die Zauberplakate berühren uns nicht mehr. Was nützen die großen, zerbrechlichen Begeisterungen, die vertrockneten Freudensprünge? Wir wissen nichts mehr als die toten Gestirne; wir sehen die Gesichter an; und wir seufzen vor Freude. Unser Mund ist trockener als die verlorenen Strände; unsere Augen drehen sich ziellos, hoffnungslos. Da sind nur noch die Cafés, wo wir uns treffen, um kühle Getränke, diesen verdünnten Alkohol, zu trinken, und die Tische sind schmieriger als die Bürgersteige, auf die unsere toten Schatten vom Vortag gefallen sind.[23]

Der gesamte erste Gesang hatte im übrigen eine großartige Gangart, war gehalten in äußerst romantischem und zugleich überaus modernem Ton; er war inspiriert, im besten Sinne des Wortes.

Nach dem ersten Gesang gewann die Inkohärenz Tzaras die

Oberhand, und es wurde immer schwieriger, sich davon ergreifen zu lassen.

Bevor Breton mit seinem Vortrag begann, sagte er – wohl wissend um die Verehrung, die ich Gides Poem entgegenbrachte –, daß Soupault und er der Ansicht seien, die *Nourritures terrestres* ihrer Generation verfaßt zu haben. Und er setzte folgende erstaunliche Wendung hinzu, die sich mir tief ins Gedächtnis gegraben hat: »Wenn dies das Genie ist, dann ist es einfach.« Zweifellos dachte er dabei an Monsieur Teste (»Le génie est facile«), mir aber ging dabei durch den Kopf – und die Folgezeit sollte meine Sichtweise bestätigen –, daß dies Worte eines faulenzenden Königs waren.

Als Breton seine Lesung beendet hatte, fiel mein Lob bemessener aus als er wohl erwartet hatte. Er muß zu dem Schluß gekommen sein, ich sei für ihn nicht weiter von Interesse. Und von da an sahen wir uns immer seltener.

Als im Jahre 1924 das *Surrealistische Manifest* erschien, war ich fast hingerissen von diesem überaus gelungenen Werk. Noch heute erscheint es mir als ein Chef d'Œuvre der Satire; bestimmte Seiten haben das Feuer und den noblen Ton eines Erasmus oder Swift. Oft gibt die Nachwelt sich damit zufrieden. Breton kann getrost schlafen, im Hôtel des Grands Hommes wird immer ein Bett für ihn bereitstehen.

(1946)

Die Weberin an der Schwelle des Ruhms

VALÉRY – RUE DE L'ODÉON

Paul Valéry kam 1917 zum ersten Mal in die Rue de l'Odéon. Meine Buchhandlung steckte noch in ihren Kinderschuhen (sie war kaum zwei Jahre alt); es war Fargue, der ihm von ihr erzählt hatte, Fargue, der seit 1916 kam und schon ein alter Freund war. Aber Fargue war nicht bei ihm. Ich glaube, es war Paul Poujaud, der ihn an diesem Tag begleitete – ich weiß nicht mehr, in welchem Monat, Mai vielleicht oder Ende April: einer der ersten Tage im Jahr mit herrlichem Wetter.

Er erschien früh am Nachmittag vor dem Schaufenster, das er einen Augenblick von außen betrachtete, während er ein paar Worte mit seinem Begleiter wechselte. Ich wußte bereits, wie man die »hommes de lettre« an ihrer Art erkennen konnte, das Schaufenster zu mustern; die Valérys war die diskreteste, die ich bis dahin gesehen hatte: er tat es als Mensch, der wohl »die Marionette getötet«[1] hat, aber das Auge verriet den Literaten, verriet ihn gar auf einzigartige Weise durch die Natur der Strahlung, die ich... der Valérysche Geist flüstert mir das Wort zu... als Kathodenstrahlung bezeichnen würde.

Er trat also ein und nannte seinen Namen: Paul Valéry. Welch eine Freude!

Ich wußte um die Bedeutung des Mannes, der vor mir stand. Fargue hatte oft von ihm gesprochen, Fargue, der alle Gedichte aus *La Conque* (Die Muschel) und *Le Centaure* (Der Zentaur) kannte und der mir einmal gesagt hatte: »Valéry ist unser größter Dichter, Sie werden sehen, Adrienne, Sie wissen, daß meine Nase« – er tippte sich an die Nase – »mich nie täuscht.« Ich glaubte dies um so mehr, als ich *La Soirée avec Monsieur Teste* gelesen hatte. Ich hatte es wieder und wieder gelesen – in der Nummer IV der Revue *Vers et Prose.*

Dieser Text hatte auf mich den Eindruck gemacht, den er auf alle macht: den eines magischen Textes. Meiner Ansicht nach erzeugt nichts mehr Wirkung als diese in der Literatur vielleicht einzig dastehenden Seiten – zauberische und zutiefst verwandelnde Wirkungen: danach ist man nicht mehr wie vorher. Der Stammeshäuptling erteilt uns hier eine höchste Weihe. Er ohrfeigt uns und zeichnet ein Aschekreuz auf unsere Stirn. Seine Worte bringen eine antike und zugleich überaus moderne Weisheit zum Ausdruck. Monsieur Teste läuft inmitten trauriger, eiliger Passanten einer großen, besudelten Stadt umher (man denkt an die ersten Bilder von Bonnard) und spricht wie Lao Tse.

Ich erinnere mich nicht an das, was ich meinem erlauchten Besucher erzählte. Ganz sicher drückte ich ihm meine ehrerbietige Bewunderung aus, und zweifellos erzählte ich ihm von der Einrichtung der »potassons«, die uns zu der Zeit sehr beschäftigte. Er muß meinen Worten ein geneigtes Ohr geliehen haben, denn ich bin im Besitz einer Mitteilung aus demselben Jahr 1917, in der er die potassons lobend erwähnt.

Gegen halb vier zog er seine Uhr hervor und verabschiedete sich, da er um vier Uhr bei Monsieur Lebey sein mußte.

Mir scheint, daß dieser Besuch ein wenig vor der Veröffentlichung von *La Jeune Parque* lag. Auf jeden Fall hatte ich das Poem nicht gelesen, als ich Valéry das erste Mal sah, aber André Breton hatte mir davon erzählt.

Als ich das Bändchen in der Hand hatte, war ich zunächst eher verwirrt als begeistert. »Die junge Parze«, ich sah sie, ich sehe sie noch als eine fremde Gestalt, die befremdlichste in Wahrheit, nicht in Marmor, sondern in eine Art Porphyr geschlagen. Die römischen Statuen, bei denen das Gesicht und die sichtbaren Teile des Körpers weiß sind und die Kleidung rot geädert, sind bekannt. Hier jedoch sind Kleidung und Dekor weiß, von einem schimmernden, eisigen Weiß, durch das hie und da das Rosé der Rose bricht. Das Gesicht hingegen und der ganze Körper leben und pulsieren unter den Adern eines leidenschaftlichen Gesteins. Es ist ein Poem, in dem sich Klassik und Barock vereinen. Ein Werk, so geheimnisvoll, daß es den Geist reizt, ohne ihn jemals zu sättigen, es enthüllt so viele Wunder, wie man ihm Blicke schenkt.

Fargue, der sehr in die »Junge Parze« verliebt war, hat sie wieder und wieder bei Freunden gelesen. Er las sie aus den Korrekturfahnen bei Arthur Fontaine und Jeanne Muhlfeld, Lesungen, bei denen ich nicht dabei war, von denen man mir aber berichtete. Ich nahm an der Veranstaltung teil, die einige Zeit nach der Veröffentlichung bei Aurel stattfand. Diesmal sprach Fargue ein paar einführende Worte und las nicht. Eine Künstlerin, deren Namen mir entfallen ist, hatte dies übernommen. Valéry war bei Eröffnung des Abends nicht anwesend (seine Tätigkeit bei Monsieur Lebey ließ ihm erst nach acht Uhr frei), er kam während der Lesung. Er erzählte uns später, daß er, als er die Treppe heraufkam und die Schreie der Interpretin vernahm, sich voller Angst sagte: »Nicht möglich, man ermordet jemanden... Und es war meine Parze!«

Die erste Valéry-Veranstaltung, die wir in der Rue de l'Odéon organisierten, fand 1919 statt: Sonnabend, den 12. April 1919.

Sie hatte uns den ganzen Winter über beschäftigt und endlose Vorbereitungen erfordert. Fargue hatte beschlossen, in seiner Einführung »wichtige Dinge« zu sagen. Er hatte vor, den Anwesenden zu zeigen, wessen er fähig war, und wollte ihnen kräftig einheizen. Tatsächlich sprach er vor allem über die Elite und ihre Pflichten; wie Daniel Halévy in einem Artikel sagt, den er uns widmete: diese Einführung war »militant«, gewiß, und von militärischer Gangart... im Eilschritt!

Wir waren vier Amateure, die lasen – nein, keine Schauspieler: Fargue, André Breton, der Uniform trug (der Krieg war nicht zu Ende), Gide und ich. Fargue hatte mir gesagt: »Gide muß unbedingt dabeisein: er liest wie kein zweiter.« Gide lehnte nicht ab, wollte aber auf dem Programm nicht angekündigt werden; er würde nur lesen, falls, falls, und falls;

es war der Zustand seiner Kehle, der ihn beunruhigte, diese Kehle, die noch jetzt...

Unser ausgedrucktes Programm kündigte also eine Einführung von Fargue an und Lesungen durch: ihn, der Ausschnitte aus der *Jeune Parque* und aus *La Soirée avec Monsieur Teste* lesen würde – André Breton, der seine einhämmernde Stimme dem *Eté* (Sommer), *Le Rameur* (Der Ruderer) und *La Pythie* (Die Pythia) leihen würde – mich, die *Aurore* (Morgenröte) und *Le Cantique des Colonnes* ausgewählt hatte.

Wir hatten maschinengeschriebene Kopien jener Gedichte, die noch nicht in Büchern oder Zeitschriften erschienen waren. Dies galt auch für die *Pythie*, die für Gide bestimmt war. Aber er hatte uns so wenig Hoffnung gemacht, daß wir es für klüger hielten, sie Breton zuzuteilen.

Wie durch ein Wunder war Gide tatsächlich da, tatsächlich pünktlich, und beschloß ganz einfach, die *Pythie* selbst zu lesen. Um das Maß unserer Freude vollzumachen, fügte er noch *La Caresse* (Die Zärtlichkeit) und *L'Insinuant* (Der Schmeichler) an. Er trug dieses letzte Poem mit unvergeßlicher Kunst vor, wie die Journalisten sagen. Seine Stimme geistert noch in unseren Ohren:

O Courbes, méandre,
Secrets du menteur.[2]

So schien er – mit welch einem Lächeln – Köder für jene auszulegen, die in ihm einen Prinzen des Bösen sehen wollten.

Ich erinnere mich, daß er sich, bevor er mit dem Lesen der *Pythie* anfing, über das unzureichende Licht beklagte. Das Licht fiel tatsächlich ziemlich trübe von der Decke. Ich hatte keine tragbare elektrische Lampe, und außerdem gab es keine Steckdose. Buchstäblich kopflos fing ich an, nach dem Kerzenhalter zu suchen, den ich hinten im Laden für den Fall eines Stromausfalls aufbewahrte. Ich reichte ihn ungeschickt herüber, er griff nervös danach. Während des Lesens führte er des öfteren den Leuchter von links nach rechts und zurück, dabei glitt dieser unter seiner Nase vorbei und beleuchtete so sein Gesicht von unten, das dieser Pythia mit den »von Weihrauch verhärteten Nüstern« ausgeliefert war. Man mußte an eine elysische Fackel denken, und das war ausgesprochen beeindruckend.

Wenn man daran zurückdenkt, mein Gott, was für ein Abend!

(1945)

BRIEF AN LARBAUD

Paris, den 12. Februar 1926

Cher ami,

Hurra! Wir haben die Übersetzungen beendet. Sowohl die Rede Whitmans als auch die Erzählung McAlmons! Eine Zeitlang glaubten wir gut und gern, mit dieser Aufgabe überfordert zu sein. Zwei Monate plagten wir uns schon mit der Rede ab. Zuerst hatten wir Mühe, sie überhaupt zu entziffern, denn sie ist in winzigen Buchstaben gesetzt, nicht größer als die kleinsten Zeichen auf den Tafeln der Augenärzte. Sylvia mußte eine Lupe zu Hilfe nehmen, und trotzdem waren ihre Augen zum Schluß sehr ermüdet; zehn Tage lang litt sie sogar an einer Obstruktion der Tränengänge; ich glaube, daß aber nicht so sehr ihre Augen daran schuld waren als vielmehr ein allgemeiner Erschöpfungszustand; in jedem Fall war das rechte Auge ziemlich angegriffen, und sie mußte eine Binde tragen, so daß bei Joyces Geburtstagsdiner beide, Autor und Verlegerin, den Wotan spielten.[3] – Inzwischen ist sie geheilt.

Abgesehen von den Mühen des Entzifferns gab es, wie Sie sich leicht vorstellen können, alle Arten von Übersetzungsproblemen. Diese Rede ist in sehr geläufigem Ton gehalten, mit Wendungen, die weniger den präzisen Sinn anstreben als die schöne Periode, die den volkstümlichen Zuhörer anzusprechen vermag. An bestimmten Stellen sagte Sylvia: »Hier hat er sie gepackt.« Und ganz gewiß hat er sie gepackt, genau wie uns; wir waren sehr ergriffen; als wir zum letzten Absatz kamen, waren wir beide so bewegt, daß kein Wort über unsere Lippen kam; ich dachte an die Reden in *Tête d'Or* und zwang mich, nicht zu weinen, denn ich spürte, daß es zu Tränenströmen gekommen wäre. Die Kraft, der Magnetismus, die überströmende Menschlichkeit des Dichters erschütterten mich einem entfesselten Orchester gleich.

Sie werden sagen, die Gedichte aus *Feuilles d'Herbe* (Grashalme) hätten mich noch stärker bewegen können, aber wie

Ihnen bekannt ist, sind meine Kenntnisse des Englischen sehr unvollkommen, und eine Übersetzung, selbst von der Qualität eines Bazalgette, beraubt ein Gedicht vieler seiner Ressourcen. Zudem stellte die Rede, die wir übersetzten, einen außergewöhnlichen Glücksfall dar, hielt ich doch Fahnen in den Händen, die Whitman selbst gedruckt und mit deren Korrektur er begonnen hatte. Ein einzigartiger Mittler war mir so gegeben, eine Art fliegender Teppich, der mich durch Raum und Zeit beförderte bis hin zum Ort ewiger (Seelen-)Gemeinschaft, an dem die Tugend Whitmans weiterhin zum Wohl der Menschen wirkt.

So zu denken und zu empfinden erscheint mir nicht vernunftwidrig. Eines der Grundprinzipien der Religionen besteht darin, an die Wunderkraft jener Dinge zu glauben, die mit den Heiligen in Berührung kamen, und dies ist durchaus folgerichtig; es gibt ja auch in der Natur Körper, die mit bemerkenswerten Eigenschaften ausgestattet sind, und zwar auf Dauer; die Elektrizität wirkt im Magneten und in allen Organismen, die sie zu nutzen wußten, auf unbegrenzte Zeit. Und das Genie Whitmans war außerordentlich elektrisch, seiner Anlagen und seiner Willenskraft wegen.

Die Leser der Rede werden das Energiereservoir spüren, das sie enthält; mögen sie an die Hand des Dichters denken, welche die winzigen Buchstaben geduldig aneinanderfügte; sein eigener Name, Walt Whitman, mit dem er das gesamte amerikanische Volk vertraut machen wollte, nahm dabei nicht mehr als 14 mm ein; und mögen sie den Versuch unternehmen, sich die Reihe der Ereignisse zu vergegenwärtigen, die die Veröffentlichung dieser Rede verhindert und sie schließlich in unsere Hände geführt hat.

Kürzlich habe ich an Monsieur Jean Catel geschrieben, um zu erfahren, wie er auf die Rede gestoßen ist; er habe sie, zusammen mit einem Bündel Zeitungsausschnitte, bei einem Bostoner Buchhändler aufgekauft, lautete die Antwort. Whitman hat, wie es scheint, alle Artikel aufbewahrt, in denen von ihm die Rede war; laut Monsieur Catel waren es Hunderte. Zweifellos war die Rede zwischen den Zeitungsausschnitten verborgen geblieben, denn sie ist im Gesamtwerk nicht aufgeführt. Monsieur Catel hat die Bände diesbezüglich sorgfältig durchgesehen, und auch Sylvia hat sie daraufhin nochmals überprüft.

Wir sind jedoch in *Collect* auf einen amüsanten Artikel gestoßen, der sich darauf bezieht, betitelt: »Les Origines d'une tentative de sécession« (die Ursprünge eines Sezessionsversuchs), und in dem Whitman mit einem gewissen inneren Abstand bekennt, daß er sich zwischen seinem zwanzigsten und vierzigsten Lebensjahr für Politik interessiert habe. »Ich hatte nicht daran teil«, sagt er, »aber ich verfolgte die politischen Ereignisse und ging regelmäßig zu den Wahlen.« Weiter unten erinnert er sich, wie an längst vergangene Zeiten, an die Jahre zwischen 1840 und 1860, als der Bundeskonvent das schlimmste Spektakel bot, das man je in den Vereinigten Staaten gesehen hatte: »Die Mitglieder des Konvents bestanden zu sieben Achteln aus der übelsten Sorte von Schreihälsen, Aufschneidern, Funktionären, Anwärtern, Betrügern, Übeltätern, Verschwörern, Mördern, Strohmännern etc...« Sie erkennen da sicherlich all die Freundlichkeiten wieder, die er in seiner Rede den Politikern an den Kopf wirft. Und doch bezieht er sich mit keinem Wort auf die Rede. Ich möchte meinen, er hat sogar Verlegenheit empfunden darüber, sie gehalten zu haben; sie muß ihm wie eine Art Ausschweifung in seinem Leben vorgekommen sein. Er hatte gewiß tiefsitzende Gefühle des Volkes aufgewühlt, die ihn zuerst wohl mit dumpfer Trunkenheit erfüllt, dann aber in Verwirrung gestürzt hatten. Sie werden entgegnen, daß er an solchen Gefühlen Gefallen fand, verbrachte er doch sein Leben inmitten des Volkes; aber doch wohl eher, um es aufzuklären, zu erheben, und er war zu klug, um nicht die Evolution der Revolution vorzuziehen. – Wie dem auch sei, er hat die Gefahr gespürt, die der Wiederkehr einer solchen Erfahrung innewohnt, hat gespürt, daß die politischen Kämpfe ihn auf immer den Tugenden des Dichters entfremden könnten.

Ich glaube nicht, daß es ihn verdrösse, daß wir seine Rede

wiedergefunden und veröffentlicht haben; inzwischen läuft er nicht mehr Gefahr, von den Schwefeldämpfen, die aus den Höhlen der Macht dringen, vergiftet zu werden; im übrigen braucht er sich keine Sorgen zu machen, wir würden die Städte damit *überfluten*, *Le Navire d'Argent* ist keine Tageszeitung mit großer Auflage, im Gegenteil.

Aber glauben Sie nicht auch, daß es jammerschade wäre, wenn dieser Text unbekannt bliebe? Abgesehen von seinen literarischen Qualitäten, stellt er auch ein ungemein wertvolles Dokument über das Leben des Dichters dar. Bedenken Sie, daß er diese Rede im Jahre 1856 gehalten hat, ein Jahr nach Veröffentlichung der *Feuilles d'Herbe;* er war also im Vollbesitz seines Genies, und sein Manifest gegen die Mißstände seiner Zeit ist gewiß von Nutzen gewesen.

Ich selbst jedenfalls werde niemals die starke Erregung vergessen, in die es mich versetzte und die noch andauert. Ich war ganz in dieser Gemütsverfassung befangen, als mich gestern abend Louise Weiss bei einem Diner des *Pen Club* fragte, ob ich an einer Bewegung teilhaben wolle, die das Stimmrecht für Frauen anstrebe; obschon ich mich niemals mit dem Feminismus befaßt habe, sagte ich begeistert zu, und, weiß Gott, ich werde mein Wort nicht zurücknehmen.

McAlmons Erzählung zu übersetzen kam einer gänzlich anderen Form der Ertüchtigung gleich. Diese Erzählung ist ausgezeichnet; uns schien es, als zeichne sie ein recht vollständiges Bild eines der wichtigsten Gewerbe in den Vereinigten Staaten. – Wir haben eine Zeitlang gezögert, sie zu übersetzen, weil sie viele im Slang abgefaßte Passagen enthält und weil sie bestimmte Wahrheiten ausspricht, welche die Franzosen stillschweigend miteinbeziehen, zwar nicht im Gespräch, aber in der Schrift. Wir wissen, wie Gespräche unter Männern beschaffen sind, und dank Fargue entgeht uns auch nichts von dem, was zum noblen, unerschöpflichen Thema des Sexus gesagt und erfunden wird. Wir befürchteten, unsere Leser zu schockieren; insbesondere unsere gute Freundin Madame L... hätte uns Vorhaltungen machen können, und darüber hinaus sind dies Dinge, die man ungern schreibt. Aber nach einer sorgfältigen Gewissenserforschung rief Sylvia aus: »Wenn ich, als Verlegerin von *Ulysses*, ein ganzes Regiment nicht fürchte, warum sollte ich da Angst vor einem Manne haben!«

Und tapfer stürzten wir uns in den Kampf. In unserem Übereifer haben wir sogar die entsprechenden amerikanischen Ausdrücke in Fußnoten wiedergegeben. Ich hoffe, man wird es zu würdigen wissen, denn die Wörterbücher führen sie nicht, und es fällt nicht leicht, Amerikaner daraufhin anzusprechen. Die Amerikaner haben da Vorteile; wenn sie nach Paris kommen, können sie sich von den *petites femmes* einweihen lassen, aber sollen die Franzosen zu ihrem Vergnügen vielleicht nach New York fahren? Zum einen ist dies zu teuer, und darüber hinaus scheint es, man vergnügt sich dort drüben nicht!

Was nun den Slang betrifft, so handelt es sich da um eine heikle literarische Frage, aber innerhalb eines Volkes, dessen individueller Sprachgebrauch in Entwicklung begriffen ist, spielt er unausweichlich eine bedeutende Rolle; beachten Sie nur, welchen Stellenwert er im Werk eines William Carlos Williams' einnimmt, der doch der beste zeitgenössische *Literat* der Vereinigten Staaten ist.

Sie kennen sicherlich Whitmans Schrift über den »Slang in Amerika«; als Sylvia die Prosawerke durchsah, stieß sie auf diesen bewundernswerten Essai, dessen Existenz ihr entfallen war. Ich kann nicht umhin, Ihnen einige Zeilen daraus in Erinnerung zu rufen:

Der Slang ist ein Versuch der Menschheit, der trockenen Buchstäblichkeit der Dinge zu entgehen und sich auf unbegrenzte Weise auszudrücken, was auf höchster Ebene Dichter und Gedichte hervorbringt. Zweifelsohne hat er in prähistorischen Zeiten die primitiven Mythologien entwirrt und vervollkommnet.

Der Slang, das ist auch die Gärung, das gesunde Aufstoßen jener Prozesse, die innerhalb der Sprache beständig wirksam sind und durch die Schaum und Trümmer ausgeworfen werden; das meiste davon verschwindet, einiges jedoch verbleibt und kristallisiert aus.

Das ist doch sehr zutreffend, nicht wahr? – Jene Slangausdrücke, die dabei sind auszukristallisieren, bezeichnet das Wörterbuch als *»umgangssprachlich«* oder *»volkstümlich«*. – Es wäre gewiß interessant, Paul Valérys Meinung dazu zu hören.

Lieber Freund, es ist äußerst schade, daß Sie so weit entfernt sind und wir diese Frage nicht in aller Ruhe besprechen können. Ich hoffe, Sie finden die Zeit, mir ausführlich zu schreiben.

(1926)

DIE ÜBERSETZUNG DES »ULYSSES«

Die Idee, den *Ulysses* zu übersetzen, übte von Anfang an, d. h. schon in den Jahren 1920/1921, große Anziehungskraft aus. Mir selbst drängte sie sich auf, sobald Sylvia Beach mir von dem Werk erzählt hatte; Valery Larbaud erging es ähnlich nach Beendigung der Lektüre; Fargue bezeugte nach allem, was er davon zu hören bekam, großes Interesse und hatte nicht übel Lust, eine französische Version in den Händen zu halten; und alle unsere Freunde, die des Englischen nicht mächtig waren, äußerten dasselbe Bedürfnis.

Doch wer würde das Werk übersetzen? Das erste vom Schicksal bestimmte Opfer war natürlich Larbaud. Als Joyce seine Bekanntschaft gemacht und sich seiner bedeutenden Qualitäten als Schriftsteller, Übersetzer und auch als Freund bewußt geworden war, hatte er nur einen Wunsch: daß er es sei, der den *Ulysses* übersetzte. Dies allein schon deshalb, weil Larbaud als einziger dieser Aufgabe gewachsen war. Ich war wohl die erste, die ihn, auf Joyces Anregung hin, daraufhin ansprach. Er sagte nicht nein. Er antwortete sogar mit einem Ja. Große Aufgaben schreckten ihn nicht. Er hatte das Werk Samuel Butlers in Angriff genommen, fünf Bände davon übersetzt, zuzüglich der Abhandlungen und Anmerkungen; hinzu kam die Fahnenkorrektur der beiden Bände, die bereits erschienen waren: *Erewhon* im Jahre 1920 und *Ainsi va toute chair* (Der Weg allen Fleisches/Way of all flesh) im Frühjahr 1921. Alles zusammen hatte ihn fünf Jahre gekostet.

Trotz seiner guten Absichten war Larbaud nicht in der Lage, die ersten Fragmente des Ulysses, die im Verlauf der Veranstaltung vom Dezember 1921 gelesen werden sollten, zu übersetzen. Dieser Termin ließ ihm nur vier Wochen, um den Vortrag auszuarbeiten, den er zu halten gedachte und der nichts weniger als eine umfassende Studie zu Joyce und seinem Werk sein sollte. Diese Studie beschäftigte ihn schon seit Monaten: sie sollte den *Ulysses*, den, von ihm abgesehen, noch niemand in Frankreich kannte, vorstellen und davon so klar und vollständig wie möglich berichten. Dies war eine erdrükkende Aufgabe, und nichts durfte ihn davon ablenken. Ich mußte jemanden finden, der den Anfang der *Sirenen* und das Ende der *Penelope* übersetzen würde, Passagen, die er im Anschluß an seinen Vortrag vorzulesen gedachte. Falls notwendig, würde Joyce Erläuterungen geben und die angefertigte Übersetzung selbst durchsehen.

Ich weiß nicht, was ich ohne Jacques Benoist-Méchin gemacht hätte, der damals zu den Freunden des Hauses zählte. Er war noch sehr jung (kaum zwanzig Jahre alt), wollte Komponist werden und hatte Kurse an der Schola Cantorum belegt; wir waren zwar nicht in der Lage, seine musikalische Begabung zu beurteilen, eines jedoch lag offen zutage: seine Leidenschaft für die Literatur. Die Großen der Rue de l'Odéon schenkten ihm ihre Sympathie und unterhielten sich gern mit ihm, da er Tiefe und Intelligenz bewies im Gespräch. Er beherrschte die englische Sprache bemerkenswert gut und die deutsche kaum weniger; er war in der Lage, selbst schwierigste Werke, die in einer dieser Sprachen abgefaßt waren, zu lesen und zu würdigen. Sylvia hatte ihm jene Nummern der *Little Review* zukommen lassen, in denen Ausschnitte des *Ulysses* abgedruckt waren, und er war davon sehr angetan gewesen. Bei Larbaud hatte er einen Stein im Brett: zu Larbauds Vortrag über Samuel Butler hatte er einige in Händelscher Manier abgefaßte Werke des englischen Schriftstellers wiedergegeben, der ja bekanntlich auch Komponist und Maler war.

Benoist-Méchin erbot sich also, die von Larbaud ausgewählten Passagen aus *Ulysses* zu übersetzen. Diese Passagen waren mit Schwierigkeiten gespickt, und er setzte sich mit Joyce in Verbindung, der ihn vorzüglich behandelte und jederzeit zu einer Unterredung bereit war.

Im übrigen lag Joyce viel an einer Zusammenarbeit mit Fargue, da er spürte, wie sehr ihm dieser geistig verwandt war. Fargue schloß sich den Arbeitssitzungen von Herzen gern an; er sollte vor allem beim Kapitel der *Penelope* behilflich sein, das den jungen Mann doch in Angst und Schrecken versetzte, und natürlich war er auch zuständig für die »Schweinereien«.

Dies also war der Gang der Dinge, wobei die üblichen Haken hinzukamen: ich weiß nicht, wie oft Fargue Joyce und Benoist-Méchin versetzt hat, so daß Larbaud die Übersetzung erst am dritten Dezember in Händen hielt, *Penelope* gar erst am fünften Dezember, da Fargue bis zum letzten Augenblick gewartet hatte. Als er seinen Vortrag in der Nacht zum sechsten beendet hatte, konnte er nicht einmal Atem schöpfen, sondern mußte sich sogleich an die Überarbeitung machen. Ich besitze noch eine Notiz von ihm, datiert von jenem sechsten Dezember, dem Vortag seines Vortrags, in der er im Hinblick auf die Passage aus *Penelope* sagt: »Da muß noch vieles abgeschliffen werden, bestimmte Abschnitte sind vollkommen dunkel, nicht *herausgearbeitet* von Benoist-Méchin.« Armer Larbaud! Noch heute ist mir jedesmal, wenn mir die Notiz unter die Augen kommt, beklommen zumute, so sehr merkt man der Schrift an, wie übermüdet er war.

Diese erste, hastig erstellte Übersetzung von Ausschnitten aus dem *Ulysses* ist nie veröffentlicht worden. Die Ausschnitte erschienen erst im Jahre 1924, in der ersten Nummer der Zeitschrift *Commerce*, dazu noch einige Passagen, die eine weitaus intensivere Durcharbeitung erfahren hatten.

In der Zwischenzeit hatte die Frage der *Ulysses*-Übersetzung eine andere Gestalt angenommen: Larbaud hatte den Gedanken daran aufgegeben, Auguste Morel übernahm die Aufgabe.

Am 24. März 1922 schrieb Larbaud mir aus Rom, seinem damaligen Aufenthaltsort:

Ich übersende Ihnen einen erstaunlichen Brief, den George Moore mir zukommen ließ. Dies bleibt unter uns, Sylvia, Ihnen und mir. Joyce können Sie davon in Kenntnis setzen, aber sonst niemanden. Er erweist mir große Ehre, aber ich möchte nichts mehr übersetzen. (...) Ich entsage der Übersetzung so vollständig, daß selbst der Ulysses *davon betroffen ist.*

Wer wird ihn nun übersetzen? Morel? Eine kleine Auflage von 2000 Exemplaren, zu 250 Francs das Ex.?

(Da George Moore nicht mehr unter uns weilt, erscheint mir die Erwähnung seines Namens nicht als Vertrauensbruch.)

Der Verzicht Larbauds kam nur auf den ersten Blick unerwartet; ich bin mir sicher, daß ihm allerlei Überlegungen vorausgingen. Nimmt man die Zahl der Autoren, die ihn als ihren Übersetzer wünschten oder… als Manager (die Art, wie er Joyce gefördert hat, muß so manchen von ihnen zum Träumen veranlaßt haben), ganz abgesehen von den Autoren, die er selbst verehrte, ging er, wenn er sich alles gefallen ließ und nachgab, das Risiko ein, von den pausenlos anfallenden Übersetzungen und Vorworten erdrückt zu werden, ohne je sein eigenes Werk vollbringen zu können. Seine Bewunderer und Freunde, allen voran ich selbst, konnten ob dieser Entscheidung nur Freude empfinden.

Wer aber war Morel? Hier eine Stelle aus Larbauds Brief an Gide vom 25. Januar 1921, in der er auf Morel zu sprechen kommt:

Auguste Morel ist ein junger Mann (noch keine dreißig), geboren auf der Bourboneninsel, und seine Übersetzungen erscheinen mir vortrefflich. Von Claudel als Übersetzer englischer Poesie abgesehen, ist mir noch niemand von dieser Güte über den Weg gelaufen. Als erstes hat er An Anthem of the Earth *von Francis Thompson übersetzt (erschienen in den* Cahiers des Amis des Livres*). Im Anschluß daran hat er das umfangreiche Gedicht Thompsons* The Hound of Heaven *in Angriff genommen (und abgeschlossen), und nach der Übersetzung einiger Gedichte John Donnes das große Poem William Blakes, wobei er sich bewundernswert aus der Affäre gezogen hat.*

Wir kannten Morel seit Anfang des Jahres 1920. Er hatte Larbaud aufgesucht, um ihm Übersetzungen englischer Gedichte zu unterbreiten, und den gerade zitierten Zeilen kann man entnehmen, was der Hausherr davon hielt. Unter dem Einfluß dieses Urteils habe ich alles, was Morel von Francis Thompson übersetzt hat, verlegt: als erstes *Une Antienne de la terre*, im Jahr darauf (1921) *Le Lévrier du ciel*, zuzüglich der Gedichte: *Corymbe d'automne* (Doldentraube des Herbstes),

A feu le cardinal de Westminster (Dem seligen Kardinal von Westminster zu Ehren), *En nul étrange lieu* (An keinem fremden Ort)), dem eine *Vie de Thompson* (Leben Thompsons) vorausging, und das abschloß mit von Auguste Morel selbst verfaßten *Réflexions*.

An dieser Stelle möchte ich auf die *Muse angloise* (englische Muse) eingehen. Unter diesem Titel hatte Morel in Zusammenarbeit mit Annie Hervieu eine zweisprachige Anthologie englischer Dichter herausgegeben, deren Besonderheit darin bestand, daß die Gedichte ins Französische der jeweiligen Epoche übersetzt waren. Alle Gedichte dieser Sammlung, die mir zu Gesicht kamen, schienen mir erstaunlich gelungen. (In der Nummer 1 des *Navire d'argent* habe ich John Donnes *De sa maistresse allant au lict* (Von seiner zu Bett gehenden Maitresse) veröffentlicht.) Larbaud hat sich vergebens bemüht, einen Verleger für dieses Werk zu finden. Ich war versucht, es selbst zu verlegen, doch fehlten mir die Mittel, insbesondere auch deshalb, weil ich mir alle Wege offenhalten wollte für die geplante Veröffentlichung der *Ulysses*-Übersetzung. Welch ein Jammer, daß diese hervorragende Anthologie nie erschienen ist!

Da Larbaud endgültig darauf verzichtete, den *Ulysses* zu übersetzen, war es nur natürlich – Larbaud machte selbst den Vorschlag –, Morel daraufhin anzusprechen. An die ersten Gespräche mit ihm kann ich mich nicht mehr gut erinnern; ich glaube, die Aufgabe schreckte ihn, auch nahm ihn seine *Muse angloise* in Beschlag; er wollte sie zu Ende bringen und einen Verleger dafür finden. Erst 1924 nahm er den *Ulysses* in Angriff, nachdem Joyce und Larbaud ihm größtmögliche Unterstützung zugesagt hatten. – Man einigte sich darauf, daß Joyce die notwendigen Erläuterungen geben und Larbaud die gesamte Arbeit durchsehen und ein Vorwort dazu schreiben würde.

Im Frühjahr desselben Jahres befand sich die Rue de l'Odéon in hellem Aufruhr: Wir bereiteten die erste Nummer der Zeitschrift *Commerce* vor. In der Inhaltsangabe sollten so erlauchte Namen wie Valéry, Fargue, Larbaud, Saint-John Perse und Joyce vertreten sein. Die Prinzessin von Bassiano hatte Larbaud gebeten, für ihre Zeitschrift eine Episode aus dem *Ulysses* zu übersetzen; trotz der einmal getroffenen Entscheidung konnte er ihr dies nicht abschlagen; er dachte dabei an die *Sirenen* oder auch an *Nausikaa.* Zusätzlich sollte er – und dies lag uns besonders am Herzen – einen eigenen Text liefern. Sehr bald sah er ein, daß er nicht alles zu einem glücklichen Ende führen konnte. Im Mai schrieb er mir, daß jede Episode »zwei Monate aufreibender Arbeit« erfordern würde, »ohne daß ich mich anderen Dingen widmen könnte«. Und er fügte hinzu: »... warum greifen wir nicht auf Morels Übersetzung der ersten Episode zurück?« Diesen Vorschlag griff ich unverzüglich auf.

Morel war über den Vorschlag beglückt, zugleich aber auch verstimmt darüber, sich so beeilen zu müssen. Wie er selbst anführte: »Die geforderten Seiten wären ohne die darin enthaltenen Widerstandsherde wertlos.« Die erste Episode *(Telemachos)* war fast beendet, doch war es nur eine erste Version, die seiner Ansicht nach noch viel Überarbeitung benötigte; und wir brauchten sie zum Monatsende – in zehn Tagen. Wie auch immer, er würde sein Bestes geben.

Diese Zeitspanne wurde zwar um eine Woche verlängert, aber ach! im gleichen Atemzug baten wir ihn, Passagen aus der *Ithaka*-Episode (die in Form von Fragen und Antworten gehalten war) mitzuliefern. Den *Telemachos* dagegen würden wir nicht mehr als Ganzes veröffentlichen, sondern nur noch die ersten beiden Drittel, was seine Aufgabe wiederum ein wenig erleichterte. Um den Lesern eine vollständigere Übersicht über das Werk zu vermitteln, hatte Larbaud sich entschlossen, Abschnitte aus drei verschiedenen Episoden zu bringen; die letzten Seiten der Schlußepisode *(Penelope)* – ein vollendetes Beispiel für den inneren Monolog – lagen ihm besonders am Herzen. Doch dies würde er selbst besorgen; schon zur Zeit der Joyce-Veranstaltung hatte er sich damit beschäftigt – dies war machbar.

Am 6. Juni übersandte Morel mir die Übersetzungen. Er

fügte hinzu: »Ich bin mit der geleisteten Arbeit nicht sehr zufrieden, die zu übersetzende Passage als solche aber hat mir sehr gefallen. Joyce ist wahrhaftig der Whitman der Prosa, er spricht alle Sprachen Whitmans und noch einige mehr.«

Wir hatten Morel ungemein unter Druck gesetzt. Hätten wir die Verzögerung Fargues und auch jene Valérys vorhersehen können, hätten wir ihm zwei Wochen mehr Zeit gelassen. Fargues Verspätung war vorhersehbar, könnte man berechtigterweise einwenden.

Am 8. Juni hatten Sylvia, Larbaud (der vorübergehend in Paris weilte) und ich eine kurze Arbeitssitzung, an die Larbaud in einem am 17. geschriebenen Brief auf so liebenswerte Weise erinnert, daß ich nicht umhin kann, ihn auszugsweise zu zitieren:

Unsere Arbeitssitzung am Sonntag war kurzweilig, auch wenn ich so gar nicht in Form war. Sylvia fand die Wendungen, die am stärksten den Geist der französischen Sprache atmeten, während ich – unausgeschlafen nach schlecht verbrachter Nacht und von der Sorge geplagt, verspätet am Gare de Lyon einzutreffen, wo Ray auf mich wartete – klägliche Anstrengungen unternahm, mich an volkstümliche Ausdrücke zu erinnern, die ich doch in allen Landstrichen horte und ins Herz schließe. Meine Putzfrau in Paris sagt über ihre Concierge: »C'est unc horreur de femme (ein entsetzliches Weib)«. Sehen Sie eine Stelle, an der dieser Ausdruck passend wäre? Aber Molly Bloom ist nicht so plebejisch, wie Fargue sie wiedergegeben hat. Ich glaube, der von Sylvia gefundene Ton ist weitaus angemessener.

Ursprünglich sollte *Commerce* im Juni erscheinen. Aber erst Ende Juni gab Fargue mir seine Abschrift jener Gedichte zurück, die ich nach seinem Diktat in nächtelanger Arbeit niedergeschrieben hatte. Gerechterweise muß man hinzufügen, daß Valéry sich noch mehr Zeit ließ; er gab mir seinen Text erst Anfang Juli.

Ebenfalls Anfang Juli schlug Joyce, der Meister aller Klassen im Bewältigen von Schwierigkeiten bleiben wollte, vor, bei den Passagen aus *Penelope* nicht nur wie vorgesehen die Zeichensetzung wegzulassen, sondern auch die Akzente sowie die Auslassungszeichen. Dazu mußte die Meinung Larbauds eingeholt werden.

In aller Eile schrieb ich Larbaud. Zwar war auch ich für das Weglassen der Satzzeichen – dies entsprach dem Original –, widersetzte mich aber vehement der Streichung der Akzente und Auslassungszeichen; da sie im Englischen nicht vorkamen, erschien mir dies unlogisch. Das Ergebnis war weder französisch noch war es von Joyce. Nehmen wir zum Beispiel den ersten Satz:

»...le quart quelle heure pas de ce monde jimagine quils se levent en ce moment en Chine peignent leurs queues pour la journee bon bientot nous entendrons les sœurs sonner langelus elles nont personne qui vienne deranger le sommeil excepte un pretre ou deux pour son office de nuit le reveil des gens da cote avec son cri de coq qui se fait eclater la tete voyons si je pourrais me rendormir 1 2 3 4 5 quescequecest que cette espece de fleurs quils ont invente comme les etoiles...«

(»...Viertel nach schon was für eine unheimliche Zeit wahrscheinlich stehn sie in China jetzt grade auf kämmen sich ihre Zöpfe aus für den Tag bei uns läuten die Nonnen jetzt bald das Angelus die haben keinen der bei ihnen reingestolpert kommt und ihnen die Nachtruhe verdirbt außer bloß gelegentlich mal ein Priester oder zweie wegen seinem Nachtgottesdienst der Wecker nebenan bei Hahnenschrei schrillt sich einen ab wie wenn er sich selber um Sinn und Verstand bringen wollte laß mal sehn ob ich noch wieder etwas eindämmern kann 1 2 3 4 5 was sind das eigentlich für Blumen die sie da erfunden haben wie die Sterne...«)[1]

Zu meiner großen Überraschung antwortete Larbaud in seinem Telegramm vom 6. Juli, abgesandt in Marina di Pisa:

»Joyce hat recht Joyce ha ragione.«

So geschah es dann auch in der ersten Nummer von *Commerce*, die Mitte August erschien. Die Nummer, die nach der Rentrée erschien, erregte großes Aufsehen, größeres noch als Apollinaire und seine Schule. Letztlich entsprach diese Version ja auch Joyces Absichten, der die unablässige Erddrehung und deren Ungegliedertheit repräsentieren wollte. Gide hatte gerade *Corydon*[6] veröffentlicht; wir sagten augenzwinkernd, Penelope sei ein »scheußliches Weib« ohne Akzente.

Diese Ereignisse, ich sagte es schon, spielten sich 1924 ab. In Buchform erschien die *Ulysses*-Übersetzung erst 1929. Fünf Jahre trennten uns noch vom Ziel, fünf Jahre, in denen immer neue Schwierigkeiten auftauchten. Ich glaube nicht, daß wir die Aufgabe zu Joyces Zufriedenheit zu Ende gebracht hätten ohne das »von der Vorsehung bestimmte« Eintreffen Stuart Gilberts.

Beim Erzählen der Umschwünge im Verlauf unserer ersten beiden Anläufe bin ich ein wenig außer Atem geraten, nicht des Niederschreibens, sondern des erneuten Durchlebens wegen. So leiden auch Sie, lieber Leser, damit ich Atem schöpfen kann, bevor ich den Rest der Geschichte zum besten gebe.

(1950)

DER »ULYSSES« VON JAMES JOYCE UND DAS FRANZÖSISCHE PUBLIKUM

Der folgende Text ist ein Vortrag, den ich im März des Jahres 1931 in meiner Buchhandlung hielt, wo Philippe Soupault in der Gegenwart James Joyces die Übersetzung eines Abschnitts aus Anna Livia Plurabelle *vorstellte.*

Dieser Vortrag wurde erst im Mai 1940 in der Gazette des Amis des Livres *abgedruckt. Der Gedanke, ihn zu veröffentlichen, kam mir, als ich Leute wie den Doktor Marc Klein sagen hörte,* Ulysses *sei ihre Lieblingslektüre – andere aber, wie etwa Claude Roy, mich fragten: »Wie konnte eine so verständige Frau wie Sie uns nur dieses Monstrum von* Ulysses *zwischen die Beine werfen?«*

Am 7. Dezember des Jahres 1921 stellte Valery Larbaud den Amis des Livres den irischen Schriftsteller James Joyce vor.

Diese Veranstaltung gehört zu den denkwürdigen unseres Hauses. Die ersten Ausschnitte aus der *Ulysses*-Übersetzung sind dort vorgetragen worden, im Anschluß an den Hinweis, daß »bestimmte Seiten von ungewöhnlich gewagter Ausdrucksweise sind, die zu Recht schockieren könnte« (ich zitiere aus dem Ankündigungstext). Auguste Morel hatte zum damaligen Zeitpunkt seine Übersetzung noch nicht in Angriff genommen, so daß Jacques Benoist-Méchin sich beherzt dieser ersten Abschnitte angenommen hatte; wobei Léon-Paul Fargue zu den schwierigsten Passagen hinzugezogen worden war.

Joyce war damals dem französischen Publikum noch unbekannt. Doch weder das Maison des Amis des Livres noch Valery Larbaud können sich rühmen, ihn als erste willkommen geheißen zu haben. Kurz nach seiner Ankunft aus Zürich, wo er fünf Jahre verbracht hatte, war er im Oktorber 1920 von einem Freund, dem amerikanischen Dichter Ezra Pound, bei André Spire eingeführt worden, der ihn mit der ihm eigenen

Freundlichkeit empfangen hatte. Bei André Spire haben Sylvia Beach und ich ihn kennengelernt, im Verlauf eines Empfangs, bei dem zahlreiche Literaten zugegen waren. Ich hatte dort ein kurzes Streitgespräch mit Julien Benda, der der Ansicht war, daß Frankreich im Augenblick keine herausragenden Schriftsteller besitze. Während wir uns unterhielten, saß Joyce schweigsam, mit »gefalteten Flügeln«, in einer Ecke. Sylvia Beach, die seine Bücher und auch die in der New Yorker *Little Review* erschienenen Kapitel aus *Ulysses* gelesen hatte und die ihn leidenschaftlich verehrte, nahm an jenem Abend all ihren Mut zusammen und sprach ihn an.

Es war ein äußerst großzügiger Empfang: Spire bot uns Tee und Souper zugleich. Es fehlte nicht an Zeit zum Sprechen, es blieb sogar noch Muße, sich zu überlegen, was man sagen wollte. In diesem Rahmen also nahmen unsere Beziehungen zu James Joyce ihren Anfang.

Wenn man um die Bedeutung des Symbols im Werke Joyces weiß und um sein ständiges Bemühen, mystische *Entsprechungen* herzustellen, fällt einem sofort auf, daß die erste Person, die ihn in Frankreich willkommen hieß und ihn mit seinen zukünftigen Verlegerinnen bekanntmachte, ein jüdischer Dichter war – hatte er doch im *Ulysses* eine herausragende jüdische Gestalt voller Menschlichkeit geschaffen und war es ihm doch bestimmt, bei uns den Ort zu finden, der der Erscheinung seines Werkes und der Begründung seines Renommees förderlich war.

In besagtem Jahre 1921 also sprach Valery Larbaud in meiner Buchhandlung über Joyce und insbesondere über seinen *Ulysses,* der bis dahin noch nicht in Buchform erschienen war. Dieser Vortrag, der anschließend in der *Nouvelle Revue française* veröffentlicht wurde und zum jetzigen Zeitpunkt das Vorwort zu *Gens de Dublin* (Dubliners) bildet, steht in der Geschichte der Literaturkritik einzig da. Unseres Wissens ist es das erste Mal, daß ein auf englisch abgefaßtes Werk von einem in Frankreich lebenden französischen Autor besprochen wurde, noch bevor dies in England oder Amerika geschah.

Gewiß, die Tatsache, daß Joyce unter uns lebte, hatte dazu

beigetragen; bedenkt man aber die Schwierigkeiten, die ein Text wie *Ulysses* bietet, kann man über den Gewaltakt Larbauds nur verblüfft sein. Um so mehr, als seine Analyse die vollkommenste, einfühlsamste Studie ist (und sicherlich bleiben wird), die man zu Joyces Werk erstellen kann. Wie es Larbaud gelang, in so kurzer Zeit und ohne die Hilfe zuvor erschienener Arbeiten einen so einleuchtenden, dichten und zugleich heiteren Gehalt daraus zu ziehen, dies wird uns auch weiterhin mit Bewunderung erfüllen.

Ich werde mich hüten, einen solchen Lehrmeister nachahmen zu wollen, insbesondere da ich des Englischen kaum mächtig bin und auch der Gelehrsamkeit ermangele. Meine Aufgabe wird bescheidenerer Art sein, vielleicht aber auch ehrgeizigerer. Ich werde versuchen, die wesentlichen Ansichten französischer Leser zum *Ulysses* vorzutragen, und bei gleicher Gelegenheit einige persönliche Standpunkte anfügen. Bevor ich die französische Übersetzung dieses Werkes herausgab, war ich deren erste Leserin. Ich habe mir viele Gedanken dazu gemacht. Ursprünglich unterschieden sich meine Überlegungen wohl kaum von denen des gewöhnlichen Lesers; da sie aber zahlreicher und mit größerer Anstrengung verbunden waren, bin ich vielleicht zu etwas angemesseneren Schlußfolgerungen gekommen.

Zuerst einmal möchte ich betonen, daß es uns nicht an Appetit mangelte, als wir mit der Lektüre dieses umfangreichen Buches begannen. Wir hatten acht Jahre lang auf die Veröffentlichung gewartet, und Larbaud hatte dafür gesorgt, daß uns das Wasser im Munde zusammenlief; er hatte uns darauf hingewiesen, daß »nicht oder halbwegs Belesene den *Ulysses* schon nach den ersten Seiten beiseite legen würden«, aber wir hielten uns, wohl nicht ganz zu Unrecht, für belesen, und die Erhellungen, die er uns im voraus gewährt hatte, sollten uns gegen Enttäuschungen feien. Und doch muß ich zugeben, daß – trotz Beendigung der Lektüre – die Versuchung, sie unterwegs abzubrechen, mehrfach auftrat.

Hier das Resümee unserer Reise:

Das erste Kapitel gefällt uns sehr – wir hatten es im übrigen schon in der ersten Nummer der Zeitschrift *Commerce* gelesen. Hier liegt eine muntere Erzählweise vor, die sich auszeichnet durch einen vortrefflichen Realismus, durchsetzt mit poetischen Tupfern von überraschender Lebhaftigkeit; drei oder vier Sätze über das Meer, über die alte Milchhändlerin bezaubern uns der neuartigen (Farb-)Tonkontraste wegen.

Zweites Kapitel. – Die Steigerung setzt ein. Stephen, unser bisheriger Held, dreht uns entschlossen den Rücken. Der Tonfall der Erzählung geht verloren, kein Pfad mehr. Die kurzen, abgehackten Sätze mehren sich, ebenso die Anspielungen auf Dinge, die wir kaum oder gar nicht kennen: die Geschichte Irlands, Alte Geschichte, Philosophie und scholastische Theologie, englische Dichtkunst...

Drittes Kapitel. – Ausgesprochen schwierig. In der N. R. F. ist es unter dem Titel *Proteus* erschienen. Die Anspielungen werden immer dunkler, unerträglicher. Nicht nur, daß Stephen uns den Rücken kehrt, er murmelt auch noch unverständlich vor sich hin. Wir sind überflüssig. Zum ersten Mal entfällt das Buch unseren Händen.

Nach mindestens einem Ruhetag greifen wir es wieder auf. Dies gilt für die Tapfersten. Aber wir werden dafür belohnt. Nach einer (Zwischen-)Titelseite, die uns den zweiten Teil des Werkes ankündigt, stoßen wir endlich auf den eigentlichen Helden, Leopold Bloom: Odysseus, um mit Larbaud zu sprechen. Bei Fortsetzung unserer Lektüre ist keinerlei Bezug zur *Odyssee* ersichtlich, vielmehr handelt es sich um die skrupulöse Aufzeichnung dessen, was ein ganz und gar lebendiger Mann denkt, sagt und tut. Das Verfahren der kurzen, abgehackten, mit Anspielungen gespickten Sätze – der berühmte *innere Monolog* – belästigt uns noch ein wenig, doch haben wir uns schon daran gewöhnt, und schließlich ist die Gestalt auf der Bühne ja auch nicht mehr dieser selbstgefällige, buchgelehrte Stephen.

Mister Bloom ist ausgesprochen sympathisch, im wesentlichen ein Mann guten Willens. Sein Geist verkehrt ungezwungen zwischen den Dingen, selbst den trivialsten, ohne sich je zu erniedrigen; zwar ist sein Denken kein wirklich erhabenes, aber er hat eine ihm eigene Art, mit den Ereignissen umzugehen, indem er ihnen zuerst Genuß entlockt und im Anschluß sein begrenztes Wissen auf sie verwendet, wobei er stets eine geringe (Ver-)Besserung anstrebt, eine Haltung, die durchaus ein gerührtes Lächeln seitens der Weisheitsgöttin verdient. Er ist der Primitive des 20. Jahrhunderts, der, genährt von den großen vulgarisierenden Werken, die Wissenschaft entdeckt. Eines Tages wird man vom »Bloomismus« sprechen, so wie man heute vom Don Quichottismus oder Don Juanismus spricht.

Wir folgen also unserem vortrefflichen Mister Bloom bei so mancherlei Hin und Her. Seine Gänge in den Straßen von Dublin, das Bad, das er nimmt, die Beerdigung, an der er teilhat, sein Abstecher in die Geschäftsräume einer Zeitung bilden das Material zu fünf Kapiteln, die uns alle beachtliche Genugtuung gewähren.

Merkwürdig ist er schon, dieser Genuß, den wir empfinden angesichts der Repräsentation alltäglicher Dinge, jener noch immer unbekannten Landschaft, die das uns Bekannteste darstellt. Es ist gut wiedergegeben, könnte man sagen, oder mit anderen Worten: was die Götter uns gaben, haben wir wiedererschaffen, es ihnen zurückzugeben uns bemüht. – Kunst als Austausch geeigneter Verfahren mit den höheren Mächten; als Aufnahme in den Kreis der Unsterblichen.

Doch kehren wir zu Bloom zurück, den wir am Ausgang des Museums zurückließen, wo er eine seltsame kleine Überprüfung vornahm.

Im nächsten Kapitel des Buches, dem neunten, verlieren wir ihn aus den Augen und stoßen wieder auf Stephen.

Wir befinden uns in der Stadtbibliothek in Gesellschaft einiger junger Intellektueller. Ein schwer nachzuvollziehendes Kapitel. Auch hier gibt Joyce sich wenig Mühe, uns in die Gespräche einzuführen. Ich kann mir vorstellen, daß diese Äußerungen den Iren einleuchten mögen, insbesondere jenen, die wie der Autor des *Ulysses* mit dem literarischen Leben im

Dublin der Jahrhundertwende eng verbunden waren. Mehr schlecht als recht entwirren wir die sie beschäftigenden Themen: die Wiedergeburt des Keltentums, Symbolismus, Esoterik. Diese jungen Leute haben alle Mallarmé, Villiers de l'Isle-Adam oder auch die *Enthüllte Isis* (Isis dévoilée) von Madame Blavatsky gelesen; sie haben hervorragende Kenntnisse der englischen Klassiker und Modernen; sie sind sich gänzlich ihres Wertes und ihrer Bedeutung bewußt; ihre unmittelbaren Vorväter sind: Yeats, George Moore, Synge, George Russel. Einige von ihnen gründen die *Gälische Liga* und unternehmen den Versuch, die alte irische Sprache wiederaufleben zu lassen. Der Ruhm des »Sachsen« Shakespeare bringt sie zum Träumen. Innerhalb der Gruppe, zu der James Stephen und Padraic Column gehören, sticht Stephen – kein anderer als der jugendliche Joyce – schon durch das Ausmaß seines Wissens und seine originelle Denkweise hervor. Das zwischen ihm und seinen Kameraden entstehende Gespräch dreht sich fast ausschließlich um Leben und Werk Shakespeares, insbesondere um den *Hamlet.* Ihre Ausführungen führen uns lebhaft unser Unwissen vor Augen. Schon seit dem ersten Kapitel wissen wir – Buck Mulligan hatte es uns voller Ironie wissen lassen –, daß Stephen Theorien zum *Hamlet* entwickelt hat; hier nun wohnen wir der Darlegung seiner Thesen bei, die in eine inzwischen schon berühmt gewordene Definition der Vaterschaft münden. »Die Vaterschaft als bewußtes (Er-)Zeugen«, so sagt er, »gibt es beim Manne nicht. Vielmehr handelt es sich um einen mystischen Zustand, eine apostolische Weitergabe, unmittelbar vom Erzeuger auf den Erzeugten. Auf diesem Mysterium, und nicht auf der Madonna, welche die italienische List den westlichen Massen als Köder vorwarf, gründet die Kirche, und so ist sie unerschütterlich, gründet sie doch, wie die Welt, wie Mikro- und Makrokosmos, auf der Leere. Auf der Unsicherheit, der Unwahrscheinlichkeit. *Amor matris,* Genitivus objectivus und subjectivus, ist vielleicht das einzige Wahre in diesem Leben.« Wie man sieht, diese Definition ist dazu angetan, endlose Debatten auszulösen.

Setzen wir unsere Reise fort, ohne uns hier aufzuhalten – könnte es doch geschehen, daß wir nicht mehr herausfinden. Wir kommen nun zu einem sehr erholsamen Kapitel, das aus einer Reihe von kurzen Dubliner Szenen besteht. Der Grundton des Stückes wird angeschlagen von der ersten Gestalt, die die Bühne betritt, von seiner Hochwürden John Conmee S. J.[7], einem wohlwollenden Manne von ausgeglichener Geistesverfassung, für den die Welt ein für allemal erklärt ist. Hier haben wir es weder mit der Rastlosigkeit Stephens zu tun noch mit dem fortwährenden Unter-die-Lupe-Nehmen Blooms, sondern mit einer gewollt oberflächlichen Sicht der Dinge. Diese sind ihrer inneren Problematik entkleidet, nur ihre Umrisse, Farben, Geräusche und Ortsveränderungen treten in Erscheinung; diese Art, die Dinge en passant zu betrachten, stellt sie deutlicher und oft unverfälschter heraus, als wenn sie das Material zu individueller Interpretation bilden. Solcherart werden wir Zeugen der Unbekümmertheit von Stephens Vater, Simon Dedalus, und der Not, die in seiner Familie herrscht. Öffentliche Ausgelassenheit, privates Leid.

Wir begegnen ihm wieder in der Osmond-Bar, in Begleitung des Sängers Ben Dollard, Blooms und mehrerer Gefährten. Zwei reizende Barfrauen, Miss Douce und Miss Kennedy, Bronze und Gold, haben die Herrschaft inne über den Ort. Die Musik, insbesondere der Gesang, bildet die Grundlage dieser Szene. Alles dreht sich um Mister Dedalus und Ben Dollard, die man bittet zu singen, die auch singen oder schon gesungen haben. Die beiden ersten Seiten des Kapitels sind den meisten Lesern sehr *surrealistisch* vorgekommen, d. h. aufgebaut aus launenhaft, ohne verbindende logische Ordnung gefügten Sätzen. In Wahrheit bilden diese Sätze eine *Ouvertüre*, einer Opernouvertüre nicht unähnlich; die spätere Handlung wird durch kurze Anspielungen angedeutet, die anschließend wiederaufgenommen und entwickelt werden. Der nachahmende Wohlklang hat natürlich einen wichtigen Platz im Stilrepertoire dieses Kapitels, das der Tonkunst gewidmet ist.

Die nachfolgende Episode stürzt den unvorbereiteten Leser in große Ratlosigkeit. Der Ort der Handlung, die Taverne Barney Kiernans, ist schwer auszumachen, ebenso die dort anwesenden Personen. Ein gewisser *Citoyen* in Begleitung seines Hundes spielt, wie es scheint, eine wichtige Rolle, aber auch er bleibt in das allgemeine Dunkel gehüllt. Doch jede Seite enthält bewundernswerte burleske oder lyrische Entwicklungen. Man versteht nichts und ist zugleich bezaubert. Die offensichtlichste Charakteristik des hier angewandten Verfahrens ist das Wechselspiel aus volkstümlichem Slang, der Erzählweise archaischer Legenden, alltäglicher Zeitungssprache, mondänem Klatschspaltenjargon und juristischer, wissenschaftlicher und politischer Sprache. Die Ereignisse werden abwechselnd auf vulgäre oder idealisierende Weise erzählt; die Gefühle werden mal auf ihre niedrigsten Beweggründe reduziert, dann wieder bis ins Unwahrscheinliche hinauf erhöht. Jedes Detail bietet für sich genommen keine unüberwindliche Barriere, dennoch ist es unmöglich, den Sinn der Gesamtkomposition auszumachen. Dies ist eines der Kapitel, die eine Einführung erfordern. Sobald man weiß, daß es der *Zyklopen*-Episode aus dem Odysseus entspricht, erhellt sich alles. Man versteht jetzt, daß der Slang einer gewöhnlichen, trivialen Wahrnehmung entspricht, jener der unter die Tiere gebundenen Gefährten Odysseus', und daß die emphatischen Sprechweisen den Riesen zugeordnet sind. Die Riesen, das sind gewissermaßen die sozialen Körperschaften, die Gemeinplätze, die Traditionen, die vom Volk zu Halbgöttern erhöhten Helden. Dieselbe Volksmenge, drückt sie sich individuell aus, kennt nur eine grobe und begrenzte Sicht der Dinge, die von ihrer Unwissenheit und Unterworfenheit zeugt; die Freiheit des Ausdrucks bringt da Linderung: Mensch und Hund bellen im Einklang.

Nach dieser schwierigen Passage kommt nun zu unserem Glück eine Erholungspause. Wir werden an einen Strand versetzt und finden uns dort in Begleitung dreier Mädchen wieder; zwei von ihnen passen auf einen Säugling und zwei Knaben auf, sie spielen die junge Mama; die dritte, Gertie, ist in Träumereien versunken. Bloom, der in ihrer Nähe sitzt, entgeht nichts von ihrem Getue und ihrem oberflächlichen Gerede. Bis hin zum Schlußmonolog Blooms behält das Kapitel den Tonfall der Klatschspalten und der nur zu bekannten Leserbriefspalten der Modezeitschriften bei. Alles, was die Durchschnittsfrau sich selbst zu Füßen legt, all das schmeichelhafte Gemurmel der Menge, das sie selbst zum Thema hat, all diese Schönheitstips, die Diktate der Mode, die einfältige Poesie, das gezähmte Mysterium, die Religion, die zu allem nütze ist, die Kochrezepte, das Savoir-vivre, und all dies, bis ins kleinste Detail hinein, durchdrungen von der Atmosphäre der Liebe, ja, alles ist da; dieser verflixte Joyce hat nichts ausgelassen. Das männliche Publikum kommt bei diesem Kapitel auf seine Kosten.

Nun gelangen wir zu einer Episode, die ebenso unzugänglich ist wie jene der *Zyklopen* und bei der die Kenntnis der besonderen Absichten des Autors gleichfalls unerläßlich ist. Sie trägt den Titel *Die Sonnenrinder* und spielt in der Entbindungsstation. Bloom erkundigt sich dort nach dem Befinden von Mrs. Purefoy und stößt im Wachzimmer auf eine ganze Schar von Freunden, darunter auch Stephen Dedalus.

Diese Episode besteht aus einer Folge von *à-la-manière-de*, die von den ersten angelsächsischen Texten über Werke des 15. bis 19. Jahrhunderts bis hin zum zeitgenössischen Slang (den amerikanischen inbegriffen) reicht. Das hier angewandte Verfahren ist darauf aus, die Entwicklung des Fötus durch jene der englischen Prosa nachzuahmen. Gemäß der Hinweise, die Joyce selbst dazu gab, hat er dabei die Stile folgender Autoren imitiert: Mandeville, Malory, Bunyan, Defoe, Swift, Addison, Sterne, Goldsmith, Junius, Gibbon, Walpole, Lamb, De Quincey, Landor, Macaulay, wissenschaftliche Zeitschriften aus der ersten Hälfte des 19. Jahrhunderts, Dickens, Thackeray, Newman, Pater, Ruskin und Carlyle. Dies verlangt, wie man sieht, eine ungeheuere Virtuosität. Wäre die Episode stellenweise nicht ausgesprochen anstößig, könnte sie eine hervorragende Stilübung abgeben.

Die folgenden Kapitel bringen – obschon sie meiner Ansicht nach die schönsten sind – keine wirklichen Verständnisschwierigkeiten mit sich; um von ihrer Schönheit zu kosten, bedarf es keiner besonderen Einweihung. Die lange, in Dramenform gehaltene Episode, die in einem Bordell spielt und den zweiten Teil des Werkes abschließt, ist für sich genommen schon ein unbestrittenes Chef-d'œuvre.

Einige Kritiker haben diese Episode mit der *Walpurgisnacht* oder der *Versuchung des Hl. Antonius* verglichen, doch diese Werke erscheinen mir einfach im Vergleich zur *Circe* Joyces. Die Phantasmagorie ist hier nicht mehr äußerlich, entlehnt, sie besitzt eine innere, logische Wahrheit im Einklang mit dem jeweiligen Bewußtsein der Protagonisten. Im von der Trunkenheit erzeugten halluzinatorischen Zustand erschaffen sie ihre eigenen Dämonen, Produkte all dessen, was in ihnen in larvenhafter Form oder als Rückstand existiert. Alle möglichen Empfindungen, Gefühle und mehr oder minder verdrängten Neigungen nehmen Gestalt an, spielen episodische Rollen. Die Ideenassoziation tritt dabei als Helfershelfer auf, der die Nummernfolge regelt. So entsteht ein Schauspiel ebenso voller Gewimmel, drollig, abstoßend oder furchterregend wie jene vom Volke erfundenen oder von einem zu Teufelsstreichen aufgelegten Dichter; darüber hinaus ist es eine vortreffliche psycho-physiologische Studie. Es handelt sich um eine wissenschaftlich verankerte, mit den modernsten Mitteln ausgestattete Hölle.

Der dritte Teil des Werkes setzt an mit einem Kapitel, das größere Aufmerksamkeit verdiente als ihm gemeinhin zugestanden wird. Wir befinden uns in einer kleinen Bar, der »Unterkunft des Kutschers«, in die Bloom den betrunkenen Stephen mitnimmt, nachdem er ihn am Ausgang des Bordells aufgelesen hat. Das gesamte Kapitel ist – abgesehen von den Reden des Matrosen – im *vernehmbaren* Gesprächston Blooms gehalten. Man hört ihn wirklich sprechen, mit seinen gesuchten Gemeinplätzen, seiner überbordenden Höflichkeit, seinen besten Grundansichten, all diesen Anstrengungen eines den anderen gegenüber offenen Mannes, der nicht als X-Beliebiger gelten möchte. Diese Passage ist ungemein gelungen, sie bezeugt vielleicht am besten die Meisterschaft des Schriftstellers, seine Fähigkeit zu Aufmerksamkeit, seine getreue Wiedergabe des Lebens. Sie gehört zu den literarischen Meisterstücken des zwanzigsten Jahrhunderts.

Auch das nächste Kapitel – geschrieben in Form von Fragen und Antworten – scheint nicht die Bewunderung ausgelöst zu haben, die ihm eigentlich zukäme. Zweifellos ist seine Form auf den ersten Blick verwirrend, die langen Aufzählungen sind bisweilen ermüdend, und doch ist es vielleicht, vom Joyceschen Standpunkt aus betrachtet, der Höhepunkt des Werkes. Mir persönlich fällt es schwer, die Einwände gewisser Leser zu begreifen. Mir will scheinen, daß hier eine Art Stilisierung stattgefunden hat, die Bezüge aufweist zum hieratischen Kult Ägyptens, wobei die Wissenschaft an die Stelle der Religion getreten ist. So ergeben sich zeitweise erstaunliche und überraschende Effekte voller Emotion oder Komik. Der schnelle Ablauf der Sätze, ihre gänzlich wissenschaftliche Entfaltung, die ungeheure Energie, die er herausforderte und einsetzte, erzeugen stellenweise eine Art Lichtkondensation, die in doppelter Verkehrung das Detail vergrößert und das Allgemeine verkleinert. Noch die geringsten Nuancen im Fühlen oder Denken werden übermäßig aufgeblasen, während die Erde mit ihren Myriaden Lebewesen auf das reduziert wird, was sie ist: ein winziger Punkt im All.

Ist es überhaupt noch notwendig, vom letzten Kapitel zu berichten? Es handelt sich um den berühmten Monolog der Frau. Alle haben ihn gelesen und wieder gelesen. Man hat mir von Leuten erzählt, die nur dieses Kapitel kennen. Die spezielle Redeweise erstaunt inzwischen niemanden mehr; wie bekannt hat Joyce die Zeichensetzung weggelassen, um den Eindruck eines fortwährenden Ab-Rollens zu erzeugen, etwas Ähnliches wie die Erddrehung, wobei die Erde zur großen Göttin-Mutter wird, zum Wesen der Weiblichkeit. Sie ist die Materie, das »irrationale Chaos«, wie Giordano Bruno sagt, »das unmerkliche Subjekt, um das herum der Wechsel der Formen stattfindet«; die Formen (und ihre Veränderungen) entstammen dabei dem männlichen Prinzip.

Man möge mir verziehen, diese Episoden so gerafft, so unvollständig kommentiert zu haben; sie verdienten lange und sachkundige Studien.[8] Um die Wahrheit zu sagen: mir ging es nicht darum, eine Zusammenfassung des *Ulysses* zu geben, Monsieur und Madame Valery Larbaud, Stuart Gilbert, Jean Cassou, René Lalou, Marc Chadourne und vor allem Marcel Thiébaut haben dies schon auf vortreffliche Weise geleistet. Auch die im Werk enthaltene Menschlichkeit herauszuarbeiten, was Philippe Soupault zu Recht als das Wichtigste empfunden hätte, war nicht mein Trachten.

Ich habe mich vielmehr nach besten Kräften bemüht, einige allgemeine Ideen freizulegen, deren Ausrichtung so literarisch wie möglich sein sollte. Ich wollte die von Joyce offensichtlich benutzten Ausdrucksmittel herausstellen sowie die mit Hilfe dieser Mittel erzeugten Effekte. Bewußt habe ich jene so wichtige Technik des inneren Monologs beiseite gelassen, ist sie doch unter allen Beiträgen des *Ulysses* jener, der am schnellsten herausgefiltert und am besten erforscht worden ist.

Ich habe darauf verzichtet, auf esoterische Gegebenheiten zurückzugreifen; nur bei zwei Kapiteln, den *Zyklopen* und den *Sonnenrindern*, ließ sich solches nicht vermeiden.

Meine Absicht war, kurz gesagt, einige Überlegungen festzuhalten, die eine geduldige, aufmerksame erste Lektüre eines französischen Lesers nach sich ziehen würde.

Nehmen wir an, diese Lektüre hätte im März des Jahres 1929 stattgefunden, kurz nach Erscheinen des Buches, und die weiter oben zitierten Autoren hätten – abgesehen natürlich von Larbaud – ihre Studien noch nicht veröffentlicht.

Wir sind ungefähr in derselben Lage wie jemand, der von einer langen, oft beschwerlichen Reise zurückkehrt; wir haben große Etappen zurückgelegt, dabei kaum etwas wahrgenommen, so sehr hat uns die Müdigkeit abgestumpft. Wir haben abwechselnd Durst, Höhenkrankheit und Insektenstiche durchlitten. Doch wir haben auch gute Augenblicke erlebt; erstaunliche, denkwürdige Szenen boten sich uns, ähnlich einer Ankunft in Lhasa, der verbotenen Stadt.

Als erstes Ergebnis unserer Überlegungen läßt sich festhalten: *Ulysses* ist ein beachtliches literarisches Unterfangen. Des öfteren hat man den enzyklopädischen, den *summarischen* Charakter des Werkes hervorgehoben. Alle Wissenschaften, Gattungen und Techniken haben ihren Platz darin; die Gesamtheit der Ausdrucksmittel wird herangezogen zum Sturmangriff auf alle nur erdenklichen Stoffe. Und hier kommt unsere erste Kritik, auf die man von seiten der Franzosen gefaßt sein mußte: widerspricht dieses enzyklopädische Ausmaß nicht grundsätzlich dem künstlerischen Wert? Liegt hier nicht, anstelle eines Chef-d'œuvre, eine Überlagerung von Werken vor, die an Babel erinnert, dessen Schicksal herauszufordern scheint? Gewiß handelt es sich hier um ein Ungeheuer, »das ein eitles Wetteifern mit der Unendlichkeit der Welt nach allen Seiten hin aufbläht und entstellt«, wie Jules Romains sagen würde. Und er würde hinzusetzen: »Auch wenn die Kunst das Leben zum Stoffe hat, vergißt man nur allzu leicht, daß das Kunstwerk selbst ein lebender Organismus ist. Das Wunder der Kunst besteht nicht so sehr darin, die Materie zu absorbieren, als sie zu organisieren.«

Stellt der berühmte *innere Monolog* zum Beispiel ein beachtliches literarisches Mittel dar? Bei genauerem Hinsehen lautet die Antwort nein, denn wenn er den geistigen Mechanismus in seiner Gesamtheit aufzeichnet, ist er von rein wissenschaftlichem Wert; stellt er dagegen eine neue Übereinkunft dar, dann besteht kein Grund, ihn unseren üblichen analytischen Verfahren vorzuziehen. Im übrigen läßt sich, wie Auguste Bailly so scharfsinnig bemerkt hat, der vollständige geistige Ablauf mit seinen sich überlagernden Ebenen nicht reduzieren auf eine lineare Transposition, wie die Schrift sie gezwungenermaßen fordert. Dem inneren Monolog, so wie Joyce ihn anwendet, haftet ein Moment der Willkür an, und besser als er vermag die Analyse die Beweggründe einer Handlung oder eines Gefühls zu erhellen, indem sie die wesentlichen Bewußtseinsströme herausarbeitet.

Eine andere Kritik lautet: warum in aller Welt so viele unnütze, gewagte Entsprechungen zur *Odyssee?* Und warum, wenn der Autor an diesen Übereinstimmungen festhalten will, präsentiert er sein Buch ohne Kapitelüberschriften, ohne

Vorwort, ohne den geringsten hilfreichen Hinweis? In Wahrheit ist niemand in der Lage, alle Intentionen, mit denen sein Buch vollgestopft ist, auszumachen; die besten Studien zu diesem Werk, so muß man hinzufügen, basieren zum großen Teil auf Joyces eigenen Angaben; nur er selbst kann die Initiation vornehmen. Gern geben wir zu, daß das Dunkel durch »angehäufte Arbeit«, wie Valéry sagen würde, entsteht, nicht aber darf sie der Absicht entspringen, Dunkelheit um ihrer selbst willen zu schaffen.

Bei näherer Betrachtung erscheint der Aufbau des *Ulysses* besessen, verstiegen, ja verulkend. Er fordert vom Leser in jedem Moment eine ungeheure Anstrengung, die nicht immer belohnt wird. Er bietet ihm nur Rätsel, Hindernisläufe und Kasteiungen. Wahrlich behandelt uns auch das Leben nicht anders, aber ist die Kunst nicht per definitionem der rohen Natur entgegengesetzt? Zwar gehört auch sie zur Natur, doch repräsentiert sie deren Elemente im wesentlichen in geordneter, hierarchisch gegliederter Weise, so daß sie Harmonie ausstrahlen und Kontemplation ermöglichen. Wo läßt sich im *Ulysses* eine Stelle auffinden wie jene aus *Krieg und Frieden*, als der Prinz André, verletzt und auf sich allein gestellt, zum Himmel aufblickt? Wo finden wir jene heitere Stimmung, jene Wärme großer Werke, die wieder und wieder die Qual im Herzen des Menschen lindert und sein Hoffen rechtfertigt?

Wie sagt Curtius: »Man kann genaugenommen nur jene Menschen als genial bezeichnen, deren Schaffen etwas vom göttlichen Sinn der Welt widerspiegelt, deren Schöpfung eine Erhöhung des Lebens zur Folge hat. Das geniale Werk strahlt Licht und Kraft aus. Es erhellt Geist und Verstand, läutert und veredelt die Leidenschaften, es läßt Bilder entstehen, die unserem Leben Form geben. Höchste geistige Intensität und Vorstellungskraft, höchstes Beschreibungsvermögen machen noch kein Genie aus, wenn dem Werk die Kraft fehlt, die erhellt und befruchtet. Das Werk Joyces entspringt der Revolte des Geistes und führt zur Zerstörung der Welt.« Und er fügt hinzu: »*Ulysses* stellt die Menschheit zur Schau, er enthüllt, zerstört und erniedrigt sie mit einer Genauigkeit und Vollständigkeit, die im modernen Denken nicht ihresgleichen haben.«

Obwohl dies Überlegungen eines Deutschen sind, bringen sie die wesentlichen Klagen der französischen Idealisten zum Ausdruck. Ein bedeutender französischer Idealist, Charles du Bos, war es auch, der sie in einer von der *Nouvelle Revue française* veröffentlichten Studie zitiert hat.

Haben nicht auch wir beim Lesen von *Ulysses* sowohl unter dem literarischen als auch dem moralischen Dunkel gelitten? Stellen die nachsichtigsten Bilder des Buches nicht Schmutz, Trunkenheit und Ausschweifung zur Schau? Wird nicht alles, was wir mit Respekt und Poesie bedenken: Liebe, Tod und Religion, in diesem grausamen Werk herabgewürdigt?

Aber ich will mich nicht weiter über die Schwächen des *Ulysses* auslassen, sie sind zahllos. Vergessen wir jedoch zu guter Letzt nicht jene Kritik André Maurois', der da schreibt: »Als Roman betrachtet, ist *Ulysses* ein Fehlschlag.«

Nun ja, *Ulysses* ist weder ein Kunstwerk noch ein gelungener Roman, ist keine erhabene Schöpfung. Er ermangelt der Schönheit, der Gewandtheit, des Sublimen. Und doch fühlen wir uns, nachdem all dies gesagt ist, nicht wohl in unserer Haut, wir spüren, daß wir kein gerechtes Urteil abgegeben haben und daß dieses Buch, dem das Erhöhende fehlt, uns überragt und richtet.

»Eine Summe des Menschlichen«, so hat man es definiert. Und in der Tat stellt es *eine* Summe des Menschlichen dar, d. h. die Gesamtheit aller Möglichkeiten des Menschen *in der Welt*, im Gegensatz zu dem, was (im Rimbaudschen Sinne) *nicht in der* Welt ist.

Schülern, die ihn zum Geheimnis des Todes befragten, antwortete Konfuzius: »Wenn man noch nicht weiß, was das Leben ist, wie will man da den Tod erkennen?« Und denen, die ihn fragten, wie man am besten Geistern und Genien dienen könne, antwortete er: »Wenn man noch nicht fähig ist, den Menschen zu dienen, wie will man da Geistern und Genien dienstbar sein?«

Joyce scheint es sich zur Aufgabe gemacht zu haben, den Menschen zu dienen, indem er ihnen zu vollständiger Selbsterkenntnis verhilft.

Diese Leistung ist erstaunlicher, als es den Anschein hat; gewöhnlich zieht man Gott und die Mysterien zu diesem Zwecke heran. Man glaubt, Gott könne den Menschen erklären, während vielleicht umgekehrt der Mensch Gott erklären kann. Die Erde und all ihr Wirken hat unsere Gattung nie sonderlich fasziniert; den besten unter uns ist sie immer als Durchgangsstation, als Exil vorgekommen. Der in diesem uns zusammensetzenden Häuflein Materie enthaltene Geist zieht uns gen Jenseits, zieht uns hinauf, er löst uns in Dampf auf, gewinnt uns für nebelhafte Fertigkeiten. Und sicherlich handelt es sich da um eine Neigung, die einem reellen Ziel entgegenstrebt. Unser Streben hin zu Gott, hin zu einem geläuterten, harmonischen, zeitlosen Zustand ist ebenso wirklich wie unser Nahrungsbedürfnis. Bevor wir aber diesen Zustand erreichen, der vielleicht, wie alles, auf ideale Weise in seiner Erwartung enthalten ist, gilt es da nicht, über die Situation, in der wir uns befinden, genaue Rechenschaft abzulegen? Falls es zu dieser Passage einen glücklichen Ausgang gibt, hängt er da nicht ab von guter Lebensführung, d. h. von einem bewußt und gewissenhaft geführten Leben? Warum nicht das, was *gegeben* ist, akzeptieren und schätzen? Liegt es in der Natur der Dinge, daß der Unzufriedene niemals zufriedengestellt werde, und entzündet sich Freude, der Flamme darin ähnlich, nicht immer an Freude?

Es mag seltsam erscheinen, im Zusammenhang mit Joyce das Wort *Freude* auszusprechen, erscheint doch vielen sein Werk von Grund auf pessimistisch, weil das Geistige darin unwahrscheinlich bleibt und einzig das Materielle gewiß ist. Diese Feststellung ist jedoch nicht im geringsten pessimistisch, vielmehr entspringt sie dem gesunden Menschenverstand. Zweifelsohne haben die Menschen ihr Vertrauen immer in das Geistige gesetzt, eine Bank, die das Eingesetzte hundertfach zurückzuzahlen schien. Man kann nicht behaupten, daß ihnen bisher großer Erfolg dabei beschieden war.

Den Weisen und Heiligen, jenen, die nichts von der materiellen Welt erwarteten, die ihre gesamten verfügbaren Kräfte in geistige Werte ummünzten und nichts davon zurücknahmen, war diese Einstellung gewiß förderlich. Doch handelt es sich dabei um eine (aus)gesuchte, unberechenbare Minderheit, von der man nicht die Ausgabe des umlaufenden Geldes abhängig machen darf. Auf sie kann man nicht bauen. Man muß ohne sie auskommen können, so wie auch sie ohne uns auskommen.

Ein Mann wie Joyce kommt ohne sie aus, weil er nicht dem ungeheuren Feld der andern entsagen will. Ich war stets der Ansicht, seinem Werke liege eine tiefe Nächstenliebe zugrunde. Die erdrückende Aufgabe, die er sich aufgebürdet hat: diese Bestandsaufnahme der sinnlich wahrnehmbaren Welt – eine Inventur, die ein Ordnen, eine Anordnung impliziert, ja fordert – hat sicherlich nichts gemein mit der traditionellen Heiligkeit, und doch hat sie etwas Heiliges an sich, selbst im christlichen Sinne, das sie von den gewöhnlichen philosophischen oder literarischen Unternehmungen unterscheidet. Zeugt sie nicht in höchstem Maße von Bescheidenheit, Selbstverleugnung, Mut und Geduld? Sie zielt nicht ab auf Vollkommenheit, welche unmöglich zu erreichen ist, auch sämtlichen Gesetzen des Lebens widerspricht und nur durch Übereinkunft oder Betrug zu erreichen ist. Sie zielt ab auf die Redlichkeit des Bewußtseins. Sie praktiziert die Tugenden eines wissenschaftlichen Zeitalters, das eine ebenso große Askese verlangt wie die religiösen Epochen.

Weit davon entfernt zu behaupten, wie Curtius es tut, das Werk Joyces habe in einer geistigen Auflehnung seinen Ursprung, würde ich sagen, es entspringt einer geistigen Unterordnung. Ja, einer Unterordnung des Geistes unter die Natur, die Materie; Materie hier verstanden in philosophischem Sinne, *als jegliche physische oder geistige Gegebenheit, die als solche von einer Tätigkeit aufgenommen und weiterverarbeitet wird.*

Wenn im übrigen die Materie, selbst im geläufigen Sinne des Wortes, dem Geist als einem höheren (Zu)Stande zustrebt, strebt dann nicht auch der Geist der Materie als seiner einzigen Bestimmung zu? Am äußersten Punkt ihrer Entwicklung nehmen die Ideen Gestalt an. Die göttlichen Prinzipien verkörpern sich, um offenbar, gewiß, sinnlich erfahrbar zu werden.

»Was oben sich befindet, gleicht dem, was unten ist, und was unten sich befindet, gleicht dem, was oben ist.« Dies ist das Motto selbst des *Ulysses.* Für Joyce, wie für alle Mystiker – denn er ist ein Mystiker des Menschlichen –, ist alles in allem enthalten, noch das Geringste offenbart das Höchste, jedes Ding erzeugt sein Gegenteil, alles ist durch sichtbare oder geheime Entsprechungen miteinander verbunden, und bisweilen sind die sichtbaren Entsprechungen die geheimnisvollsten. Doch diesen Zustand der Wahrheit, der Einheit, den die Mystiker mit ihren schönsten und reinsten Bildern zum Ausdruck bringen, Joyce möchte ihn durch das X-Beliebige ausdrücken, durch das Böse ebenso wie durch das Gute. Wenn er überhaupt wählt, wählt er das, was geopfert, angeprangert, unterdrückt und mißhandelt worden ist, das, was man als solches nie darzustellen gewagt hatte, was außerhalb des Gesetzes, außerhalb der Liebe fiel. Nichts erscheint ihm unnütz oder unwürdig. Alles nährt den Bauch seiner »unterirdischen Madonna«.[9]

Daß Joyce soviel Bücherweisheit besitzt und anwendet, hat seinen Grund ebenfalls in einer geistigen Unterordnung unter physische und geistige Gegebenheiten. Ihm geht es nicht darum, eine persönliche Interpretation der Ideen oder Gottes zu geben, die ihm wohl jeder verstandesmäßigen Deutung entzogen scheinen, vielmehr möchte er wissen, was darüber gesagt worden ist, was, dem zeitlosen Wesen entnommen, die Gestalt einer Handlung, einer Lehre, einer Tradition oder eines Buches angenommen hat, was die Gegenwart hervorgebracht hat. Die mögliche Wahrheit einer Glaubenslehre kümmert ihn wenig, um so mehr aber die Macht, die eine über zwanzig Jahrhunderte ausgeübte Autorität ihr verliehen hat. Dies ist Teil der Bestandsaufnahme, gehört zur Einschätzung der potentiellen Ressourcen und Vorräte dieser Welt. Bei ihm gibt es eine Art *Unanimismus* innerhalb der Zeit, die auch im Aufbau des *Ulysses* zutage tritt. Gerade von Joyce darf man keine Kritik der herrschenden Systeme oder die Zerrüttung bestehender Institutionen erwarten. Der rein passive Widerstand, den er ihnen zuzeiten entgegensetzt, als stemme er sich dagegen, konsolidiert sie noch. Sein Spott, wenn es dazu kommt, richtet sich ausschließlich gegen die Anmaßungen des Tagesgeschehens.

Ja, im Gegensatz zum Augenschein zielt sein Werk weder auf Reformen ab, noch will es Satire sein. Er erhebt sich niemals über das, was er beschreibt, noch würdigt er die Anstrengung herab, wenn sie kein Resultat zeitigt, er karikiert nicht, tadelt nicht, stellt nichts richtig. Er ist nichts weiter als aufrichtig, furchtbar aufrichtig, und genau deshalb kränkt er uns.

Sicherlich stellt Joyce, wie Curtius sagt, die Menschheit zur Schau, doch er erniedrigt sie nicht. Oft ist sie selbst es, die sich erniedrigt, weniger aus einer Abhängigkeit gegenüber Naturgesetzen heraus als aus Unwissen und Dünkel. Das, was er herabzusetzen scheint, haben wir selbst zu Fall gebracht, im Bemühen, es zu weit oben anzubringen. Falls die Liebe, die Religion und der Tod in seinem Werk häßlich und besudelt erscheinen, so deshalb, weil wir selbst sie wieder und wieder besudelt haben. Er verabreicht uns einen vortrefflichen, von uns selbst produzierten Impfstoff.

(1931/1940)

RILKES PASSAGE

Es gibt zwei Arten von Dichtern: zum einen die von andern erkorenen; sie werden zu Recht als »Repräsentanten« bezeichnet; eine Gesamtheit von Umständen, die ihrem Ich fast fremd sind, erhöht sie zum Genie. Oft sind es die größten, niemals jedoch die lautersten oder empfindsamsten. Die anderen sind Dichter für sich selbst. Zunächst einmal leben sie. Sie singen wie die im Schoße der Erde verborgenen Edelsteine. Ihr Werk ist von einer Art Nimbus umgeben. Es gibt sich niemals ganz, um unerschöpflich zu bleiben.

Rainer Maria Rilke gehörte letzteren an.

Ein wahrlich engelhafter Dichter war er, ein Eingeweihter, wie Novalis, Blake oder Rimbaud. Doch keiner war zartfühlender, menschlicher als er. Ihm hätte zustoßen können, was Ramakrishna zustieß, auf dessen Rücken die Hiebe, die man vor seinen Augen einem Armen versetzte, Spuren hinterließen. Und in der Tat geschah ihm solches auf Weisen, die sich nur wenig unterschieden davon. Die Aufzeichnungen des *Malte Laurids Brigge* belegen dies.

Die Dinge waren ihm so vertraut, die Seelen mit der seinen so verschmolzen, daß sein eigentliches Spiel darin bestand, sich abzusetzen von ihnen, und dieses Spiel war gleichfalls die List, die er anwandte, um leben zu können, um noch einige Zeit unter uns verweilen zu können. Er, der so sehr in der Welt war, suchte nach Themen, die ihn in Staunen versetzten, nach Motiven, die ihn zum Fremden werden ließen. Aus diesem Grunde wohl schrieb er Verse in französischer Sprache. Der Gebrauch einer fremden Sprache dürfte ihm die Entfernung gegeben haben, deren er bedurfte, um nicht in der puren Tätigkeit des Existierens zu versinken.

Ich bin Rilke zweimal begegnet. Das erste Mal brachte Pierre Klossowski ihn mit zur Buchhandlung. Kurze Zeit später kam er erneut. An unsere Worte kann ich mich nicht erinnern. Einzig geblieben ist mir der Eindruck größter Anmut.

Ende Juni des Jahres 1926 saß ich eines Morgens in meiner Buchhandlung. Tief betrübt dachte ich an den Verkauf meiner persönlichen Bibliothek, die einige Wochen zuvor stattgefunden hatte. Ich war, wie vielleicht bekannt, zu dieser Nothandlung gezwungen, weil die Veröffentlichung des *Navire d'Argent* (Silberschiffs) meine Mittel bei weitem überstiegen und mich mit hohen Schulden zurückgelassen hatte. Ich hing also in Gedanken dem traurigen und demütigenden Verlust so vieler Schätze nach, als der Briefträger eintrat und mir ein kleines Paket übergab. Es enthielt ein Exemplar der *Vergers* (Obstgärten). Auf der zweiten Seite fand sich eine Widmung, und Rilke erwies mir die Ehre, als Teil der Widmung einen Satz aus der *Lettre à un jeune poète* (Brief an einen jungen Dichter) zu zitieren, den ich eigens für die letzte Nummer meiner Zeitschrift verfaßt hatte. Dieser Satz lautet: »Welch Ding auch immer in seiner Glückseligkeit... zu sehen.« (Auch Rilke hatte, wie ich später erfuhr, einen Brief an einen jungen Dichter verfaßt.)

Weiter unten auf dieser mein Herz besänftigenden Seite standen die in seiner schönen Handschrift abgefaßten Worte: »Bitte umblättern.« Ich drehte das Blatt um und stieß auf... ein Gedicht: *Le Grand Pardon* (Das Große Vergeben). Ein Gedicht, das mir unbekannt war, wahrhaftig, ein unveröffentlichtes Gedicht, gänzlich von Hand geschrieben und mir gewidmet, mir Unwürdiger, die ich gerade all die kostbaren Bücher verkauft hatte, welche die Dichter mir persönlich gewidmet hatten.

Weinend fiel ich auf die Knie.

Hier nun besagtes Gedicht, so wie es in dem von Rilke an Adrienne Monnier gesandten Exemplar der Vergers *zu lesen war (heute befindet es sich in der Bibliothèque littéraire Jacques Doucet):*

Für Mademoiselle Adrienne Monnier
Dichterin, die im Geiste lebt:

»Welch Ding auch immer
in seiner Glückseligkeit... zu sehen.«
(Brief an einen jungen Dichter)

LE GRAND PARDON

On raconte, mais est-ce qu'on sait?
quelque part l'Ange de l'Oubli,
radieux, tend sa figure au vent
qui tourne nos pages. Borne pure.
Et derrière lui tout ce pays
que nul plus ne saurait apprendre:
qu'il faut avoir su autrefois,
morceau par morceau, tel que nos sens,
tel que la colère nous le cassait
à nos besoins. (Sans vouloir à présent
nier les inattendues guérisons
entre les choses, qui nous prenaient à témoins
sans que nous eussions jamais su les appeler...
Et malgré tout, les fruits
supportaient nos noms et les astres
ne les secouaient que rarement:
ces noms spongieux qui buvaient des larmes...
Ces noms dont le plus tendre encore
n'est que le moule d'un cri.[10]
Rainer Maria Rilke
an diesem 29. Juni 1926, Muzot.

FARGUE UND DIE WÖRTER

Es schien nach Veröffentlichung von Fargues *Poèmes* im Jahre 1912 so gut wie unmöglich, daß er sich noch überbieten oder erneuern könnte, und auch er selbst mußte es so empfinden. War er nicht zu einer Vollendung gelangt? Was verblieb ihm noch an Ausdrucksmöglichkeiten, im Anschluß an dieses Buch voller Zauber und Intimität, das, gebläht mit Musik, unablässig die Musik zu Hilfe ruft, um jene »Lichtworte« zu sagen, »für die alle anderen gemacht sind«? – Danach blieb ihm nur das Schweigen oder das Erlernen der Harmonie. Und in der Tat schwieg er lange und hatte als Linderung nur den Beistand der Konzerte und der Hausklaviere, die er, so sei en passant erwähnt, vortrefflich zu spielen weiß, ohne daß er das Spiel je erlernt hätte.

Darüber hinaus sprach er, er *plauderte,*[11] seine Worte riefen große Wirkung hervor. Sein Gespräch bewies ein Genie, das, wie es schien, oral bleiben mußte. Wie diese besessenen Lyrismen festhalten, diese kosmische Komik, diese schonungslos angreifenden Satiren? – Gewiß unternahm er bei verschiedenen Gelegenheiten den Versuch, diese schwankenden, donnernden, mit Türmen bewehrten Paläste[12] zu verankern, zum Nutzen einiger Freunde, über die zu schreiben man ihm unter Androhung der Todesstrafe gebot. So kam es zu phantastischen Portraits von Levet, Proust, Larbaud oder Léon Werth. Ja, man bat ihn um einen Menschen, und was tat er? Er gab uns Epochen, Reisen, ganze von Trommeln und Hörnern angeführte Regimenter; er setzte alles in Bewegung, um selbst kurzfristig zur Ruhe zu kommen.

Im Juni des Jahres 1924 hatte er in denselben *Feuilles libres* (Losen Blättern), die ihn heute feiern, eine entscheidende Begegnung mit seiner Muse. *»Genug!«* ließ er sie wissen mittels der Stimme eines rückenden Tisches, *»genug der cartesianischen Sprachen, der gewundenen, der mit Zäsuren versetzten, der räsonierenden Sprachen. Man gebe uns ideographische Zei-*

chen, Bilderschriften, pfälzische Worte, das Neue Mexiko! – Derweil wird das Bedürfnis spürbar, die Konstruktionen des reinen Unbewußten schon im Entstehen zu klischieren, spürbar das Bedürfnis nach einer Sprache, die unser Freiheitsverlangen ausdrückt, die der inneren Würze entstammt, dem gutmütigen, empfindsamen und sinnlichen Geheimnis, dem Trieb, der Kraft und der französischen Nation!«[13]

Ich habe diese Passage ungekürzt zitiert, stellt sie doch ein regelrechtes Manifest dar.

Der August desselben Jahres erlebte sowohl die Geburt der Zeitschrift *Commerce* als auch, in deren Innerem, jene eines zweiten Fargue; es war der Fargue der genau durchgesehenen und erweiterten Conversations.

In den ersten Gedichten (den *Poèmes*) erging sich der Dichter noch inmitten der Dinge dieser Welt, er durchquerte oder umrundete sie, bevölkerte sie mit einer durchaus menschlichen Mythologie. – Hier nun strebt er nach oben, das Gedicht ist ein Aufstieg, eine Sicht aus der Vogelperspektive, eine Erforschung aus der Höhe, durch Heben des Deckels. Der Mensch, dessen Gefühle er früher gern geteilt hatte, flößt ihm nurmehr Spott und Verachtung ein, er gefällt sich darin, Umstände zu ersinnen, in denen das jämmerliche Elend des Menschen besonders lebhaft zutage tritt, er häuft Anklage auf Anklage. Bisweilen sieht er die Menschen aus so luftiger Höhe, daß sie ihm nur noch als Insekten, schlimmer noch, als Kaviar erscheinen. Die Götter, denen er am Ende seines Aufstiegs begegnet, sind groteske und schreckliche Ungeheuer. Und doch findet sich in seinem Universum nichts Trostloses, der Schmerz selbst wandelt sich zum Genuß; mit Hilfe seines Genies läßt er den begrenzten Verstand hinter sich und bewirkt Gleiches beim Leser; er läßt ihn teilhaben an der Materie und ihren Spielen, an der Bewegung und ihren Arten der Ortsveränderung.

Wie auch James Joyce ist er auf der Suche nach der »Ursprache«, von der Cyrano de Bergerac sprach, jener Sprache, die »Instinkt oder Stimme der Natur« ist, mit deren Hilfe jedes Ding »sein Wesen aussagt«. – Diese Erfahrung jenseits des

Intellekts, diese Erforschung der Randzone, die Bergson anstrebte, haben auf poetischem Gebiet nur wenige versucht, nur wenige in dem Maße verwirklicht wie Fargue; dieser Teufelskerl hat genau das erreicht, was die Surrealisten sich zum Ziel setzten.

Abgesehen von den Surrealisten, zu deren (Lehr-)Meistern er zweifelsohne gehört, steht er auch in der Linie Rabelais', Swifts, Scarrons, Cyrano de Bergeracs und, unserer heutigen Zeit näher, Rimbauds, Lautréamonts und Jarrys. Er verfügt über die erstaunlichen Wortschöpfungen des ersten, die Grausamkeit des zweiten, das Burleske des dritten und die phantastische Metaphysik des vierten; Rimbaud verdankt er vieles: doch Rimbaud errichtete vor allem die großen verwirrenden Gebilde der Randzonen, während Fargue ins Innere der Materie vordringt. – Auch die Verwandtschaft mit Hieronymus Bosch sollte man nicht übersehen – ein Bosch von der Anmut eines Bresdin[14] –; sein *Paradies* ist den *Irdischen Genüssen* nahe verwandt. Ebenso gibt es Verbindungslinien zu Odilon Redon und James Ensor. Im übrigen ist das Streben der ersten Poèmes hin zur Musik und das der letzten hin zur Malerei auffällig.

Auch wenn es unmöglich scheint, die Technik oder vielmehr das Handwerk Fargues zu definieren, werde ich dennoch versuchen, einige Merkmale herauszuarbeiten.

Die Gedichte Fargues kennen, wie man weiß, weder Reim noch Rhythmus; die Anwendung dieser Mittel würde ihn auf seiner Jagd und bei seinen Funden behindern. – Dennoch hat er einige außerordentlich gelungene Stücke in Versform verfaßt; insbesondere *Nuées* (Wolken) ist hier zu nennen, wo er es auf vortreffliche Weise regnen läßt, sowohl durch die von ihm gewählten angemessenen Bilder als auch durch das regelmäßige siebenfüßige Versmaß. Diese Stücke weisen jedoch nicht die offensichtlichen Vorzüge der Gedichte auf, bei denen er sich alle Freiheiten nimmt. – Dennoch wäre es verfehlt zu glauben, Fargue legte sich keinerlei Disziplin auf, auf poetischem Gebiet ist er ein Mystiker, im wahrsten Sinne des Wortes. Jene, die ihn bei der Arbeit gesehen haben, wissen, wieviel Mühen und Aufmerksamkeit er auf sein Werk verwendet, welch wahrhaft endloser Retuschen er fähig ist. Er ganz allein gleicht schon einem jener Termitenstaaten, die er so liebt; nach allen Seiten hin streckt er seine Fühler. Seine Geister, Tausenden geschäftiger Insekten gleich, dringen bis an die Grenzen seines ausgedehnten Wissens vor, um dort der Elemente habhaft zu werden, die er zur Sekretion seiner Metaphern benötigt. Denn die Metapher ist für ihn zugleich Zellstoff und Produkt des Zellstoffs; allem entzieht er sie und auf alles wendet er sie an; mit ihrer Hilfe erbaut und befestigt er das System seines Gedichts; kein anderer Dichter erscheint mir so metaphysisch, keiner so der Verwandlung zugetan wie er.

Bei Fargues Vorgehensweise steht also die Formation der Bilder an erster Stelle, dann folgt ihr Ausdruck im Worte, dem der größte Teil seiner Anstrengungen gilt. Man könnte ein ganzes Buch schreiben über die Verwendung der Wörter in Fargues Poesie; hier vor allem haben seine Mystik und seine Wissenschaft ihren Sitz; Jean Paulhan würde zweifellos sagen, daß er ihre »Äderung, Faser und jeweilige Widerstandskraft« berücksichtigt, und in der Tat besitzt er einen wundervollen Sinn für ihren Ursprung und ihre Eigenschaften, er dient ihnen als Geburtshelfer oder vermag ihnen das Leben zurückzugeben, mit ihrer Hilfe dringt er ein in das Geheimnis der Dinge; die »Göttinnen der Sprache« verweigern ihm aber auch rein gar nichts.

Fügen wir noch der Genauigkeit halber hinzu, daß er ausgiebig Gebrauch macht vom technischen und wissenschaftlichen Wortschatz – sein Vokabular macht Anleihen bei der Philosophie, selbst der scholastischen, bei der Medizin, den Naturwissenschaften, insbesondere der Mineralogie, der Insektenkunde und der Atomlehre. – Ebenso greift er auf Fachausdrücke zurück; jedem Objekt gibt er den Namen, den auch der Erzeuger dieses Objekts benutzen würde.

Aus dem geläufigen Wortschatz schöpft er all jene Wörter,

die von starker bildlicher Ausdruckskraft sind oder auf nachahmenden Harmonien beruhen.

Er hat eine Vorliebe für Wörter neueren Ursprungs, er legt all ihre überraschenden oder vergnüglichen Momente frei, er weiß genau, wie er zu ihrem Wohlbefinden beitragen kann, sowohl durch die Geschmeidigkeit des Satzes als auch durch die Wahl der Nachbarn, die er ihnen gibt. Ein neues Wort entspricht, wenn man sich seiner zu bedienen weiß, genauer dem bezeichneten Objekt, hat es doch die Auswirkungen des Gebrauches noch nicht erfahren: die Deformationen, die durch Erweiterung, Verengung oder Verblassen des Sinnes entstehen.

Mit den Eigennamen erzeugt er starke Effekte, sei es, daß er sie – im Falle berühmter Namen – zu Substantiven reduziert, sei es, daß er sie – im Falle ungewöhnlicher Namen – durch eine Art Onomantie entdeckt.

Und wir sollten auch anführen, daß er oft Wörter erfindet, entweder um unerhörte Dinge zu bezeichnen – hier bekommt das Wort poetischen Charakter –, oder um eine Vorstellung von (Innen-)Zuständen zu geben, die ganz persönlicher Art sind; so bildet er, und dies oft durch Anwendung des Schüttelreims, Begriffe, die zugleich umgangssprachlich und amüsant sind.

Und zu guter Letzt sollten wir noch darauf hinweisen, daß er die gewöhnlichen Wörter, wenn er sie benutzt, mit aller Menschlichkeit behandelt.

(1927)

die [illegible] bildliche Ausdrucksweise eine ordentlich [illegible] an [illegible] Kategorien bestätigt.

Er hat eine Vorliebe für Wörter, die [illegible] [illegible] übereinstimmenden oder [illegible] [illegible] Wohlbehagen [illegible] [illegible] sowohl durch die Geschmeidigkeit des Satzes als auch durch die Wahl der Nachbarn, die er [illegible] Eindruck [illegible] [illegible], wenn man sich [illegible] [illegible] [illegible] bezeichneten Objekt, hat er doch die Auswirkungen des Gebrauchs noch nicht [illegible] die Denotation [illegible] [illegible] [illegible] oder Verblassen [illegible] [illegible] ken.

Mit [illegible] [illegible] auch [illegible] starke Eindrücke, sei es, daß er sie [illegible] Namen – [illegible] Substantiven [illegible] [illegible] – [illegible] ungewöhnlicher Namen – [illegible] [illegible] entdeckt.

Und [illegible] Wörter entwerfen, [illegible] um [illegible] Dinge zu bezeichnen – hier bekommt das Wort [illegible] – oder um eine Vorstellung von inneren Zuständen zu geben, die ganz persönlich und [illegible] und das oft durch Anwendung des [illegible] [illegible] [illegible] [illegible] und amüsant [illegible].

Und [illegible] [illegible] [illegible] Wörter [illegible] [illegible], mit aller Menschlichkeit behandelt.

(1[illegible])

»Commerce Intellectuel«:[1] Grenzübergänge in Odénia

DIE SWASTIKA

Kürzlich bat ich den deutschen Schriftsteller Walter Benjamin, der sich vorübergehend in Paris aufhielt, um Erläuterungen zur Swastika (die hier üblicherweise als Hakenkreuz bezeichnet wird), dem Emblem des heutigen Deutschlands. Ob er wisse, wer sie vorgeschlagen oder verordnet habe, und aus welchen Gründen? – Nein, er wisse es nicht genau. Schon Hindenburg habe sie übernommen, noch vor Hitler. Und was die Gründe betreffe, so seien sie gewiß in dem dort so verbreiteten Kulte aufzuspüren, der mit allem Arischen getrieben werde. Es wird üblicherweise zugestanden, daß die Swastika ein Symbol vorwiegend arischen Ursprungs sei, aber in fast allen Teilen der Alten Welt, selbst in den nicht-arischen, hat sie als magisches oder religiöses Ornament gedient, wobei sie eine Vielfalt an Formen aufwies. Die heutigen Rothäute benutzen sie noch in Verbindung mit dem Donnervogel, wie unser Freund Durtain im Verlauf einer ausgedehnten Reise durch Amerika hat feststellen können (unter dem Titel *Frank et Marjorie* hat er diese Reise zu einem Roman gestaltet).

Die Archäologen sind sich, was die Bedeutung der Swastika betrifft, nicht einig. Einige sehen darin ein Symbol für die Sonne, das Feuer, das Wasser oder auch die vier Himmelsrichtungen; andere sehen darin den Phallus oder, gänzlich entgegengesetzt, das weibliche Geschlecht symbolisiert; noch andere sehen darin ein simples Ornament, ein Berufsemblem, einen Vogel im Flug, eine Krake etc.... Ich persönlich neige dazu, sie als Symbol der in Bewegung begriffenen Sonne zu sehen. Die von den Deutschen übernommene Form mit diagonalen Armen – statt der vertikalen und horizontalen wie bei der klassischen Swastika – ist überaus unruhig: sie scheint wahrhaftig kopfunter, fußüber zu laufen.

Walter Benjamin sagte uns, bei Bachofen stoße man auf sehr interessante Gedanken zur Swastika. – Aber wer ist Bachofen? – Ein Philosoph, der in der Mitte des 19. Jahrhunderts in Basel lebte und ein umfangreiches Werk über das Matriarchat verfaßt hat, dessen Einfluß bedeutend, wenn auch eher untergründig war. – Es gilt, Bachofen in Frankreich, wo man nichts über ihn weiß, bekannt zu machen.

Bachofen vertritt also die These, daß in weit zurückliegenden Zeiten die Arme der Swastika nach links gezeigt hätten, ein Anzeichen für die Vorherrschaft weiblicher Kräfte; damals habe der Mond die Oberhand gehabt über die Sonne, und die Nacht sei stärker verehrt worden als der Tag. Im Verlauf eines großen Krieges, gleich jenem, von dem der Mahâbhârata berichtet, verhalfen die Söhne der Sonne der männlichen Kraft zum Sieg und wendeten die Arme der Swastika nach rechts. Bis heute hat sich nichts geändert daran. Die nach rechts drehende Swastika gilt als glückbringend, die nach links drehende dagegen soll von unheilvollem Einfluß sein. Die linke (senestre) Seite ist zur verhängnisvollen (sinistre) geworden. Das Rechte (die Rechte) und das Gesetz sind identisch. Die Kartenleserin, die mehr oder minder mit dem Teufel im Bunde steht, läßt mit der linken Hand abheben.

Diese Sichtweise wäre gewiß nicht jene der Chinesen, bei denen die linke, die ehrenwerte Seite dem Manne zugeteilt wird, die rechte dagegen der Frau; so steht es zu lesen in dem großartigen Werk Marcel Granets über das chinesische Denken.

Wie dem auch sei, die Deutschen haben sich für die Rechte entschieden, ihre Swastika dreht sich nach rechts. Aber Vorsicht! Der Gebrauch eines Symbols will überlegt sein. Die Swastika, die ihre Fahnen schmückt, dreht sich zwar rechts herum, jene aber, die sie auf Brust oder Arm tragen, weist nach links. In der Tat nimmt das unbelebte Objekt im Gegensatz zu einer Person den Dreh-Sinn des Betrachters an; es ist offensichtlich, daß die rechte und linke Seite des von mir betrachteten Bildes mit meiner Rechten und Linken übereinstimmen; bin ich aber bekleidet mit demselben Objekt, statt es vor Augen zu haben, oder befindet es sich neben mir, dann entspricht seine Rechte meiner Linken und umgekehrt.

Ja, die Deutschen täten gut daran, nicht so viele Swastikas zu tragen, das könnte sie weiß Gott wohin führen. Aber Gott weiß ohnehin, wohin wir reisen, ob mit oder ohne Swastika!

(1934)

BOSHAFTIGKEIT

Das *Journal* Gides ist erschienen. Es umfaßt fünfzig Jahre seines Lebens: 1889-1939, und hat nicht weniger als 1350 Seiten.

Eigentlich wollte ich es für die Ferien aufheben, aber dann konnte ich doch nicht widerstehen. Inzwischen bin ich auf Seite 345 angelangt. Das Schlimmste daran ist, daß man die Nase, hat man sie erst einmal hineingesteckt, nicht wieder herausbekommmt. Fast hätte ich die Gazette nicht mehr rechtzeitig fertigbekommen.

Es war eine vortreffliche Idee, das Journal in einem einzigen Band der Pléiade zusammenzufassen, so hat man es aus einem Guß.

Das Leben eines mächtigen Flusses ist dort beschrieben, und vielleicht auch sein Geheimnis. Im Augenblick bin ich noch nahe der Quelle, wo er als Wildbach hüpft. Eine lange Reise liegt vor ihm, und wir werden all seinen Windungen folgen. Aber noch weiß man nicht, in welches Meer er sich ergießen wird...

Ich stoße erneut auf Betrachtungen, die ich schon in der *Nouvelle Revue française* gelesen hatte, die mir hier jedoch weitaus bedeutender und reizvoller erscheinen, da sie die ihnen angemessenen Umrisse und ihr eigentliches Licht zurückbekommen.

Es bringt keinen Gewinn, Gide mit anderen Autoren zu vergleichen. Seine Schreibweise ist zu einfach, und zugleich zu verfeinert; sie weist Nuancen und Modulationen auf, die alle Aufmerksamkeit beanspruchen. Ist der Leser ganz Ohr, dann erhält er im Übermaß, ist er zerstreut, setzt er sich selbst auf trocken Brot.

Ich habe heute jedoch nicht vor, ernsthaft auf Autor und Werk einzugehen. Zu vieles gäbe es dazu zu sagen.

Nur soviel: der Band ist wider Erwarten mit einem Index ausgestattet!

Als erstes begibt man sich natürlich auf die Suche nach dem eigenen Namen. Da ist er auch schon, und an nicht weniger als fünf Stellen, bitte schön.

Die erste Eintragung auf Seite 749: die Begegnung mit Paul Valéry in der Buchhandlung.

Die zweite auf Seite 827: ein Gespräch mit ihm über die *Faux-Monnayeurs* (Falschmünzer). Ich sage ihm, das Buch gefalle mir nicht. Ich erzähle »ziemlich ausführlich und beredt von der Kälte und fundamentalen Boshaftigkeit, die in diesem Buch zutage treten...«

Weiß der Teufel, ob ich mich daran noch erinnere!

An jenem 16. Oktober 1926 bin ich wirklich nicht sehr feinsinnig gewesen.

Boshaftigkeit... damals wußte ich vielleicht, was das ist. Weiß ich es heute noch? Zu oft habe ich festgestellt, daß die Menschen, denen man ein Übel zufügt, dieses mehr oder minder herausfordern. Der Titel eines Romans von Franz Werfel belegt dies: »Nicht der Mörder, der Ermordete ist schuld.«

Die Boshaftigkeit ist fast immer Ausdruck eines Mißfallens an sich selbst.

(1938)

EIN LIEBHABER DES SURREALISMUS

Ich möchte heute ein Portrait skizzieren. Nicht das eines Autors, sondern das eines Liebhabers. Das, was er liebt, koste ich nur in Maßen: den Surrealismus. Er aber goutiert ihn auf so sympathische, so aufrichtige Weise, mit soviel Genuß, daß er in mir den Wunsch weckt, die Sache zu überdenken. Gleiches gilt – bei aller Wahrung des Maßstabs – für die guten Hirten, die zur Religion führen.

Nein, Henri Parisot – denn von ihm ist die Rede – ist kein Autor. Er bereitet zur Zeit die Veröffentlichung von Hoffmanns Gesamtwerk für die Editions Colbert vor, und als ihn vor kurzem ein Freund um eine Studie zu diesem Autor bat, antwortete er: »Aber ich schreibe nie. Bestenfalls plaziere ich zu Beginn oder am Ende meiner Übersetzungen einige kurze bibliographische Anmerkungen.« Diese Antwort hat mich, gleich einem seltenen Objekt, bezaubert.

Und doch habe ich etwas von Henri Parisot gelesen, und Wichtiges dazu. Im Jahre 1938 hatten die Cahiers G. L. M. ihm folgende Frage gestellt:

Nennen Sie mir, wider jeglichen Versuch der gewaltsamen Aneignung, der Verfestigung oder der bornierten Einschätzung der Poesie, zwanzig Gedichte, in denen Sie, ohne Beschränkung auf Land oder Epoche, das von Ihnen als unentbehrlich Erkannte wiederfinden, so wie es nicht so sehr die Unsterblichkeit Ihrer Zeit als vielmehr die geheimnisvolle Durchquerung Ihres eigenen Lebens fordert.

Auf diese Frage hatte Henri Parisot geantwortet (ich zitiere hier nur die ersten Zeilen):

Die Poesie – jedwede literarische oder künstlerische Ausdrucksweise – interessiert mich nur in dem Maße, als sie mit dem Außerordentlichen (Traum, Erotik, Humor etc.) verschmilzt.

Eine gänzlich orthodoxe Ansicht, wie man sieht. Diese Vorliebe für das Übernatürliche kommt in der Tat in allen Manifestationen Bretons zum Ausdruck, angefangen mit dem ersten Manifest aus dem Jahre 1924 bis hin zu den 1937 in der *Nouvelle Revue française* veröffentlichten Seiten, die den Titel tragen: *Limites non frontières du Surréalisme* (Unbeschränkte Grenzen des Surrealismus).

Dieser grundsätzlichen Feststellung hat Breton andere hinzugefügt, z. B. hat er sich, je nach Gang der Dinge, der Politik zu- oder von ihr abgewandt. Unablässig hat er die automatische Schreibweise gepriesen, die für ihn dem gleichkam, was wir Inspiration nennen. Ich muß zugeben, daß mir diese Sichtweise ganz und gar nicht zusagt, denn selbst wenn die Inspiration eine Art Diktat darstellt und dabei, wie bei allem, ein Automatismus ins Spiel kommt, so ist doch die wahrhafte Eingebung keineswegs mechanisch, sie verlangt vielmehr ein Höchstmaß an geistiger Wachheit. Inspiriert zu sein bedeutet, wenn man so will, das Objekt mit Einsicht (lumière) zu betrachten – so wird es Subjekt[2] –, wobei das Licht durch die aktiven Bezüge zwischen unseren Sinnen entsteht. Das System Bretons aber fordert völlige Passivität. Es bringt keine wertvollen Objekte an den Tag, sondern das, was Jean Grenier in seinem bemerkenswerten Essai *Le Choix* (Die Wahl) ganz richtig als »Abfall« bezeichnet hat. Im übrigen sei vermerkt, daß Breton dies System in seinem ersten Manifest auf äußerst ironische Weise vorgestellt hat.

Soviel ich weiß, hat man im Zusammenhang mit der berühmt-berüchtigten écriture automatique noch niemals das Pamphlet Swifts erwähnt, das den Titel trägt: *Die mechanische Operation des Geistes.* Dieses gegen die verlogenen Frömmler seiner Zeit gerichtete Pamphlet bezieht sich nicht auf das automatische Schreiben, sondern auf die automatische Rede. Es empfiehlt das Sich-hin-und-her-Wiegen, das Summen und Näseln als Mittel, um künstlich die Begeisterung auszulösen. Breton sagt in etwa: »Überlassen Sie sich dem unerschöpflichen Gemurmel.« Ich habe die Übersetzung des Swiftschen Textes nur in einer Ausgabe aus dem Jahre 1767 gefunden; ich weiß nicht, ob unsere Surrealisten ihn kannten, sie haben ihn nie erwähnt, obgleich sie den Namen Swifts oft lobend angeführt haben.

Der Nonkonformismus bildet eine weitere Konstante in den surrealistischen Manifesten. Schon von Beginn der Bewegung an haben Breton und seine Freunde sich als Zerstörer dargestellt, ja als Mörder, zweifellos aus dem Wunsch heraus, den Ausspruch Rimbauds »Voici venu le temps des assassins« (Die Zeit des Mordens ist gekommen) in die Tat umzusetzen.

Dieser aggressive Nonkonformismus ist es sicherlich, der die jungen Menschen anzieht, gerade die blutjungen, die sich auch jetzt noch dem Surrealismus anschließen. Für sie verschmilzt er mit dem, was man »die Krise jugendlicher Originalität« genannt hat. Es ist das Bedürfnis, der familiären oder schulischen Autorität zu entkommen, die Abscheu vor dem sozialen Getriebe, der Wunsch, sich der eigenen Persönlichkeit zu vergewissern. Dazu paßt der javanische Argot.[3]

In letzter Zeit habe ich mir die Frage gestellt, ob es in der surrealistischen Haltung etwas Dauerhaftes gibt, und wenn ja, ob dieses Dauerhafte nicht dem Flegelalter entspräche (zwölf bis vierzehn Jahre), d. h. dem Alter, in dem einem alles verwehrt ist und man im geheimen existieren und handeln muß. Sartre hat dies in *L'Enfance d'un Chef* (Die Kindheit eines Chefs) sehr gut festgehalten.

Die *Nourritures terrestres* entsprächen dann der Adoleszenz (fünfzehn bis zwanzig Jahre), wenn man rauchen, alles lesen, über die Liebe sprechen und sogar die Umsetzung in die Tat ins Auge fassen darf – unter der Voraussetzung allerdings, daß diese Adoleszenz nicht den Surrealismus durchgemacht hat: in diesem Fall wird die Etappe übersprungen.

Henri Parisot aber ist ein gestandener Mann und sogar Familienvater: er hat einen entzückenden Knaben von vier Jahren.

Wie seine Antwort auf die Umfrage der Cahiers G. L. M. beweist, hat er seiner Vorliebe für das Übernatürliche Ausdruck verliehen. Die zwanzig »Bücher/Gedichte«, die er genannt hat und in denen sich seiner Ansicht nach das Übersinnliche mit größter Offensichtlichkeit und Intensität manifestiert, sind folgende:

Heraklit: *Aphorismen.* John Ford: *Schade, daß sie eine Hure ist.* Shakespeare: *Der Sturm.* Sade: *Justine.* Arnim: *Isabella von Ägypten.* Hoffmann: *Meister Floh.* Poe: *Unheimliche Geschichten.* Melville: *Moby Dick.* Emily Brontë: *Sturmhöhe.* Nerval: *Aurélia.* Baudelaire: *Die Blumen des Bösen.* Rimbaud: *Illuminationen.* Lautréamont: *Die Gesänge des Maldoror.* Lewis Carroll: *Alice im Wunderland.* Jensen: *Gravida.* R. Roussel: *Afrikanische Impressionen.* Kafka: *Das Schloß.* Chirico: *Hebdomeros.* Max Ernst: *Die Frau mit den hundert Köpfen* (La femme 100 têtes).[4] Hans Bellmer: *Die Puppe.*

Mir scheint, viele Belesene wären mit dieser Auswahl, bis hin zu Kafka, einverstanden. Die Nicht-Surrealisten würden sicherlich die letzten drei Namen streichen, dazu noch Sade.

Auch wenn Parisot kein Schriftsteller ist, so ist er doch Übersetzer und Herausgeber, und mit Hilfe dieser Gaben hat er dem, was er liebt, gute Dienste geleistet. Wir verdanken ihm die Übersetzung mehrerer als Broschur erschienener Kafka-Texte: *Un Divertissement, Der Kübelreiter,* gefolgt von *Aphorismes* und dem *Jäger Gracchus.* Von Melville hat er eine kurze Erzählung übersetzt: *Der Blitzableiter.* Von Lewis Carroll, den die Surrealisten zu Recht als einen ihrer Lehrmeister begrüßen (ist der Surrealismus nicht in vielerlei Hinsicht ein Pendant zum englischen *nonsense*?), hat er *Die Jagd auf den Snark, Phantasmagorie* und *Poeta fit, non nascitur* ins Französische übertragen. Bei Corti ist gerade eine neue, wie mir scheint exzellente Übersetzung von Coleridges *Weise vom Alten Seefahrer* erschienen.

Als Herausgeber hat er eine kleine Reihe ediert, die den bescheidenen Titel: »Un Divertissement« (Ein Divertimento) trägt. Die Reihe umfaßt elf kurze Texte; die Autoren: Gisèle Prassinos, Benjamin Péret, A. Savinio, Chirico, Kafka, Hans Arp, Jean Scutenaire etc ... Der Name Gisèle Prassinos kommt nicht weniger als drei Mal vor in der Reihe; sie ist, wie er selbst sagt, seine Lieblingsautorin.

Gisèle Prassinos hat ihre Gedichte im Alter von vierzehn Jahren verfaßt, und die Statthalter des Surrealismus sind der Ansicht, daß sie auf ihrem Terrain unübertroffen ist. Parisot hat das Werk der jungen Dichterin zusammengefaßt (in einem Band von ca. zweihundert Seiten wäre alles enthalten), Breton und Eluard haben glänzende und großzügige Vorworte dazu geschrieben, und man ist auf der Suche nach einem Verleger. Man hat mir das Manuskript anvertraut; ich habe es mit mühevoll aufrechterhaltenem Interesse gelesen – diese Art von Texten ist nur in kleinen Dosen verträglich –, doch muß ich zugeben, daß nichts oder fast nichts so genuin surrealistisch ist.

Es wäre von Interesse zu wissen, inwieweit die junge Frau, die Umgang mit den Surrealisten pflegte, von ihnen beeinflußt worden ist: der Gedanke an mediale Fähigkeiten drängt sich auf, was im übrigen den Wert des Dokuments nicht herabsetzt, handelt es sich doch um automatisches Schreiben. Es gibt indessen in ihren Gedichten den Tonfall der Märchen, der sehr angenehm wirkt, sobald auch nur der geringste Zusammenhang sichtbar wird; man stößt dort auch auf die kindliche Grausamkeit, die sich im allgemeinen stärker in den Handlungen als im Ausdruck manifestiert: es ist das – belebte oder unbelebte – physische Objekt, das, weil als nicht anverwandt erfahren, bei den Kindern zuerst Neugier und im Anschluß Grausamkeit als umfassendes Mittel der Erkundung provoziert.

Das Wunderkind ist inzwischen zweiundzwanzig Jahre alt, augenscheinlich schreibt sie nicht mehr, sondern nimmt sich mit Leidenschaft behinderter Kinder an. Wie man sieht, hat sich alles zum Guten gewandt.

(1938)

»VERVE«

Verve ist weniger eine Zeitschrift denn ein Schauspiel. Jede Ausgabe ist inszeniert wie ein Ballett.

Zuerst einmal des immer wieder neu gestalteten Titelblatts wegen, das eigens von Künstlern wie Matisse, Braque, Bonnard, Rouault oder Maillol entworfen wird. Diese erstaunlichen Cover gleichen Worten, die, vor Geist sprühend, mitten in eine pracht- und geräuschvolle Gesellschaft geschleudert werden. Der Titel *Verve* erglänzt jedesmal in noch ungewohnterem Lichte.

Beim ersten Durchblättern der Seiten stellt man in freudigem Fieber fest, daß es hier mehr zu schauen gibt, als man je (er)fassen könnte – es ist die Höhle aus Tausendundeiner Nacht, in der alles schimmert, lockt und auffordert. Es braucht eine gewisse Zeit, sich davon zu erholen, und gänzlich gelingt dies allemal nicht.

Das liegt daran, daß hier ein elektrisierendes Gemisch aus Altem und Neuem vorliegt – ein »Zusammenstoß von Eis und Gestirn«. Der der Alten Kunst gewidmete Teil von *Verve* ist glanzvoll gemacht: er zeigt Schätze eines Europas, das bisweilen erstaunlicher und weiter entfernt ist als Asien. Die Kolorierungen weisen denselben lebhaften Überfluß auf wie jene der indischen Tempel, doch sind sie halb verinnerlicht; ihre Farben gleichen Juwelen, die den Tiefen des Geistes entstammen.

Welch eine Freude, so vollendete, goldverzierte Reproduktionen in den Händen zu halten; man wird wieder zum Kinde und möchte sie anfassen.

Daneben Photographien, erstaunliche alte Photographien, vermischt mit so jungen, zeitgenössischen, daß sie vorgeburtlichen, protoplasmischen Regionen zu entstammen scheinen. Und darüber hinaus – dies immer von neuem ein Pläsier – Photos, die Künstler in ihren Ateliers zeigen.

Nun gilt es, von den Texten zu sprechen: sie sind innerhalb

der Zeitschrift von großer Bedeutung. Der Literaturliebhaber wird sich, ist er nicht von den Bildern schon zu sehr geblendet, gütlich tun daran. Man muß *Verve* mindestens zehnmal durchblättern, bevor man mit der Lektüre beginnen kann.

Die letzte Nummer war dem wichtigsten aller Themen gewidmet, der *Figure humaine* (dem menschlichen Antlitz); im Inhaltsverzeichnis bringt es so glanzvolle Namen wie: Valéry, Gide, Suarès, Alain, Giraudoux, Reverdy, Supervielle, Paulhan, Michaux, Jouhandeau, Hoppenot, Sartre, Daumal u. a.

Neulich sonntags erzählte mir Henry Michaux beim Verlassen einer von *Mesures* veranstalteten garden-party, daß mindestens sechs junge Schriftsteller ihn gebeten hätten, bei Tériade Fürsprache für sie einzulegen.

Tériade...? werden Sie fragen. Wer ist das?

Gewiß, nur wenige sind ihm bisher begegnet; er scheut die Öffentlichkeit. Ich verdanke seine Bekanntschaft meiner Freundin Angèle Lamotte, seiner Mitarbeiterin bei *Verve*.

Er ist wohlbeleibt wie ich, ein gourmand, zwar gehört er zu den potassons, doch ist er nicht sehr gesellig, eher menschenscheu und nachdenklich. Ein Träumer mit offenen Augen.

Man hatte mir erzählt, er sei griechischen Ursprungs. Als ich ihn fragte, wo er geboren sei, gab er mir nach kurzem Zögern und mit einem Anflug von Verlegenheit zur Antwort: auf der Insel Lesbos. Und als ich lächelte, fügte er hinzu: oh, inzwischen geht es dort sehr bürgerlich zu.

Sein Kopf ist rundlich, der Blick aus den schönen Augen erinnert an einen guten, heißen Café. Seines mediterranen Haarwuchses wegen sieht er immer unrasiert aus, was ihm im übrigen nicht schlecht steht; Saillet ist gar der Ansicht, dies verleihe ihm Charakter. Ich dagegen glaube, daß der melancholischen unteren Gesichtshälfte ein Bart gut stünde: ein vorteilhaftes Bärtchen, so wie es noch die in *La Figure humaine* abgebildeten griechischen Hirten trugen.

Der Klang seiner Stimme versetzt in das Reich der Kindheit; sie läßt an Milch und an Mehl denken, sie ist wollen; die Stimme eines Erwachsenen, der Kindern etwas erzählt.

Er hat schöne, pralle Hände mit spindelförmigen Fingern,

ganz wie jene, die eine Vorliebe für die Bildenden Künste hegen.

Tériade ist ein »armer Nabob«. Er gründete *Verve* vor anderthalb Jahren, als New Yorker Verleger ihn baten, »die schönste Kunstzeitschrift der Welt« für sie zu machen. Für dieses Unterfangen standen ihm also alle nötigen Geldmittel zur Verfügung. Aber die Leute von drüben waren, wie es scheint, enttäuscht; sie fanden die Zeitschrift zu »sophisticated«, nicht genug dem französischen 18. Jahrhundert zugetan; und im Bildteil hätten sie sich mehr anmutige Nacktstudien gewünscht. Tériade sah keine Möglichkeit, diese Wünsche zu erfüllen, und nach einjähriger Tätigkeit nahm er sein Schicksal wieder in die eigenen Hände. Mit den vier erschienenen Ausgaben hatte er sich ein Publikum erobert. Inzwischen glaubt er, aus eigener Kraft bestehen zu können. So halten wir, die Franzosen, die schönste Kunstzeitschrift der Welt in Händen. Dieser Ehre, glaube ich, können wir uns würdig erweisen.

Vielleicht wird es Tériade gelingen, mich zur zeitgenössischen Malerei zu bekehren; denn ich sperre mich weiterhin dagegen. Ich versuche, ihm meinen Fall darzulegen – so wie man es einem Arzt gegenüber täte.

Gewiß, die Malerei der Alten bereitet mir nicht mehr dieselbe Freude wie früher. Als ich kürzlich im Louvre war, erschien mir dort alles überholt, der Vergangenheit zugehörig. Ich spürte deutlich, daß andere Ausdrucksmittel gefunden werden müßten.

So fängt es immer an, erwidert Tériade sanft.

Ich nehme den Faden wieder auf: Mir scheint, daß das, was die Maler jetzt machen, den Bereichen der Literatur und der Musik angehört. Sie denken zuviel nach, stürzen sich in die Metaphysik. Sie suchen nach Formen, aber diese sind ein für allemal vorgegeben; es sind jene der Natur: unsere Körper, die Tiere, Pflanzen und Steine. Wir können sie nur leicht abändern. Die großen Veränderungen sind, wie mein Freund Berthier zu sagen pflegt, geologischer Natur.

Gewiß, die Photographie kommt einer Katastrophe gleich. Aber Teufel auch, sie müssen sich endlich davon erholen. Überlegen Sie einmal: vorher ging es nur darum, die Natur nachzuahmen; das Genie wurde an der naturgetreuen Wiedergabe gemessen, an der Genauigkeit, mit welcher es sich den Formen, die Leben erhalten hatten, das heißt der vom Geist geweihten Materie, anpaßte.

Muß der Künstler sich überhaupt davor fürchten, zum Photographen zu werden? Hat er nicht seine eigene Natur, um sich der Natur zu widersetzen?

Wenn er sich um die Realität bemüht, kann er Gewinn daraus ziehen, indem er sie gemäß eigener Sichtweisen umwandelt; er muß sie aufsuchen, um sie maßvoll – d. h. auf eine Art und Weise, die sie erneuert – überbieten zu können.

Unsere zeitgenössischen Künstler wandeln nicht um, sie entstellen. Dies gefällt niemandem, ändert alles und darum überhaupt nichts.

Sie haben, wie sie sagen, eine Vorliebe für die Materie, jene des Aristoteles: die ungeformte, unbestimmte Materie. Welche Bedeutung aber hat eine Materie, deren Wert darin besteht, Widerstand zu leisten, wenn man sie nicht dazu bringt, Sinn anzunehmen? In alten Zeiten machte man daraus Objekte, d. h. nützliche Dinge: Vasen, Waffen, Schmuck, Werkzeuge, Möbel, Kleidung oder Teppiche... Man formte sie auf verständige Weise, gemäß den natürlichen Formen. Die Deformation gibt es nur als Folge von Ungeschicklichkeit.

Es gab auch damals schon die Götterbilder.

Was unsere Maler heutzutage machen, könnte dem Religiösen zugerechnet werden; aber in welchen nebulösen Zonen, welchen Eingeweiden suchen sie nach ihren Göttern?

Ich weiß sehr wohl, daß sie von den Urformen träumen, daß sie das Wesen der Rundung, die ersten Zahlen, die Farben der Ideen finden wollen. Sie glauben, ins Reich der Mütter hinabzusteigen, in die Regionen des Ungeborenen, aber in Wahrheit rechtfertigt das, was sie uns zu sehen geben, das Grausen, das Faust beim Nennen ihres Namens empfindet.

Die Mütter... vielleicht sind das große Maschinen. Könnte

es nicht gerade die Hochschätzung der Maschinen sein, die so viele Geister aus den Tiefen aufsteigen läßt?

Nun ja, darin kann man eine der Rechtfertigungen heutiger Kunst sehen: die vollbrachte oder noch zu vollbringende Revolution. Es geht nicht mehr um Schönheit oder Genuß. Warum dann aber am Staffeleibild festhalten? Vielleicht ist dies der Grund des Mißverständnisses. Die Ausstellung von 1937 hat so manchen Versuch gerechtfertigt, indem sie ihn auf große Maßstäbe übertrug, auf die Mauern kollektiver – und kurzlebiger – Wohnstätten.

Folgendes spielt sich ab: die abstraktesten Bemühungen, die unerbittlichsten Hypothesen dienen als Grundlage der allgemeinsten, der am weitesten verbreiteten Anwendungen.

Die abstrakte Kunst: eine Werkstätte für die Haute Couture, die Werbung, die Einrichtung.

Man betrachte z. B. die Verwendung des Kubismus für die Werbung; dies war nur folgerichtig: ein Produkt, das den Massen aufgezwungen werden soll, tut gut daran, den individuellen Ausdruck zu meiden; wie das Totem kann es seinen Ursprung in der elementaren Geometrie haben. Welch ein Diktat, wenn man es sich einmal recht überlegt!

Und weiter gilt: fast nichts von dem, was die Maler produzieren, verbleibt in unseren Händen. Man kauft nur noch, um zu verkaufen – dies ist eine Geschichte für sich. Es gibt keine eigentlichen Kunstliebhaber mehr. Nichts wird gemacht, damit jemand daran Gefallen finde. Alles hängt von der jeweiligen Mode ab, ist rein dekorativ, mehr oder minder für den sofortigen Gebrauch bestimmt. Nichts wird vollendet.

Jene Harmonie, die überdauerte, die einen Trost im Leben darstellte, wo ist sie geblieben? Wie kann sie wiedererstehen?

Sehen Sie, Monsieur Tériade, wenn ich Sie frage, warum man diesen oder jenen Maler schätzen sollte, geben Sie mir eine Art *moralischer* Garantie. Ihre Antwort lautet: er ist aufrichtig.

Von anderen sagen Sie: dies sind die intelligentesten, sie sind ernsthaft bei der Sache.

Tériade sagt in aller Ruhe:

Wissen Sie, es ist die Rede davon, zur Realität zurückzukehren.

(1939)

UNSERE FREUNDIN BRYHER

Ja, *unsere* Freundin; denn Bryher ist nicht nur eine Freundin unserer Lieblingsautoren, sie ist auch eine große Freundin Frankreichs. Ich schätze mich glücklich, sie hier in der Gazette, die sie selbst von Beginn an mit soviel herzlicher Aufmerksamkeit überhäuft hat, vorstellen zu können.

Bryher ist Engländerin. Aber sie gehört auch zu jenem Teil der Welt, dem die Pléiaden entstammen. Sie hat, um ihre Rolle unter uns zu spielen, jene der Schriftstellerin und Verlegerin gewählt. Sie ist zweifelsohne die diskreteste Person, die ich kenne, sowohl ihrem Äußeren nach als auch in Wort und Schrift.

Sie ist klein und schlank – schlank ist nicht das richtige Wort: man vermag nicht, sich ihren Körper vorzustellen. Einige Merkmale lassen sich erfassen: ihre Hände, die sich bereitwillig zur energischen Faust schließen, der der Daumen einer Knospe gleich entwächst; die Stellung ihres Kopfes, der stets ein wenig vornübergebeugt ist, als studiere sie, und vor allem ihre himmelblauen Augen: in ihnen tritt die ganze Schalkhaftigkeit, Hellsicht und Gutmütigkeit der *happy few* zutage, denen sie angehört.

Es ist ein Ding der Unmöglichkeit, von ihrer Kleidung zu sprechen; sie weist keinerlei Auffälligkeiten auf; alles daran ist über die Maßen neutral. Ich verspüre nur, wenn ich sie sehe, das Bedürfnis, ihr das Beret zu bürsten; mit Sylvia ergeht es mir übrigens ähnlich.

Das bisher entstandene Werk Bryhers ist von geringem Umfang – freilich ist sie noch jung. Sie hat nur drei Bücher und mehrere, noch nicht in einem Band zusammengefaßte Essais veröffentlicht. Ihre Schriften sind vorwiegend autobiographischer Natur. Sie berichtet darin von ihrer Kindheit und Jugend, von ihren Reisen und Lektüren. Sie mischt ihren Berichten vielerlei Überlegungen bei, die beseelt sind vom edelsten Glauben an das Menschliche, obschon durchsetzt mit subtilem Humor. Besonderes Interesse widmet sie den Fragen der Erziehung und des gesellschaftlichen Lebens. Dem Kino gilt ihre besondere Aufmerksamkeit, zweifellos ihrer soziologischen Neigungen wegen.

Ihre Karriere als Verlegerin begann 1927 mit der Veröffentlichung einer ganz dem Film gewidmeten Zeitschrift: *Close-Up*, die sie in Zusammenarbeit mit Kenneth Macpherson herausgab. Diese Zeitschrift hatte sieben Jahre lang Bestand und wurde von Kennern als die beste Europas bezeichnet – keine andere war so fortschrittlich und informativ wie *Close-up*.

1935 wandte sie sich entschieden der Literatur im engeren Sinne zu. Sie übernahm die Londoner Zeitschrift *Life and Letters*, deren Titel sie leicht abänderte in: *Life and Letters to-day*. Sie gliederte ihr vor etwa einem Jahr zwei weitere, hoch geschätzte Periodika ein: *The Bookman* und *The London Mercury*. Die Leitung hat sie nicht selbst übernommen, sondern einem jungen Schriftsteller, Robert Herring, anvertraut, der sich wie sie für Dichtung und Gesellschaftswissenschaften begeistert und seit mehreren Jahren Filmkritiken für den *Observer* schreibt.

Life and Letters to-day beweist einen weitgehend europäischen Geist: jede Ausgabe enthält eine Übersetzung; man muß hinzufügen, daß Frankreich dabei stark bevorzugt wird. Zu den Autoren, deren Beiträge dort erschienen sind, gehören: Aragon, Jean Cassou, André Chamson, André Gide, Louis Guilloux, Henri Michaux, Jean Prévost, Jules Romains, J.-P. Sartre, Jean Schlumberger, Paul Valéry. – Einige von ihnen sind dort zum ersten Mal ins Englische übersetzt worden.

Bryher hat vor drei Jahren die Schilderung einer Reise veröffentlicht, die sie als Kind im Jahre 1900 zur Weltausstellung nach Paris unternahm. Diese *Paris 1900* betitelten Erinnerungen haben Sylvia Beach und ich übersetzt; die *Nouvelle Revue française* hat sie in der Dezembernummer 1937 teilweise abgedruckt; ich habe einen schmalen Band daraus gemacht, dessen Erscheinen durch die Ereignisse verzögert wurde und der jetzt auf den Markt kommt.

Eine kürzlich erschienene Ausgabe von *Life and Letters to-*

day enthielt einen Essai von ihr: *Einführung in die französische Literatur*, den Sylvia und ich für so bedeutsam hielten, daß wir die wichtigsten Passagen daraus übersetzt haben. – Niemand hat bisher, wie uns scheint, von Mallarmé auf so einfache und zugleich ergreifende Weise gesprochen. Der Satz, wo sie sagt, daß Mallarmé ihr »hell wie der gezackte Glanz des Salzes auf einem Wellenkamm mitten im Atlantik erscheine«, hat mich bezaubert.

Hier nun der Schluß dieses Essais:

»Die französische Sprache war für mich kein zusätzliches Fach, um gute Noten zu erhalten, sondern etwas, das ich aufgesogen habe, das nach Maßgabe meiner Entwicklung in mir gewachsen ist, so daß ich mich heute – und dies gar ohne willentliches Zutun – nicht mehr vom Schicksal Frankreichs lossagen könnte. Ich glaube nicht, daß es einen dauerhafteren Weg zur internationalen Verständigung gibt, zumindest habe ich keinen besseren gefunden. Meine Schwierigkeiten jener Jahre waren dieselben, auf die heute meine Nachfolger stoßen: schöpferische Künstler zu finden; nicht jene besonnenen Autoren, denen die Akademien gewogen sind, sondern jene, welche die Jugend jeder neuen Generation verstehen. Eine liebenswerte Buchhandlung, eine kleine beherzte Zeitschrift, die ein halbes Jahr lang erscheint und dann ihr Erscheinen einstellt, haben größere Bedeutung für ein Land als zehntausend Bücher mit der üblichen Propaganda. Man hat die gesamte Lebensmitte, um die Klassiker und Akademiker zu lesen.

Sieben Jahre lang kam es zu keinem einzigen Besuch in Frankreich, ich war achtundzwanzig, als ich meine erste französische Freundschaft schloß; der Krieg schien die Kontakte unterbrochen und jegliche Entwicklung in obigem Sinne zum Stillstand gebracht zu haben, doch meine (Lese-)Erfahrungen mit Flaubert, Mallarmé, Verhaeren und vielen anderen haben mich unablässig in meiner europäischen Erziehung bestärkt und mich eingeweiht in die Disziplin der Kunst.«

Diese im Mai 1940 erschienenen Zeilen bildeten auch den Abschluß der Gazette des Amis des Livres. *Vier Jahre lang blieben wir ohne Nachricht von Bryher oder von anderen Freunden in Europa und Amerika. Einmal mehr »schien der Krieg die Kontakte unterbrochen zu haben«, aber unsere Freundschaft und unser Vertrauen waren eine Stütze für uns im Verlauf dieser Prüfung, und nach der Befreiung sahen wir uns, unverändert und voller Freude, wieder.*

(1940)

DIE AMERIKANER IN PARIS

Um ehrlich zu sein, hat es mir nie an Amerikanern in Paris gemangelt. Während andere ihrer gänzlich beraubt waren, vier Jahre lang auf sie warteten und sich dabei vor Ungeduld verzehrten, war ich halbwegs im Besitz des Notwendigen.

Da war zuerst einmal Sylvia Beach, meine schwesterliche Freundin. Sylvia und eine kleine Anzahl ihrer Landsleute, die sich in Paris niedergelassen hatten, haben es nie verlassen wollen. Liebevoll teilten sie unsere Leiden und Entbehrungen und erduldeten eine mehr oder minder lange Gefangenschaft.

Doch, einen Zeitraum bitterer Entbehrungen habe auch ich gekannt: die langen Monate, die meine amerikanischen Freundinnen in Vichy verbracht haben.

Neben Sylvia gab es Sarah Watson, die Leiterin des Internationalen Studentenwohnheims. Voilà, ein wunderbares Naturell aus dem weiblichen Amerika, eine echte geistige Tochter Benjamin Franklins. Man müßte in aller Ausführlichkeit erzählen, wie es ihr und ihrer Assistentin Marcelle Fournier (eine der nobelsten Französinnen, die ich kenne) durch Standhaftigkeit und Scharfsinn gelang, das Haus vor den Deutschen, die sich seiner bemächtigen wollten, zu retten; wie sie trotz aller Schwierigkeiten ihrem Völkchen die täglichen Mahlzeiten sicherten; wie sie, ohne gegen die im Hause geltende Neutralität zu verstoßen, ein aktives Zentrum der Résistance einrichten konnten, in dem ungezählte französische und ausländische Patrioten (insbesondere Tschechen) Hilfe und Freundschaft fanden.

Da gab es weiterhin die charmante und geistreiche Katherine Dudley, eine Freundin Picassos und selbst eine sehr talentierte Malerin. Die engelhafte Mabel Gardner, die anmutige Figuren aus Holz schnitzt.

Die schöne und tapfere Dru Tartière, die bei sich zu Hause in Barbizon fünf amerikanische Piloten versteckte, und dies ist nur die offensichtlichste ihrer Heldentaten.

Camilla Steinbrugge, eine der vollkommensten Frauen, die ich kenne.

Mary Dixon, die Tochter des berühmten Bibelpredigers, klug und empfindsam wie eine von Hawthornes Hauptfiguren.

Dieser Chor von Freundinnen wurde mir von Sylvia zugeführt. Sylvia, die so amerikanisch und zugleich so französisch sein konnte. Amerikanerin war sie von Natur aus, »jung, herzlich, frisch, heldenhaft... elektrisch« (diese Adjektive entlehne ich Whitman, der hier von seinen Landsleuten spricht). Französin war sie ihrer leidenschaftlichen Zuneigung zu unserem Lande wegen und wegen ihrem Wunsch, sich noch dessen geringste Nuance zu eigen zu machen.

Es gibt Leute, die den amerikanischen Einfluß fürchten. Sie glauben, er könne uns eines Tages die Wolkenkratzer bescheren und unseren Städten, den ihren gleich, die Hetze. Diese Leute haben niemals Umgang mit Amerikanern gehabt.

Die Amerikaner schätzen in Frankreich und Europa das, was sie bei sich nicht finden: die Ruhe, das Alte, das Anmutige, das Handgemachte. In Paris wohnen sie auf der Ile Saint Louis, in der Rue de Seine, am Palais Royal.

Wollten wir jemals in die Vergangenheit zurückkehren, so wären sie darüber eher erfreut. Sicherlich müssen sie sich bisweilen im Zaun halten, um uns nicht Könige, Burgen, Sänften, Strohdächer und Öllampen zurückzuwünschen. Doch brauchen wir dies ebensowenig zu fürchten wie die Wolkenkratzer. Vielleicht zwingen sie uns ab und zu ein Öllämpchen auf (»gleichzeitig«, sagte Keeler Faus zu mir, »bringen wir Ihnen einen Kühlschrank mit, der, ohne die Umgebung zu verschandeln, Ihnen gute Dienste leisten wird«), den König aber werden sie uns nicht zurückbringen. Es sind Menschen, die der Vernunft zugänglich sind und die Demokratie im Blut haben; diese stellt ihre Tradition, ihre Daseinsberechtigung dar, die Stimme, die vernehmlicher als jede andere in ihnen spricht. Wann immer wir versucht sind, die demokratische Idee in Frage zu stellen, sollten wir auf sie hören; besser als alle anderen habe sie diese empfunden und ausgedrückt. Und an dieser Stelle kann ich nicht umhin, eine Passage zu zitieren, die meiner Ansicht nach zum Besten gehört, was man je über die Demokratie geschrieben hat. Die Passage entstammt Melvilles *Moby Dick:*

»Aber die erhabene Würde, von der ich spreche, ist weder jene der Könige noch die der Robenträger. Man sieht sie aufscheinen im Arm, der eine Schaufel handhabt oder einen Bolzen einschlägt. Diese demokratische Würde ist es, die allüberall und ohne Unterlaß zu Gott hinüberstrahlt. Zum großen, absoluten Gott, dem Zentrum und Umfang aller Demokratie, dessen Allgegenwart unsere Gleichheit ausmacht.«

Wenn ich diese Zeilen lese, fühle ich mich als Amerikanerin, so wie die Amerikaner sich als Franzosen fühlen, wenn sie in Paris wohnen.

Aber bisher habe ich nur von meinen Gefährtinnen der Besatzungszeit gesprochen. So viele andere Freunde gab es noch, die vor diesem Krieg unter uns gelebt haben, die nach dem ersten Krieg gekommen waren oder die schon »seit ewigen Zeiten« zu Paris gehörten, wie unsere geschätzte Carlotta, wie Gertrude Stein oder Jo Davidson.

Es gab die Schriftsteller und die Professoren, die uns jedes Jahr zur Ferienzeit besuchten. In jenen Tagen kümmerten die Franzosen sich wenig um ihre jungen Dichter und deren kleine Zeitschriften. Zu den Liebhabern der surrealistischen »Revolution«, des *Minotaure* oder der *Documents*, zählten fast ausschließlich Amerikaner, die sich auch nie den neuesten Gide oder Valéry entgehen ließen.

Zweifellos werden wir, sobald der Krieg zu Ende ist, Katherine Anne Porter, Thornton Wilder und Archibald MacLeish wiedersehen. Sherwood Anderson aber oder Scott Fitzgerald werden uns leider nie mehr begegnen.

Was wird aus Ezra Pound werden? Armer Ezra, der in Italien zum Faschisten und eifrigen Propagandisten geriet. Hier haben wir jemanden, der das von Paulhan eingeklagte »Recht auf Irrtum« des Schriftstellers weidlich ausgenutzt hat.

George Antheil wird wohl schon beim Kofferpacken sein. Wie es scheint, hat er in New York großen Erfolg gehabt mit seiner letzten Symphonie. Wohin sind die Tumulte, die das *Ballet Mécanique* auslöste?

Wird Grace Flandau sich erneut vom holprigen Pflaster der Cour de Rohan bezaubern lassen?

Werden wir Louis Bromfield in seinem Appartement in Passy wiedersehen, inmitten seiner Blumentöpfe, dieser prachtvollen, selbstgezüchteten Blumen aus den Gärten von einst?

Wird Bob McAlmon sein Quartier am Montparnasse wieder beziehen und erneut die Zeitschrift *»Contact«* herausgeben?

Wird Bill Bird abermals seine Mühle bewohnen und unsere Weine kosten, die er besser als jeder andere kennt?

Wird Janet Flanner aufs neue ihre geistreichen Lettres de Paris an den *New Yorker* schicken?

Werde ich endlich Pearl S. Buck kennenlernen?

Werden Faulkner und Steinbeck, denen ich noch nicht begegnet bin, in der Rue de l'Odéon hereinschauen?

Indessen sind, im Zuge der Libération, schon eingetroffen (in *jeeps* versteht sich): Eugène Jonas, der in Paris – man wird sich erinnern – die Avantgarde-Zeitschrift *Transition* herausgab; Bravig Imbs, der Monsieur Pipper aus dem Radio; der Dichter George Dillon, der in Chicago die Zeitschrift *Poetry* leitet und der hier so etwas wie ein Hüter des Eiffelturms ist.

Und dazu noch wer weiß wieviel Neuankömmlinge – einer »joycescher« als der andere –, die Sylvia Beach kennenlernen wollen und sogar »Miss Monnier«, die sie, um ihre Französischkenntnisse aufzubessern, um die Übersetzung des *Ulysses* bitten.

Wir haben die berühmte Kriegskorrespondentin Helen KirkPatrick kennengelernt, haben Adelaide Massey, das As des amerikanischen Roten Kreuzes, in die Arme geschlossen.

Wir haben unseren Freund Justin O'Brien gesehen, in Uniform; inzwischen ist er Oberstleutnant.

Unser werter Keeler Faus ist zurück, der mit uns zusammen

die ersten Monate der Besatzung durchlebt hatte und dann mit der Botschaft nach Vichy, Baden-Baden und in die USA weitergezogen war.

Unser erster Besucher aber, der zur gleichen Zeit eintraf wie die Libération, war kein geringerer als... Ernest Hemingway. Seine Ankunft in der Rue de l'Odéon war so bemerkenswert, daß ich sie hier ausführlich schildern möchte.

Es war am Samstag dem sechsundzwanzigsten, dem Tag des mißglückten Attentats auf General de Gaulle. Wir waren aufgebrochen mit dem Vorsatz, uns zur Kathedrale Notre-Dame zu begeben, aber am Boulevard du Palais gerieten wir in Gewehrfeuer und waren gezwungen umzukehren; diese Rückkehr war skandiert von den Schüssen der berüchtigten Heckenschützen auf den umliegenden Dächern.

Unsere Straße gehörte nicht zu den ruhigsten. Als wir sie vorsichtigen Schrittes und eng an die Mauern gedrückt hinaufgingen, sahen wir in Höhe der Nr. 12, d. h. vor *Shakespeare and Company*, vier kleine Autos (keine *jeeps*), auf denen hinten in großen weißen Buchstaben stand: B.B.C.; wir achteten nicht weiter darauf.

Als wir im vierten Stock angelangt waren, drang eine Stimme von der Straße zu uns herauf: »Sylvia! Sylvia!« Wir eilten zum Fenster und sahen Saillet unten vor der Tür; er hatte die Hände zum Trichter geformt und rief: »Sylvia, Hemingway ist da!« Sylvia stürzte, drei, vier Stufen auf einmal nehmend, die Treppe hinunter, meine Schwester und ich sahen unten einen Hechtsprung, dann wurde die kleine Sylvia von Armen emporgehoben, die einem Bild Michelangelos entstammten, und ihre Beine strampelten in der Luft. Jetzt war es an mir, die Treppe hinunterzustürzen. In der Tat, es war Hemingway, riesiger denn je, mit kahlem Schädel, in Hemdsärmeln, ein Höhlenmensch mit feinsinnigem, gelehrtem Blick hinter friedfertigen Brillengläsern. Bei ihm war ein Soldat mit Helm und Matrosenjacke: ein Franzose namens Marceau, den er uns als seinen ihm von Herzen zugetanen Leibwächter vorstellte. Die vier Wagen gehörten zu ihm, es war die Division *Hem*, sechzehn Männer im ganzen, Amerikaner und Franzosen gemischt, die alle die gleiche Uniform trugen; die Franzosen waren Widerstandskämpfer, denen er sich angeschlossen hatte; sie hatten den langen Weg von der Bretagne bis nach Paris gemeinsam kämpfend zurückgelegt. Wenige Tage zuvor hatten sie ganz allein Rambouillet eingenommen, und am Vortag, im Sturmangriff, das Ritz, in dem sie natürlich die besten Zimmer bezogen. Sie hatten es vorerst nicht eilig, die Waffen niederzulegen, sie waren gekommen, um die Rue de l'Odéon von den Heckenschützen zu befreien. Sie waren schon in mehrere verdächtige Häuser eingedrungen, auf die Gaffer sie bereitwilligst hingewiesen hatten; gefunden hatten sie allerdings noch nichts. Es bot sich an, das Gebäude, in dem ich wohnte, als nächstes zu durchsuchen; zugleich konnte ich ihnen so Erfrischungen anbieten.

Ich ging hinüber zu den Männern, die im Innern der kleinen Autos saßen oder daneben standen und die Befehle ihres Hauptmanns erwarteten; ich lud sie ein zum Wein, den ich – wie jeder Franzose, der auf sich hielt – für diese Gelegenheit aufgespart hatte. Aber man hatte ihnen schon so viel zu trinken angeboten, daß sie, nachdem sie mir kräftig die Hand geschüttelt hatten, dankend ablehnten. Nur der tapfere Marceau willigte ein, uns zu begleiten, dazu ein junger Amerikaner, der, in Vertretung der andern, aus Gründen der Höflichkeit mitkam; sie begnügten sich damit, die Lippen mit Wein zu benetzen.

Durch das Gestrüpp unserer Fragen und seiner Antworten schlug Hemingway sich unbeirrt durch bis hin zu dem einen Gedanken: eine Seife aus Marseille aufzutreiben, um noch am selbigen Abend im Waschbecken des Ritz sein Hemd zu waschen. Ohne zu zögern schenkte ich ihm mein letztes Stück (seien wir ehrlich: es war das vorletzte).

Noch ein anderer Gedanke beschäftigte ihn: Ob man mich nicht im Laufe der Besatzungsjahre zur Kollaboration veranlaßt habe, und sei es auch nur in geringem Maße? – In diesem Falle, so sein Angebot, werde er mich jeglicher Gefahr entreißen. (Gewiß dachte er bei sich, diese beleibte Feinschmeckerin hat die Einschränkungen nicht ertragen können; früher oder später ist sie bestimmt schwach geworden.) Ich erforschte ernsthaft mein Gewissen: auf Treu und Glauben, ich hatte nicht »kollaboriert«. Er nahm Sylvia beiseite und wiederholte seine Frage: »Sind Sie sicher, Sylvia, daß Adrienne nicht kollaboriert hat und man ihr nicht ein wenig unter die Arme greifen muß?« – »Aber nein«, erwiderte Sylvia, »wenn sie mit jemandem zusammengearbeitet hat, dann mit uns, den Amerikanern.« Hemingway schien leichtes Bedauern zu empfinden darüber, hier nicht den Ritter spielen zu können: es schimmerte auf den Wellen seines gutmütigen, wieder aufgeheiterten Gesichts.

(1945)

SAINT-EXUPÉRY UND DER KLEINE PRINZ

Ich habe gerade den *Kleinen Prinzen* zu Ende gelesen. Dies ist ein Buch für Kinder, das Antoine de Saint-Exupéry verfaßt hat und das 1943 in New York herausgekommen ist.

Das Buch lag bei mir seit dem letzten November (Keeler Faus hatte es mir bei seiner Rückkehr nach Europa mitgebracht); drei Monate lag es da auf meinem Tisch, mit seinem hübsch gezeichneten, wenn auch ein wenig faden Titelblatt, ohne daß ich es anrührte. Und doch wußte ich von Keeler um die Bedeutung, ja das Gewicht des *Kleinen Prinzen;* er hatte ihn mir mit einer gewissen Feierlichkeit überreicht, nicht geschenkt, nein, nur geliehen. Und ich, die es verabscheut, wenn Leute ausgeliehene Bücher lange behalten, ich hatte mich so gar nicht beeilt, mit der Lektüre zu beginnen; ich wartete auf Muße und Wärme, auf einen Moment, in dem ich weniger zu tun hätte und am Kamin oder in der Sonne säße.

Und dann überbrachte mir eines Tages Eunice Taylor das Buch als Geschenk. Es war im März; es gab immer noch viel zu tun, aber die große Kälte lag hinter uns. Ebenso drängte es mich, die *Lettre à un Otage* (Brief an eine Geisel) zu lesen, die kurz zuvor bei Gallimard erschienen war (auch sie war zuerst in New York, bei Schiffren, veröffentlicht worden).

Ich las die beiden Werke Schlag auf Schlag; ich weiß nicht mehr, womit ich begann. Ich weiß nur noch, daß mir die *Lettre à un Otage* von der ersten bis zur letzten Seite vortrefflich erschien. *Der Kleine Prinz* enttäuschte mich anfangs seiner Kindlichkeit wegen – oder besser gesagt, er verwirrte mich, denn es handelt sich um eine eher ungewöhnliche Form der Kindlichkeit. Als ich dann aber die Geschichte von der Blume mit den vier Dornen las, die lügt, war ich zum ersten Mal gerührt. Die Erzählung von den Besuchen auf den Asteroiden, die jeweils nur einen Bewohner haben, hat mir sehr gefallen: sie ist von äußerst reizvoller Ironie. Und als ich schließlich beim Fuchs anlangte, der *gezähmt* werden möchte, war ich schon sehr bewegt; mein Ergriffensein wuchs mit jeder Seite bis hin zum Ende, wo der kleine Prinz seinem Freund, dem Piloten, verkündet, daß er auf seinen Stern zurückkehren und daß es *ein wenig so aussehen werde, als sterbe er.* Nun ja, am Ende war ich in Tränen aufgelöst.

Während ich weinte, fragte ich mich: Warum nur diese Tränen? Es ist doch nur eine Kindergeschichte. Sehr schnell wurde ich gewahr, daß sich hinter dem kleinen Prinzen Saint-Exupéry selbst verbarg und daß ich seinen Tod beweinte, dessen ich mir, zusammen mit mancherlei Gestalten seines Lebens, bewußt wurde.

Ich glaube, vielen Menschen – näheren oder entfernteren Freunden Saint-Exupérys – wird es ebenso ergehen; aber werden nicht alle, die ihn lesen, seine Freunde?

Als wir im letzten Sommer von seinem Ableben erfuhren, glichen wir alle oder fast alle dem Kommandanten Alias: wir waren zu sehr mit den eigenen Problemen beschäftigt, um einen Tod nachzuempfinden oder darunter zu leiden, gerade auch weil dieser Tod noch zweifelhaft war. – War Saint-Exupéry nicht immer von gefährlichen Missionen zurückgekehrt?

Inzwischen ist dieser Schmerz mit all seiner Wucht spürbar geworden. Wie er uns in seiner *Lettre à un Otage* wissen läßt, sollten wir den Tisch für ihn nicht mitdecken, aus ihm keinen *ewig Abwesenden* machen, keinen *bis in alle Ewigkeit verspäteten Gefährten… Er wird nie mehr zugegen sein, aber er wird auch niemals abwesend sein.* Man muß aus ihm, wie er selbst es tat mit Guillaumet, einen *wahrhaftig verstorbenen Freund* machen.

Ich weiß, ja, ich verstehe genau, warum diese Freundschaft mir so lebendig erscheint und wie geeignet für diesen Augenblick. Ich lebe mehr mit Büchern als mit Menschen. Und oft genug stören mich die Menschen in meinem Umgang mit den Büchern. Nicht, daß ich die Gesellschaft der Autoren verschmähte, weit gefehlt, ich schätze sie über alle Maßen, wenn es sich um Autoren handelt, deren Bücher ich bewundere, aber ich schätze sie immer ihrer Werke wegen, und nicht wegen ihres Ruhmes oder ihres guten Benehmens mir gegenüber. Gleichwohl bin ich sehr empfänglich für ausgesuchtes Benehmen, das schlechte vertrage ich ganz und gar nicht; das gute aber nehme ich nur an von jenen, die ich rückhaltlos verehre. Mein Sinn für Hierarchie überwiegt das Bedürfnis nach Kameradschaft. Das Gefühl für Werte, so wie ich sie in meinem Innern erfahre, macht fast schon seine Gesamtheit aus.

Womit gesagt sein soll, daß ich mit Leichtigkeit die Menschen entbehren kann (an manchen Tagen würde ich liebend gern auf mich selbst verzichten) und daß in diesem von mir bewohnten Land der Bücher die Toten ebensosehr zählen wie die Lebenden.

Niemand war mir in den letzten Jahren gegenwärtiger als Melville oder Gottfried Keller. Im Verlauf dieses Krieges waren der Grüne Heinrich oder die Matrosen der Pequod mir weit näher als die mich unmittelbar umgebende Welt, desgleichen fand ich Zuflucht am Pol Byrds oder in der Wüste Saint-Exupérys.

Beim Lesen von *Pilote de guerre* (Flug nach Arras) hat mich folgende Definition der Weite beeindruckt: »Die eigentliche Weite ist nicht für das Auge gemacht, sie wird nur dem Geiste gewährt. Für sie gilt gleiches wie für die Sprache, ist es doch die Sprache, welche die Dinge verknüpft.«

Der Mann, der diese Zeilen niederschrieb, war in der Lage, mit seinem Flugzeug den gesamten Luftraum der Erde zu durchqueren, aber dieser Raum war für ihn nur von Wert auf Grund seines Innenlebens, auf Grund der Sprache, die ihn zu beleben, mit deren Hilfe er ihn auszudrücken vermochte.

Und die Sprache – dies ein Zusatz unsererseits – findet ihren höchsten Ausdruck, ihre Vollendung im Buch.

Der Autor eines Buches wie *Terre des hommes* (Wind, Sand und Sterne) kann nicht verschwinden. Er wird auf immer Pilot bleiben, der im geistigen Raum weiterlebt. Er wird zu jedem Kind wie ein Vater sprechen; jeder Vater wird seinem Kind dieses Buch eines Mannes zu lesen geben, der zugleich – und auf beispielhafte Weise – ein Held, Dichter und Moralist war. Einige seiner Worte gehören zu den edelsten und reinsten, die je ausgesprochen wurden: »Zu lieben bedeutet nicht, sich anzusehen, sondern gemeinsam in dieselbe Richtung zu schauen.« Wird damit nicht eine neue Form der Liebe getauft?

Im Anschluß an den *Kleinen Prinzen* und *Lettre à un Otage* verspürte ich den Wunsch, alle Bücher Saint-Exupérys wiederzulesen – es sind nur drei, aber welchen Reichtum birgt jedes von ihnen. Beim Öffnen der Bände las ich erneut und voller Gemütsbewegung die Widmungen, in denen der Autor stets darauf bedacht war hervorzuheben, daß ich seine ersten Seiten im *Navire d'argent* veröffentlicht hätte.

Die Schrift Saint-Exupérys: fein, einfach, harmonisch. Wenn ich sie betrachte, drängt sich mir der Gedanke an lichtumspielte Gräser auf.

Ja, dem Navire wurde diese Ehre zuteil. Und der werte Jean Prévost war es, der mir diesen bei Freunden angetroffenen Debütanten zuführte. – Hatte nicht Gide die beiden miteinander bekannt gemacht?

Der erste Text, L'Aviateur (Der Pilot), ist eine Skizze des *Courrier Sud* (Südkuriers).

Seltsamerweise stieß ich beim Wiederlesen des *Courrier Sud* gegen Schluß auf eine Vorwegnahme des *Kleinen Prinzen* – dieses Prinzen, der von seinem Stern gefallen ist, in der Wüste einem Piloten begegnet und nach einem Schlangenbiß zu seinem Stern zurückkehrt. Die Parallelen sind nicht zu übersehen: der Besuch des jungen Piloten beim alten, zurückgezogen in den Sanddünen lebenden Sergeanten, ein Besuch, der beim Sergeanten *fast eine Liebeserinnerung* zurückläßt; der Pilot, *ein verlorenes Kind, das die Wüste erfüllt*, das nicht stirbt, solange es nicht *den höchsten Stern* erreicht hat.

Wie viele Sterne gibt es doch in all den Büchern Saint-Exupérys, Sterne, zu denen man aufsteigt oder die man in sich selbst findet, wie viele mit dem feinsten Gold der Sprache gezeichnete Sterne.

Am Ende des *Vol de nuit* (Nachtflugs) tauchen drei Sterne auf wie *ein todbringender Köder auf dem Grund einer Reuse.* Der Pilot steigt zu ihnen auf und kann nicht mehr herunter.

Auch springt einem die Analogie ins Auge zwischen der

Schlange des kleinen Prinzen und dem Jagdflugzeug in *Pilote de guerre*, das *sein Gift wie eine Kobra auf einen Schlag verspritzt.*

Der kleine Prinz, das ist Saint-Exupéry – das Kind, das er war und das er trotz der Erwachsenen geblieben ist; das ist der Sohn, den er hätte haben können und den er sich zweifellos gewünscht hat; das ist auch der junge Kamerad, der sich zähmen läßt und der verschwindet. Das ist seine Kindheit und die Kindheit der Welt, die *Vorräte an Sanftmut*, gefunden und wiedergefunden in der heißgeliebten Wüste.

(1945)

ANMERKUNG ZU WALTER BENJAMIN

Den Text, den der *Mercure de France* hier veröffentlicht[5], hat Walter Benjamin mir Ende des Jahres 1939 anvertraut, nach seiner Entlassung aus dem freiwilligen Arbeitslager in Nevers, dem er dank der Intervention Henri Hoppenots entkommen konnte.

Ursprünglich sollte *Der Erzähler* in der Zeitschrift *Europe* erscheinen; Jean Cassou hatte ihn vorgemerkt für dieses Periodikum, dem er damals vorstand, und meines Wissens auch angekündigt; er wurde jedoch nicht veröffentlicht, weil *Europe* im August 1939 ihr Erscheinen einstellte.

Auf der Kopie, die ich in Händen halte, sind weder Ort noch Zeitpunkt vermerkt. Auch ein Übersetzer wird nicht erwähnt. Vielleicht hat Benjamin den Essai gleich auf französisch geschrieben; er bemühte sich, in unserer Sprache zu schreiben, in diesem Fall waren einige Berichtigungen vonnöten – aber nur wenige! und in der letzten Zeit fast gar keine mehr. Da der vorliegende Text von mir nicht überarbeitet worden ist, mag es sein, daß ihn damals ein Freund durchgesehen hat.

Pierre Klossowski hatte wiederholt mit Benjamin zusammengearbeitet – insbesondere die Übersetzung des bedeutenden Essais *Das Kunstwerk im Zeitalter seiner technischen Reproduzierbarkeit* stammt von ihm; so fragte ich ihn, ob wir ihm die Übersetzung des *Erzählers* verdanken. Diese Frage hat er in dem interessanten Brief, der sich anschließt an diese Aufzeichnung, verneint.

Ja, es wäre, wie auch Klossowski sagt, wünschenswert, *Das Kunstwerk im Zeitalter seiner technischen Reproduzierbarkeit* neu aufzulegen. Dieser hervorragende Essai, der von Anfang bis Ende von schöpferischstem Geist getragen ist, erschien 1936 in der *Zeitschrift für Sozialforschung*, an dessen Spitze Max Horkheimer stand. Das französische Publikum hat keine Kenntnis davon erhalten; besagter Bericht, der bei Alcan gelagert wurde, war gewöhnlich auf deutsch abgefaßt und erreichte natürlich nur eine begrenzte Anzahl von Personen. Als der Essai über das *Kunstwerk* dort veröffentlicht wurde (in der von Pierre Klossowski erstellten französischen Version), ließ Benjamin ihn einigen Schriftstellerkollegen zukommen. André Malraux zitiert ihn voll des Lobes in seiner *Esquisse d'une psychologie du cinéma* (Skizze zu einer Psychologie des Kinos), die 1940 in der Ausgabe der *Verve* zum Wesen Frankreichs erschien.

Die erste französische Zeitschrift, die Walter Benjamin publizierte, waren die *Cahiers du Sud;* im Januar 1935 veröffentlichten sie *Haschisch à Marseille* (ohne Angabe des Übersetzers). Jean Ballard versäumte es nicht, sich 1937 im Zusammenhang mit der der deutschen Romantik gewidmeten Nummer an ihn zu wenden. Benjamin gab ihm damals unter dem Titel *Die mythische Angst Goethes* Seiten, die seiner großen Studie zu den *Wahlverwandtschaften* entnommen waren; diesen von Pierre Klossowski übersetzten Seiten ging ein Vorwort voraus, das die Bedeutung des »eminenten deutschen Philologen und Kritikers« herausstellte.

Walter Benjamins Versuch, in die Nouvelle Revue française aufgenommen zu werden, scheiterte; er wäre gewiß aufgrund seiner Tüchtigkeit und seiner erstaunlichen Gelehrsamkeit zu einem wertvollen Mitarbeiter geworden. Aber die Position des Beraters für deutsche Literatur hatte damals Bernard Grœthuysen inne, der ihr mit außergewöhnlichem Talent nachkam; Benjamin wußte sehr wohl um seine Verdienste, dennoch litt er darunter, daß ihm diese Stelle versperrt blieb.

In der letzten Nummer der *Gazette des Amis des Livres* habe ich im Mai 1940 einen Brief Benjamins zum Buch *Le Regard* (Der Blick) von Georges Salles veröffentlicht, ein Werk, das er ebensosehr schätzte wie ich. Der geringe Umfang der *Gazette* ließ Texte, die mehr als zwei oder drei Seiten umfaßten, nicht zu; darüber hinaus sollten sie, dem Entwurf meines Bulletins gemäß, die Form eines Briefes haben. Dennoch trug ich mich mit der Absicht, eine Darlegung Benjamins zu Paul Scheerbart zu bringen, die er verfaßt hatte, um einige unserer Gespräche zu erläutern. Diese Darlegung stimmt auf eigenartige Weise überein mit der Idee, die Jules Romains zu der Erzählung *Violation de frontières* (Grenzverletzung) inspiriert hat, aber Romains hatte keine Kenntnis davon, hat sie doch – genausowenig wie eine Studie zu Bachofen – meine Schublade nicht verlassen; da es sich bei letzterer Studie um einen Text von etwa zwanzig Seiten handelte, stand es außer Frage, sie in der *Gazette* zu veröffentlichen. Auf lange Sicht hätte ich eine Lösung finden können, aber wir befanden uns im Jahre 1940 und bewegten uns mit Riesenschritten auf die Niederlage zu.

Walter Benjamin, der (dank des Eingreifens von Henri Hoppenot) Paris hatte verlassen und Anfang Juni Lourdes erreichen können, nahm sich im Verlauf des Sommers das Leben. Es hat nicht den Anschein, als gebe es genaue Angaben zur Stunde und zu den Umständen seines Todes. Bekannt ist nur, daß er Spanien durchqueren und nach Amerika fliehen wollte und daß die spanische Polizei ihn auswies. Gisèle Freund teilte mir seinen Tod im Dezember auf einer »Familien«-Postkarte[6] mit, die sie in Souillac, ihrem Zufluchtsort, aufgegeben hatte. Kracauer (der ebenfalls Hoppenots Schutz genoß) schickte mir im September 1945 aus New York einen Brief, aus dem ich hier den Absatz zitiere, der vom Ende unseres Freundes handelt:

Vor Benjamins verzweifeltem Versuch, illegal über die Pyrenäen und nach Amerika zu gelangen, war ich im Sommer 1940 über Wochen hier fast täglich mit ihm in Marseille zusammen. Wir hatten noch viele Gespräche, in denen wir auf die wesentlichen Fragen unseres Leben eingingen und in deren Verlauf er sich sogar weitaus zuversichtlicher zeigte als ich selbst. Aber es hat den Anschein, als hätte in Port Bou, wo sich neue, infernalische Hindernisse vor ihm auftürmten, die Verzweiflung angesichts der Chancen der Menschheit und angesichts der eigenen Schwierigkeiten die Oberhand gewonnen.

Les Temps modernes haben in ihrer Oktoberausgabe des Jahres 1947 die letzten von Benjamin im Winter 1939/40 geschriebenen Seiten veröffentlicht. Diese *Über den Geschichts-*

begriff betitelten Seiten bestehen aus einer Folge von achtzehn kurzen Kapiteln (das längste hat eine Seite), die von I bis XVIII durchnumeriert sind; dazu noch, als Postskriptum, zwei Anmerkungen mit der Bezeichnung A und B. Die Übersetzung und die Einleitung stammen von Pierre Missac, einem Freund Benjamins.

Ich hatte große Schwierigkeiten, mir die Texte dieser Kapitel anzueignen; die darin enthaltenen Überlegungen mögen zwar bilderreich sein, dennoch sind diese Texte so subtil, daß der endgültige Sinn so gut wie unzugänglich bleibt; dessenungeachtet scheint in ihnen allmählich ein Licht auf, jenem Licht vergleichbar, das zu guter Letzt durch die Tore des Gesetzes hindurchscheint. Ich habe versuchte, diese Texte zu verstehen, habe sie wer weiß wie oft gelesen; der Dom aus dem *Prozeß* hat mir dabei geholfen, sowie einige Lektüren und Überlegungen im Umkreis des jüdischen Denkens.

Walter Benjamin war ein echter, ein großer Jude, ein Weiser Israels. Seine Einstellung zum Marxismus erinnert in gewissem Sinne an jene des Rabbi Menachem, der an dem Tag, als ein Verrückter auf dem Ölberg die Trompete blies – und damit das Volk in Angst und Schrecken versetzte, wähnte es doch, die Trompete verkünde den Tag der Erlösung –, das Fenster öffnete, hinausschaute, und es wieder schloß mit den Worten: »Ich habe keine Veränderung bemerkt.«

Er war Jude, gewiß, aber er war auch ein Deutscher, in demselben Maße wie Rathenau, wenn auch auf gänzlich andere Art. Mir scheint, daß sein jüdischer Geist in *Das Kunstwerk im Zeitalter seiner technischen Reproduzierbarkeit* zum Ausdruck kommt, während der deutsche Geist im *Erzähler* spürbar ist. Beide Texte sind meiner Ansicht nach von größter Bedeutung, und ich freue mich zutiefst darüber, letzteren hier abgedruckt zu wissen.

Die Überlegungen zu Leskov und zum *Erzähler* sind unerhört gehaltvoll und dicht, sie bezaubern; hier kommt mir in den Sinn, was Michelet über das deutsche Recht sagte, das er einem Sylphe, einem »verzauberten Wald«, gleichsetzte. Auch an den bewunderswerten Film Vittorio de Sicas *Das*

Wunder von Mailand muß ich dabei denken, in dem ein unschuldiges, feenhaftes menschliches Klima herrscht und die Allmacht sich als Geist äußert. Gleich dem Italiener entdeckt Benjamin ein Land, in dem der Gruß »bonjour« noch einen guten Tag wünscht.

Walter Benjamin kam im Januar 1930 zum ersten Mal in die Rue de l'Odéon. Félix Bertaux hat ihn mir vorgestellt mit dem Hinweis, daß er Proust übersetze[7] und J.-M. Sollier[8] sehr schätze. Er ließ sich 1933, nach der Vertreibung der Juden aus Hitlerdeutschland, in Paris nieder. Er war damals ungefähr fünfzig Jahre alt. Zehn Jahre lang gehörte er zu meinem engsten Freunden, mit ihm hatte ich wohl den fruchtbarsten Gedankenaustausch. Als ich 1938 meine Überlegungen zum Antisemitismus niederschrieb, dachte ich dabei sehr viel an ihn. Zweifellos rührte ihn mein Eifer, aber er machte sich keine Illusionen...

Sicherlich werde ich eines Tages ein Portrait von ihm zeichnen und mich bemühen, jene Epoche festzuhalten, in der ich mit ihm und seinen Freunden so viele Ängste geteilt habe. Was ich heute wiedergebe, stellt nicht mehr als eine Notiz dar.

Anfang Juli des Jahres 1940 schickte mir Walter Benjamin aus Lourdes, wohin er sich nach Verlassen der Hauptstadt begeben hatte, einen Brief, der folgendermaßen schloß:

Ich denke an Sie, ich werde unaufhörlich an Sie denken, solange Paris noch in Gefahr ist. Ich stoße auf Sie nicht nur, wenn ich an Paris und die Rue de l'Odéon denke, die ich der Obhut der mächtigsten und am wenigsten bedrängten Schutzgottheit anvertrauen möchte – sondern auch an so manchen Kreuzweg meines Denkens.

Ich grüße Sie und beteuere Ihnen meine tiefste Zuneigung.

Dies war die letzte Nachricht, die ich von ihm erhielt.

(1952)

»WARTEN AUF GODOT«

Ich hatte *Warten auf Godot* gelesen, bevor ich mir das Stück anschaute. Die Lektüre hatte mich entzückt, die Vorstellung aber ließ mich lau, ja kalt, trotz ihrer Perfektion: empfindsamere und intelligentere Schauspieler wären schwerlich aufzutreiben. Roger Blin hatte die Absichten des Autors ergründet, sie zu den seinen gemacht, hatte sie aber nicht mit Leben erfüllt, weil sie – dem Beckettschen Prinzip gemäß – nicht mit Leben zu füllen sind: dieses fordert, daß, solange der Körper in Bewegung ist, der Geist wenig oder gar nicht lebt. Siehe hierzu *Murphy* (eine schwierige Lektüre, sei gleich hinzugesetzt), insbesondere das Kapitel VI, wo man auf Feststellungen trifft von der Art: »In dem Maße, in dem er als Körper verschied, fühlte er sich als Geist auferstehen, frei, sich zwischen den Schätzen seines Geistes hin und her zu bewegen. Der Körper hat seine Bestände, der Geist aber seine Schätze.«[9]

Diese Vorstellung war also für mich und einige andere, die im voraus von den Schätzen des Geistes gekostet hatten, nichts als ein langes Siechtum.

Katherine Dudley, die zu diesen andern gehörte, war der Ansicht, man hätte das Stück im Stil der Frères Jacques[10] inszenieren sollen. Vielleicht stellten die vier Melonen einen Hinweis des Autors dar, der in diese Richtung zielte. Wie dem auch sei... Ich glaube, die realistische Interpretation Lucien Raimbourgs und Pierre Latours hat vielen Zuschauern dabei geholfen, die Tragweite des Stückes zu erfassen. Für uns, die wir schon vorher die bejammernswerte Geschichte Vladimirs und Estragons erlebt hatten, konnte jegliches Mehr nur zu einem Zurückzucken unsererseits führen. Als Messe hätten wir das Ganze akzeptieren können – als graue Messe, grau wie der Staub auf den Wegen, wie die alten Schuhe, die das Zentrum der Bühne einnehmen. So erschien das Stück auch jenen Zuschauern, die unvorbereitet ins Théâtre de Babylone kamen.

Warten auf Godot hat eine hervorragende Presse gehabt. Für die meisten Kritiker war es eine Offenbarung. Selbst die gestrengen saßen da mit zugeschnürter Kehle, und ihr Geist war aufgewühlt von einem Werk, das zugleich Clownerie ist und Mysterium – das echte Mysterium einer Passion, auf der der Mensch die Last des Geborenseins schleppt –, eine entsetzliche Welt, in der die Hoffnung, sobald sie aufflackert, gleich wieder erlischt, in der es nur im Schlaf Erholung gibt und deren wesentliche Handlung aus dem Fußtritt besteht.

Bei Beckett scheint der Fußtritt das Ausspeien zu ersetzen, wohl deshalb, weil er den gefallenen Menschen wieder auf die Beine bringt und in die Handlung zurückwirft, zu der er verdammt ist. *Warten auf Godot* enthält viele potentielle Symbole – *Parallelen*, würde der Autor wohl sagen. Es ist ein symbolisches Stück, ebenso wie *Peer Gynt*, aber der Form nach ist es so realistisch, daß es der Vorstellungskraft eine Art Interdiktion auferlegt. Ganz wie in der Welt der Ernährung, in der es schwerfällt zu glauben, man esse Huhn, wenn es sich in Wirklichkeit um trocken Brot handelt; wie anders dagegen in der Welt der Liebe...

Jacques Lemarchand hat in seiner exzellenten Kritik im *Figaro littéraire* ganz richtig gesagt: »Samuel Beckett trägt nicht die groben Holzschuhe jener Handhaber von Symbolen, an die wir uns gewöhnt haben: wir hören ihn nicht kommen, und wenn wir den Ort gewahr werden, zu dem er uns führen will, ist es schon zu spät, wir sind gefangen.«

Ich würde soweit gehen und sagen, Vladimir und Estragon kamen mir vor wie eine Abwandlung des Paares Verlaine-Rimbaud. Einer der beiden hat dem andern wohl versprochen, ihm seinen Status als Sohn der Sonne zurückzugeben. Einer hat dem andern gegenüber die Verhaltensweise der jungen Mutter, der geliebten Schwester übernommen. Die Beziehung zwischen den beiden Freunden ist nicht jene zwischen Vater und geistigem Sohn, die Joyce so sehr beschäftigt hat, als vielmehr jene zwischen Mutter und Kind, wobei das Kind körperlich schwächer ist und Hilfe braucht. In dieser Hinsicht ist der Dialog wundervoll: gewoben aus Gemeinplätzen, die das Leben in Gemeinsamkeit begleiten – ein Wechselspiel aus vager Zärtlichkeit, Gleichgültigkeit, vagem Überdruß; niemals steigert es sich bis zum Zorn, zu Haß oder Liebe. Wie sagt nicht Vladimir: »Die Luft ist gefüllt mit unsren Schreien. Aber die Gewohnheit ist ein großer Dämpfer.«

Beckett hat in diesen Dialog Akzente von unerhörter Intimität gelegt, einen beispiellos vertraulichen Ton – das »laß mal sehn« Vladimirs ist wirklich exquisit. Kein anderes seiner Bücher hatte ein solches Können offenbart. Er steht sich nicht mehr selbst im Wege.

Nachdem ich den Artikel von Jacques Lemarchand gelesen hatte – man hatte mir berichtet, daß auch Max Favellis Kritik im *France-Soir* voll des Lobes gewesen war – sagte ich mir: gut, die Rechte zieht mit, da wird sich die Linke sicherlich sträuben. Aber zu meiner größten Überraschung stellte ich fest, daß auch Renée Saurel in den *Lettres françaises* mitzog. Ihr Artikel ist ausgesprochen gut, sehr scharfsinnig. Natürlich ließe sich sagen, daß Beckett ihnen mit den Gestalten des Pozzo und des Lucky einen Riesenknochen zum Abnagen hingeworfen hatte: Herr und Knecht... Henker und Opfer... Unterdrücker und Unterdrückter...

Seltsamerweise hat das Gespann Pozzo-Lucky für mich nicht diese Bedeutung gehabt. Es erinnerte mich eher an das Verhältnis von Körper und Geist; der Gedanke an Prospero und Ariel drängte sich mir auf. Prospero, das ist der Leib, der unaufhörlich gedeiht, bis hin zur Verblendung. Lucky, das ist ein alter, gerupfter Ariel, der »einst« zu tanzen, springen und denken wußte und der allmählich stumm geworden ist und an Ataxie leidet. Ihm verbleibt eine winzige Feder: »die göttliche Miranda«, die zu Beginn seiner schrecklichen Denkübung auftaucht.

Dennoch sollte man daraus nicht folgern, Beckett sei der Ansicht, daß Körper und Geist, ausgehend von einem goldenen Zeitalter, im Laufe der Zeit degenerierten. Für ihn, wie für alle Mystiker, ist alles jederzeit gegenwärtig, sei es »der Möglichkeit nach oder als Wirklichkeit«. In Wahrheit ist er nicht so sehr Mystiker als vielmehr Yogi, doch diese Bezeichnung würde er – wie jede andere auch – ablehnen; er zieht es vor, der Unbennbare zu sein. Er ist ein Mann von ausgeprägtem Schamgefühl, trotz der Obszönitäten, mit denen er bereitwilligst seine Bücher spickt.

In den Jahren 1929/30 sind Sylvia und ich Beckett oft begegnet. Er war damals Englischlektor an der Ecole Normale Supérieure; Joyce schätzte ihn sehr und war mit ihm befreundet. Wir waren beeindruckt von der Ähnlichkeit mit dem jungen Joyce, von dem Sylvia Photos besaß; er erschien uns als neuer Stephen Dedalus – der Stephen der *Proteus*-Episode, der allein am Meeresufer entlanggeht. Er war nicht sehr gesprächig und nahm allen Annäherungsversuchen den Wind aus den Segeln.

Beckett machte sich 1930 an die Übersetzung eines Fragments (des ersten Drittels) von *Anna Livia Plurabelle*; einer Episode aus *Work in progress*, das die Zeitschrift *Transition* veröffentlichte. Um genau zu sein: die erste Version der *Anna Livia Plurabelle* war 1925 in meiner Zeitschrift *Navire d'Argent* erschienen, und die endgültige Fassung war 1928 als Luxusausgabe bei Crosby Gaige in New York herausgekommen.

Es war ein Text, der von unüberwindlichen Hindernissen nur so strotzte, vielleicht aber auch die schönste Passage in Joyces im Entstehen begriffenen Werk. Alfred Perron, ein Kollege Becketts, der ein Jahr in Dublin verbracht hatte und der den Titel eines agrégé besaß, half ihm bei dieser Aufgabe. Ich glaube, der Vorschlag zu dieser Übersetzung war von Philippe Soupault ausgegangen, der sie für die Zeitschrift *Bifur* vorsah. Beckett und Perron nahmen die Ausarbeitung vor (ich bin noch im Besitz der mit Verbesserungen übersäten Fahnen für *Bifur*), die Druckreife aber überließen sie Joyce, der mit dem Resultat zwar sehr zufrieden war, es sich aber in den Kopf gesetzt hatte, unter seiner Leitung eine Gruppe von sieben Personen dafür einzuspannen (zusätzlich zu den beiden Urhebern noch fünf weitere). Dies alles, um sich das Vergnügen zu gönnen, mein »Septett« sagen zu können. Glücklicherweise stachelte ihn der Dämon der Analogie nicht hoch bis zur Zahl siebzig – bei ihm war alles möglich!

Meiner Ansicht nach war Joyces Durchsicht in Anbetracht seiner Sprachbegabung und seiner Französischkenntnisse äußerst wünschenswert; aber es erschien mir weder nützlich noch angebracht, jenen, die fast die gesamte Arbeit geleistet hatten – und mit glanzvollem Resultat, wie ich versichern kann –, fünf Personen beizugeben, von denen einige, wie ich z. B., nicht mehr als Statisten waren.

Wenn ich jetzt daran zurückdenke, erscheint mir das alles nicht mehr so wichtig; insbesondere sollte man Joyce das kleine Vergnügen, das er sich da gegönnt hat, nicht übelnehmen. Um so weniger als Beckett seit *Anna Livia* eine lange Wegstrecke zurückgelegt hat und gleichfalls zu einer herausragenden Persönlichkeit geworden ist.

(1953)

EIN BESUCH BEI T. S. ELIOT

Gleich nach unserer Ankunft in London hatte Sylvia T. S. Eliot angerufen, um zu erfahren, ob es möglich sei, ihn zu besuchen. Er schlug uns sogleich vor, mit ihm zusammen das Diner einzunehmen, eine reizende Geste, die uns sehr schmeichelte. Eliot genießt in der englischsprachigen Literatur einen fast königlichen Ruf – was natürlich auch für einiges Gemurmel sorgt. Bei uns ist er trotz des Nobelpreises nur ein bedauernswerter übersetzter Dichter; dies sage ich nicht, um ihn herabzusetzen: auch Dante, Shakespeare oder Milton sind bedauernswerte übersetzte Dichter.

Für den Dichter kommt es einer schrecklichen Heimsuchung gleich (die den Musikern und Malern erspart bleibt), daß er, will er außerhalb des eigenen Sprachraums gelesen werden, durch die Übersetzung hindurch muß. Diese Prüfung kann in keinem Falle vorteilhaft für ihn ausfallen: die Früchte seiner Arbeit verderben, er wird seiner wertvollsten Güter beraubt und gleicht dem Emigranten, der auf feindlicher Erde mit oft riskanten Mitteln sein Leben neu beginnen muß. (Eliot hat einen so ausgeprägten Sinn für Buße, daß es möglich ist, daß ihm diese Übel eine Art Lust bereiten.) Und dies unabhängig vom Talent des Übersetzers. Ein Baudelaire oder Mallarmé umgeben den ausländischen Dichter, den sie in unsere Erde zu verpflanzen suchen, mit einem Nimbus, aber ihr Genie teilen sie ihm nicht mit – falls sie Übersetzer bleiben wollen. So sagt Baudelaire in seiner Vorbemerkung zur Übersetzung des *Corbeau* (Raben): »In der (Guß-)Form der Prosa, wird sie auf die Poesie angewandt, kommt es notwendigerweise zu einer furchtbaren Unvollkommenheit; durch nachäffendes Reimen aber würde dieses Übel nur noch verschlimmert.«

Zu unserem Glück schreibt T. S. Eliot nicht nur in Versen. Er ist Autor einiger bewundernswerter Essais, die von Henri Fluchère übersetzt wurden und in unserer Sprache nichts von ihrem Wesen einzubüßen scheinen; ich habe sie mit Genuß gelesen: sowohl jene, die im Band *Essais choisis* (Ausgewählte Essais) enthalten sind, als auch jenen, der als Vorwort zur *Cocktailparty* (gefolgt von *Der Familientag*) dient; letzterer trägt den Titel *Les Buts du Drame poétique* (Die Absichten des poetischen Dramas) und ist ein literarischer Höhepunkt. Besagte Bände sind bei den Editions du Seuil in den Jahren 1950 und 1952 erschienen. Zum Zeitpunkt meiner Reise nach London kannte ich also nur die Übersetzungen der in Versform abgefaßten Werke: *Meurtre dans la Cathédrale* (Mord im Dom), in der Übersetzung von Henri Fluchère, und die von Pierre Leyris übertragenen *Poèmes*. Schon 1926 hatte ich versucht, *The Waste Land* (Das wüste Land) zu entziffern, das Jean de Menasce unter dem Titel *La Terre mise à nu* für die Zeitschrift *l'Esprit* übersetzt hatte und das in der ersten Nummer abgedruckt wurde. Natürlich hatte ich die Vorstellung von *Mord im Dom* im Vieux-Colombier gesehen; Jean Vilar hatte – sogar nach Ansicht des Autors – der Gestalt des Thomas Becket mehr Autorität verliehen als sein englischer Kollege; sein Gesicht, seine gesamte Persönlichkeit schienen wie gemacht für diese Rolle: sein schauspielerisches Talent gab dem Drama die Größe und den Reiz zurück, die es im Original besitzt. Im Palais de Chaillot, das die Freske begünstigt auf Kosten des Portraits, haben die Dinge einen ungünstigen Verlauf genommen. Im übrigen war das Stück auch in London in einem kleinen Theater gelaufen.

Aber nicht nur das Feuer eines großen Interpreten kann die Unvollkommenheit einer Übersetzung wiedergutmachen, auch die Leidenschaft eines begeisterten Kommentators kann es. So habe ich von der Poesie Eliots durch die geistige Vermittlung Sylvias kosten können; sie hatte mir ja schon den *Ulysses* nahegebracht. – Für die erste Nummer des *Navire d'Argent* haben wir gemeinsam die *Chanson d'amour de J. Alfred Prufrock* (J. Alfred Prufrocks Liebesgesang) übersetzt; diese Aufgabe erschien uns relativ einfach, niemals hätten wir es gewagt, *The Waste Land* in Angriff zu nehmen.

Als T. S. Eliot sich 1936 vorübergehend in Paris aufhielt,

las er bei Shakespeare and Company aus seinen Gedichten. Bei dieser Gelegenheit war uns das Glück beschieden, ihn in Begleitung Gides, Jean Schlumbergers und François Valérys bei uns zum Diner zu Gast zu haben. Im Verlauf dieses Essens machte Gide den Versuch, den Geist des Orients in seiner Gesamtheit zu verunglimpfen, insbesondere jene Werke, für die Eliot, Schlumberger und ich eine Vorliebe hatten: die *Bhagawadgita* zum Beispiel, oder *Milarepa* (ein amüsanter Brief Gides, den *Milarepa* betreffend, befindet sich in meinem Besitz). Schlumberger ließ ihn ausreden und sagte dann mit sanfter Stimme: »Immerhin gibt es ein orientalisches Werk, daß auch du sehr geliebt hast«, und als Gide ihn fragend anschaute, fügte er hinzu: »...Das Evangelium.« Im Anschluß daran trat ich – mehr schlecht als recht – den Beweis an, daß Buddha eine besondere Zuneigung für seinen Schüler Ananda empfunden und aus enttäuschter Liebe heraus den Entschluß gefaßt habe, die Erde zu verlassen.

T. S. Eliot hatte sich mit uns nicht in seiner Wohnung, sondern in einem Restaurant in Chelsea zum Essen verabredet. Wir trafen ein wenig vor der Zeit ein, doch stieß der Dichter bald darauf zu uns; er schob seinen Freund John Hayward, der fast gänzlich gelähmt ist, in einem Rollstuhl vor sich her. Wenig später trafen noch Madame Lys und Cyril Connolly ein, die gleichfalls geladen waren. Das Essen war vorzüglich; zu Beginn gab es geräucherten Lachs in Scheiben mit frischer Butter (meiner Ansicht nach eines der besten Dinge auf dieser Welt), im Anschluß trug man gegrilltes Rinderfilet auf, begleitet von gebratenen Zwiebeln façon pomme paille[11]; zu meiner Überraschung servierte man kein Bier dazu, sondern einen exzellenten roten Bordeaux. Es war vorgesehen, daß wir uns nach dem Essen zur Wohnung Eliots begäben, um dort den Abend zu verbringen. Er lebte ganz in der Nähe, in Cheyne Walk, in einem Haus, in dem auch, eine Etage tiefer, Henry James wohnte; John Hayward sagte, es gebe Tage, an denen man ihn auf und ab gehen hören könne.

Der Tag ging schon zur Neige, als wir das Restaurant verließen, es fiel dünner, rauher Regen. Zum Glück hatten wir alle

Regenmäntel dabei. Eliot und John Hayward übernahmen die Spitze; ich sah, wie Eliot den Kragen seines Überziehers hochschlug und sich lächelnd, ein wenig vornübergebeugt, den Rollstuhl seines Freundes vor sich herschiebend, entfernte. Dieses Bild drang mir zutiefst in Auge und Herz: eine Epiphanie.

Wir anderen folgten ihnen, angeführt von Cyril Connolly und Madame Lys. Das Haus besaß einen Aufzug, so verlief der Transport des Rollstuhls problemlos. Als wir beim Appartement eintrafen, waren unsere Gastgeber schon zur Stelle, um uns zu empfangen; wir betraten den nüchtern eingerichteten living-room – er glich eher einer Bibliothek –, der dennoch mit seinen angenehmen Ledersesseln und den brennenden Scheiten im Kamin Komfort verhieß. Die Tage konnten Anfang Juni noch sehr kühl sein, wie wir es ja auch von Paris her kennen. Mit dem hell brennenden Feuer, dem Portwein und den Zigaretten – und in dieser Gesellschaft – befanden wir uns im Paradies! Da ich das Englische schlecht spreche und verstehe, fand die Unterhaltung auf französisch statt, das alle bis auf John Hayward sehr gut beherrschten; ich versuchte, mich auf englisch mit ihm zu verständigen, verfilzte mich dabei, aber wir verstanden uns dennoch. Ich hätte nie geglaubt, daß ein Mensch seine Behinderung mit soviel Leben, Fröhlichkeit und Charme zu dominieren wüßte. Wenn es ihn auch vor einige Probleme stellt, sich auf französisch auszudrücken, so liest er es doch fließend; er bewundert die Gedichte und Schriften Valérys, mit dem er befreundet war, und die Bücher, die er von ihm besitzt, sind breitrandig gedruckt und mit geistreichen Widmungen versehen – seine *Jeune Parque* ist auf Japanpapier gedruckt. John Hayward verdanken wir die wertvollen Anmerkungen, welche die von Pierre Leyris stammenden Übersetzungen der *Poèmes* und der *Quatre Quatuors* erhellen.

John Hayward ist voller Geist, bisweilen entschlüpfen ihm unschuldige und glücklich gewählte Aperçus, wie sie uns bei Kindern begegnen, aber natürlich kann er auch schalkhaft sein. Er erzählte uns eine kleine, amüsante Geschichte, die vom Sohn eines französischen Schriftstellers handelte: ein junger Mann, der zum Zeitpunkt des Geschehens weitaus jünger war, der also die kleinen Eitelkeiten, die ihn beschäftigten, offen zur Schau stellte; dieser liebenswerte Jüngling, für den John Hayward echte Zuneigung empfand, prahlte eines Tages einmal mehr mit seinen mondänen Bekanntschaften, insbesondere ging es da um Loulou (will heißen: Louise de Vilmorin); nachdem einige Zeit mit Loulou hier, Loulou da verstrichen war, unterbrach ihn John Hayward mit der Frage: »Um welche der beiden Loulous handelt es sich denn eigentlich?« Dies verwirrte unseren jungen Mann, denn wenn es zwei Loulous gab, zwei, die man unbedingt kennen *mußte*, so kannte er doch nur eine davon. Selbstredend war die zweite Loulou reine Erfindung.

Im Verlauf dieses Abends bat Eliot uns um Neuigkeiten aus unserer literarischen Welt: sowohl den Älteren, seinen Freunden, als auch den Neuankömmlingen galt sein Interesse. Sartre und Camus, deren Namen man oft zusammen erwähnte, standen schon im Zenit ihres Ruhms; ich kann mich nicht erinnern, daß Cyril Connolly ein Urteil über sie abgegeben hätte, aber er schätzte Sartre sehr; er hatte sich bemüht, ihn in England bekannt zu machen: in der Ausgabe der Zeitschrift *Horizon*, die er im Mai 1945 der französischen Literatur widmete, hatte er unter dem Titel *The case for responsible literature* das erste Drittel der Einführungsnummer der *Temps modernes* abgedruckt (noch vor Erscheinen der Zeitschrift, das in den Oktober fiel), und ebenso eine Studie John Russells zum existentiellen Theater, in der Sartre auf acht und Camus auf drei Seiten besprochen wurde. – Was den Surrealismus betraf, so fand Eliot gute Gründe, ihn zu kritisieren, und er bedauerte, daß ein so talentierter junger Mann wie David Gascoyne in seinen Einflußbereich geraten sei.

T. S. Eliot ist der Autor eines kleinen Buches, in das Sylvia und ich vernarrt sind: *Old Possum's Book of practical Cats*. Ich glaube nicht, daß man sich ein vollständiges Bild dieses Dichters machen kann, ohne dieses Buch zu kennen, eine Sammlung von Gedichten, die Katzen gewidmet sind. Das erste davon hat mich stets auf unbeschreibliche Weise bezaubert; es heißt *The Naming of Cats* und handelt davon, daß jede Katze drei Namen haben müßte; der erste ist der Name für alle Tage: Pierre, Auguste, Alonzo oder Jacques... Der zweite ist ein stolzer und seltsamer Name, ein Name, der seinen Schwanz lotrecht stehen und seine Schnurrbarthaare abstehen läßt, Munkunstrap etwa, Quaxo oder Coricopat... Der dritte Name aber ist nur der Katze selbst bekannt, und sie würde ihn niemals verraten; wenn wir eine in tiefes Nachsinnen versunkene Katze sehen, dann wissen wir:

Son esprit est plongé dans le ravissement
De la pensée, de la pensée, de la pensée de son nom:
Son ineffable affable
Affablineffable
Profond, impénétrable et singulier nom.[12]

Bevor ich mich von T. S. Eliot verabschiedete, sprach ich mit ihm über dieses Buch und meinen Wunsch, es zu übersetzen. Ein unsinniger Wunsch, denn bei näherer Betrachtung türmen sich unüberwindliche Hindernisse auf. Allein schon der Titel, wie sollte man ihn ins Französische übertragen? Welches Äquivalent finden für das Wort *practical*? Eliot hat dabei wahrscheinlich an den Ausdruck *practical joke* gedacht, der einen Streich bezeichnet, den man jemandem spielt. So kam ich auf »schelmisch«. *Das Buch des alten Possum über die schelmischen Katzen*, war das Entsprechendste, was mir einfiel. Was halten Sie davon?

(1953)

ZWEITER TEIL

Die Freundin des Buches

Gedanken: Ein Leben an der Schwelle des Buches

LA MAISON DES AMIS DES LIVRES

Ich habe das »Maison des Amis des Livres« voller Vertrauen gegründet; jedes Detail scheint mir einem Gefühl, einem Gedanken zu entsprechen.

Der Handel[1] ist für mich mit einem ergreifenden, tiefen Gefühl verbunden.

Ein Laden kommt mir vor wie eine wahrhaftige Zauberkammer: in dem Augenblick, da der Passant die Schwelle der Tür, die jedem offensteht, überschreitet, da er diese scheinbar unpersönliche Stätte betritt, gibt es nichts, das seine Züge oder den Klang seiner Stimme entstellt; er vollbringt aus einem Gefühl vollkommener Freiheit heraus eine Handlung, von der er glaubt, sie schließe unvorhersehbare Folgen aus; seine äußere Haltung entspricht gänzlich seinem tiefen Ich, und falls wir ihn in diesem Augenblick, in dem er nichts weiter als ein Unbekannter ist, zu beobachten wissen, können wir jetzt und für immer seine eigentliche Natur erkennen; er offenbart all den guten Willen, dessen er fähig ist, d. h. das Maß seiner Offenheit gegenüber der Welt, das, was er zu geben und zu nehmen vermag, die exakte Beziehung, die zwischen ihm und seinen Mitmenschen existiert.

Wie leicht fällt doch dieses direkte, intuitive Erkennen, dieses flüchtige Fixieren der Seele in einem Laden, diesem Ort des Übergangs zwischen Straße und Haus! Und welche Entdeckungen sind möglich in einer Buchhandlung, in der notwendigerweise, inmitten der zahllosen Passanten, auch die Plejaden vorüberziehen, jene unter uns, die schon ein wenig wie »große blaue Personen« erscheinen, die mit einem Lächeln das rechtfertigen, was wir unsere schönsten Hoffnungen nennen.

Bücher zu verkaufen, das erscheint gewissen Leuten ebenso

banal wie der Verkauf irgendwelcher Objekte oder Nahrungsmittel, und es scheint auf derselben, durch Gewohnheit entstandenen Tradition zu beruhen, die vom Händler und Käufer einzig die Geste des Tausches von Geld gegen Ware fordert, eine Geste, die im allgemeinen von einigen höflichen Sätzen begleitet wird.

Zuerst einmal glaube ich, daß die Überzeugung, mit der ich Bücher verkaufe, jeglicher Handlung des Alltags innewohnen kann; man kann jegliche Art von Handel, jeglichen Beruf mit einer Zufriedenheit ausüben, die in bestimmten Momenten einer echten Leidenschaft gleichkommt. Der auf seine Aufgabe gut eingestellte Mensch, der harmonisch mit den andern zusammenarbeitet, erfährt eine Fülle, die leicht in Begeisterung umschlägt, wenn er von Menschen umgeben ist, die sich auf derselben Lebensebene befinden wie er; sobald er mitteilen und andere an dem teilhaben lassen kann, was er empfindet, vervielfacht er sich, erhebt sich über sich selbst und ist bemüht, so poetisch als irgend möglich zu leben; diese Erhebung, diese Zärtlichkeit, stellen sie nicht den Zustand der Gnade dar, in dem alles von ewigem Sinn erhellt ist? Wenn aber schon jeder bewußte Mensch Begeisterung empfinden kann über seinen Beruf und die erstaunlichen Bezüge zu erfassen vermag, die ihn mit der Gesellschaft verbinden, wie werden da erst unsere Gefühle, die der Buchhändler, sein, die wir noch vor allem Trachten nach Gewinn, noch vor jedem Gedanken an die Arbeit mit Büchern diese leidenschaftlich geliebt und an die unendliche Macht der besten von ihnen geglaubt haben!

An so manchem Morgen, wenn ich allein war in der Buchhandlung, einzig umgeben von den in Regalen angeordneten Büchern, verharrte ich lange Zeit in ihre Betrachtung versunken; sie fixierend, nahm ich nach einer gewissen Zeit nur mehr die Begrenzung der Buchrücken, die vertikalen und schrägen Linien wahr, artige Linien auf grauer Mauer, Striche wie von Schülerhand gezogen. Vor dieser elementaren Erscheinung, die eine aus sämtlichen Ideen und Bildern zusammengesetzte Seele auflädt, wurde ich von so machtvoller

Erregung ergriffen, daß mir bisweilen schien, nur die Schrift, der Ausdruck könnte mir Erleichterung verschaffen; aber in dem Augenblick, da ich nach Papier und Feder suchte… trat jemand ein, andere folgten, und die Gestalten des Tages sogen den großen morgendlichen Elan auf.

Oft hatte ich das Gefühl, mir werde »alle Gnade der Arbeit, alle Ehre und alles Genie« gewährt, wie Claudel sagt in *La Ville*; es gibt im übrigen in diesem Werk noch viele andere Stellen, die wie für mich geschrieben schienen, und, mich Lala anschließend, könnte ich sagen:

»So wie das Gold das Zeichen der Ware ist, so ist auch die
Ware ein Zeichen,
Des Mangels, der nach ihr ruft, der Mühe, die sie erzeugt,
Und was du Tausch nennst, heiße ich Vereinigung.«

Als ich im November 1915 den Buchladen gründete, hatte ich keinerlei Erfahrung mit dem Handel, selbst die Buchhaltung war mir unbekannt, und darüber hinaus hatte ich solche Angst, als knausrig zu gelten, daß ich ununterbrochen meine Interessen vernachlässigte, eine Kinderei, wie ich es heute sehe.

Man glaubt bereitwillig, daß das Leben die Begeisterung ersticke, den Traum betrüge, die ersten Vorstellungen verzerre und es ein wenig dem Zufall überlasse, welche unserer Vorschläge zur Ausführung gelangen. Ich kann jedoch versichern, daß zu Beginn meines Unterfangens Glaube und Begeisterung geringer waren, als sie es heute sind. Meine erste Vorstellung war sehr bescheiden: mir ging es nur darum, eine Buchhandlung und eine Leihbücherei auf die Beine zu stellen, die vor allem den modernen Werken gewidmet wären. Mir stand nur wenig Geld zur Verfügung, und dieses Detail veranlaßte mich zu einer Spezialisierung auf zeitgenössische Literatur; hätte ich viel Geld mein eigen genannt, so hätte ich gewiß alles erwerben wollen, was an gedruckten Werken vorlag, um eine Nationalbibliothek zusammenzustellen; ich war überzeugt, daß das Publikum vor allem eine große Anzahl von Büchern verlangt, und fand es sehr gewagt, mit kaum dreitausend Bänden eine Leihbücherei aufzumachen, wo doch andere in ihren Katalogen zwanzig-, fünfzig- oder gar hunderttausend Bände ankündigten! In Wahrheit war nur eine einzige Wand mit Büchern bedeckt; die anderen waren mit Bildern geschmückt, es gab einen großen Schreibtisch aus früherer Zeit und eine Kommode, in der ich alles unterbrachte, was sonst keinen Platz fand, Einwickelpapier, Schnüre etc.; auch die Stühle waren älteren Datums, stammten vom Lande, und sie tun heute noch ihren Dienst. Diese Buchhandlung sah kaum aus wie ein Laden, was nicht meiner Absicht entsprach; mir lag der Gedanke fern, daß man mir in der Folge Lob aussprechen könnte für etwas, das mir wie ein armseliger Notbehelf vorkam.

Ich verließ mich auf unsere ersten Gewinne, um unsere Lagerbestände aufzustocken. Diese ersten Gewinne entstammten vor allem dem Verkauf von neuen und gebrauchten Büchern, denn ich wagte nicht zu hoffen, vor Ablauf mehrerer Monate Abonnenten für die Leihbücherei zu finden.

Eines der großen Hindernisse zu Anfang war jedesmal das Aufstellen der für Gelegenheitskäufe bestimmten Auslagen; diese Operation machte meine Anwesenheit erforderlich, so daß ich den Blicken der Passanten mehr als fünf Minuten lang ausgesetzt war; ich mußte Gestelle, Kasse, Bücher und Zeitschriften nach draußen tragen, letztere entstammten größtenteils antiquarischen Beständen aus Familienbibliotheken. Als ich diese Auslagen das erste Mal aufbaute, klopfte mir das Herz vor Angst bis zum Halse, und kaum war der letzte Stapel eingeordnet, floh ich Hals über Kopf in die Ladenstube, als hätte ich den Passanten einen schlechten Streich gespielt; durch einen Spalt im Vorhang beobachtete ich ein für mich ungewöhnliches Schauspiel: vor meinen Büchern bildete sich eine kleine Gruppe heraus; die Gesichter hinter der Scheibe ließen mich mal in schallendes Gelächter ausbrechen, dann wieder vor banger Erwartung zittern; wenn diese Menschen eintreten und das Wort an mich richten würden! Und dann griff eine ältere Dame nach einem Band der Auslage und schickte sich an, die gewichtige Handlung zu vollziehen, zu meiner ersten Käuferin zu werden; eine von uns faßte sich ein

Herz, verließ die Ladenstube und stammelte eine förmliche Begrüßung hervor, während die Dame auf völlig natürliche Weise vorzeigte, was sie ausgewählt hatte, *L'Avenir d'Aline* von Henry Gréville, das mit 0,75 Francs ausgezeichnet war; sie hatte die Güte, den Preis nicht herunterzuhandeln; hätte sie gehandelt, wäre die Situation peinlich geworden: ich wäre hin- und hergerissen gewesen zwischen der Versuchung, ihr den Band zu schenken, damit die Sache möglichst schnell über die Bühne gehe, und der Pflicht, unseren wahrlich bescheidenen Preis aufrechtzuerhalten, um ihr zu beweisen, daß es sich um eine seriöse Buchhandlung handele, die keine überhöhten Preise nehme. Trotz allem galt es, das Buch einzuwickeln, zu verschnüren, das Geld in Empfang zu nehmen, das Wechselgeld auf einen Franc herauszugeben und aus vollem Herzen Dank zu sagen… Gegen Ende bemerkte unsere Dame die ungewöhnliche Erregung, die sie hervorrief, sie ging verwirrter, als sie sich gern den Anschein gegeben hätte, und wir sahen sie nie wieder.

Um die Leute zu einem Leseabonnement zu überreden, hatte ich im Schaufenster ein handgeschriebenes Plakat angebracht, das die Ausleihbedingungen enthielt und eine Liste jener Autoren, deren Gesamtwerk vorlag. Diese Liste stellte einen Kompromiß dar zwischen meinen Vorlieben und jenen des Publikums; um zum Erfolg zu kommen, hielt ich gewisse Zugeständnisse für nötig. Damit lag ich zweifellos richtig, gerade auch weil die Zugeständnisse beschränkt waren: Der Fanatismus hat dem Glauben noch stets geschadet. Im übrigen wirkt der Geist, aus dem heraus man ein Haus gründet, nach gewisser Zeit von allein, es genügt, das Verlöschen der noch kleinen Flamme zu verhindern.

Im Bereich des Praktischen waren mir gleich zu Beginn einige Ideen gekommen, die sich als sehr nützlich erwiesen: ich schlug die Bücher in durchsichtiges Papier ein, ließ sie nicht binden und drückte ihnen auch keinen Stempel auf, eine barbarische Angewohnheit, die sie dem markierten Schlachtvieh gleichstellt.

Mein erster Gedanke aber war, und ist es noch, daß der eigentliche Handel mit Büchern nicht nur den Verkauf umfaßt, sondern auch die Ausleihe, und daß diese beiden Wirkungsweisen gleichzeitig bestehen sollten. Es ist so gut wie unvorstellbar, daß man ein Buch kauft, ohne es zu kennen. Einer allgemein verbreiteten Ansicht nach empfindet jeder Mensch, der über eine gewisse Bildung verfügt, das Bedürfnis, eine persönliche Bibliothek sein eigen zu nennen, Bücher, die er schätzt und die ihm gute und treue Freunde sind; würde man in einen bewährten Freundeskreis lästige oder gleichgültige Menschen einführen? Genau dieses Risiko geht man ein, wenn man Bücher ungelesen kauft. Gewiß, man kann sich ihrer entledigen, doch nur zu oft behält man ein schlecht ausgewähltes Buch, um sich nicht dem Ärger auszusetzen, es zu einem Zehntel des Kaufpreises wieder zu verkaufen, und wohl auch, weil es die Einrichtung ergänzt. Aber nach einigen Enttäuschungen dieser Art läßt man die neuen Werke beiseite und schwört nur noch auf die Klassiker.

Kurz, man kauft niemals zufällig ein Buch, oft stellt der Name des Autors oder des Verlags eine ausreichende Referenz dar, auch kann sich der Belesene schon beim Durchblättern vom Wert eines Buches überzeugen. Gewiß, die Signatur eines Werkes stellt eine Art Garantie dar, die im übrigen fast den gesamten Handlungsspielraum der Buchläden bestimmt; dies ist sicherlich kein gutes Prinzip, führt es doch dazu, daß viele Autoren nur ein oder zwei gute Bücher zu schreiben brauchen und sich dann auf ihren Lorbeeren ausruhen können; insbesondere ist es der Grund für das Dunkel, in dem die neuen Werke – gleich welcher Qualität – verkümmern; es führt zu einer völligen Ausschaltung der literarischen Neuankömmlinge. Man könnte Werke anführen, die gleich nach Erscheinen eine gerechte und einflußreiche Kritik bekommen haben, doch diese Fälle sind selten; Cliquenwirtschaft und Intrige zählen leider mehr als Verdienst.

Jeder weiß, daß Maeterlinck seinen relativ schnellen Ruhm dem Artikel eines bekannten Schauspielers verdankte. Aber ein Mann wie Gide kam erst spät zu Berühmtheit; würde man es für möglich halten, daß es achtzehn Jahre dauerte, bis die erste Auflage der *Norritures terrestres* vergriffen waren? Und heutigentags, scheint mir, kommt Jules Romains bei weitem nicht der Platz zu, der ihm gebührt; wenn man vielleicht auch lange darauf wird warten müssen, daß die *Odes et Prières* (Oden und Gebete) und das *Manuel de Déification* (Leitfaden der Vergöttlichung) von allen assimiliert werden können, so haben doch *La Vie unanime*, *Europe* und vor allem die Prosawerke noch nicht den hundertsten Teil des Publikums erreicht, den sie erreichen könnten, wenn die Organe des Buchhandels vernünftig arbeiteten.

Aber man glaube nicht, daß dieser Stand der Dinge einem unheilbaren Übel gleichkomme und daß der geniale Mensch notwendigerweise sein halbes, wenn nicht gar sein ganzes Leben im Dunkel verbringen müsse. Gewiß, selbst mit Hilfe des Buchhandels wird er nicht schon mit seinem ersten Werk bekannt werden *als der, zu dem die Unsterblichkeit ihn endlich wandelt* – aber er wird sogleich sein Publikum finden: die Elite, deren Wortführer er ist, und fast die gesamte Jugend. In einem Alter, in dem der Mensch noch studiert, in dem die Existenz ihm noch keine Routine auferlegt hat, ist er guten Willens, und in einem Maße, das bestimmt wird vom Einfluß seines Milieus, der Art seines Wissens und dem Fassungsvermögen seines Intellekts, erfreut er sich eines Zustands der Gnade, der es ihm ermöglicht, das Leben und seine Bilder zu verstehen. Seit drei Jahren schon gebe ich den jungen Menschen, die zu uns kommen, Werke zu lesen, die einer kleinen Elite vorbehalten scheinen; immer wieder erlebe ich, daß sie ergriffen sind von den Gedichten Paul Valérys oder Léon-Paul Fargues, dem *Barnabooth* Valery Larbauds, dem *Livre d'amour* Charles Vildracs oder der *Etape nécessaire* Luc Durtains; und doch sind diese Autoren ihnen zumeist unbekannt, wenn ich sie das erste Mal erwähne.

Es ist also notwendig, daß die jungen Menschen zeitgenössische Literatur lesen und erwerben können, Bücher, die sie ihr Leben lang als treue Freunde begleiten werden. Aus diesem Grunde sollte man davon absehen, ausgedehnte, unpersönliche Unternehmen zu schaffen, die unfähig sind, Einfluß auszuüben und Fortschritte zu ermöglichen, unfähig auch zu empfangen, d. h. selbst Fortschritte zu machen.

Statt dessen sollte man Buchhandlungen-Bibliotheken schaffen und unterstützen, die nicht darauf abzielen, ein großes Publikum zu befriedigen, sondern eine Gruppe von Menschen, von denen jeder individuell und zur Zufriedenheit bedient werden kann. Im Idealfall stünde an der Spitze einer jeden Buchhandlung eine einzige Person, die soviel Unterstützung als möglich bekäme und ständigen Kontakt zum Publikum hätte.

Es ist wahrhaft unerläßlich, daß ein den Büchern gewidmetes Haus von jemandem gegründet und geleitet wird, der gewissenhaft ist und einer möglichst umfassenden Bildung den Geist des Neuen hinzugesellt und der – ohne dem Snobismus zu verfallen – bereit ist, den neuen Wahrheiten und Methoden zum Durchbruch zu verhelfen.

So war mein Verständnis von der Aufgabe der Buchhändlerin beschaffen, und ich bemühte mich, das Metier so gut als möglich auszuüben; die erzielten Resultate haben meine Erwartungen übertroffen. Zwar trifft zu, daß ich das Geschäft im gelehrtesten und reizvollsten Quartier von Paris gegründet habe und daß ich sogleich ein Publikum fand, das Bücher liebte und respektierte und das meine Anstrengungen verstand und unterstützte. Hätte ich diese Bedingungen auch in einer anderen Straße, in einer anderen Stadt vorfinden können? Ich wage nicht, diese Frage mit ja zu beantworten. Dennoch will mir scheinen, daß es in jedem beliebigen Viertel einer Stadt für eine verständig geführte Buchhandlung, die auf dem Prinzip von Verkauf und Verleih fußt, ein Publikum gibt, dessen Geschmack problemlos geformt werden kann.

Hat man Vertrauen in den guten Willen der Menschen, so kann man sicher sein, daß sie alles, was man im guten Glauben, mit Geduld und Ordnungssinn vollbringt, respektieren und beherzigen werden; es gilt, sie durch ständige Aufmerksamkeit kennenzulernen, ihnen soviel wie möglich von sich selbst zu geben, und man wird feststellen, daß sie nicht so verschieden sind von einem selbst und daß, in ihnen zu leben, letztlich bedeutet, umfassender in sich selbst zu leben.

So also entstand, in einer Zeit der Zerstörung, die »Maison des Amis des Livres«. Adrienne Monnier schrieb dort obige Seiten im August des Jahres 1918. Draußen ist die Bedrohung inzwischen weniger groß, aber hier, inmitten der Bücher, die alle lebendigen Formen wie Tiere der Arche behalten, blieb sie vor Revolte und Furcht bewahrt und gelangte zu der Gewißheit, daß alles besteht und wächst, über die Nächte des Schlafs und des Todes hinaus, und daß alles in Übereinstimmung mit dem besten Willen geschieht.

(1920)

BRIEF AN EINEN JUNGEN DICHTER

April 1926

Monsieur,

Ich danke Ihnen für das mir erwiesene Vertrauen, aber ich fürchte, daß ich Ihnen beim Lösen der von Ihnen gestellten Probleme nicht behilflich sein kann. Sie sind Dichter, sagen Sie, und nicht aus Zufall, sondern aus Berufung, seit der Kindheit von der Qual heimgesucht, sich in einer intensiveren, befreienderen Sprache als der Prosa auszudrücken, bestrebt, Ihre Stimme dem Chor der großen – lebenden oder toten – Dichter hinzuzufügen. Und warum, fragen Sie, steht die Welt den Dichtern so feindselig gegenüber, wo sie doch behauptet, sie über alles zu schätzen? Wo ist das Publikum, das die Poesie liest, sie bewertet, die Tore zur Nachwelt aufstößt?

Bevor ich versuche, diese Fragen zu beantworten, auf die ich im übrigen keine endgültigen Antworten weiß, wenden wir uns ein wenig Ihrem besonderen Fall zu.

In der Tat dürften Sie diese Probleme in außerordentlich zugespitzter und schmerzhafter Weise erfahren. Sie leben in der Provinz, ohne Freunde, ohne Wirkungskreis; Sie sind nicht Lehrer aufgrund einer Wahl, sondern aus Notwendigkeit heraus; es gibt niemanden dort, der Sie unterstützte, Ihnen zu leben hülfe, keine Symphoniekonzerte, keine Schauspiele, kein großes Museum, niemand, mit dem Sie in Gedankenaustausch treten könnten; einzig die ideale Gesellschaft der Dichter, die Sie lieben, ihr Trost, ihr Rufen; gewiß, dies ist eine Form der Anwesenheit, aber eine Anwesenheit, welche die geistigen Kräfte nicht immer zu gewähren wissen, und wie oft folgt nicht auf Zeiten intensiver Konzentration und großen Schwunges eine *Nacht der Seele*!

Nun, in einem Fall wie dem Ihren wäre es noch am besten, den Versuch zu unternehmen, Ihr dichterisches Leben gänzlich einer mystischen Lebensweise einzugliedern. Indem Sie so vorgehen, kehren Sie im übrigen zur eigentlichen Quelle

1

2

1 Adrienne Monnier. Gemälde von Paul-Emile Bécat, 1921.

2/3 Adrienne Monnier im Hinterzimmer ihrer Buchhandlung, wo sie von 1915 bis 1918 wohnte, 1915 und 1916.

4 Adrienne Monnier in ihrer Wohnung, etwa 1925. Es war die Zeit von *Navire d'Argent*.

5 Adrienne Monnier in ihrer Buchhandlung, etwa 1916.

3/4

5

6/7

8

6 André Breton und Théodore Fraenkel.

7 Louis Aragon.

8 Adrienne Monnier, 1915.

9

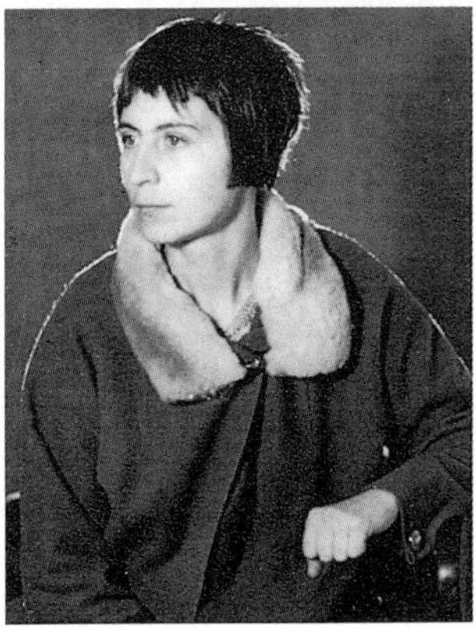

10/11

9 Die *Potassons* beim »Fète du quai« in Orsay, Juni 1924: Valéry Larbaud, Léon-Paul Fargue, Marie Monnier, Sylvia Beach und Adrienne Monnier.

10 Francis Poulenc und Raymonde Linossier.

11 Bryher (Winifred Ellerman).

JAMES JOYCE Photo d'amateur.

ULYSSE

PAR

JAMES JOYCE

TRADUCTION FRANÇAISE INTÉGRALE PAR
MM. AUGUSTE MOREL et STUART-GILBERT
entièrement revue par
M. VALERY LARBAUD
avec la collaboration de l'AUTEUR.

POUR PARAITRE EN JANVIER 1929
à La Maison des Amis des Livres
— Adrienne Monnier —
7, RUE DE L'ODÉON — PARIS, VIe

12

12 Aufforderung zur Subskription der französischen Ausgabe von James Joyces *Ulysses*.

13

13 Colette.

14

14 Eine Gruppe von Schriftstellern, die zu *La Nouvelle Revue Française* in Beziehung standen: Jean Schlumberger, links sitzend; direkt neben ihm stehen Lytton Strachey und Madame Van Rysselberghe; in der Mitte der lesende André Gide; über die linke Schulter schaut ihm André Maurois, ganz rechts steht Jean Prévost; vierter von rechts ist Roger Martin du Gard, und auf der Treppe links sitzt Pierre Drieu de la Rochelle.

15

16

15 Adrienne Monnier und Sylvia Beach.

16 Paul Valéry liest aus *Mon Faust* in Adrienne Monniers Wohnung, 1941. Ganz links: Adrienne Monnier, Henri Thomas, Maurice Saillet und Raymond Queneau.

17

18

18 Die Redaktion von *Mesures.* Von links nach rechts: Sylvia Beach, Henri Michaux, Adrienne Monnier, Germaine Paulhan, Michel Leiris, Henry Church, Vladimir Nabokov, Barbara Church und Jean Paulhan.

17 Zur Feier der 25. Wiederkehr des »Bloomsday« gibt Adrienne Monnier im Hotel Léopold in Les-Vaux-de-Cernay im Juni 1929 ein Déjeuner. Sitzend, von links: Philippe Soupault, Nora Joyce, Edouard Dujardin, Paul Valéry, James Joyce und Léon-Paul Fargue. Hinter Joyce stehen Sylvia Beach und Adrienne Monnier.

19

19 Adrienne Monnier und Sylvia Beach in deren Buchhandlung *Shakespeare and Company*, etwa 1935.

der Poesie zurück, ist doch jede poetische Tätigkeit mehr oder minder religiösen Ursprungs. Ein Heiliger ist immer eine Art Über-Dichter, ein Dichter jedoch nicht immer ein Heiliger: sobald das Werk beendet ist, beschäftigt ihn meist nur noch die Sorge, wie es produziert werden und Applaus erhalten könne, und bekommt er von den anderen nicht in ungefähr die gleiche Zustimmung, die er sich selbst gewährt, wird er verbittert und verhält sich, wenn er in Gesellschaft lebt, verabscheuungswürdig oder verfällt, wenn er allein lebt, in ein regelrechtes Delirium. Die Inspiration eröffnete ihm Zugang zur Güte der Welt, die Veröffentlichung verwandelt ihn in einen Dämon der schlimmsten Art. Der Erfolg seiner Kollegen, ein Erfolg der nicht immer auf Verdienst beruht, läßt ihn äußerst giftig werden. Es heißt, daß im Verlauf der Erdentwicklung die Vögel aus den Reptilien hervorgegangen seien, aber in diesem Fall werden die Vögel wieder zu Schlangen.

Und was, bei Gott, könnte man dagegen tun!

Ich werde nun das Wagnis eingehen, von mir selbst zu sprechen. – Zu meinem Glück oder Unglück fühle ich mich, ganz wie Sie auch, von der Poesie angezogen. Aber da ich eine Frau bin, d. h. passives Wesen und seit Jahrhunderten daran gewöhnt, wenig herzumachen von meinem Geist und seinen »armseligen Erzeugnissen«, wie Hroswitha sagen würde, ist mir vielleicht mehr Selbstgenügsamkeit gegeben als der Mehrzahl meiner Brüder. Ich habe wie Sie seit meinem zehnten Lebensjahr Gedichte geschrieben, wie Sie habe ich mit zwanzig ein Martyrium durchlitten, als die Zeitschriften, denen ich meine Verse schickte, sie nicht einmal *ablehnten* – es wäre immerhin ein Trost gewesen, einen dieser Briefe zu erhalten, die beginnen mit der Formel: »Ich habe Ihre Verse mit großem Interesse gelesen, aber...«, doch nein: wie so vielen anderen auch antwortete man mir nicht einmal.

Inzwischen weiß ich, daß die Redakteure dieser Zeitschriften nicht gar so schuldig waren. Seit zwölf Monaten leite ich *Le Navire d'Argent*, und ich habe schon viele Verbrechen dieser Art auf dem Gewissen. Wir erhalten eine Unmenge an Poesie! Und man muß hinzusetzen, daß es nicht mehr als fünfzig Personen gibt, die gewillt sind, junge Dichter zu lesen, und dies – berechtigterweise – auch nur dann, wenn sie eine neue Tendenz oder Methode liefern. Natürlich gibt es eine Elite von sagen wir... drei- bis vierhundert Personen in Paris-Stadt, hundert in der Provinz und noch einmal hundert im französischsprachigen Ausland. Diese knapp sechshundert Personen (die der Spiegelungen wegen wie zwölfhundert erscheinen) warten nicht auf den Tod eines Dichters, um ihn als groß zu empfinden; sie haben, bis auf wenige Ausnahmen, Augen um zu sehen und Ohren um zu hören. In den Jahren 1913/14 waren dies die Leser der *Cinq grandes Odes* (Fünf großen Oden) Paul Claudels und der *Odes et Prières* (Oden und Gebete) Jules Romains'. Aber selbst diese Elite ist nicht immer auf dem laufenden; eine erste Auswahl muß schon von der kleinen Gemeinschaft der fünfzig getroffen worden sein, welche die kleinen Zeitschriften schätzen, selbst und gerade wenn sie unbekannt sind, und welche sie oft abonnieren, wohl wissend, daß sie aller Wahrscheinlichkeit nach eine Lebensdauer von nur wenigen Nummern haben werden. – Diese fünfzig stellten gewiß dar, was die Menschheit an Bestem zu geben hat; ich zögere nicht, gewisse unter ihnen über jene Dichter zu stellen, die sie auswählen und in den Himmel heben; sie selbst sind nicht von Menschen auserwählt, sondern von den Genien der Erde; selten nur geraten sie in Versuchung, sich auszudrücken, es genügt ihnen, ein gerechtes und in Worten nicht faßbares Maß in sich zu bergen, an dem sie alles messen. Falls sie im übrigen der Versuchung nachgeben, verlieren sie umgehend alles, was ihnen den Umgang mit sich selbst und mit den großen Göttern angenehm machte.

Aber all dies sind Abschweifungen, ich erzählte Ihnen von mir, glaube ich, die ich doch die wahre Pracht der Fünfzig nur flüchtig erblickt habe. – Wie ich also schon sagte, auch ich habe an die Sendung des Dichters geglaubt, auch ich habe die Klagen von Vignys *Chatterton* im Munde geführt. Aber zum Glück hat dieser Irrtum nicht lange gewährt, denn es ist ein Irrtum zu glauben, die Welt schulde den Dichtern irgend etwas; was sie ihnen schuldete, hat sie ihnen in Form von Inspiration mitgegeben; an ihnen ist es dann, sich mit dem Gnadenzustand, in dem sie leben dürfen, zufriedenzugeben, an ihnen, sanft und von Herzen demütig zu sein, an ihnen, sich schuldig zu fühlen, wenn sie das Lob der anderen suchen, an ihnen, wie alle anderen einen Beruf auszufüllen, besser noch als die anderen, denn welches ist, kurz gesagt, das Ziel der Poesie, wenn nicht dieses, das Wesen selbst der Dinge wahrzunehmen, die verborgenen Ursachen zu erfassen, jedwede Tat, jedwedes Ding in seiner Glückseligkeit zu sehen. Und damit sind wir wieder bei dem angelangt, was ich vorhin sagte: es ist ein Leichtes, die poetischen Zustände den mystischen einzugliedern. Als erstes werden Sie mich fragen, wie ich den mystischen Zustand und die Mystik im allgemeinen definiere. – Der *Littré* gibt folgende Definition: »Religiöser oder philosophischer Glaube, der geheime Verständigungen zwischen Mensch und Gottheit einräumt.« – Der *Larousse* sagte: »Philosophische und religiöse Doktrin, derzufolge die Vollkommenheit in einer Art Kontemplation besteht, die bis zur Ekstase gehen kann und die auf geheimnisvolle Weise Menschliches und Göttliches vereinigt.« – R. P. Poulain, der eine Autorität auf dem Gebiet mystischer Theologie darstellt und eine Abhandlung *Des Grâces d'Oraison* (Von den Gnaden des liturgischen Gebets) verfaßt hat, definiert die mystischen Zustände folgendermaßen: »Man nennt mystisch jene übernatürlichen Handlungen und Zustände, welche unsere Anstrengungen, unser Fleiß nicht hervorbringen können, selbst in geringem Maße oder über kurze Zeiträume hinweg nicht.« Und er fügt hinzu: »Die eben angeführte Definition entstammt einer kurzen Abhandlung der Hl. Therese, welche sie in die Form eines zweiten Briefes an P. Rodrigue Alvarez kleidete. Sie beginnt ihre Kennzeichnung der mystischen Zustände, indem sie den synonymen Ausdruck der *übernatürlichen*, durch Gebet erzeugten Zustände verwendet: ›Als *übernatürlich* bezeichne ich das, was wir aus eigener Kraft nicht erringen können, *wieviel Sorgfalt* und Wachsamkeit *auch immer* wir darauf verwenden mögen. In dieser Hinsicht ist das *einzige*, was wir tun können, uns offenzuhalten (dafür).‹«

Wie ich dieses *uns offenzuhalten* liebe! Aber setzt dieses Sich-Offenhalten nicht ein gewisses persönliches Bemühen voraus? Hier nun mein Vorschlag, das Mystische zu kennzeichnen: »Die Neigung, das Gute oder Höchste Gut zu erfassen und sich mit ihm zu identifizieren.« Mir scheint, daß diese Definition recht gut sämtliche Vorstellungen, die man sich vom Mystizismus machen kann, miteinander versöhnt; meiner Ansicht nach darf man ihn, falls man den heutigen Sinn des Wortes voraussetzt, nicht als ausschließlich der Religion oder Philosophie zugehörig betrachten. Man kann auf mystische Weise Wissenschaft betreiben, oder auch dichten. – Valéry ist ein Mystiker, unter rein poetischen Gesichtspunkten ist er sogar mystischer als Claudel. – Selbst ein Krämer kann zum Mystiker werden, Chesterton führt es in einer Episode seines *Napoleon of Notting-Hill* vor. Man kann auch Päderast und Mystiker zugleich sein, Gide beweist es zur Genüge.

Nun gut, werden Sie sagen, welchen Nutzen aber kann ein Dichter davon haben, Mystiker zu sein. – Er könnte dann, fast ebensosehr wie ein Heiliger, auf die Zustimmung der Welt verzichten. Wenn er nur auf die eigenen geistigen Fortschritte achtet, wird er um so frohmütiger sein, je mehr er mit dem Gut, das ihm als das höchste erscheint, in Berührung kommt. Er wird begreifen, daß die Inspiration die erste oder eine der ersten Stufen der Ekstase darstellt; sie nimmt die Dinge unter dem Blickwinkel ihrer ursprünglichen oder kausalen Identität mit uns wahr; die Ekstase taucht uns ein in diese Identität. Im Zustand der Inspiration spürt der Geist die Entfernung, die ihn noch vom Betrachteten trennt, aber er spürt auch die Möglichkeit, es zu erreichen, und er bemüht sich darum, indem er den eigenen Zustand zum Ausdruck bringt und ihn verstärkt. In der Ekstase wird, da das Ziel erreicht ist, jegliche Äußerung überflüssig. – Ein weiser Poet wird nicht all seine Eingebungen nutzen, entschiede er sich doch für einen Mittelweg, der ihn niemals gänzlich glücklich machen kann; er wird vielmehr versuchen, *sich* so oft als möglich *bereit zu halten* für die Ekstase, indem er auf jeglichen Ausdruck verzichtet und lediglich der Vorstellung des Guten Raum gewährt in sich.

Was ich da sage, bedürfte zweifellos der Entwicklung, Erhellung und der Illustration mit Beispielen; ein ganzes Buch müßte man schreiben zu diesen Fragen; ich weiß nicht, ob ich die Zeit und die Geduld dafür finden werde; falls Sie noch Fragen zu bestimmten Punkten haben, werde ich mich in jedem Fall bemühen, darauf zu antworten.

Aber, so werden Sie jetzt vielleicht fragen, sollte der Dichter überhaupt nicht veröffentlichen, sollte er seine Werke in Manuskriptform belassen? – Jene lange Manuskriptrolle, die den Romantikern und Symbolisten mit den ausgezehrten Gesichtern aus der Tasche schaute. Sie haben das nicht gekannt, und auch ich war damals noch sehr jung: um das Jahr 1898 herum gab es einen hervorragenden Zeichner, Heidbrinck mit Namen; er schuf grausige Zeichnungen zum Thema des unglücklichen Poeten. An eine von ihnen erinnere ich mich genau: man sah darauf eine in sich zusammengesackte Gestalt mit langem Haar in ihrem Arbeitszimmer, über ihrem Haupt ein jämmerliches Ofenrohr, in ihrer Tasche das berühmte unveröffentlichte Manuskript, und die Bildunterschrift lautete: *»Seit zwanzig Jahren schon sage ich mir, daß aller Anfang schwer ist.«*

Natürlich kann und soll der Dichter seine Verse an Zeitschriften schicken, entweder an die zwei oder drei großen Zeitschriften, die für die Poesie ein offenes Ohr haben, oder an die drei, vier kleinen, kurzlebigen Zeitschriften, die unablässig ihr Erscheinen einstellen und wieder zum Leben erwachen und die fast ausschließlich Poesie veröffentlichen. In beiden Fällen könnte unser Poet, selbst wenn er über Talent verfügt, scheitern. – Wendet er sich an eine große Zeitschrift, besteht die Gefahr, daß er auf äußerst strenge und übersättigte Kritiker trifft, die ihn nur aufnehmen, wenn seine Tendenzen ausreichen ungewöhnlich sind und sein Ausdruck gut ausgebildet.

Wendet er sich dagegen an eine junge Zeitschrift, stößt er vielleicht auf eine kleine kooperative Gruppe, die jedoch Ausgaben nur dann zustimmt (zu Recht im übrigen), wenn es den Interessen ihrer Mitglieder dient; in diesem Fall wird er nur aufgenommen, wenn er Geldmittel einbringt oder zwanzig Abonnements auf einmal bestellt.

Nun, in beiden Fällen, nehme ich an, sind Sie zum Mißerfolg verurteilt.

Sie nehmen die Sache stoisch auf, Sie sagen sich, was man sich immer wieder sagen sollte, daß Sie noch Fortschritte zu machen haben, sei's im Bereich des Ausdrucks, sei's in jenem der Inspiration. – Das Licht, das Ihr Freund ist, wie es der Freund aller Dichter ist, tritt des Morgens gleichmäßigen Schritts in Ihr Zimmer, auf den Abstand nichtenden Schwingen, es rührt an die Dinge und verleiht ihnen eine liebevolle Dauer, und auch Ihnen selbst, was gibt es Ihnen nicht alles? Sie empfangen es voller Glückseligkeit. Am Fenster des gegenüberliegenden Hauses steht eine Frau mit dem Besen in der Hand, sie hat ihre Tätigkeit unterbrochen und harrt reglos, den Blick in die Ferne gerichtet, und Sie spüren, daß auch sie in diesem Augenblick Dichterin ist.

An so manchem Morgen aber schreiben Sie.

Die Lust, den Zeitschriften Verse zuzusenden, ist Ihnen genommen, Ihre Versuche haben Sie entmutigt, aber Sie leiden darunter, sich nicht *gedruckt* zu sehen, und sei es auch nur im stillen Kämmerlein.

Dann lassen Sie doch Ihre Gedichte drucken.

Aber wenden Sie sich nicht an einen Verleger, der auf Kosten des Autors verlegt, dies ist nutzlos, bisweilen gar gefährlich. Glauben Sie nicht, das Publikum sei der Ansicht, Sie hätten einen Verleger gefunden, alle Welt weiß, was sie davon zu halten hat. – Nein, gehen Sie einfach zu irgendeiner Druckerei und lassen Sie sich einen Voranschlag geben; sind Sie in die Typographie nicht eingeweiht, so bringen Sie ihm als Modell eine Broschüre, die Ihnen gefällt; bestellen Sie eine Auflage von 15, 50 oder 100 Exemplaren, mehr nicht. Ist die Broschüre fertig, dann korrigieren Sie per Hand die drei oder vier prachtvollen Druckfehler, die sie ganz bestimmt schmücken, und senden Sie sie an alle Dichter, Schriftsteller und Künstler, die Sie verehren, an Ihre Freunde und Bekannte, einige Kritiker, an die Nationalbibliothek und die örtliche Stadtbibliothek. – Geben Sie sie Ihrer Mutter zu lesen, selbst wenn sie – wie die Mutter eines mir bekannten Dichters es tat – die Lektüre nach einigen Seiten mit einem Schulterzucken abbricht. Senden Sie sie sogar, wie ein anderer Dichterfreund von mir es tat, an Ihren ehemaligen Adjutanten, um ihm zu beweisen, daß Sie zu einer *bekannten Persönlichkeit* geworden sind und es sich jetzt erlauben können, auf ihn herabzusehen. – Und dann harren Sie der Dinge, die da kommen, erhoffen Sie nichts, dies ist ein schwieriger Moment; es ist wahrscheinlich, daß die Mehrzahl der Lobeshymnen und Komplimente, die gewisse Leute Ihnen schuldig zu sein glauben, Sie eher entmutigen, als daß Sie Ihnen Mut gäben.

Aber zumindest können Sie sich *gedruckt* lesen, und dieses Vergnügen ist kein geringes, davon weiß ich ein Lied zu singen.

Sollten Sie unbekannt bleiben, besteht immer noch die Hoffnung, daß Sie fünfzig oder hundert Jahre oder auch mehrere Jahrhunderte nach Ihrem Tod entdeckt werden und einen Ehrenplatz erhalten; so könnte es Ihnen ergehen wie Maurice Scève, dem Valery Larbaud gerade alle Ehre erwies und Leben zurückgab, und zwar in so hohem Maße, daß der Verleger von Larbauds Studie den weisen Irrtum beging, den drei Belegexemplaren des Autors die Worte: *»Sonderdruck für Maurice Scève«* mitzugeben.

Sollten Sie unbekannt bleiben und ist es Ihnen dennoch vergönnt gewesen, von den Freuden, welche den Dichtern vorbehalten sind, zu kosten, dann werden Sie sich vielleicht zu jener glücklichen Resignation bekennen, die den *Dominique* Fromentins sagen läßt: »Vielleicht verdanke ich, wie viele andere auch, diesen verfehlten Versuchen Erleichterung und nützliche Lehren. Indem das, was ich schuf, mir bewies, daß ich nichts war, gab es mir das Maß jener, die etwas sind.«

An dem Tag, da Sie solches äußern, werden Sie dem Seelenbündnis der oben erwähnten Fünfzig angehören, und es wird in Ihnen kein Wunsch mehr verbleiben, der nicht erfüllt worden wäre.

EINE BERICHTIGUNG VALÉRYS

Ich war dabei, die Fahnen des vorhergehenden *Briefes* zu korrigieren, als Valéry mich besuchen kam. – Gut, sagte ich mir, ich werde ihm meine Definition der Mystik unterbreiten. Ich drücke ihm die Blätter in die Hand, wir gelangen zu besagter Stelle: *»Die Neigung, das Gute oder Höchste Gut zu erfassen und sich mit ihm zu identifizieren.«* Er weist auf das Wort *identifizieren.* »Dies ist das Eigentliche. – Gewiß. – Aber... *erfassen* (concevoir), ich würde nach einem anderen Wort suchen, voilà, *empfinden* (ressentir).« – »Ja, Sie haben recht, aber es stammt von Ihnen, nicht von mir, deshalb werde ich es nicht einsetzen. Und, bei reiflicher Überlegung, ziehe ich doch *erfassen* vor. Sind Sie nicht auch der Ansicht, daß der Mystiker jegliche fertige Vorstellung ablehnt, das unterscheidet ihn ja vom gewöhnlichen religiösen Menschen, daß er neu schafft, erfaßt, in sich trägt...«

Als Valéry gegangen war, überlegte ich abermals. Es stimmte, in vielen Fällen war *empfinden* genauer als *erfassen.*

Also: HINWEIS AN DIE LESER

Jene, die sich der Ansicht Paul Valérys anschließen, ersetzen in meiner Definition das Wort *erfassen* durch *empfinden.*

Jene aber, die ein wenig meiner Ansicht sind, können *erfassen* oder auch *empfinden* setzen!

(1926)

LOB DES SCHLICHTEN BUCHES[2]

Mein Lob des schlichten Buches soll nicht zuungunsten des kostbaren Buches ausfallen. Ein kostbares, freigebig in Schönheit gehülltes Buch gehört zu den beneidenswertesten Gütern dieser Welt; keine Wohnung gefällt dem Geiste besser und schmeichelt ihm mehr. Kein Lob ist angebrachter als jenes, das herrlichen Illustrationen und soliden Einbänden gilt. Aber dieses Lob ist schon hundertmal gespendet worden, und mir scheint, noch niemand hat daran gedacht, das schlichte Buch zu preisen.

Als erstes werde ich den Versuch unternehmen, das »schlichte Buch« zu definieren. Kurz gesagt ist es das billige, das billigste Buch, und vor allem ist es, was die Form betrifft, jeglicher Anmaßung bar. Jene Bücher, die trotz eines bescheidenen Preises des Formats, der Illustrationen oder der Farbgebung wegen jeglicher Schlichtheit ermangeln, werden wir nicht aufnehmen in diese Kategorie. Nein, das schlichte Buch ist von gewöhnlichem Format, meist sogar kleiner, und alle Einzelheiten weisen auf die Berücksichtigung wirtschaftlicher Gesichtspunkte hin. Gewiß, das Papier ist nicht schön, aber es gibt auch nicht vor, dick oder glänzend zu sein: es ist ganz einfach Papier, mehr nicht. Der Druck ist eng, bestenfalls Schriftgrad 9, die Ränder sind schmal: es ist eine Druckschrift. Das Titelblatt geht nicht das Wagnis einer hochmütigen Kahlheit ein; es bevorzugt eine einfache oder doppelte Linierung, aufgelockert in den Ecken durch Arabesken oder unbedeutendes Linienspiel; oft weist es eine Vignette auf, immer dieselbe, wie ein sorgfältig gearbeiteter Familienschmuck. Die Michel Lévy, die ersten »Romans étrangers« bei Hachette waren Vorbilder dieses Genres. Unter den Erzeugnissen des modernen Verlagswesens gibt es keine schlichten Bücher mehr, die mir gefielen.

Einer Reihe aus dem letzten Jahrhundert gehört mein ganzes Herz (an dieser Stelle sollte ich zugeben, daß ich dieses

»Lob des schlichten Buches« eigentlich nur ihretwegen unternommen habe): der *Bibliothèque nationale.* Bücher aus dieser Reihe sieht man so gut wie gar nicht mehr; Gibert und Flammarion strafen sie mit Mißachtung, die Stände an den Quais der Seine scheinen sie nicht mehr zu führen. Und doch waren sie vor dem Krieg im Überfluß vorhanden. Vielleicht erinnern Sie sich, sie kosteten damals fünf Sous; antiquarisch gab es sie für zwei Sous. Sie waren von kleinem Format, graublau wie der Himmel über Paris, und mit der Zeit bekamen sie einen grünen, aber sehr würdigen Schimmer. Die Vignette auf dem Titelbild war mit einem Zierstreifen geschmückt; sie darf als eines der guten Erzeugnisse des naiven Genies im 19. Jahrhundert gelten.

Man sah darauf eine Stadtansicht mit dem Panthéon, dem Dom der Invaliden, Notre-Dame, einem Helm der Sainte-Chapelle, dem Triumphbogen – auch Abgeordnetenkammer und Börse waren abgebildet, wie mir scheint; in der Luft ein Ballon. Auf einer Plattform im Zentrum des Bildes, zu der Seitentreppen hinaufführten, stand eine Frau in langem Kleid, mit der Sonne im Rücken. Ihre rechte Hand tauchte hinab in einen Stoß von Kronen, die oben auf einer Stele lagen, die andere Hand bot eine der Kronen einer Gestalt dar, die mit ausgebreiteten Armen die linke Treppe heraufkam und von ihr nur noch vier Stufen entfernt war. Am Fuß der Treppe eine undeutliche Menschenmenge. Der Raum zwischen den Treppen war mit drei Schildern verziert, die ein Dreieck formten; das obere Schild trug die Aufschrift »Arts« (Künste), auf den beiden unteren stand »Sciences« (Wissenschaften) bzw. »Lettres« (Literatur); zwei sich überkreuzende Lorbeerzweige schmückten den Raum zwischen den Schildern. Das gesamte Motiv ruhte auf Blätterstreben, zwei übereinanderliegenden Rahmen. Der obere Rahmen, Duplikat des unteren, enthielt den Titel der Reihe »Bibliothèque nationale«, den Namen des Autors und den Titel des Werks, sorgfältig durch dünne Striche voneinander getrennt; im unteren Rahmen war der Verlag aufgeführt, wobei der Name der Licht-Stadt: Paris den Anfang machte. Hinzufügen muß man noch, daß an der Basis der Blätterstreben, auf künstlichem Boden, zur Linken Schaufel und Sichel, zur Rechten Hammer und Amboß ruhten. Ganz unten, außerhalb des Rahmens, zwei dem Preis vorbehaltene Zeilen: »25 centimes« und »Verkauf franko, im gesamten Frankreich: 35 centimes«.

Einige der Leser werden hier stutzen und denken, daß ich meiner eigenen Logik nicht treu bleibe. Ich habe das schlichte Buch definiert als jeglichen formalen Anspruchs ledig; aber muß man meiner Beschreibung nicht entnehmen, daß jene berühmte Reihe ein eher überladenes Äußeres aufwies? Und doch ist dieser Einwand unberechtigt, dies Äußere war trotz allem das unauffälligste, bescheidenste, das man sich vorstellen kann; die Anhäufung von Symbolen auf der Titelseite lief hinaus auf eine Ansammlung ununterscheidbarer Nichtigkeiten. Zwar sah man das Titelblatt, doch man beachtete es nicht; ich habe es mit den Augen der Verliebten betrachten wollen und ein Ungeheuer daraus gemacht. In Wahrheit war es nicht auffälliger als die Säerin auf einer Briefmarke, der Phönix auf einer Münze oder die Folge winziger Zeichen auf einem Scheck. Emsig wie eine Ameise kam es auf seinen Begriff, um dann mit ihm zu verschmelzen.

Auf der Rückseite des Titelblatts (die Innenseiten verzeichneten die bisher erschienenen Bände der Reihe) stand zu lesen: »Die im Jahre 1863 gegründete Bibliothèque nationale, die sich zum Ziel gesetzt hat, die bedeutendsten Werke der Weltliteratur ins Innere auch des bescheidensten Heims zu tragen, hat bis heute die Hauptwerke folgender Autoren veröffentlicht: ...« Woraufhin eine lange Liste folgte.

Im Jahre 1889, d. h. sechsundzwanzig Jahre nach ihrer Gründung, zählte sie einhundertvier Autoren. Darunter fast alle französischen Klassiker, einige Klassiker des Altertums und eine sehr gute Auswahl fremdsprachiger Schriftsteller. Urteilen Sie selbst: Alfieri, Ariost, Beccaria, Byron, Cervantes, Dante, Erasmus, Defoe, Goethe, Goldsmith, Machiavelli, Milton, Schiller, Shakespeare, Sterne, Swift, Tasso.

In den Händen halte ich den 1873 veröffentlichten *Hamlet*. Er beginnt mit einer Vorrede, deren erste Zeilen lauten:

»Schon zur Zeit der Gründung der *Bibliothèque nationale* haben wir die Veröffentlichung der Werke Shakespeares angekündigt, eines Genies unter den ausländischen Autoren, der bei uns zu größter Popularität gekommen ist wegen der zahlreichen Übersetzungen und Nachahmungen seiner Theaterstücke.«

Der Verfasser dieses Vorworts sagt weiter unten: »Wir haben uns schlicht und einfach für die Übersetzung Letourneurs entschieden; in unseren Augen ist sie die vollständigste und beste. Die Änderungen der Herren Guizots, Barantes, Pichots und Francisque Michels haben wir nicht in Betracht gezogen, da sie unserer Ansicht nach dem Verständnis des Textes nichts hinzufügen. Besondere Wertschätzung bringen wir der vor kurzem erschienenen Arbeit des Sohnes von Victor Hugo entgegen, aber zu unserem Bedauern konnten wir uns ihrer nicht bedienen. Und was Ducis betrifft, so vermögen seine blassen Nachahmungen keinen ausreichenden Begriff von der Vorstellungskraft und dem Stile Shakespeares zu geben.«

Nur zu gern wüßte ich den Namen des Begründers der *Bibliothèque nationale*. Er ist mehr als nur ein beherzter Mann. Vielleicht hat er die Retuschen der Herren Guizots, Barantes, Pichots und Francisque Michels allzu schnell verworfen, dennoch schließe ich mich in Anbetracht des Zieles, das er sich gesetzt hat, ohne zu zögern seiner Ansicht an. Gewiß handelte es sich um einen äußerst bescheidenen Menschen; selbst auf den Bänden der ersten Jahre war sein Name nicht verzeichnet; der Firmenname lautete einfach: »Verlag der Bibliothèque nationale«. Um das Jahr 1880 herum war ein gewisser L. Berthier Herausgeber der Reihe; seitdem, so will mir scheinen, ist sie durch viele Hände gegangen. Zur Zeit befindet sie sich bei Tallandier; die Bände kosten 75 centimes und 1 Franc; das Verzeichnis ist sehr geschrumpft, die meisten der ausländischen Titel fehlen. Und außerdem ist es, wie ich oben schon sagte, ein Ding der Unmöglichkeit, Exemplare aufzutreiben, zumindest auf der Rive Gauche, wo ich einen ganzen Nachmittag mit Suchen verbracht habe.

Mir verbleibt ein sehr zärtliches Andenken an die *Biblio-*

thèque nationale, denn sie war es, die mir als Kind die ersten Grundbegriffe einer literarischen Bildung vermittelte. Meine Mutter kaufte auf den Quais alles auf, was sie davon vorfand, und überließ meiner Schwester und mir die Bände zur freien Verfügung. Für sie wie für uns waren es weniger Bücher als kleine unstoffliche Träger, die uns ins Reich des Geistes beförderten. Niemals hat ihr Erwerb auf unserer Börse gelastet, sie waren kostenlos wie das Wasser oder die Sonne; die Sous, die sie kosteten, waren keine eigentliche Ausgabe, sondern ein Obulus, den wir freudig am Eingang des Tempels entrichteten.

Gewiß, sie waren armselig und für die Armen gemacht, und doch verdanke ich ihnen den echtesten und dauerhaftesten aller Reichtümer. Durch sie habe ich Bekanntschaft gemacht mit Odysseus, Don Quijote, Panurge,[5] Gulliver, Robinson Crusoe, Faust, Hamlet und dem Rousseau der *Confessions*. Sie haben mir Dante, Shakespeare und Milton nahegebracht. Epiktet ist, in ihren Mantel gehüllt, zu mir gekommen, und dieser Mantel entsprach ganz seinem Geschmack.

Des öfteren denke ich bewegt an diese ersten Lektüren zurück. Wären sie ebenso einflußreich, ebenso fruchtbar gewesen, wenn man mir ein teures Buch in die Hand gedrückt hätte oder auch nur ein gewöhnliches, der Bibliotheksregale für würdig erachtetes Werk und wenn man mich als erstes darauf hingewiesen hätte, daß es mit Vorsicht zu behandeln sei? Der Gedanke an materielle Werte stand dem Aufbruch des Geistes nicht im Wege. Ich erinnere mich an einen Don Quijote ohne Titelblatt, dessen vier Bände wir mit bloßem Rücken vorgefunden hatten und zusammengehalten von einem starken Faden, der sich in die Seiten fraß. Statt uns betrüblich zu stimmen, hatte dieser traurige Zustand der Bände uns erfreut, da er einen sehr günstigen Preis zur Folge hatte. Und in keiner anderen Ausgabe habe ich den Ritter mit dem traurigen Gesicht besser kennengelernt.

Ja, wenn ich es recht bedenke, darf man als gesichert annehmen, daß die großen Bücher stets am besten in armseliger Behausung untergebracht sind; nur dort sind sie wirklich groß. Die schlichten Bücher halten ihren obskuren, vitalen Kreislauf aufrecht, der jenem des Blutes gleicht; mit ihrer Demut erhalten sie ihren Ruhm; sie geben ihnen die Freiheit, ihr Maß zu füllen und überzulaufen; und sie sind am besten der Aufgabe gewachsen, ihnen Unsterblichkeit zu verleihen.

(1931)

NUMMER EINS

Kommt es Ihnen nicht auch so vor, als hätte diese Gazette schon immer ein wenig existiert? Als ich Paul Valéry 1925 zum ersten Mal von meinem Projekt des *Navire d'Argent* erzählte, sah er mich an, fixierte einen Punkt hinter meinem Rücken und sagte dann: »Nein, Monnier, nicht eine Zeitschrift sollten Sie machen, sondern eine Art Bulletin herausgeben.« Zu jenem Zeitpunkt blieben seine Worte ohne Wirkung. Ich glaube, daß sie nicht einmal beim *Navire* Pate gestanden haben, der Gedanke daran kam mir erst nach sechs Monaten Seefahrt. Um ehrlich zu sein, kommen sie erst jetzt zurück, da ich mich anschicke zu verwirklichen, was der Dichter damals im Innern meiner Buchhandlung sah, was die Götter mir schon damals darreichten.

Seit drei oder vier Jahren denke ich an diese Gazette; etwas in meinem Geiste kämpfte gegen sie an: der zweite Teil meines den Ausländern gewidmeten Katalogs. Oft sagte ich mir: erst muß der Katalog fertig sein, vorher fängst du nichts Neues an. Und dann fehlte es mir auch an Geld, für beide Unternehmungen. Die letzten Jahre sind hart gewesen für die Buchhändler, d. h. es ist immer schwieriger geworden, seinen Lebensunterhalt zu verdienen; aber ich komme später darauf zurück. Im Grunde haben diese letzten Jahre mir gar nicht so sehr mißfallen.

Eines schönen Tages fragte ich mich: warum nicht den Katalog und die Gazette zur gleichen Zeit machen? Schon nach Einstellung des *Navire d'Argent* war mir der Gedanke gekommen, einzig den personenbezogenen Teil der Zeitschrift weiterzuführen: die Chronik und die Bibliographie.

Aber der Moment war gekommen, da die von Auguste Morel in Angriff genommene Übersetzung des *Ulysses* zu guter Letzt abgeschlossen war und sie veröffentlicht werden mußte. Der ganze Winter 1928 verging, in Zusammenarbeit mit Stuart Gilbert, mit der Fahnenkorrektur.

Wenig später erschien mir der mit kritischen Anmerkungen versehene Katalog meiner Leihbibliothek von allen Aufgaben die dringendste und zweckmäßigste. Ich stellte mein Material zusammen, und nach einem Jahr der Klausur konnte ich im Jahr 1932 den Katalog herausgeben. Dies verursachte, wie schon *Le Navire*, erhebliche Kosten, die mich für lange Zeit in eine Notlage brachten.

Als Jean Paulhan mir vor drei Jahren die Verwaltung der *Mesures* anbot, nahm ich mit Freuden an: fünfhundert Francs im Monat, das war nicht zu verachten. Er war sogar so freundlich, mir ein größeres Honorar anzubieten, aber ich selbst setzte die Summe von fünfhundert Francs fest, weil ich sie als ausreichend erachtete und sie mich nicht verwöhnen würde. Soviel stand fest: die damit verbundene Arbeit würde mir ganz und gar nicht gefallen; diese Verwaltungsaufgaben bestanden in der Hauptsache aus Buchhaltung, Warenannahme und -versand, Geschäftskorrespondenz ... lauter Dinge, mit denen ich schon mehr als genug in meinem eigenen Laden zu tun hatte. Viele glaubten, daß meine Aufgabe einer stillschweigenden Geschäftsführung gleichkam, und die Mühe, die ich mir gab, sie vom Gegenteil zu überzeugen, bestärkte sie nur allzuoft in diesem Glauben. Es gab peinliche Szenen mit Autoren, insbesondere zu Zeiten der Verleihung von Poesiepreisen; selbst kränkende Briefe trafen ein. Da ich nun endlich freie Hand habe für mein Blatt, kann ich mit Genugtuung öffentlich verkünden, daß Henry Church, ein französischsprachiger amerikanischer Schriftsteller, *Mesures* gegründet hat. Henry Church hat im Verein mit Jean Paulhan, Bernard Groethuysen, Henri Michaux und Giuseppe Ungaretti die Leitung der Zeitschrift beständig innegehabt. Ich habe mich nie mit redaktionellen Fragen befaßt; Sylvia Beach dagegen ist des öfteren hinzugezogen worden, wenn es um aus dem Englischen übersetzte Texte ging. Voilà. Da ich inzwischen meinen Abschied eingereicht habe und ein anderer Buchhändler in Zukunft die Verwaltungsaufgaben der Zeitschrift ausübt, wird man mir wohl Glauben schenken müssen.

Im letzten Frühjahr ist etwas eingetreten, das in vielerlei

Hinsicht einen Glücksfall darstellt: nach dreijährigen Verhandlungen, und zwischen zwei Abwertungen, hat Gallimard die Übersetzung des *Ulysses* aufgekauft. Er hat zweiundzwanzigtausend Francs dafür bezahlt. Als Gegenwert hat er den verbliebenen Lagerbestand (1400 Exemplare), das Copyright sowie den Bleisatz erhalten, der sich beim Drucker befand. Er hat ein gutes Geschäft gemacht, aber auch ich habe kein schlechtes getätigt, trug es mir doch Mittel ein in einer Zeit der Bedrängnis.

Dank dieses Verkaufs konnte ich mein Projekt der Gazette wieder aufnehmen. Indessen warteten andere Schwierigkeiten auf mich. Die zwanzigtausend Francs vermittelten mir einige Monate lang die Illusion, reich zu sein, und ließen mich vergessen, in welchem Zustand meine Buchhandlung sich in Wahrheit befand; ich hatte nicht ausreichend beachtet, daß die Entleihgebühren bei weitem nicht den Buchpreisen und all den Preiserhöhungen um mich her angeglichen waren. Als ich aus dem Urlaub zurückkam und ernsthaft abrechnete, stellte ich fest, daß meine Ausgaben zehn Monate lang durchgehend höher ausgefallen waren als die Einnahmen. Es bestand ein Defizit von dreitausend Francs: zwar hatten meine Angestellten ihr Entgelt erhalten, ich jedoch nicht. Wahrscheinlich würden viele Geschäftsleute über diese Feststellung und diese Zahlen lächeln. Man hört heutzutage des öfteren jemanden sagen, daß er mit Verlust arbeite; die das sagen, haben gewöhnlich ein Auto und Hausangestellte. Ich aber schlage mich einen Tag um den anderen durch, und ein Jahr lang mit Verlust zu arbeiten bedeutet für mich wie für die meisten Buchhändler, daß wir gezwungen sind, den Laden zuzumachen. Ich mußte also augenblicklich Maßnahmen ergreifen. Würde ich noch einige Monate warten, wäre meine kleine Reserve erschöpft, und dann könnte ich der Gazette auf immer adieu sagen.

Ich entließ meine wichtigsten Angestellten, deren (gewerkschaftlich festgesetztes) Gehalt sich auf zwölfhundert Francs belief, und faßte den Entschluß, die Buchhandlung mit Unterstützung eines einzigen Lehrlings allein zu führen. Um allen Aufgaben gerecht zu werden, öffnete ich nur noch am Nachmittag; der Morgen blieb der Buchhandlung, dem Einordnen der Bände, dem Versand an die Abonnenten in der Provinz und der Korrespondenz vorbehalten... und, wenn möglich, der Lektüre, der Weiterführung des Katalogs und der Gazette. Ach, was würde aus meiner Gazette werden? Inzwischen haben wir Oktober, und die ganzen Abrechnungen müssen gemacht werden. Hinzu kommt noch das Ende der Ferien. Ununterbrochen kommen Leute, um Bücher auszutauschen, man hat keine Minute für sich, da bleibt keine Zeit, auch nur einige Ideen zu sammeln. So geht der Oktober dahin. Ich komme gut allein zurecht. Ärgerlich ist nur, daß ich jedem die Gründe für die getroffenen Maßnahmen erklären muß, obschon ich sie mittels eines Rundschreibens dargelegt habe. Wie hätte man auch auf die Idee kommen können, daß ich mit einer so großen Klientel ein Defizit aufweisen könnte. Aber man zeigt Verständnis. Alle wissen genau, daß in Zeiten wie den unsrigen alles schwierig geworden ist.

Der Oktober ist vorbei. Wir befinden uns in der ersten Novemberwoche. In spätestens zwei Wochen muß ich meinen Text dem Drucker übergeben, wenn er noch im Januar erscheinen soll. Meine Kräfte schwinden. Ich muß an Valéry denken, der jedesmal, wenn die Vorlesungen am Collège de France näherkommen, halb krank ist. Fernand Gregh, mit dem ich mich eines Abends unterhalte, bemerkt dazu: »Er ist kein Lehrer, bei ihm muß es aus dem Innersten kommen.« Auch bei mir, die ich nur die Dame aus der Maison des Livres bin, muß es aus dem Innersten kommen. Die ganze Zeit über habe ich mir unablässig Worte zurechtgelegt; werde ich nun unfähig sein, ihnen Ausdruck zu verleihen?

Heute – wir schreiben den 7. November – beginne ich endlich mit dem Schreiben. Ich bin in den Laden hinuntergegangen, um mehr Ruhe zu haben. Ich sitze an meinem gewohnten Platz, im Schoß meiner kleinen Arche, mit der ich seit zweiundzwanzig Jahren auf den Meeren treibe.

Überall um mich her Bücher. Das Licht der Lampe läßt ihre Silberfinger über das matte, durchsichtige Papier gleiten, das all die kleinen, engstehenden Buchrücken bedeckt. Hinter diesen Rücken befindet sich ein einfacher, geheimnisvoller Leib, der Leib des menschlichen Geistes selbst, der seinem Wesen nach unsichtbar ist. Ein Wilder, der nie ein Buch gesehen hätte und das Geheimnis der Schrift nicht kennen würde, dächte beim Öffnen dieser Bände vielleicht an einen Ameisenhaufen, an Grashalme oder auch an den mit Sternen übersäten Himmel. Bietet diese uns entstammende Unendlichkeit nicht jener Unendlichkeit die Stirn, aus der wir hervorgegangen sind und die uns mit ihren leeren Blicken erdrückt. Buch, Firmament des Innern. Land der Erinnerungen, in dem die Mütter uns wiegen und immerfort zulächeln. Kleine Bücher, nach Maßgabe der menschlichen Hände, oft gegen das Herz gepreßt. Bücher, über die wir uns beugen und die der Stirn Gewicht und Klarheit verleihen. Wer euch kennt und in eurer Gegenwart lebt, kennt den inneren Frieden; er hat schon Umgang mit den Unsterblichen. Er weiß, daß ihr ihn während seines gesamten Erdenwegs nicht verlassen werdet. Bevor die Bücher verschwinden, wird der Mensch verschwunden sein.

Aber, werden Sie sagen, sind sie nicht schon im Verschwinden begriffen? Hören wir seit einem Jahr nicht überall, daß sie bedroht sind, daß sie zugrunde gehen? Hat Georges Duhamel nicht, im Versuch, sie zu retten, die Alliance du Livre gegründet? Befinden sich Autoren, Verleger und Buchhändler nicht in einer Flaute? Kulturkrise, Krise des Buches, ein Thema endlos vieler Reden, Artikel und Reflexionen. Ich werde mich bemühen, der Sache auf den Grund zu gehen.

Fest steht, daß das Publikum seit einigen Jahren keine oder fast keine Bücher mehr kauft. Diese Enthaltsamkeit nach einer Phase intensiven Konsums ist betrüblich, alarmierend. Wieder und wieder hat man hervorgehoben, daß die mehrfachen Preiserhöhungen der Bücher unter denen der anderen Waren geblieben sind. Kurz gesagt, heute kostet ein Buch sechs- bis siebenmal soviel wie vor dem Krieg, fast alles andere aber ist acht-, neun- oder zehnmal so teuer. Das stimmt, aber man muß auch hinzufügen – und es ist oft genug gesagt worden –, daß die hohen Lebenshaltungskosten fast die gesamten Mittel der Menschen aufzehren und für die Ausgaben des geistigen Lebens nur einen geringen Spielraum lassen. Das materielle Leben stellt wohl oder übel die erste Notwendigkeit dar; man muß sich jeden Tag ernähren, kleiden, man braucht ein Dach über dem Kopf. Dennoch gibt es, werden Sie erwidern, Menschen, die Geld für Bücher übrig haben; sie haben ja auch Geld übrig für Reisen, Aufführungen oder ein gutes Essen; Frankreich bietet nicht gerade den Anblick eines Landes, das zu allen nur erdenklichen Einschränkungen genötigt ist; zu so manchem Anlaß und an so manchem Ort gibt man das Geld mit vollen Händen aus. O ja, ohn' Fehl und Tadel sind die Leute wahrlich nicht! Aber versetzen wir uns ein wenig in ihre Lage: warum sollte ihnen nach Bücherkauf zumute sein, wenn sie bei allen Händlern Bücher zu herabgesetzten Preisen sehen? Einerseits bietet man ihnen den soeben erschienenen Band zu einem beachtlichen Preis an, andererseits finden sie dasselbe Werk, wenn sie nur ein wenig flanieren, als *Autorenexemplar*, d. h. in erster Auflage, für die Hälfte des ausgezeichneten Preises. Wie viele Bildbände, stattliche Broschüren und begrenzte Auflagen, die noch vor wenigen Jahren sehr gesucht waren, werden inzwischen zu einem Spottpreis gehandelt. Man kann die entmutigenden Auswirkungen des Preisabschlags nicht genug betonen. Ich weiß, daß man sich in der Gewerkschaft der Buchhändler darüber erregt hat und daß Mlle Choureau, die vortreffliche Vorsitzende unserer Gewerkschaft, so manches Projekt unterbreitet hat, das diesem Stand der Dinge abhelfen soll. Dies hat keine Ergebnisse gezeitigt, ist es doch schwierig, ja ein Ding der Unmöglichkeit, ein Hochwasser dieser Stärke einzudämmen. Es ist eine Plage, eine gerechte Plage im übrigen, hervorgerufen durch die Exzesse und das Chaos der Buchproduktion nach dem Kriege.

Ja, man hat meiner Ansicht nach im Zusammenhang mit der augenblicklichen Krise des Buches niemals ausreichend die Rolle des Abschlags hervorgehoben. Lieber argumentierte man, die Leute seien durch Kino und Radio abgestumpft, die französische Nation sei im Verfall begriffen, die

Kultur in Gefahr, wenn sie nicht schon am Boden liege, als einfach das Verramschen des Buchhandels dafür verantwortlich zu machen.

Ich sagte, die Plage sei gerecht; wir haben uns im Verlauf mehrerer Jahre, der sogenannten Jahre des »Wohlstands«, ziemlich übel verhalten. Wir haben aus dem Buch ein Spekulationsobjekt gemacht; wir haben am Entstehen einer *Börse* des Buches mitgewirkt oder dies zumindest zugelassen. O nein, wir haben die Händler nicht aus dem Tempel vertrieben! Habe ich nicht selbst des öfteren Broschüren angeboten mit dem Zusatz, in einem Monat würde der Preis zumindest auf das Doppelte anziehen? Und dies entsprach der Wahrheit. Wie einfach es war, unter diesen Umständen zu verkaufen. Wir haben die Bibliophilen spielen wollen. Nun gilt es, Buße zu tun! Und das ist gut so! Als wäre das Buch nicht in erster Linie ein Gegenstand der Liebe; ist denn der Wunsch nach schönem Papier und gutem Einband nicht ein Zeichen der Liebe? Was geht uns sein Handelswert an! Wesentlich ist doch nur, daß es für uns erschwinglich ist. Steigert es nicht unseren Genuß, wenn wir die einzigen sind, die dieses oder jenes Buch wertschätzen, und wenn unsere Liebe ihm seinen Wert zuweist?

Nie kann man der Spekulation gegenüber mißtrauisch genug sein. Und doch sind ihre Prinzipien nicht alle von Übel; Spuren von Intelligenz und Mut lassen sich darin finden. Aber sie ist schädlich, weil die Vergangenheit vernachlässigt wird. Das Spekulationsobjekt hat keine Vergangenheit. Das Genie besteht nicht nur aus dem passenden Zeitpunkt eines Werkes, sondern auch aus dem passenden Werk der Zeit. Die individuelle Schöpfung zählt erst ab dem Moment, da andere sie annehmen und sie sich aneignen. Der Jünger bringt den Meister hervor, so wie dieser den Jünger schafft – auf die Jünger folgen dann die Schüler. Und alles geschieht zu seiner Zeit.

Ich wage folgenden Vergleich: die Spekulation gleicht jemandem, der große Bissen ohne zu kauen herunterschlingt und sie sogleich wieder erbricht.

Daß man mich recht verstehe: ich spreche hier von der Spekulation und nicht vom Handel im allgemeinen. Jener, der die Dinge angemessen zu bewerten und ihren Preis zu bestimmen weiß, ist für mich kein Spekulant. Nur jenen bezeichne ich so, der nicht liebt, der ausschließlich den Profit im Auge hat, der sowohl den Künstler als auch den Liebhaber ausbeutet, der mit List erwirbt und mit List wieder verkauft. Selbst die sichersten Werte brechen in sich zusammen, wenn sie zur Beute des Spekulanten werden, und es sind viel Zeit und Geschick nötig, um die Dinge wieder ins Lot zu bringen. Der Künstler hat keinen schlimmeren Feind als den Spekulanten; früher oder später nimmt dieser ihm die Kundschaft und läßt ihn nach einer Zeit trügerischen Wohlergehens zerrüttet zurück. Ein Ding der Gegenwart verdankt seinen Handelswert in erster Linie dem Empfinden, das es in uns auslöst; dieser Eindruck empfängt, wie jeder Eindruck überhaupt, seine Form von der Ökonomie unseres Unbewußten. Man kann kein Urteil für die Nachwelt abgeben, denn die Nachwelt entwickelt eine immer unparteilichere und daher immer scharfblickendere Sichtweise.

Der echte Liebhaber läßt sich daher auch nichts vormachen, denn er folgt nur seinem Geschmack. Seine Erwerbungen bereichern nicht seine Geldbörse, sondern seine Person, sie bringen Glück, im wahrsten Sinne des Wortes.

Wer nur auf Geldanlage aus ist, muß sich auf Enttäuschungen gefaßt machen. Bevor der Künstler seinen endgültigen Platz einnimmt – und, wie gesagt, dies ist ein Werk der Zeit –, muß er die Diktate der Mode ertragen. Die Mode basiert vor allem auf dem Wechsel, der Abwechslung (dem Yin und Yang der Chinesen). Das Kurze folgt auf das Lange, das Weite aufs Enge, mit allen dazugehörigen Gegenströmungen. Die Mode besteht aus hundert Launen und einem Großen Gesetz. Man ist à la mode, ob nun gewollt oder ungewollt, und dann ist man es nicht mehr. Das einzige, was zählt, ist die Wertschätzung einiger weniger, der »happy few«.

Ich komme nun zurück auf die Problematik des Preisnachlasses. Man sieht sogleich, daß nicht alle ihn als Strafe erleben. Wenn Autoren, Verleger und Buchhandel darunter leiden, so trifft dies aufs Publikum nicht zu, im Gegenteil. Genußvoll sieht es eine Zeit zurückkehren, die ganz nach seinem Geschmack und seinen Gewohnheiten gemäß ist. Eine Zeit des Flanierens und Schmökerns, ganz wie vor dem Krieg. Der Franzose verabscheut es, den vollen Kaufpreis zu zahlen, er sucht nach dem echten oder vorgetäuschten Gelegenheitskauf, er braucht die Illusion, daß die Götter ihn lieben und ihn nicht mit den anderen Sterblichen in einen Topf werfen.

O, nicht, daß er schwer zufriedenzustellen wäre, kleine Vorteile genügen ihm, denn er weiß wohl, daß die großen Vergünstigungen mit Gefahren verbunden sind. Er möchte ein Lächeln des Schicksals, und eher ein flüchtiges Lächeln. Wie schon seinen lateinischen Vorfahren sind auch ihm Zeichen und Vorzeichen wichtig. Das Buch, das er unter einem Stapel anderer Bücher findet, das billig ist, dessen Titel ihm gefällt, dessen halb geöffnete Seiten ihm Sätze entgegenhalten, die im Einklang sind mit seiner Tagesstimmung und darum Glück verheißen, dieses Buch wird er ohne zu zögern kaufen. Dennoch wird er ein Zaudern vortäuschen, um dem Ritual des Handelns zu genügen; den geringen Ablaß, den man ihm gewährt, wird er wiederum als freundliches Augenzwinkern einer niederen, vertrauten Gottheit deuten. Haben Sie jemals über diesen Vorkriegsbrauch nachgedacht: man verkaufte die *neuen* Bücher für drei Francs, obschon sie mit drei Francs fünfzig ausgezeichnet waren?

O Franzose, du kommst als Pfiffikus auf die Welt, guten Herzens zwar, oft aber kommen deine Streiche dich und andere teuer zu stehen. Da du reich sein möchtest, sollen deine Dichter in Armut leben; du wirst erwidern, daß es ihnen so gefalle; mag sein – Aufgabe des Dichters ist es, Liebe zu erschaffen, selbst aus dem Hasse –, aber das dürfte dir nicht gefallen, du dürftest jenen Satz aus dem Lexikon: »er verstarb im Elend« nicht kalten Herzens lesen können.

Merke wohl, daß ich nicht den romantischen Mythos vom Dichter wiedererwecken will, der vorgibt, sein Schiff mittels der Leier zu steuern, und der von der Gesellschaft verlangt, für seinen Lebensunterhalt aufzukommen. Jener Dichter glaubt, er allein stelle schon die unermeßliche Poesie dar; er übertreibt. Nein, ich verlange nicht von dir, den Lebensunterhalt des Dichters sicherzustellen, sondern nur, daß die materiellen Lebensumstände der Dichter, die du aus guten Gründen liebst, dir nicht gleichgültig sind. Du solltest es als deine Pflicht erachten, oder besser noch, Gefallen daran finden, für einen Teil seiner Ausgaben aufzukommen. Ich spreche hier der Einfachheit halber von *Dichtern*, aber gemeint sind natürlich auch Schriftsteller, Dramatiker, Essaiisten, Maler und Musiker... all jene, die dazu beitragen, daß die Augen sehen und die Ohren hören.

Ich weiß sehr wohl, daß du bisweilen ohne zu knausern *grundlegende* Werke erwirbst. Doch vertrau nicht nur der Geschichte, vertrau nicht allein den Klassikern. Auch die Gegenwart braucht dich. Es stimmt zwar, daß die Vergangenheit dich gemacht hat, die Gegenwart aber birgt deine Zukunft in sich.

Ich frage mich, warum so viele gute Seelen das Buch in so großer und plötzlicher Gefahr sehen konnten. Mir scheint, daß sie den Dingen nicht auf den Grund gegangen sind und daß vor allem ihr Blickwinkel mehr oder minder unvollkommen war. Dem Buchhandel geht es schlecht, da sind wir uns einig. Aber nochmals sei gesagt, daß er eine Periode der *Prosperität* hinter sich hat, die ihn verdorben und seine Perspektiven getrübt hat. All jene, die den Buchhandel vor dem Krieg gekannt haben, wissen, daß wir, dem Augenschein zum Trotze, zu einer Art Normalzustand zurückkehren.

Der Handel mit Büchern hat in Frankreich nie sehr geblüht; der Franzose ist kein guter Buchkäufer; nur die Italiener und Spanier sind unter den großen europäischen Nationen noch schlechtere Käufer als er. Es handelt sich da um ein Faktum menschlicher Geographie. Die Sonnenländer begünstigen das Leben und seine konkretesten, unmittelbarsten Ausdrucksformen. Der Gesang, die Rede, der Tanz drängen das Studium und die betrachtende Lebensweise in den Hintergrund. Im Umkreis des Mittelmeers ist alle Welt ein wenig Dichter und der Ruhm der größten darum vermindert. Für den Südländer, den Bewohner des Nahen Ostens oder den Nordafrikaner ist die Schrift ein Abstraktum; die bedruckte Seite kommt ihnen vor wie eine Winterlandschaft; sie nehmen nicht gern die Anstrengung auf sich, sie zu entziffern. Nicht, daß die Schrift ihnen mißfiele, sie schätzen sie für den persönlichen Gebrauch; gäbe es sie nicht, dann würden sie sie erfinden. Sie waren es auch, die (in diesem Teil der Welt) die Schrift erfunden haben; die Buchdruckerkunst aber hätten sie gewiß nicht erfunden.

Ja, wenn wir die Zivilisation des Mittelmeerraums in ihrer Gesamtheit betrachten, sehen wir schöpferische Eliten am Werk, umgeben von ausgedehnten Bereichen der Indifferenz.

Das Volk hat seine Weisen, Künstler, Dichter oder Philosoph zu sein; vor allem möchte es das Leben genießen; Schwierigkeiten läßt es nur dann gelten, wenn es sie durch die Praxis, d. h. durch die Gewohnheit bezwingen kann. Es nimmt vorlieb mit seinen kleinen Gewerben.

Der Dichter, der Maler, der Heilige bemühen sich um die schwierigsten Disziplinen, jene, bei denen keine Gewohnheit aufkommt; sie sind auf Vollkommenheit aus und schätzen das Leben nur in dem Maße, als sie ihr näherkommen; ihr Geist kristallisiert aus in Spitzen, die die Masse weit hinter sich lassen. Es ist der hoch aufgeschossene, durch die Lanze noch verlängerte Leib des Don Quijote, der den beleibten Sancho Pansa maßlos überragt.

Beim Schreiben dieser Zeilen denke ich vor allem an Spanien und Italien. Frankreich ist nur zur Hälfte mittelländisch, vielleicht nur zu einem Drittel. Es gehört ebensowohl zum Norden als zum Süden.

Versuchen wir eine Charakterisierung des Nordens. Seine Gesellschaften weisen gewiß eine größere Einheit auf als jene des Südens; ihre Mitglieder fühlen sich verantwortlicher füreinander; die Anarchie spielt nur eine untergeordnete Rolle. Das Genie des Nordens fühlt sich den Massen gegenüber verpflichtet, es will sie weniger beherrschen denn erheben. Selten pflegt es die Form um ihrer selbst willen, seine Ästhetik ist moralischer Natur; die Schönheit schenkt sich ihm über die

Fülle des Herzens, über die Kraft des Verstandes. Selbst wenn es romantischer Natur ist, mißt es sich eher mit Gott als mit den Menschen. Es kennt Wohltäter, kaum aber Heilige.

Die Gesellschaft wiederum betrachtet sich nicht als ledig ihrer Verpflichtungen gegenüber ihren »repräsentativen Männern und Frauen«. Der englische, deutsche, niederländische, skandinavische (oder nordamerikanische) Autor weiß sich geschützt wie jede andere Berufsgruppe auch; von dem Tage an, da er sich als *Autor* enthüllt hat, d. h. als dem denkenden Teil der Menschheit zugehörig, als mit den Ursachen verbunden, kann er von seiner Feder leben.

Die Franzosen lieben die Bücher, sind immer bereit, sie zu lieben; ihre Ansichten sind überlegt, feinfühlig, Schwankungen unterworfen; da ihr Geist sich allen Kurven der Wahrheit anschmiegen will, gibt es Höhen und Tiefen.

Sie erlauben den Büchern nicht, sich aufzudrängen – lassen sie sich überhaupt etwas aufdrängen? Für sie ist das Buch ein Freund oder gar nichts. Ihr Widerstand gegen Einbände oder jegliches Kartonieren seitens des Verlegers ist sehr bezeichnend; das Starre ertragen sie nur bei Schul- oder Fachbüchern. Sie möchten broschierte, nachgiebige, nicht zu große Bände; es ist angenehm, wenn man sie in die Tasche stecken und beim Lesen ein wenig umbiegen kann; man weiß, daß dies nicht gut ist für das Buch, man hält an sich, wenn es sich um ein gutes Buch handelt oder wenn es einem nicht gehört, hat man aber das Glück, einen für wenige Sous erworbenen gebrauchten Band in Händen zu halten, geht man zwanglos mit ihm um, es ist ein Schmöker.

Nicht allen gefällt es, die Seiten aufzutrennen; so wie es Dicke und Dünne gibt, so gibt es auch zu gleichen Teilen jene, die die Seiten gern selbst auftrennen, und jene, denen dies lästig ist; keinesfalls aber möchte man maschinengeschnittene Seiten, man zieht die lebendigen, leicht flaumigen Ränder vor.

Die Franzosen sind sehr empfindsam für die Qualität des Papiers; von den Bibliophilen einmal abgesehen, legen sie wenig Wert auf schönes Papier oder breite Ränder; das schöne Papier bereitet ihnen Unbehagen, und die breiten Ränder kommen ihnen – ganz wie die langen Fingernägel der Mandarine – vor wie Chinoiserien. Sie verabscheuen Papier in Gelb- oder Grautönen, bei dem, als wär's eine häßliche Haut, Stroh- oder Holzreste zum Vorschein kommen. Gutes, gewöhnliches Papier, das ist es, was sie wollen!

Ein Franzose nimmt den Kauf eines Buches nicht auf die leichte Schulter; ist er willens, einen hohen Preis zu zahlen, dann möchte er auch einen stattlichen Band ohne Mängel, dessen Papier Dauer verspricht. Er zieht es bei weitem vor, etwas mehr zu zahlen, dafür dann aber auch etwas Ansprechenderes sein eigen zu nennen. Selten nur kauft er ein Buch um der Lektüre willen, zumeist behält er es als bleibenden Wert, oder er verschenkt es. Es fällt ihm schwer – und da hat er nicht Unrecht –, für eine Originalausgabe mehr Geld auszugeben als für eine spätere Auflage. Wenn er schon zu den ersten tausend Kapitalanlegern gehört, denkt er, dann sollten ihm, und nicht dem Verleger, Vorteile daraus erwachsen. Die Verleger sollten meiner Ansicht nach zu Ausgaben zurückkehren, die nicht durchnumeriert sind; auch täten sie gut daran, sich eingehender mit Fragen der Papierqualität zu beschäftigen. Die schlechten Papiersorten sollten den billigen Ausgaben vorbehalten bleiben. Da die Zahl der potentiellen Buchkäufer in Frankreich – zumindest was die Literatur im engeren Sinne betrifft – nicht ausgeweitet werden kann, ist es nur von Vorteil, wenn man diese Leute versteht und sie nicht entmutigt. Denn selbst einem Franzosen, der Geschmack am Buchbesitz findet, könnte es durchaus gefallen, sich des Kaufs zu enthalten; in einer genußvollen Enthaltsamkeit, der wirtschaftliche Einsicht ebenso zugrunde liegt wie Tagträumerei. Oft besitzt er, gerade weil er eine hohe und feinfühlige Meinung vom Buche hat, nur wenige Bände. Nirgendwo wird Qualität so geschätzt, so gefordert, an keinem andern Ort ist der kritische Geist so ausgebildet wie bei uns. Man hat in letzter Zeit viel von Kampagnen zur Förderung des Buches gesprochen; ich glaube, diese Kampagnen haben vor allem die Autoren und Verleger in Bewegung gesetzt, aber nur wenige Leser. Denn es gilt: entweder ist man ein Freund des Buches, und in diesem Fall braucht man nichts hinzuzulernen, oder aber man ist Büchern gegenüber unempfänglich und wird es sich nicht zur Pflicht machen, sie zu lesen. Es war ohnehin ein großer Fehler, von Pflicht zu sprechen; das Lesen ist ein Genuß, so wie es ein Genuß ist, mit einem Freund spazierenzugehen, einem guten Schauspieler zuzuhören, schöne Kleidung zu besitzen oder ein gegrilltes Huhn oder einen Kuchen zu verzehren; es ist das wichtigste und dauerhafteste Vergnügen, schon hundertmal ist dies gesagt worden, und immer noch gilt es. Selbst jene, die lesen, um sich zu bilden, lesen aus Vergnügen (ich spreche hier von Erwachsenen). Es gibt nichts *fesselnderes* als sich zu bilden, wenn man es nicht auf Befehl hin tut, sondern aus persönlichem Wunsch nach Wissen heraus.

...Studium, dieses Wort glänzt wie ein Stern, wie die Lampe des Weisen; ein Wort, das so wenig Glück verspricht und so vieles gibt; abgeschlossen wie eine Kammer, eröffnet es dennoch dem Geist die Unendlichkeit. Dem Studieren flößt die Unendlichkeit keine Angst mehr ein; nur das Endliche fürchtet er: den Zeitpunkt, da es nichts mehr zu lernen gäbe, aber glücklicherweise trifft dieser Augenblick nie ein, immer neue Freuden erwarten ihn.

Ja, man hat im letzten Jahr viel davon gesprochen, den Sinn für Lektüre zu entwickeln. Es hat geheißen, die Menschen läsen weniger oder gar nicht mehr. Man gab dem Radio, dem Kino oder der Wochenzeitschrift die Schuld daran. Hören wir, was Maxime Du Camp im Jahr 1873 in der Zeitschrift *Paris* schrieb: »Kurz gesagt, das Pariser Publikum beweist keinen übermäßigen Eifer beim Besuch der Bibliotheken; kaum, daß es liest; seine Beschäftigungen und Vergnügungen lassen ihm dazu keine Zeit; es ist nicht wissensdurstig, glaubt es doch bereitwillig, daß ihm nichts mehr zu lernen verbleibe; und warum sollte es sich auch über Bücher beugen, um dort nach Ursachen und Wirkungen zu suchen? Hat es nicht von morgens bis abends jene enorme Masse an Einzelheiten zur Verfügung, die man Zeitungen nennt...« Man konnte also 1873 der Ansicht sein, das Buch sei der Zeitungen wegen zum Untergang verurteilt. Und was hätte man hundert Jahre zuvor geschrieben, als die Zeitung noch in den Kinderschuhen steckte? Diderot traf die Feststellung, daß kein Buchhändler seiner Zeit im Besitz von Kleidung zum Wechseln sei.

Im übrigen entsprach die Ansicht Maxime Du Camps schon 1880 nicht mehr den Tatsachen. Inzwischen hatte man mit großem Eifer die städtischen Leihbibliotheken gegründet; eine glorreiche Leseära stand bevor. Alle Welt las Bücher. Aber was genau las man? Wie bei der Sprache auch, liegen beim Buch das Beste und das Schlechteste dicht beieinander. Haben Sie je darüber nachgedacht, wie Buchproduktion und -konsum um die Jahrhundertwende herum aussahen? Der Schulzwang trug so viele Früchte, daß unter ihrer Last die Äste sich bogen. Das 19. Jahrhundert hatte Nahrung in Hülle und Fülle hervorgebracht. Es war ausgesät worden. Man hatte den Orient entdeckt, einige waren aufgebrochen dorthin, um die Mutter zu suchen – die Mutter, diese Hauptgestalt des Jahrhunderts, übersät mit Brüsten wie Diana von Ephesus. Die Genien der Religionen und der Sprache waren den Nebeln entstiegen und schüttelten ihre funkelnde Haarpracht. Die Wissenschaft hatte sich göttergleich erhoben. Niemals zuvor hatte es so viele herrliche Gedichte und gute Romane, so viele ausgezeichnete Essais gegeben. Nie zuvor waren die großen Persönlichkeiten zugleich so groß und so menschlich gewesen; nie hatten sie das wesentliche Problem des Genies – sich ganz zu geben und doch sein Geheimnis zu wahren – besser gelöst.

Und trotz alledem, welche Kloake an dieser Jahrhundertwende, welch Ausstoß an Müll, wie der Auswurf eines riesigen Verdauungsapparates. Ich spreche hier nicht vom Realismus, auch wenn er nicht ganz schuldlos ist, sondern von der unglaublichen Masse an schmutzigen, anstößigen, perversen Schriften. Nein, all das hatte mit Realismus nichts gemein, es handelte sich vielmehr um einen schlammigen Idealismus, man ertrank im Gefühl. Es ging nicht, wie heutzutage, darum, genau wahrzunehmen und angemessen zu formulieren; der

Geist der Orgie, der Schwarzen Messe war am Werk, alles war verworren, das unterste nach oben gekehrt. Bedenken Sie nur, welche Bedeutung Leute wie Huysmans, Mirbeau, Pierre Louys, Jean Lorrain, Willy, Péladan, Rachilde oder Hugues Rebell hatten (sicherliche habe ich einige vergessen). Und das waren noch die Prinzen; eine Etage tiefer wohnten Félicien Champsaur, Jane de la Vaudère und noch andere, von denen Sie sich keine Vorstellung machen können. Bestialität, Inzest, Sadismus, Homosexualität, Fetischismus, Vampirismus, alles wurde durch die Mühle gedreht. Dabei galt die Homosexualität noch als zu harmlos: es gab lesbische Männer und Frauen als Päderasten. Diese Bücher fanden natürlich ihre Käufer. Es gab sie stapelweise bei den Buchhändlern der volkstümlichen Viertel, neben dem *Petit Larousse*, den *Schlüsseln zur Traumdeutung* und den Kochbüchern; sie wurden nicht einmal unterm Ladentisch gehandelt, diese Ehre blieb dem *Kamasutra* und den Aufklärungsfibeln vorbehalten.

Und obendrein gab es noch Berge von Fortsetzungsromanen, die Ströme von Tränen zum Fließen brachten, als müßte all dies mit viel Wasser rein gewaschen werden.

Wenn ich auf die heutige Zeit schaue, dann sehe ich wahrlich nichts dergleichen. Joyce ist ein großer Scholastiker. Céline ist ein Spaßvogel, wir nehmen ihn nicht ernst und er sich selbst noch weniger. Es gibt den Kriminalroman, aber überzeugen Sie sich selbst vom Fortschritt: früher war der Schuft der Held, heute ist es der Polizist.

Man hat mir von einem Buchhändler in der Nähe Sébastopols erzählt, der immer oben erwähntes Genre geführt hatte und der, um den Wünschen seiner Klientel nach ernster Literatur nachzukommen, sein Lager gänzlich erneuern wollte: populärwissenschaftliche Werke, Weltgeschichten, Sitten und Gebräuche der Völker, Klassiker, gute Romane, dieselben, die auch die Bürger lesen. Ich bin überzeugt vom Gelingen. Die Arbeiter, vom ältesten bis zum jüngsten, lieben die Lektüre, die Kenntnisse vermittelt und zum Nachdenken anregt; die Literatur für Müßiggänger – der Müßiggang führt zum Ausufern des Sexuellen – ist fast gänzlich verschwunden.

Ja, ich kann es bezeugen, die Menschen haben seit dem Krieg mit wachsendem Eifer gelesen. Dabei haben sie die Kosten so gering als möglich gehalten, nie zuvor haben die öffentlichen Bibliotheken so viele Leser gekannt. Immer seltener haben sie Bücher gekauft, vor allem keine neuen, bei der Lektüre jedoch zeigten sie sich guten Willens. Alle Bucherfolge der letzten Zeit gehören den ernsthaften Genres an. Es stimmt zwar, daß sie kaum Poesie gelesen haben, aber das war weniger ihre Schuld als die der Epoche, die ihnen keine Zeit ließ zu innerer Sammlung, zu jener geistigen Haltung, von der Jules Romains in seinem Vorwort zu *L'Homme blanc* spricht. Erinnert sei hier an all die jüngsten Jahre, in denen sich in Zeiträumen von drei bis sechs Monaten (den zur Erholung nötigen Zeitspannen) im In- und Ausland Ereignisse von solcher Tragweite abspielen (oder abzuspielen drohen), daß der öffentlichen Meinung jegliche Grundlage entzogen ist und sie sich zu Recht auf die Neuigkeiten der Zeitungen stürzt. Wenn sie daraus wieder auftaucht, ist sie »nicht in Form«, wie die Sportler sagen, und deshalb kümmern sie Formprobleme wenig. Was sie vor allem bekümmert, ist dieser erschreckende, dieser unruhige, aufgewirbelte Bodensatz der Dinge, als sei ein Vulkan erwacht.

Unter all den Ursachen, die zwar nicht der Lektüre, aber den für sie verfügbaren Geldmitteln abträglich sind, muß man auch die Vorliebe fürs Reisen nennen, das inzwischen weit verbreitet ist und für welches die Menschen ihre kleinen Ersparnisse beiseite legen. Welche Ausgaben bringt nicht allein der Wintersport mit sich.

Hinzu kommen die Sommermonate, in denen wir alle zu Südländern werden, mit Ausnahme jener, die in den Ferien die Lektüre nachholen, auf die sie im Verlauf des Jahres wegen Arbeitsüberlastung verzichten mußten. Zu dieser Kategorie zählen immer mehr Menschen. Wenn man von zunehmender Gleichgültigkeit der Bevölkerung dem Buche gegenüber spricht, zieht man dabei meiner Ansicht nacht nicht genug in Betracht, über wie wenig Muße die meisten der zur Elite gehörenden Berufstätigen unserer Gesellschaft verfügen: Ärzte, höhere Beamte, Unternehmer; nur die Mitglieder des Lehrkörpers finden die Zeit zum Lesen. Eine Freundin sagte eines Tages zu mir, im Hinblick auf die Männer in ihrer Umgebung: »Entweder haben sie keine Stellung, und dann haben sie zu nichts Lust; oder sie haben eine, und dann werden sie völlig davon in Anspruch genommen.« Jene Menschen vergessen die Bücher nicht, oft sehnen sie sich nach Lektüre und kehren zum Buch zurück, sobald sie die Möglichkeit dazu haben.

Nun, all dies macht die Lage der Verleger und Buchhändler nicht leichter, und noch weniger die der Autoren. Der Autor kann nur überleben, wenn er als Journalist arbeitet, was in den meisten Fällen nicht von Übel ist. Was er für Zeitung und Wochenzeitung schreibt, ist nützlich und wird vergütet. Man braucht sich nicht zu grämen, wenn die meisten seiner Texte über dieses Stadium nicht hinauskommen. Der Gedanke, daß die Buchform von nun an eingehend erarbeiteten Werken vorbehalten bleibt, die es wert sind, ohne Druckfehler zu erscheinen, ist durchaus erfreulich.

Was nun uns, die Buchhändler, betrifft, so haben wir dem Buchhändler Diderots kaum noch etwas voraus. Jene, die wie ich nicht nur verkaufen, sondern auch ausleihen, kommen gerade zurecht; in diesem Jahr waren Verluste unvermeidlich; wäre da nicht der Verkauf des *Ulysses* an Gallimard gewesen...

Selbst wenn alles gut läuft, ist der Ertrag gering. Mein durchschnittlicher Verdienst beläuft sich nach zwanzig Jahren Tätigkeit auf ungefähr fünfzehnhundert Francs im Monat. Im letzten Jahr, d.h. 1936, hatte ich siebzehnhundert Francs erreicht und war sehr stolz darauf. Ich sagte mir, 1937 wirst du sicherlich die zweitausend Francs überschreiten. Ja, ja.

Aber wie ich schon zu Anfang dieses Absatzes sagte: vielleicht ist dies der Normalzustand. Im Grunde ist der eigentliche französische Buchhändler der Antiquar. Ich habe viele junge Frauen gekannt, die Buchhändlerin werden wollten und Gaston Ziegler, den zu früh verstorbenen Direktor der Maison du Livre um Rat baten. Er antwortete ihnen, und dies mitten in einer Zeit geschäftlicher Blüte: »Machen Sie vor allem nicht den Fehler, nur eine Buchhandlung zu eröffnen, nehmen Sie Schreibwaren hinzu, das ist unumgänglich.«

Librairie-Papeterie, wenn Sie wüßten, welche Bedeutung das bei uns in Frankreich hat. Wie viele Menschen ziehen nicht dem bedruckten Papier das weiße vor, auf dem sie die eigenen Schriftzeichen in Gang bringen können. Wir sind fast ebensosehr Autoren wie Leser. Der Süden. Sobald wird gelesen haben, viel und aufmerksam gelesen haben, wollen wir schreiben. Und das Merkwürdige ist, daß wir uns gar nicht so schlecht dabei anstellen. Gewisse von Amateuren verfaßte Werke lassen sich nur ungemein schwer einordnen, glauben Sie mir; oft muß man sich zu mehreren zusammentun, um überhaupt zu wissen, woran man ist. Ja, bei uns gibt es Autoren in Hülle und Fülle, und deshalb hat es mit der Literatur so seine Bewandtnis. Denn es gibt Verleger, die zwar nicht auf Kosten des Autors veröffentlichen würden, die aber bereitwillig stille Teilhaber akzeptieren.

Und wenn Sie wissen möchten, wie wir, die übrigen Franzosen, beschaffen sind: Wenn wir einen echten, einen großen Autor verehren und dieser gerade ein wichtiges Werk veröffentlicht hat, bei dem er sich verausgabt hat, und wenn er wieder zu Kräften kommen muß und mit Bangen auf den Beifall wartet, wissen Sie, wie ihm dann geschieht? O ja, er bekommt Briefe, einen Haufen Briefe, aber statt daß man ihm einfach Bewunderung und Dankbarkeit kundtäte, spricht man lieber von sich und von dem, was man in derselben Gattung zu schaffen versuchte; man schickt ihm ein kleines Manuskript.

Nicht im entferntesten denke ich daran, den Amateuren Übles nachzusagen. Es beginnt bei ihnen mit der Liebe, und diese drängt sie hin zur Produktion, oder zumindest zur Reproduktion. Der Unterschied zwischen dem Professionellen und dem Amateur liegt einzig im Maß ihrer Hinwendung. Was zählt, ist das Metier, ein über lange Zeit hin, bisweilen mit tödlicher Leidenschaft ausgeübtes Metier. Man nehme nur die Briefe Van Goghs an seinen Bruder, dort sieht man, wie die Schule des Genies beschaffen sein kann.

Inzwischen ist es Anfang Januar geworden. Meine Buchhandlung hat mich im Dezember dermaßen beschäftigt, daß ich diesen Text nicht wie vorgesehen zum Jahresende fertigstellen konnte. Ich habe die beiden Weihnachtsfeiertage, Silvester und den Neujahrstag schreibend verbracht. Es ist wirklich das erste Mal in meinem Leben, daß ich die guten Speisen vernachlässigt habe.

Und nun werde ich Ihnen darlegen, was ich aus dieser Gazette machen möchte, und zwar mit Ihnen zusammen, wie ich hoffe.

Zuerst einmal werde ich Ihnen meinen den Klassikern und ausländischen Autoren gewidmeten Katalog zukommen lassen. Dabei schicke ich mich nicht ohne innere Bewegung an, diese Arbeit zu veröffentlichen; er war von vielerlei Überlegungen begleitet, ich habe ihn die ganzen letzten Jahren über mit Inbrunst vorbereitet. Mein Ehrgeiz geht dahin, Ihnen dabei zu helfen, sich ein möglichst lebendiges, möglichst vollständiges Bild von der Welt zu machen. Für jedes Land verfügen Sie über eine Summe von Angaben, welche die Geschichte seiner Ideen und Fakten betreffen; des weiteren die Bibliographie der bestehenden Übersetzungen, soweit ich sie ausfindig machen konnte. Ich habe vor, die wichtigsten eingehenden Mitteilungen – handle es sich um Informationen oder um kritische Besprechungen – zu veröffentlichen. Denn meine Absicht ist zu umfassend, als daß ich sie allein und auf Anhieb verwirklichen könnte. Wir werden zusammen daran arbeiten, und vielleicht gelingt es uns, unser Land mit einem praktischen kulturellen Instrument von großer Reichweite auszustatten.

Während wir weiterhin unseren Tätigkeiten nachgehen, sollten wir versuchen, unserer Literatur nach bestem Wissen und Gewissen zu dienen. Wir verfügen über ausgezeichnete Kritiker, aber sie können nicht allem Genüge tun; es gibt viele Bücher, die sie nie erwähnen, die sie nie besprochen haben oder die sie nicht ausreichend besprechen. Der Kontakt, den ich seit mehr als zwanzig Jahren mit dem Publikum habe, hat mir gezeigt, daß es in letzter Instanz selbst ein Urteil trifft, und zwar ein gerechtes Urteil. Die professionellen Kritiker übertreffen es nur ihres schriftstellerischen Talents wegen, und dieses Talent gerät zu Zeiten in Widerspruch mit ihrer Aufgabe, die darin besteht, eine gerechte Beurteilung im literarischen Bereich abzugeben. Die Franzosen verfügen über eine bemerkenswerte geistige Freiheit. Es war sehr amüsant, ihnen zu Lebzeiten des von ihnen sehr geschätzten Souday zuzuhören; sie stürzten sich im wahrsten Sinne des Wortes auf die von ihm besprochenen Bücher und sagten genüßlich: »Er hat recht«, oder ebenso genüßlich: »Ich stimme ganz und gar nicht mit ihm überein, er hat sich hinreißen lassen.«

Also, liebe Freunde, Sie werden mir zum Thema der Bücher schreiben. Sagen Sie mir, welche Bücher Sie lieben und aus welchen Gründen; begnügen Sie sich nicht mit einer simplen Feststellung, gehen Sie der Sache auf den Grund. Teilen Sie mir auch mit, wie man die Literatur in der Praxis fördern könnte; haben Sie persönliche Erfahrungen als Buchhändler(in) oder Bibliothekar(in) gesammelt, so wird Ihre Ansicht mir teuer sein. Bitte prüfen Sie, was in den hier abgedruckten Seiten der Kritik oder Ausführung bedarf. Diese Gazette wird all jene Ihrer Stellungnahmen abdrucken, die einleuchtend und unparteiisch sind. Wollen Sie mir Ihr Vertrauen aussprechen? Bitte erwarten Sie keine individuellen Antwortschreiben, dafür wird mir sicherlich die Zeit fehlen.

Ans Werk, meine Kinder.

(1937/38)

DIE FREUNDINNEN DER BÜCHER

Liebe Hörerinnen und Hörer,

befänden wir uns nicht im Jahre 1938, sondern hundert oder auch nur fünfzig Jahre zurück, würde allein schon der Titel meines Vortrags Widerspruch hervorrufen: die Freundinnen der Bücher, so würde eine große Zahl von Herren argumentieren – all jene, die den Anspruch erheben, die Bücher zu lieben –, die gibt es nicht. Die Frauen sind nicht fähig, Bücher zu lieben; weit davon entfernt, ihre Freundinnen zu sein, sind sie vielmehr ihre natürlichen Feindinnen. Und viele befugte Stimmen würden sich erheben, um diese Behauptung zu untermauern.

Ernest Quentin-Beauchart, Autor eines Werkes über *Die bibliophilen Frauen Frankreichs* im 16., 17. und 18. Jahrhundert, würde uns unweigerlich folgenden Hinweis geben (den er auch seinem Buch vorangestellt hat): »Viele hervorragende Damen waren in den vergangenen Jahrhunderten im Besitz von Büchern, aber fast allen war der Inhalt dieser Bücher unbekannt, die Bezeichnung ›bibliophil‹ ist auf sie nicht anwendbar. War das Buch einmal erworben, eingebunden und mehr oder minder methodisch in einen luxuriösen Schrank eingeräumt, war die gewünschte Wirkung erreicht, und dabei beließen sie es.«

Den Gnadenstoß würde einer meiner Kollegen geben, der Buchhändler Floury, der im Jahr 1908 in einem im Cercle de la Librairie gehaltenen Vortrag sagte: »Für viele Frauen ist der Buchhändler eine Art Feind... Wir haben alle in kleinerem oder größerem Maße Klienten, die, nachdem sie ihre Bücher gekauft und bezahlt haben, sie bei uns in Aufbewahrung geben, in Erwartung einer günstigen Gelegenheit – Ferien, Zeremonien etc. –, die es ihnen ermöglicht, sie mit ins Haus zu bringen. Manchmal dauert es Monate, bis eine solche Gelegenheit sich einstellt.«

Gibt es irgendwelche Frauenstimmen, die sich gegen diese

Art von Feststellungen erhoben hätten? Leider Gottes nein. George Sand kokettierte damit, als »bibliophob« zu gelten; Mme Emile de Girardin bemerkte, daß ihre Zeitgenossinnen keine Bücher besäßen: »Was wollen Sie machen«, sagte sie, »die jungen Frauen lesen nicht mehr, und – schlimmer noch! – diejenigen, die ausnahmsweise noch ein wenig lesen... schreiben!«

Albert Cim, dem ich diese kleine historische Betrachtung entlehne, versichert in seinem ausgezeichneten Werk *Les Femmes et les Livres*, daß es jedoch Ausnahmen gab und gibt; diese Ausnahmen gehen entweder sehr weit zurück in der Zeit, oder sie gelten heutzutage. Es gab, so fährt er fort, in den ersten Jahrhunderten des Mittelalters mehrere Ordensschwestern, »die verdienen, zu den Freundinnen der Bücher gezählt zu werden«. Hierher gehören die Namen der Hl. Radegonde, Gertrud, Odile, Wiborade. Für die Hl. Wiborade, Jungfrau und Märtyrerin, hat der Baron Ernouf die Bezeichnung »Schutzgöttin der Bibliophilen« gefordert. Diese Heilige fügte dem Verdienst, die Bücher zu lieben, noch jenen anderen hinzu, eine gute Stickerin zu sein; nichts gefiel ihr so sehr wie das Besticken der Stoffe, die die Manuskripte des Klosters zieren sollten. Als eine Horde ungarischer Barbaren ins Land einfiel und drohte, das Kloster zu plündern, eilte sie zu den Mönchen mit dem Ausruf: »Rettet zuerst die Bücher! Versteckt sie! Anschließend kümmert ihr euch um die heiligen Vasen!«

(Sie können sich denken, liebe Hörerinnen und Hörer, welches Vergnügen es mir bereitet, Ihnen diese Einzelheit mitzuteilen, habe ich doch das Glück, die Stickerin Marie Monnier zur Schwester zu haben, deren Kunst das Lob Paul Valérys und Léon-Paul Fargues gewann.)

In unserer Zeit sind die Freundinnen der Bücher zahlreich. Mir scheint, die Frau ist in der Lage, das Buch im selben Maße zu schätzen wie der Mann. Es ist einfach eine Frage der Erziehung. Wenn so viele Frauen Bücher nicht beachten oder geringschätzen, dann auch deshalb, weil man sich alle Mühe gegeben hat, sie davon abzubringen. Wer steckte im 17. Jahrhundert seinen Umlegkragen in einen dicken Band Plutarch und verspottete zugleich die gelehrten Frauen seiner Umgebung: das war der bonhomme Chrysale, d. h. der Bourgeois von damals, vielleicht der ewige Bourgeois.

Man verlangt von den Frauen vor allem, sich und ihr Haus zu pflegen; man lobt sie, wenn sie sich den Hausarbeiten widmen und mag es gar nicht, wenn sie sich in Bücher versenken, handle es sich nun um frivole oder ernsthafte Lektüre.

Sainte-Beuve merkte an, daß in der Antike einzig die Kurtisanen belesen waren, d. h. freie Frauen, ledig der Sorgen, die auf Ehefrauen und Müttern lasteten. Doch weise ich den Gedanken weit von mir, die gelehrte Frau, ob Kurtisane oder Nonne, der ehrbaren Familienmutter vorzuziehen, die aus ihren häuslichen Geschichten nicht herauskommt; aber Sie werden sicherlich mit mir darin übereinstimmen, daß jene Männer, die den Frauen vorwerfen, Bücher nicht zu lieben, unbegründete Kritik üben, sind sie es doch selbst, die die Frauen auf diese Geistesverfassung festlegen.

Das erste Drittel dieses Jahrhunderts hat, was das Verhältnis der Frauen zu Büchern und zur Kultur im allgemeinen betrifft, große Veränderungen mit sich gebracht. Die Schulpflicht hat unzweifelhaft eine große Rolle bei dieser Entwicklung gespielt.

Heutzutage weiß die Frau im gleichen Maße wie der Mann Freundschaft zu schließen mit dem Buch. Sie bringt natürlich in diesen Umgang einige Besonderheiten ein, die freizulegen ich mich bemühen werde. Zuerst einmal gilt es anzuerkennen, daß sie, es sei denn, sie habe eine eigene Schulung erhalten, weniger empfänglich ist für die *Form* als der Mann; sie genießt vor allem die *Lektüre* als solche, wie auch immer sie geartet sein mag. Bedeutet die Form ihr auch wenig, so ist sie sicherlich aufgeschlossen für den Geist eines Buches; weiß dieser Geist sie zu rühren, vermag sie ihn leidenschaftlich zu lieben. Im Gegensatz zum männlichen Leser empfindet sie nicht das Bedürfnis, ihren Lieblingsautor in stattlicher und dauerhafter Ausgabe zu besitzen – im Grunde stimmt es schon, daß sie nicht bibliophil im herkömmlichen Sinne ist.

Sie zieht es vor, die gewöhnliche Ausgabe, jene ihrer ersten Lektüre, zu behalten und sie mit freundlicher Aufmerksamkeit zu umgeben: sie wird sie in hübsch gemustertes Papier schlagen, auf der Frontseite das aus einer Zeitschrift ausgeschnittene Bild des Autors anbringen oder eine Blume zwischen die Seiten schieben. Gefällt ihr das Buch ungemein, wird sie Passagen daraus abschreiben. Die üble Angewohnheit, den Rand zu beschreiben, ist ihr, von Schulbüchern einmal abgesehen, fremd. Im übrigen ist es eine typisch männliche Angewohnheit, den Rand zu beschreiben. Ja, es ist schon seltsam, oft verbessert der Mann, und gerade der junge Mann, den Autor, er unterstreicht, verneint, setzt die eigene Ansicht dagegen; *er fügt sich selbst hinzu.* Wenn die Frau dagegen nicht liebt, bleibt sie stumm, und wenn sie verabscheut, *streicht sie aus.* Ich kenne Frauen, die beileibe nicht dumm sind, die aber nicht umhin können, bestimmte mißliebige Passagen eines Buches zu streichen oder zu verdecken; sie tun dies insbesondere zu Gunsten, oder Ungunsten, eines Werkes, das sie schätzen, das sie aber stellenweise kränkt, so wie sie versuchen würden, die schlechten Charakterzüge eines geliebten Mannes zu unterdrücken. Einige Menschen würden diese Praxis als widerwärtig bezeichnen; ich persönlich finde nichts daran auszusetzen, vorausgesetzt natürlich, daß von dem so behandelten Buch noch eine große Zahl weiterer Exemplare existiert und daß es persönliches Eigentum besagter Dame ist. Ein Buch ist nicht an sich schon sakrosankt, erst unser Empfinden macht es dazu.

Es ist wichtiger, mit den Dingen in guter Freundschaft zu leben, als sie zu verehren.

(1937/38)

Lesungen: Stimmen und Gesichter

EINE BESCHREIBUNG DER STIMME CLAUDELS

Man kann sie nur mit der Handlung der Nahrungsaufnahme vergleichen. Sie weidet sich an den Worten, prüft ihren Geschmack und verleibt sich ihre Substanz ein; sie läßt sie nicht auf der Zunge vergehen, sondern genießt sie auf kraftvolle Weise; sie sucht weniger die subtilen, der Intelligenz gewährten Genüsse als die zutiefst organische Befriedigung; sie zerdrückt die Vokale und zermalmt die Konsonanten; sie gleicht dem Schlingen des Löwen. Es gibt nichts Flüssiges in ihrer Rede; alle Speichelflüssigkeit wird vom Brot des Wortes aufgesogen, das sich darin nicht auflöst, sondern sie der eigenen Festigkeit einverlaibt.

Dennoch erzeugt sie keine Empfindung der Grobheit, nicht einmal die der Materialität. Durch unmittelbare Transsubstantiation wird die Nahrung der Laute in Atmosphäre verwandelt; es ist ein Verdunstungsvorgang, der sich an Körpern vollzieht, die dichter und geordneter sind als Wasser, und der Luft, Dunst, die Heerschar der Wolken und erstaunliche Kumulusformationen hervorbringt.

(1925)

DIE STIMME PAUL VALÉRYS

Vor kurzem stattete Paul Valéry uns einen Besuch ab. – Ich würde hier gern seine Worte wiedergeben, doch fühle ich mich außerstande, die dafür notwendige Genauigkeit aufzubringen. Bestenfalls kann ich mich an eine Parallele zwischen ihm und Mallarmé erinnern: Man glaubt immer, sagte er, daß wir dieselben Ideen haben, doch gibt es große Unterschiede zwischen uns, insbesondere was unser Verständnis der Kunst betrifft; Mallarmé machte eine Metaphysik daraus; er glaubte, daß die Welt zur *Repräsentation* geschaffen sei, und daß die Repräsentation – die Kunst – *das Ding an sich* sei. Ich selbst habe der Kunst, sei es die Literatur oder eine ihrer anderen Formen, niemals eine überragende Bedeutung zugemessen, ich habe sie nie über die anderen Lebensäußerungen gestellt; für mich ist sie ein *Spiel*.

Valéry ist ein Plauderer. Er zielt weder auf Wirkung ab, noch will er geistreich sein; aber was er sagt, belebt und fesselt. Er besitzt die Gabe, den Zuhörer auf seine Stufe zu heben, er macht ihn immer, und ohne daß dieser es mitbekäme, zu seinem Schüler. Auf liebenswürdige Weise bringt er die Früchte der Intelligenz in seine Reichweite, seine Stimme jedoch bereitet Tantalusqualen.

Ich werden den Versuch unternehmen, sie zu beschreiben.

Würde man sagen, sie sei dumpf wie jene von Monsieur Teste, so gäbe dies zwar noch keine ausreichende Vorstellung von ihrer gedämpften Klangfarbe, aber man hörte das Metall heraus, wie bei gedämpften Blechinstrumenten.

Sie ist gewandt, kaum greifbar. Vom Midi hat sie die kurzen Vokale, nicht aber die Konsonanten, die sie kasteit.

Man könnte, wie mir scheint, den Begriff des *mechanischen Siebs* auf sie anwenden. Sie erinnert an jene Maschine, welche die Erde von den Steinen, unter denen sich dann die Edelsteine befinden, trennt (ich habe diese Maschine im Kino gesehen). Eine unachtsame Auslese, man sieht den Abglanz vorüberziehen. Er kümmert sich nicht darum, die Arbeit kommt danach. Als verschmähte sie die Materie, in der die Ideen lagern, dreht und wendet sie diese; zu einem gegebenen Thema, das sie ergreift, zerstößt und sich unterwirft, liefert sie eine noch rohe Gestalt.

(1926)

FARGUE, DER PLAUDERER

Wie bekannt, war Léon-Paul Fargue ein blendender Unterhalter. Unter allen Kritikern und Chronisten, die ihn gekannt und über ihn berichtet haben, gibt es nicht einen, der dies nicht hervorgehoben hätte. Unzählige Male hat man seinen Schwung, seinen Geist, seine Phantasie gelobt; dies sind in der Tat die Begriffe, die sich einem aufdrängen. Heute möchte ich eine genauere Vorstellung von diesen berühmten Plaudereien geben.

Die Rede Fargues war unglaublich lebendig und von innen her erlebt – vielleicht stärker noch erlebt als lebendig. Fargue lebte das, was er sagt, auf intensivste Weise; so wie andere zur Tat schreiten, schritt er zur Rede; der Leib kam dabei ebensosehr ins Spiel wie der Geist. Diese Lebhaftigkeit äußerte sich nicht in der Gestik, im Minenspiel oder einem Auf- und Abgehen. Nein, er ahmte nicht nach, er gestikulierte wenig, er blieb auf seinem Stuhl sitzen. Es war etwas gänzlich anderes. Eher daß er sich, mit den Armen nahe am Oberkörper, sammelte und mit der Stirn drängte. Die eigentliche Bewegung spielte sich im Innern ab, wie bei einem Motor. Man nahm eine Art elektrischer Ausdünstung wahr.

Die Stimme Fargues war angenehm, deutlich, weniger dem Gesprächspartner als den inneren Kreisen zugewandt. Eine Stimme von tiefer Klangfarbe und gepflegter Intonation, bei der das Menschliche im voraus eingeschrieben – aufgenommen – schien und daher besser imstande, sich zu äußern.

Der Mensch Fargue war also schwer aus der Ruhe zu bringen, selbst inmitten großer Unruhe. Er hatte die Marionette nicht getötet[1], er hatte sie verschluckt, so wie der Wal Jonas verschluckt hatte; sie war in seinem Innern auf die drolligste Art und Weise in Erregung.

Die Schalkhaftigkeit äußerte sich in seiner Rede vor allem in seinem Sinn für die Karikatur. Mit wenigen Worten, wenigen Sätzen konnte er jemanden in ein der Lächerlichkeit preisgegebenes Objekt verwandeln. Zugestandenermaßen war dabei auch Boshaftigkeit im Spiel. So fand er etwa, daß dieser oder jener seiner Kollegen (die Namen verschweige ich hier wohlweislich) einem Füllfederhalter, einem Schafsfuß à la poulette[2], einem Hinterbänkler oder einem Bürzel ähnlich sehe. Beim Anblick von Photographien großer Dichter mochte er sagen: »Er gleicht einem bleichsüchtigen Gendarm, einem Bademeister.« Seine Vergleiche waren immer von halluzinatorischer Ähnlichkeit. Die Person verwandelte sich vor Ihren Augen, als habe ein Zauberstab sie berührt. In *Vulturne* stößt man auf gute Beispiel dieser Art von Karikatur. Vielleicht erinnern Sie sich an den »Störschädel Barrès'[3], der das Abflußrohr eines stinkenden Galions verstopfte«, oder ans »Ritz und du Meurice[4], mit ihren hochnäsigen Damen und ihren Diplomaten aus Ohrenwatte«.

Diese Art von Wurfspielen[5] gab es zuhauf in den von Fargue zwischen 1924 und 1928 verfaßten Stücken, die in *Espaces* zusammengefaßt sind. En passant frage ich mich, ob ihr Stil nicht Céline beeinflußt hat, dessen *Voyage au bout de la nuit* 1932 erschien.

Dieser diabolische Stil, der satirischste, den man sich denken kann, ist aus seinen Gesprächen hervorgegangen. Dies war seine Art zu sprechen, und da seine Rede weitaus freier und direkter war als seine Schriften – er ging dabei nicht vorsichtig zu Werke, die Namen seiner Opfer wurden nicht verheimlicht, im Gegenteil, sie wurden verkündet –, können Sie sich vorstellen, daß es des öfteren zu Zerwürfnissen kam.

Was sein Feuer so unbezahlbar machte, waren die Umschwünge zurück zur Vernunft, zum gesunden Menschenverstand, zur etablierten Ordnung. Er legte dann eine Art Heuchelei an den Tag, bei welcher der Philister und der starke Mann eine seltsame Mischung eingingen. Er spielte den Moralisten, ja den Zensor und sparte dabei nicht mit guten Ratschlägen, mit Tadel und strengen Verweisen. War man selbst Opfer einer solchen Strafrede, war dies alles andere als amüsant; bekamen aber andere ihr Fett ab, fand man es urkomisch.

Hier nun der Versuch, den Stoff seiner Rede zu analysieren, das, was ihren Leib ausmachte. Seine Sprechweise ähnelte zweifellos seiner Schreibweise, auch wenn sie natürlich weniger gedrängt und in gröberen Zügen gezeichnet war. Die von ihm beim Sprechen benutzten Ausdrücke waren nicht so preziös, nicht so präzise, dafür kamen mehr familiäre und Slangausdrücke vor. Seine oralen Fundus waren ebenso zahlreich wie die seiner Schrift, doch waren sie unbefangener, ungekünstelter, der Geist sprudelte unmittelbarer. Es kam vor, daß er Perioden von so ausgesuchter Syntax und einer zugleich so mitreißenden und gewagten (Gemüts-) Bewegung improvisierte, daß man, wie bei Trapeznummern, den Atem anhielt.

Erwähnt werden sollte auch, daß in den Gesprächen Fargues die Präsenz einer (all)gemeinen Grundlage spürbar war, ähnlich einem unerschöpflichen Almanach. Dieser erstaunlich volkstümliche Untergrund glich der Kette eines Gewebes, auf dem der Schuß seines individuellen Geistes hin- und hereilte. Er diente ihm – um im Bild zu bleiben – als Verkettung, er benutzte ihn, um keine Leere aufkommen zu lassen, um seine Zuhörerschaft im Griff zu behalten, während er, nach erzeugter Spannung, eine Entspannung gewährte. Er stellte auch – in dieser »Seele eines sentimentalen Fuhrmanns« (der Ausdruck stammt von ihm) – die Präsenz der Menschenwelt dar, aus deren Mund eine Wortwelt dringt.

Kein Handelsreisender hat je so viele Gassenhauer, alte Leiern, Witze, Kalauer, Wirtshaus- und Kasernengeschichten, Zoten, historische Anekdoten, Kehrreime sentimentaler Romanzen oder komische Lieder gekannt und vorzutragen gewußt. Er liebte die Chansons Dranems[6] und die Abenteuer des Colonel Ronchonnot[7].

Der Schüttelreim hatte einen wichtigen Platz inne in seinem Repertoire. Zu hundert Luftsprüngen gab er ihm Anlaß. Niemand handhabte ihn so wie er, sei es, daß er die Klassiker der Gattung zitierte: »Dites, j'ai mangé une excellente tourte aux cailles à l'enseigne du Congre debout«[8] etc., sei es, daß er neue erfand, indem er die Worte über den Haufen warf, wie etwa in dem berühmten Vers Verlaines:

Je suis venin calme orphelu…[9]

Das geschriebene Werk läßt diese Saite des Stimmungsmachers, die er vor allem in Gesellschaft bewies, kaum durchklingen. In den *Caquets de la table tournante* (Geschwätz des rückenden Tisches), die in *Espaces* enthalten sind, lassen sich Spuren davon finden.

Es gibt unter uns einen Schriftsteller, André Beucler, der zu Fargues besten Freunden gehörte und der die Gabe besitzt, seine Rede wiederzugeben. Beucler hat ein Büchlein verfaßt mit dem Titel *Dimanche avec Léon-Paul Fargue*, das beste und lebendigste Portrait, das man je von unserem guten Léon-Paul angefertigt hat – ein Meisterwerk, so wahr ich hier sitze.

(1950)

ERSTE BEGEGNUNGEN

Ich werde versuchen, Fargue erneut so zu sehen, wie er mir beim ersten Mal erschien. Wir schrieben den Februar des Jahres 1916. Ich war erst seit drei Monaten Buchhändlerin. Eine meiner ersten Kundinnen, May Raynaud, hatte mich an einem Sonntagnachmittag zu ihren Eltern geladen, damit ich ihn dort kennenlernte.

Der Gedanke, ihn kennenzulernen, entzückte mich. Ich hatte seine beiden Gedichtsammlungen *Poèmes* und *Pour la musique* gelesen, die zu den Schmuckstücken der noch jungen und so reizvollen Nouvelle Revue Française zählten.

Mir scheint, er traf zu einer fast regulären Zeit ein, gegen achtzehn Uhr. Er hatte uns an den Anfang seiner Tournee gesetzt; wie an jedem Sonntag hatte er am Abend bis spät in die Nacht hinein viele Besuche auf seinem Programm.

Sein Gesicht erweckte in mir ein eigenartiges, zugleich herzliches und unbehagliches Gefühl. Zweifellos war er so, wie man ihn sich vorstellte, aber zusätzlich gab es eine Unmenge an Details, die beunruhigten und die Aufmerksamkeit überfluteten.

Er erschien älter als er in Wirklichkeit war (damals mochte er neununddreißig gewesen sein), der Kahlköpfigkeit wegen, die nicht im Anfangs-, sondern schon im fortgeschrittenen Stadium war. Auf beiden Seiten des Kopfes verblieben stattliche Randstreifen; eine dichte Strähne war nach vorn, auf den oberen Teil einer hohen Stirn gekämmt, aber vielerorts schimmerte schon der Schädel durch. Dieser Zustand seiner Haare, der ihn, wie ich in der Folge bemerkte, sehr beschäftigte, hat sich in den dreißig Jahren unserer Freundschaft nie geändert. Sie sind niemals weiß geworden, haben vielmehr das ursprüngliche Braun bewahrt. Die nach vorn gekämmte Strähne verlor einige Einheiten, blieb aber standhaft auf ihrem Posten und widerlegte so entschieden den Vorwurf, er sei glatzköpfig.

Mir gegenüber befand sich also ein großer, runder Kopf, aber nicht rund wie eine Kugel, eher wie eine Kuppel. Die Hirnschale war hochgezogen und krönte eine breite, kreisförmige Stirn, die auf mächtigen, obschon feinen Augenbrauen aufbaute. Eine harte Birne, zweifellos, aber empfindsam, oder besser gesagt: voll empfindsamer Stellen. Welch eine Vorstellungskraft! Welch ein Gedächtnis! Die Stirn wies weder Falten noch Adern oder Erhebungen auf, und doch verriet sie eine Art geheimes Leben, das zu beschreiben mir schwerfällt: es gab Flaumhaare, Schweißstellen, Runzeln und kaum sichtbare Schwellungen, die von der Anwesenheit der Trolle kündeten.

Wie schwierig war es doch, diesen Blick zu verstehen! Er war eher einnehmend als zärtlich, wie der eines Feindes. Ein leichtes Schielen wies den Schalk aus, aber eine erstaunliche Scheinheiligkeit lag auch darin. Da war ein Verbergen, Aufdecken und wieder Verbergen. Man konnte sein Latein, das wenige, das man überhaupt besaß, dabei verlieren.

Fargue trug damals einen reizenden Bart à la Débussy, der mir ausnehmend gefiel. Man sah wenig von seinem Mund; er erschien jedoch fest und eher dünn; die glatte, leicht vorgezogene Unterlippe glänzte wie jene der Feinschmecker und Lügner. Die Nase war edel, durch und durch Adlernase.

Seine Stimme war superb: tief, harmonisch, aus schönstem Metall. Er war ihr Meister, er stimmte sie wie ein Instrument, er entlockte ihr vollkommene Töne. Wenn er verführen wollte, dann bediente er sich vor allem der Stimme; sie kam vom Grund und ging auf den Grund; er beherrschte sie mit einer Art handwerklicher Geschicklichkeit. Im Verlauf eines Meinungsaustauschs war sie bohrend, begleitet aber wurde sie von Gesten, die das Gegenteil besagten: freundliche, ein wenig ungeschickte, ja rührende Gesten, wie die Handbewegungen eines Säuglings, mit dem man »Hände falten«, »Alle Vögel fliegen hoch« oder les petites marionettes[10] spielt.

Seine Hände waren ebenso gelungen wie seine Stimme, obschon sie ganz anders regiert wurden. Ich habe sie nie mehr so genau betrachtet wie an dem Tag unserer ersten Begegnung:

er hielt sie mir hin, damit ich aus den Handlinien lese. Sie waren schön, ziemlich fleischig, aber gut proportioniert; die Finger waren an der Spitze eher rechteckig, an der Wurzel zierten sie drei, vier Flaumhaare. Die Nägel waren ihrer Form wegen bemerkenswert: nicht zu lang, nicht zu gewölbt, wirkten sie seriös und elegant zugleich. Der Daumen gehörte zu einem tauglichen Menschen, er wirkte nicht im geringsten klotzig. Das Lineament der Handinnenfläche war wenig ausgeprägt, die Hauptlinien von delikatem, unentschiedenem Duktus, die Kopflinie geknickt. Der Venusberg war durchschnittlich ausgebildet und fein guillochiert.

Die gesamte Hand war ungemein weich und füllig, als sei sie aus kleinen Kissen gemacht. Die Haut war unglaublich sanft; die Handinnenfläche hatte jene Art von Pigmentierung, die man bei sehr empfindsamen Menschen antrifft: sie war von winzigen rosa Ozellarflecken bedeckt, die sich – wie der Teppich des Meeresbodens oder wie ein Volk von Lichtpunkten, das auf Lauer liegt – fast unmerklich bewegten. Dies ist mir niemals wieder bei anderen Menschen begegnet. Unzweifelhaft hatte ich hier das Zeichen seiner medialen Fähigkeiten vor mir, das Geheimnis seiner Poesie, in der es von Naturgeheimnissen nur so wimmelt.

Ja, seine Hände sagten fast alles aus über ihn. Als er mir die Innenflächen hinhielt, tat er es mit den Worten: »Ich werde verrückt werden, nicht wahr?« – »O nein«, antwortete ich, »Sie sind jetzt schon verrückt genug.«

Trotz der zarten und fast beruhigenden Hände war ich vom ersten Tag an von seiner Ausstrahlung des Höflings beeindruckt, eine Ausstrahlung, die er in Gesellschaft immer besaß. Seine Korpulenz – obwohl groß und gut gewachsen, neigte er zum Bauchansatz – hätte wunderbar zu der stattlichen weiten Kleidung von einst gepaßt. Auch als Sultan oder Radscha hätte er sich gut gemacht: ein Turban, und die Welt hätte ihm zu Füßen gelegen!

Die Fülle seines Temperaments sprang augenblicklich ins Auge, ebenso sein Wissen und seine Berechnung. Wie bei Stendhal ging seine Unbefangenheit einher mit einem Übermaß an Gelehrsamkeit. Nichts verließ seinen Mund, das nicht gekocht und wieder aufgewärmt war. Er servierte sein lebendiges, blutendes Herz nie ohne Zubereitung, die von der gutbürgerlichen Küche bis hin zu den verrücktesten Soßen alles umfaßte. Wie bestimmte Chefköche zwang er seine Gerichte auf; nicht immer waren es jene, die man selbst gewählt hätte.

Ich bedaure, ihn nicht früher kennengelernt zu haben. In der Ausgabe der *Feuilles libres*, die Marcel Raval ihm gewidmet hat (die schönste literarische Huldigung, die man je veröffentlicht hat), gibt es ein Photo von ihm aus dem Jahre 1907, das mich jedesmal, wenn ich es betrachte, von neuem berührt. Er war damals einunddreißig Jahre alt. Wie sympathisch war er doch, wie aufrecht sein Blick! Das war in der Tat der Mann der ersten Gedichte. Wie hatte er sich in weniger als zehn Jahren so verändern können? Gewiß, er hatte seinen Vater und auch Charles-Louis Philippe[11] verloren. Nach einer wundervollen Epoche des Reisens mit Larbaud (in der er das gesamte väterliche Erbe verschleudert hat) war dieser – immer noch reich – ins Ausland gegangen, während er selbst arm zurückblieb. Er hatte schwere, gefühlsmäßige Enttäuschungen durchgemacht. Einer seiner Freunde, der mächtig und wohlhabend war, hatte ihn, wie er glaubte, verhöhnt. Eine gute Partie war kurz zuvor in die Brüche gegangen. Er hatte seine Freundin verloren. Wir befanden uns im Krieg. Er hatte große Mühe, sich und seine Mutter durchzubringen. Zu allem Überfluß lastete eine Glasfabrik auf seinen Schultern, die zu Lebzeiten seines Vaters gut gelaufen war, die ihm jetzt aber nur Sorgen bereitete.

Als ich ihn kennenlernte, war er verbittert und aus freien Stücken boshaft. Er hatte noch all seine Wünsche, aber keine Illusionen mehr. Man hatte ihm die Nasenlöcher gestopft, wie Pichette[12] sagen würde und wie er selbst es vielleicht auch formuliert hätte. Er war entschlossen, sich zu verteidigen und es aller Welt heimzuzahlen, und wenn jene, die bezahlen sollten, ihm entgingen, würde er sich an den andern gütlich tun, jenen, die er wie Geiseln in der Hand hatte.

Er hätte dem Teufel seine Seele verkauft, um sich für gewisse Erniedrigungen rächen zu können – und dies ist nicht nur so dahin gesagt.

Nein, man würde ihm nicht mehr auf die Füße treten. Er hatte nie das getan, was man tun mußte, um Erfolg zu haben, aber er würde es tun. Er würde die Welt der Salons und Würdenträger auf seiner Seite haben. Man würde ihn mit Ehrungen auszeichnen, warum nur die andern und nicht auch ihn? Die Kollegen würden ihm nichts mehr wegschnappen. Sein Onkel würde schon sehen, daß er kein Taugenichts war. Sein Concierge würde nicht mehr von oben auf ihn herabschauen, sondern er auf den Concierge.

All dies sagte und käute er wieder von Beginn unserer Beziehung an, und es waren eher Monologe als Vertraulichkeiten unter Freunden, eine Mischung aus Jean sans Terre [13] und Cambronne[14].

Schon am Tage nach unserer Begegnung bei den Raynauds kam er in die Buchhandlung. Bei sich hatte er ein Dutzend Bände des *Tancrède.*

Tancrède, das war diese kostbare Broschüre, von deren Existenz viele wußten, die aber fast niemand zu Gesicht bekommen hatte. Die bibliophile May Raynaud hatte ihn gefragt, wie man an sie herankomme. Er hatte ihr ein Exemplar versprochen, und auch mir hatte er einige Exemplare zum Verkauf zugesagt.

Besagtes Objekt sieht folgendermaßen aus: es ist schön gearbeitet, hat ein weißes Titelblatt und ist aus dickem, grobkörnigem Papier aus Arches[15] gemacht. Der Titel ist in goldgelben Lettern gehalten. Anstelle des Verlags steht nur »Paris« und darunter »1911«. Man hat nur zweihundert Exemplare gedruckt. Larbaud ist für die Kosten aufgekommen, und gedruckt wurde die Broschüre bei Raymond in Saint-Pourçain-sur-Sioule, ein makelloser Druck im übrigen.

Als Epigraph steht dem Bändchen voran:

Les capitaines vainqueurs ont une odeur forte.[16] ANDRÉ GIDE

Seltsamerweise schreibt Gide in *Paludes* diesen Satz seinem »jungen Freund Tancrède« zu. Dieses Geheimnis wurde nicht gelüftet, weder an jenem Tag noch an einem späteren.[17]

Wir kamen überein, die von Fargue mitgebrachten Exemplare für sechs Francs (das Doppelte des ursprünglichen Preises) zu verkaufen. Ich würde sie erst nach Verkauf bezahlen und fünfzig Prozent Kommission einbehalten; dies waren äußerst günstige Bedingungen für mich, und doch fragte ich mich, ob das Dutzend wohl Käufer fände. Meine Besorgnis war unbegründet. Die Exemplare fanden ihre Liebhaber. Es kam sogar eine Zeit, da keine Exemplare mehr vorhanden waren, und natürlich war in diesem Augenblick die Nachfrage am stärksten.

Als Fargue in die Buchhandlung kam, machte er auch die Bekanntschaft meiner Freundin Suzanne Bonnierre, die mit mir zusammen den Laden betrieb. Es kam keine Zuneigung auf zwischen ihnen. Die Mißgeschicke, die er uns erzählte, gingen ihr nicht zu Herzen. Er machte ihr Angst, und oft hatte sie Weinkrämpfe nach seinem Weggang. Sie machte mir große Vorwürfe, daß ich einen solchen Freund aufgetrieben hätte, der jeden Tag vorbeikomme, und zwar gegen Tagesende, wenn wir beide müde seien, und der bis zehn Uhr abends angewurzelt auf seinem Stuhl sitzenbleibe...

Zu Beginn unserer Beziehung machte Fargue auch in der Tat wenig Gebrauch von seinem damals schon berühmten Geist, der bei den Raynauds zeitweise aufgeblitzt war. Er war einfach nur eine Last.

Doch diese düstere Atmosphäre hellte schnell auf. Nach einigen Wochen hatte Fargue begriffen, daß er keine barmherzigen Schwestern vor sich hatte. Wir konnten um so weniger Mitleid mit ihm empfinden als er im besten Mannesalter stand. Ihm gegenüber, der soviel erlebt und erlitten und der nicht resigniert hatte, empfanden wir unsere Jugend (ich war damals dreiundzwanzig, Suzanne fünfundzwanzig Jahre alt) nicht als Vorteil, sondern als Minderwertigkeit.

Wir gehörten einer ganz anderen Welt an: jener der kleinen Leute, auf denen das Gesetz der Arbeit lastet, während er die Lebensweise des großbürgerlichen Müßiggängers, des Seigneurs anstrebte. Bereitwillig stellte er uns mit seinen mondänen Beziehungen in den Schatten. Ich weiß nicht, wie es dazu kam, daß er dies begriff.

Vielleicht, weil er eines Tages schon im Lauf des Nachmittags eintraf und uns bei unseren Buchhändleraufgaben überraschte, dem Gespräch mit den ersten Abonnenten der Leihbibliothek, dem Austausch von Büchern und Ideen.

Er sah sehr wohl, daß ich vernarrt war in die Literatur und daß Suzanne Jules Renard und Charles-Louis Philippe über alles liebte.

Jetzt wußte er, von welchem Ende her er die Geschichte wieder aufrollen mußte.

Und er wußte, welchen Freund er mitbringen mußte, um verstanden und geliebt zu werden, um mit uns zusammen seine Dichterseele wiederzufinden.

Eines Morgens, kurz vor Mittag – er hatte die Mühe auf sich genommen, schon im Laufe des Vormittags einzutreffen – sagte er zu uns: »Ach, wie hätte doch mein guter Philippe dieses Haus geliebt! Jeden Tag wäre er hierhergekommen.«

Zum ersten Mal brachen wir das Brot der Freundschaft.

(1948)

EIN BESUCH BEI MARIE LAURENCIN

Wir klopfen. Sie öffnet selbst – am Sonntagnachmittag hat ihr Hausmädchen frei. – Bonjour. Warten Sie einen Augenblick, sagt sie, ich telefoniere gerade. Kommen Sie doch herein.

»Hallo! Also er hat dich geschlagen, sagst du.«

.. ..

»Laß ihn nicht herein.«

.. ..

»Ach so, er läßt nicht locker; du glaubst, er könnte dir Unannehmlichkeiten machen.«

.. ..

»Hör zu, sag ihm du bist krank. Leg dich hin. Empfang ihn im Bett. Oh, ich hab' eine Idee, laß einen Doktor ans Bett kommen. Kennst du nicht jemand, der kräftig ist?«

.. ..

»Er ruft nachher wieder an, sagst du. Natürlich, das ist nicht so einfach.«

.. ..

»Unter diesen Umständen laß ihn besser herein. Du mußt Zeit gewinnen, sei vorsichtig.«

.. ..

»Gut, so machen wir's! Ich ruf dich in einer Stunde wieder an, oder ruf du mich an. Au revoir.«

Sie kommt zu uns zurück und erklärt: »Das war eine Freundin von mir, die kleine Frau, mit der ich neulich zusammen war. Sie hat einen Freund, den sie loswerden möchte, ein großer Dunkler, nicht schlecht übrigens, ein Tischler, er war der Freund von X…, Sie wissen schon, der Galeristin, sie hat ihn ihr abgejagt, aber jetzt hat sie genug von ihm. Vor kurzem hat sie ihm gesagt, daß sie es satt habe, sie hat ihm tausend Francs geboten und ein Dutzend schöner Photos, die sie von ihm hatte machen lassen. Er hat die Photos zerrissen und ihr den

Tausendfrancschein an den Kopf geworfen. ›O nein!‹ rief er. ›Deinetwegen habe ich eine vielversprechende Position verloren, so kommst du mir nicht davon!‹, und er hat sie geschlagen. Heute will er sie unbedingt wiedersehen. Da habe ich ihr geraten, ihn mit einem stämmigen Doktor an der Seite zu empfangen. Ach, das wird sich schon einrenken. Möchten Sie Tee? Setzen Sie sich.«

Wir setzen uns, wenden den Kopf nach links, nach rechts, und kaum sind fünf Minuten vergangen, da ist sie auch schon wieder zurück mit dem Tee und einem Teller gesalzener Biscuits, die man »collation« (Imbiß) nennt. »Ich habe nichts anderes im Haus«, sagt sie, indem sie auf die Biscuits weist, »alle Frauen, die hierherkommen, haben Angst davor, zuzunehmen.«

Wir setzen uns an den Tisch, wir sind zu viert: sie, Marcelle Auclair, Sylvia und ich. – Sie hat Marcelle unlängst in der Buchhandlung kennengelernt, ihr Buch *La Coquetterie guérit l'amour*[18] hat ihr sehr gefallen, sie hat zugesagt, das Portrait zu malen, das den Band schmücken soll. – »Finden Sie nicht«, sage ich, »daß es Marcelle viel besser stünde, wenn die Haare nach hinten gekämmt wären und die Ohren frei lägen?« – »Lassen Sie mal sehen.« Wir nehmen den Kamm heraus, ziehen ihr die Haare mit eng an den Kopf gepreßten Händen nach hinten und legen ein entzückendes kleines, längliches Ohr frei. »O ja«, sagt Marie, »das steht ihr viel besser, aber sie tut gut daran, Stirn und Ohren zu verdecken. Sehen Sie, die intelligenten Frauen haben einen bestimmten Zug hier (mit dem Finger zieht sie eine dünne Linie zwischen Wange und Ohrmulde nach), der beweist, daß sie nicht dumm sind. Wenn man den Männern gefallen will, ist es besser, als dumm zu gelten, ich selbst bin die Königin der Dummköpfe.«

Mir fällt ein, daß Marie Laurencin sich mal die Haare nach hinten kämmt und die Ohren halb freilegt, dann wieder eine Ponyfrisur trägt, mit gänzlich verdeckten Ohren.

»Gibt es etwas Neues, das Sie uns zeigen könnten?« – »Nein, ich schicke alles zu Rosenberg; was da ist, kennen Sie schon. Was ich mit dieser großen Leinwand machen werde«

(sie weist auf eine völlig weiße ovale Leinwand oberhalb des Kanapees) »weiß ich noch nicht.«

Ich selbst sehe auf dieser Leinwand schon zwei Frauen mit Blicken, vage wie der Duft eines Parfums, ein sanftes Pferd, das niederkniet, liebenswürdige Wolken und eine spöttische Schleife... Aber dann fällt mir ein, daß sie dieses Bild ja schon gemalt hat; nun, dann wird diesmal eine der Frauen ein wenig boshafter sein, die andere bei weitem resignierter, das Pferd schaut anderswohin, und die Schleife weiß nicht, was sie sagen will.

Wir zeigen Marcelle Auclair das Appartement. Bei jedem Schritt stößt sie einen Freudenschrei aus: hier die Muscheln in einem quadratischen Behälter aus dickwandigem Glas, dort die ein wenig zerzauste Straußenfeder, die einer Blume gleich in einer Vase aus dem Second Empire steckt, dann wieder Tiere aus Porzellan, kleinere antike oder moderne Möbel, die wunderbar zueinander passen, der Organdy eines Vorhangs, und dazwischen überall, in liebevoll ausgesuchten Rahmen, diese Frauen, traurig wie das Vergnügen, mit großen, leeren Augen, die redselig sind wie der Himmel zwischen den Mauern, und all diese Tauben, die leichthin, von Schnabel zu Schnabel, die Bürde des Glücks tragen, die so schwer auf den Menschen lastet.

Es gibt drei Salons, einer schöner als der andere; zwei Schlafzimmer, eines davon in rosa und blau mit der Bezeichnung *de jeune fille*[19] – man wagt nicht, es zu betreten aus Furcht, das Gemälde zu beschädigen. – Ein Eßzimmer gibt es nicht.

Dieser Besuch bei Marie Laurencin fand am Weihnachtstag statt. Inzwischen ist das Portrait von Marcelle Auclair beendet. Marie hat fast die gesamte Stirn unter einem großen Kamm verborgen, und was die Ohren betrifft, so möchte ich den sehen, der ihre Form errät; und doch hatte Marcelle während des Modellsitzens die Haare auf eine Weise gesteckt, die eindeutig besagte, *sie wolle den Männern nicht gefallen.*

Vor einiger Zeit erwies Marie Laurencin mir die Ehre, mein Portrait anfertigen zu wollen. »Ja«, erwiderte ich, »aber ich hätte gern gewußt, ob Sie mir die Nase lassen; sie ist nicht sehr groß, aber gerade deshalb hänge ich sehr an ihr.« Marie betrachtete mich eine Weile und sagte dann: »Ich sehe Sie nur ohne Nase.« Da zog ich es vor, auf das Portrait zu verzichten. Inzwischen glaube ich, daß ich meiner Nase zu Unrecht soviel Bedeutung beimaß. Welch dummer Stolz! Die aufständischen Engel sind schon für geringere Anmaßung aus dem Himmel verjagt worden. – Wieviel wird doch jenen gewährt, die nicht zu sehr an ihrer Nase hängen!

(1926)

IM LAND DER GESICHTER

Land der menschlichen Gesichter... ein Land, das man nie verläßt und doch nur selten besucht. Denn es ist nicht leicht, dort einzudringen, es ist eine Forschungsreise. Die Kälte des Polarwinters oder brennende Hitze gilt es zu ertragen. Noch der flüchtigste Blick besagt Liebe. Geschwind, Augenlid, sink herab, fächle diesem Feuer Kühlung zu, gib ein wenig Frische. Jedes Kräuseln der Lippen bringt Frost. Stille. Auch die Worte nähme das Eis. Wir nähern uns dem unermeßlichen Weiß der Pole, jenem Weiß, das Gordon Pym[20] gesehen hat. Der Selbsterhaltungstrieb setzt ein. Ein Maß umsonst, fast umsonst. Besser ist es, wir gehen. Ich komme von einer Reise ins Land der Gesichter zurück. Eine ausgedehnte Reise in Begleitung Gisèle Freunds. Sie war der Pilot, sie hielt das Steuer, sie hielt die Maschine zur Erkundung der Gesichter in Gang. Diese Maschine war ein simpler Photoapparat, bewehrt mit einem farbempfindlichen Film. Die Gerätschaft umfaßte noch zwei Scheinwerfer, eine Leinwand und eine Zauberlampe. All dies nur, um sie lebend zurückzubringen.

Wen sollte sie lebend zurückbringen? werden Sie fragen.

Aber ja doch, Geduld, hier meine Antwort: die Schriftsteller, die Dichter, die Menschen der Sprache, der unbilligen Milieus; sie, die geplagtesten Landstriche im Reich der Gesichter, die fremdartigsten, die häßlichsten gemäß dem Kanon herrschender Schönheit – die Schönheit läßt sich vom Leben tragen oder gibt sich zumindest den Anschein, sie aber lassen sich nicht tragen, sie vermögen es nicht. Zu ihnen gehören die Wirbel, die Erosionen, die stürmischen Gipfel, die Ströme von Feuer, all die kleinen und großen Umwälzungen. Wie könnte eine Form in ihnen zur Ruhe kommen, ist es doch ihre Aufgabe, den Wechsel der Formen auszudrücken?

Als Sartre all diese Gesichter vorbeiziehen sah, zu denen auch das seine gehörte, da sagte auch er: »Wir sehen alle aus, als kämen wir aus dem Krieg zurück.«

Aber sind diese Gesichter für den, der sie mit dem geistigen Auge sieht, nicht auch die schönsten? Dank ihrer Fehler erreichen sie höchstes Vermögen. Daß sie am Unvermögen leiden, bringt ihre Fülle hervor. Jede ihrer Falten ist kostbar, ist einer der Grate, die das innere Feuer hervortreibt.

Wenn man bedenkt, daß es Photographen gibt, die all das eskamotieren, und daß die großen Männer – oder solche, die man dafür hält – die ersten sind, die ein solches Eskamotieren wünschen, welch armselige Einfalt! Haben die Frauen je gezögert, sie so zu lieben, wie sie sind? War das Genie für sie nicht immer der mächtigste aller Reize, das Merkmal der Liebe selbst? Meine Damen, die Sie dies lesen, wie denken Sie darüber?

Ja, meine Reise mit Gisèle Freund war ein großes Abenteuer. Um so mehr als sie eine stolze Photographin ist und nichts eskamotiert. Als Tériade sich ihre Portraits ansah, sagte er: »Dieser Streich ist Ihnen einmal geglückt, aus der Überrumplung heraus, aber ein zweites Mal würden sie es nicht zulassen.«

Und ich frage mich, ob sie es nicht doch zulassen würden. Es ist unsere Aufgabe, sie davon zu überzeugen, daß sie schön sind, so daß wir es vorziehen, sie so zu sehen. Die Maler gäben ihnen noch ganz anderes zu sehen. Gewiß, die Pinsler würden sie hübsch zurechtmachen, aber die echten, die vollblütigen Maler würden sie in Stücke schneiden, ihre Eingeweide bloßlegen, sie auf Gleichungen reduzieren; im besten Fall würden sie den Impfstoff ihrer Farben an ihnen erproben. Sie würden sie in Materie verwandeln.

Gisèle Freund verfügt über eine Gabe des Menschlichen, die sie zum Verwandten Nadars macht, den sie zum Lehrmeister nahm, und die sie auch verbindet mit David Octavius Hill, zu dessen Ehren sie eine Pilgerreise nach Edinburgh unternahm. Ihre Portraits sind unerhört lebendig.

Ihr ist es zu verdanken, daß wir eine Fülle exzellenter Bilder von den meisten unserer herausragenden Schriftsteller besitzen. Man muß hinzufügen, daß ihre Art, die Photos auf Leinwand zu projizieren, überraschende Resultate zeigt. Das Licht spielt hier die Rolle eines Bildhauers; eine Wiedergabe auf Papier könnte diese Rolle zweifellos nicht erfüllen. Die Vergrößerung auf das Format der Starphotos zieht daraus seine Berechtigung.

Einige dieser Schriftstellergesichter seien hier beschrieben.

Claudel sieht aus wie ein chinesischer Gott, Monseigneur der Donner. An die Stelle des Adamsapfels tritt ein kleiner Zyklon. Als Mauriac das Bild sah, rief er aus: »Wie böse er aussieht! Dieser Mensch kann einzig mit Gott verkehren.«

Gide gleicht mit seinen reinen und kasteiten Zügen einem Ordensgründer. Seine Augenbrauen sind brennende Dornbüsche.

Valéry, in dessen Wangen tiefe Schluchten gegraben sind, hat Augen wie das Meer; sie haben dessen Farbe und ewige Jugend.

Verbittert, versteinert erhebt sich das Gesicht Romains', doch seine Augäpfel gleichen lieblichsten Saphiren.

Das Gesicht Fargues brütet *die großen trügerischen Tiefen* aus, enthüllt sie, jene Tiefen, die man nicht betrügen kann. Seine Hände sind schutzlos und spielen les petites marionettes.[21]

Supervieille scheint von einem anderen Planeten gekommen zu sein, um die Kinderkrippe zu besichtigen – und er kann den Blick nicht lassen davon.

(1939)

EIN ESSEN MIT COLETTE

Meine Freundinnen Paulette Gauthier-Villars und Marthe Lamy hatten mir am Tag der Rentrée gesagt (eine mythische Rentrée im übrigen, denn wir hatten Paris nicht verlassen, weder sie noch ich): »Wir werden dafür sorgen, daß Sie mit Colette speisen.«

Hier mache ich eine Klammer auf, um Paulette und Marthe vorzustellen, die das Glück haben, zu den Vertrauten Colettes zu gehören. Es sind Prinzessinnen der Wissenschaft: Paulette ist Agrégée an der medizinischen Fakultät, sie ist die erste Frau, die diesen Titel trägt; Marthe ist eine ausgezeichnete Gynäkologin und leitet ein Labor. Zusammen mit Thérèse Bertrand-Fontaine, die als erste Frau zum Médecin des Hôpitaux ernannt worden ist, gehören sie zu denen, auf deren Freundschaft ich stolz bin. Wir sind alte Freundinnen: Sie hatten vor Augen, wie es mit meinem Haus vorwärtsging, und sie sind vor meinen Augen groß geworden.

Ein Essen mit Colette. Wie sollte das vor sich gehen? Colette ist eine Frau, die es verabscheut, gestört zu werden. Und ich meinerseits verabscheue es, andere zu stören, insbesondere jemanden wie Colette. Ich bereite gern eine Freude, kann mir aber nicht vorstellen, wie man Colette eine Freude machen kann, wenn man nicht zu den Blumen, Tieren, Düften oder Parfums gehört, wenn man nicht Farbe oder Musik ist. Ihre Welt ist vor- oder nachmenschlich: es ist das Reich der Mutter mit dem großen Urfeuer und den letzten Feuern. In ihrer Gegenwart träumt man davon, sich in eine weiße Katze zu verwandeln, und selbst dann dürfte man nie sterben, müßte unsterblich sein wie die ägyptischen Götter.

Nun, dieses Essen hatte seinen ganz eigenen Reiz. Doch fangen wir mit dem Anfang an. Das Ganze fand in einem exzellenten kleinen Restaurant in der Rue de Babylone statt. Marthe hatte mich zuvor schon einmal dorthin eingeladen. Ich schätze die komplizierte grande cuisine nicht sonderlich, aber bei Souty ist es perfekt, ganz wie zu Hause, wenn alles gut läuft. Und die Besitzerin ist so überaus freundlich! Als große Liebhaberin der Oper und der komischen Oper spricht sie von den Tenören mit ebenso großer Kompetenz wie der von uns allen vermißte James Joyce. Und sie hat einen wunderschönen grauen Kater, den schönsten und dicksten von allen.

Sonst komme ich fast immer zu spät – doch nicht mit so großer Verspätung wie Fargue! –, diesmal aber war ich fünf Minuten vor der Zeit da. Marthe kam kurz darauf, pünktlich zur verabredeten Zeit. Dann zeichnete Colette sich im Rahmen der Tür ab, und Paulette hinter ihr.

Das schöne, das berühmte kleine Dreiecksgesicht ist auf wunderbare Weise so, wie es immer war. Aber wie wild ist ihr Blick! Zuerst nur scharf, mißtrauisch, wie jener, den man dem Fremden, dem Feind zuwirft; man muß ihn langsam zähmen, in kleinen Dosen, und ist dann überrascht, wenn man plötzlich die Wärme eines herzlichen Blicks – gleich jenem, der eine Gabe begleitet – auf sich ruhen spürt.

Bei Tisch ist die Chefin sehr bemüht. Ist es das erste Mal, Madame Colette, daß Sie bei uns sind? – Ja, das erste Mal. – Dann kennen Sie auch meinen Kater noch nicht? Und nun wird Monsieur der Kater hochgenommen wie ein pummeliges Kind mit ausgestreckten Armen, wird sogleich bewundert, adoptiert und auf die Bank gesetzt, ja, für würdig befunden, neben den Erwachsenen Platz zu nehmen.

Das Menu? Heute gibt es Schnecken. – O nein, sagt Colette, das ist das einzige, was ich nie habe essen können, ich hab's versucht, nur den Saft bekomme ich herunter. Ich bin ganz Jubel in meiner Ecke, ich verabscheue Schnecken ebenfalls und habe nie eine in den Mund nehmen wollen. Dann werde ich Ihnen, sagt Mme Souty, mit Knoblauch angemachtes Mett bringen. Und gerade sind frische Eier hereingekommen, das ergibt ein herzhaftes Omelett. – Allez, allez! unterbricht sie Colette mit zärtlich-barscher Stimme wie ein zufriedener Fuhrmann. Und dann, nimmt Mme Souty den Faden wieder auf, na, Sie werden schon sehen … und was wir dann zu sehen bekamen (es war ein Tag mit Fleischzuteilung), war ein prachtvolles Chateaubriand mit vielen goldbraun gebratenen Röstkartoffeln drum herum.

Natürlich kamen wir während des Essens auf Nahrungsmittel und Einschränkungen zu sprechen. Ich bin keine Fleischliebhaberin, sagte Colette, während so manche Freundin von mir fast krank wird, wenn sie kein Fleisch bekommt. – Was lieben Sie dann? fragte ich. Gemüse, gut Gegrilltes, Früchte, Milch vor allem und Desserts. Wir stimmen darin überein, daß Gebäck und Bonbons ungenießbar geworden sind – und wo soll man gute Schokolade auftreiben?

Nach Behandlung dieser wichtigen Fragen bildeten Häuser, die unter seltsamen Einflüssen stehen, unser nächstes Thema; Paulette kennt eines, in dem die kleinen Kinder sterben. Colette hat eins besessen, das sie verkaufen mußte, weil dort böse Geister herrschten; dieses Haus war anscheinend ein Gut der Kirche gewesen, in dem Prozessionen stattfanden; unter diesen Umständen kann man seine Intoleranz gegenüber Laien verstehen, die es, vielleicht zu Unrecht, für Heiden halten mochte – bisweilen kann der Geist eines Hauses sehr einfältig und eigensinnig sein!

Als nächstes waren die Hellseherinnen dran. Colette hatte eine gewisse Madame Elise gekannt, eine echte Sensation. Wenn sie einem die Zukunft voraussagen sollte, mußte man zuvor eine Kerze zwischen Haut und Hemdbluse tragen. Zum Zeitpunkt der Konsultation holte man sie aus dem Mieder, und während sie einem von Ereignissen erzählte, zerschnitt sie die Kerze in feine Späne – die erzählten Ereignisse aber trafen unweigerlich ein. Es war kein Gedankenlesen, denn sie sagte sehr unerwartete und zum Zeitpunkt der Konsultation sogar unverständliche Ereignisse voraus.

(Meine Damen, die Sie dies lesen, bitte schreiben Sie nicht an Colette, bitte schreiben Sie auch mir nicht, um die Adresse von Madame Elise zu erfragen: sie weilt nicht mehr unter uns. Sie hat uns schon vor Kriegsbeginn verlassen, so daß sie auch keine Aussagen betreffs seines Endes mehr machen konnte; zweifellos hat sie den Krieg vorausgesehen – man kann einen Krieg früher oder später immer voraussehen.)

Als das Essen beendet war, schlug Marthe vor, den Kaffee bei ihr zu Hause zu trinken – sie wohnt ganz in der Nähe, in der Rue Vaneau –, richtigen Kaffee aus der Vorkriegszeit, sorgfältig aufbewahrt für wichtige Anlässe. Wir stimmten begeistert zu.

Und so schlenderten wir die Rue de Babylone entlang. Colette zu sein, das will schon etwas heißen. Alle Welt kennt sie, erkennt sie wieder. Viele junge Mädchen waren auf dem Weg zum Lycée oder zur Schule, und es gab keine, die nicht bewegt, ja entzückt die Mutter von Claudine[22] betrachtet hätte. Selbst die Hunde erkannten sie und wedelten freudig mit dem Schwanz in Erwartung eines Blicks oder einer streichelnden Hand.

Bei Marthe, bei der Colette das erste Mal zu Gast ist, folgt eine aufmerksame Besichtigung des Heims. Es liegt im Erdgeschoß, man betritt es von der Straße her, wie einen Laden, und sogleich ist man im Innern eines gemütlich und tadellos eingerichteten Appartements. Viele Bücher, Wertgegenstände, einige schöne Gemälde. Die Zimmer sind seltsam angeordnet, mäanderförmig, mit vielen Ecken und Winkeln (wie es scheint, hat ein Ofenbauer[23] hier vor unserer Doktorin gehaust). Colette ergeht sich wie im Innern eines Wäldchens, nichts entgeht ihr.

Und dann kommt der Kaffee. Zwei Tassen mit Zucker.

Ich spiele ein wenig die Handleserin. Sie können sich denken, daß man Colette nichts Neues erzählen kann, doch war ich neugierig auf ihre Hände. Die Gesamtform ist kraftvoll und harmonisch. Die Linien sind sehr ausgeprägt. Die Kopflinie in der linken Hand weist hin auf eine mystische Neigung, die bekämpft wurde zugunsten der Vernunft. Natürlich ist die Schicksalslinie superb. Der Venusberg deutet wie zu erwarten auf eine starke Sinnlichkeit hin; mit einem solchen Berg kann man mit allen Dingen dieser Welt in ein Seelenbündnis treten. Doch welch außergewöhnlicher Daumen für eine Frau! Welch Ungestüm! Madame Colette, sage ich, Sie haben den Daumen eines Piratenkapitäns. Sie lacht. Das stimmt, sagt sie, ich bin furchtbar heftig, oft schon hatte ich Lust zu töten.

Ich habe eine Vorliebe für Messer und Klingen, aber nicht für Revolver, die machen einen sinnlosen Lärm, nein, für die stumme, spitz zulaufende Klinge. Und was vor allem zählt, ist der Griff, auf ihn muß man sich verlassen können, hier muß er eine Vertiefung haben und so muß man ihn fassen – und ihre Finger und Handfläche hantieren mit einer imaginären Klinge, die sie, den Fakiren gleich, sichtbar werden läßt. Eh bien! sage ich, welch Glück für uns, daß dieses großartige Ungestüm in die Literatur gegangen ist.

Inzwischen ist es drei Uhr. Auf jede von uns wartet eine Aufgabe. Wir gehen hinaus auf die Straße, wo ein Sprühregen eingesetzt hat, ein sanfter Herbstregen, der unsere große Colette in Entzücken versetzt, sie schüttelt und streckt sich und strahlt vor Freude.

(1942)

EIN PORTRAIT WALTER BENJAMINS

Ende Januar des Jahres 1930 erhielt ich von Félix Bertaux einen für mich sehr schmeichelhaften Brief. Er schrieb mir, daß ein Berliner Schriftsteller, Monsieur Walter Benjamin, »sehr beeindruckt« gewesen sei von Gedichten, die in der *Nouvelle Revue Française* unter dem Namen J.-M. Sollier erschienen seien. Er fügte hinzu. »...wenn Sie nicht hartnäckig darauf bestehen, Ihre Anonymität gegenüber Monsieur Benjamin (der Proust übersetzt hat) zu wahren, wäre er entzückt über ein Wort Ihrerseits, das ihm erlaubte, Sie aufzusuchen.« Ich schrieb umgehend an Walter Benjamin, um ihm eine Verabredung am übernächsten Tag um vier Uhr nachmittags vorzuschlagen. Er war pünktlich zur Stelle. Zum ersten Mal in meinem Leben befand ich mich einem deutschen Juden gegenüber.

Walter Benjamin war sehr wohl beides: Jude und Deutscher; er vereinigte in sich die Eigenschaften beider, ohne daß eine Identität ausgeprägter schien als die andere.

Jude seines intelligenten Gesichtes wegen, in dem die List des Weisen zu lesen war, und auch eine seltsame Mischung aus Menschenscheu und Gutmütigkeit. Ein Gesicht in Verteidigungsstellung, so geschützt wie nur möglich: oft führte er die Hand zur Stirn, als solle sie ein Vordach bilden. Die Augen lagen hinter der Brille verborgen und verborgener noch hinter den Lidern, die den stechenden Blick nur vorsichtig durchließen. Der Mund war fast gänzlich verdeckt von einem dichten Schnurrbart mit herabhängenden Enden; was aber man von diesem Mund sah, war durchaus anerkennenswert: die nicht übermäßig fleischigen Lippen waren die eines empfindsamen Epikureers. Dem Kinn hätte ein Bart zum Vorteil gereicht, war es doch schwerfällig, unentschlossen und dort, wo sich sonst das Kinnbärtchen befindet, stark gehöhlt, als wolle es vorspringen, während es sich doch furchtsam zurückzog. Mit einem Bart hätte Benjamin viel jüdischer ausgesehen, auch wenn die Adlernase nur mäßig ausgebildet war.

Die Stirn war hoch und weit, gekrönt von leicht ergrautem, aber kräftigem Haarwuchs, dessen Form eher ungewöhnlich war: ein dichtes Büschel vorn zwischen zwei Kahlstellen, die weit nach hinten reichten; die hinteren Strähnen standen ebenfalls dicht; auf dem gesamten Haupt loderten die Haare empor wie die Flammen eines brennenden Dornbusches.

Deutscher war Walter Benjamin insbesondere seiner Haltung und Sprechweise wegen; natürlich war er sehr ernsthaft und höflich, und seine Art, Kontakt aufzunehmen, hatte etwas Zeremonielles. Der Akzent war weich. Er kannte die französische Sprache gut und sprach sie mit großer Sorgfalt; er machte wenig Fehler und schritt langsam voran in seiner Rede, als prüfe er die Worte eingehend. Man spürte genau, daß das gesprochene Wort ihm wichtig war und daß er es fast ebenso pflegte wie die Schrift. Er schob sich nie in den Vordergrund – das »moi je« kam bei ihm nicht vor. Er suchte nicht danach, seine Ideen aufzudrängen, sondern ließ dem anderen das Wort, hörte ihm geduldig zu, ohne zu unterbrechen, und hielt ihn mit all seiner Aufmerksamkeit dazu an, die eigenen Gedanken zu Ende zu denken; dann sammelte er sich und faßte die angemessene Antwort ins Auge. Wenn er, angeregt durch das Schweigen oder die Frage des andern, das Wort ergriff, setzte er seine Ansichten nicht jenen des andern entgegen, war nicht wie Sokrates darauf aus, die Widersprüche herauszustellen, sondern machte nur zwei, drei Punkte geltend, welche die Grenzen des Gesprächs erweiterten und ihm unerwartete Wendungen gaben.

Mir wird bewußt, daß das gerade skizzierte Portrait eher gesetzt denn lebhaft ist. Mir scheint, daß Benjamin unter anderen Umständen ein ganz anderes Verhalten an den Tag legen konnte. Nach Pierre Klossowskis Aussagen z. B. konnte das Gespräch mit ihm eine leidenschaftliche oder gar stürmische Wendung nehmen; übrigens habe auch ich ihn einmal aufbrausend erlebt, und zwar gegenüber Gisèle Freund (für die er große Zuneigung empfand), als sie sagte, sie sei für die Vermischung der Juden mit anderen Völkern, damit sie nicht mehr unter der Absonderung litten.

Mir gegenüber nahm er stets eine erwartungsvolle Haltung ein: er ließ der Natur ihren Lauf, wie die Ärzte sagen; er studierte mich.

Ich verdanke ihm große Freuden auf metaphysischem Gebiet; er hat mich mit Bachofen und Scheerbart bekannt gemacht, vor allem aber verdanke ich ihm die Gegenwart Diotimas, gab er mir doch das *Gastmahl* zu lesen. Der schönste Bereich unseres Einvernehmens jedoch war die Poesie, denn er war ein Dichter und liebte, was äußerst selten ist, die Poesie um ihrer selbst willen, mit einer Selbstlosigkeit, die bis zum Selbstvergessen gehen konnte. Er liebte die Feen ebensosehr wie ich. Während seines Aufenthalts in Berlin hatte er eine Sammlung von Kinderbüchern angelegt, die meisten aus dem 19. Jahrhundert, kartonierte Bücher mit Goldschnitt, die mit naiven, glänzenden Bildern illustriert waren. Ein großer Teil dieser Sammlung war verlorengegangen, weil er nicht alles hatte mitnehmen können nach Paris, aber die wertvollsten waren noch in seinem Besitz und füllten ein Regal in seinem Appartement in der Rue Dombasle. Über diesem Regal hing ein wunderschönes Bild von Klee, ein Geschenk des Malers, der zu seinen Freunden gezählt hatte. Ich erinnere mich noch, mit welchem Entzücken ich die erste Ausgabe von Brentanos *Gockel, Hinckel und Gackeleia* durchblätterte, die eine Fülle bezaubernder Lithographien enthielt.

Er sprach zu mir als erster vom Genie Bertolt Brechts, mit dem er eng befreundet war; wie die meisten Franzosen hatte ich nur einen flüchtigen Eindruck von Brechts Werk, einzig der Film *Die Dreigroschenoper* war mir bekannt.

Wir hatten endlose Gespräche über Baudelaire, er hatte eine Studie zu seinem Werk begonnen, die dann im Januar 1940 unter dem Titel *Zu einigen Motiven bei Baudelaire* in der von Max Horkheimer geleiteten *Zeitschrift für Sozialforschung* erschien. Es wäre zu wünschen, daß diese Studie ins Französische übersetzt wird, denn sie liefert, soweit ich dies aus der

Erinnerung an unsere Gespräche heraus beurteilen kann, originelle und fruchtbare Ansichten, nicht nur zu Baudelaire, sondern zur modernen Poesie überhaupt.

Wir sprachen oft über Rilke, dem er sehr freundschaftlich verbunden gewesen war; ich stellte ihm viele Fragen zum Werk dieses Dichters, befürchtete ich doch, und nicht zu Unrecht, es der Übersetzung wegen zu verfehlen. Rilke hatte ihn gebeten, an seiner Statt die *Anabasis* zu übersetzen, ein Projekt, mit dem er sich schon eine Zeitlang getragen hatte; zu diesem Zweck hatte er Benjamin sein mit Anmerkungen versehenes Exemplar übergeben.

Es gäbe noch viel zu sagen zu Walter Benjamin. Man möge mir die Kürze dieser Notizen verzeihen, sie bilden nur einen Hintergrund zu dem Gesicht, das ich hatte zeichnen wollen.

(1954)

Lektüren: Physiognomien und Miniaturen

DIE WEISE[1] JUNGFRAU

Es fällt schwer, Böses zu tun. Ebenso schwer fällt es, Gutes zu tun. Bisweilen scheint es, das Verdienst wäre größer, gäbe man der Sünde ein wenig nach, ginge man mit jenen, die sich vor Lachen schütteln, die tanzen, die trinken und die Pforten ihres Leibes offenstehen lassen. In den Augen der Verführer steht nicht nur die Arglist, nein, auch die Pein; sie handeln wider Treu und Glauben, wobei ein wenig Glaube durchscheint, sogar ein Schatten von Barmherzigkeit läßt sich ausmachen. Aber all dies ist trübe und abstoßend; sie sind schon von den Flammen erfaßt, schon geschmolzen. Wie ihnen da folgen? Man könnte vorgeben, auf sie zu hören, sie nicht so rundweg abweisen, man könnte sich berühren lassen, ihnen die Hand überlassen, sie eine Zeitlang begleiten. Man würde sie so leichter auf den rechten Weg zurückführen, wenn es die Möglichkeit dazu gäbe. Komm zurück, es ist spät, es wird Abend, dein Kleid ist zerrissen, deine Haut entblößt, dir ist kalt. Komm unter meinen Mantel, du kleines, verlorenes Kind, du armer, geschlagener Hund.

Wie aber sich fangen lassen, wie auch nur sie glauben lassen, man könne zur Beute werden? Ihre Fallen sind zu plump; sie müßten sich mehr Mühe geben, damit es schwierig wäre, ihnen zu widerstehen. Alles schützt mich mit solcher Macht und Zärtlichkeit: der Schleier vor meiner Stirn, das gekreuzte Halstuch vor meiner Brust, der blaue Stein meines Rings, das Weiß meiner Leibwäsche, jedes Häkchen an meiner Kleidung.

Was sollte ich denn meiner Näharbeit vorziehen? Der lange Saum gleicht einem Gang am Ufer eines Baches, während die Hand Schritt für Schritt vorgeht, ist der Geist beschwingt und springt wie ein Lamm. Bei diesen feinen Stopfarbeiten wird jeder noch so kleine gerissene Faden aufgenommen und mittels neuer, gut gespannter Fäden dem Bündnis des Gewebes zurückgegeben. Es gibt Frauen, die darunter leiden, sich in gestopfter Kleidung zu zeigen, als wäre sie so nicht edler und wertvoller.

Von Zeit zu Zeit hebe ich die Augen von meiner Arbeit und schaue mich um. Wie schön ist doch ein Haus, mit allem, was darin ist. Der Tisch, die Stühle, der Schrank; die große Anzahl von Dingen. In jedem von ihnen, will mir scheinen, singen Tausende winziger Tugenden mit gerundetem Mund, ohne sich zu sorgen, ob man sie auch hört. Hört man ihnen nur ein wenig zu, dann finden die Hände zusammen und Tränen treten in die Augen. Wie viele Gründe!

Aber sobald ein Bösewicht auftaucht oder eines dieser verrückten Mädchen, ist es mit dem Zauber vorbei. Sogleich sehen die Möbel aus wie unzufriedene Diener, die ihren Lohn nicht bekommen haben; das Tageslicht fällt nicht mehr ein auf dieselbe Weise, es herrscht über die Dinge mit strenger Hand. Wie sollte man da nicht Grauen empfinden vor jenen, die den Rückzug der Freude bewirken? In solchen Augenblicken zittert mein Herz, und ich bin mit mir selbst unzufrieden. Wäre mein Vermögen groß genug, so wäre es mächtiger als das Böse, es würde die Schlechten bekehren. Am weisesten wäre es, eine Heilige zu sein.

Aber warum muß ich immer an meinem Platz bleiben, unbeweglich wie eine Pflanze, aufrecht und stolz wie eine Lilie? O, ich bin nicht stolz darauf, eine Lilie zu sein; oft bedaure ich es oder schäme mich dessen gar. Sünder, meine Brüder, schaut auf meine Augen, die euch folgen, wenn schon die Schritte es nicht tun, schaut, wie gespannt ihr Blick und in welch großer Ferne von mir.

(1929)

DER ZIRKUS

Du liebe Güte, wie lange war ich schon nicht mehr im Zirkus gewesen, ja, hatte nicht einmal daran gedacht.

Es gab eine Zeit, da man oft in den Zirkus ging, zwischen 1920 und 1923, wie mir scheint. Wenn ich sage »man«, so denke ich dabei an das mehr oder minder literarische Völkchen, für das der Zirkus zwar schätzenswert, aber nicht wesentlich ist und das nur unter Einfluß oder Druck von außen dorthin geht. In jener Zeit war es der sichtbare, der – als Hochrelief – unübersehbare Einfluß Cocteaus. Darunter aber, tiefer und älter, war der Einfluß Copeaus und Gides spürbar, die den Zirkus immer ernsthaft geliebt hatten und die die Fratellini entdeckt hatten, wohl noch bevor diese sich selbst entdeckten.

Ich erinnere mich an einen Abend im Zirkus Médrano in Begleitung Gides, Fargues, Larbauds und der schönen Iris Tree. Gide bemerkte, daß die Fratellini auch nicht mehr seien, was sie einmal gewesen wären, daß ihre Arbeit ein wenig zu oberflächlich geworden sei, ihnen zu leicht von der Hand gehe. Natürlich war ihr Erfolg dadurch nicht geschmälert, im Gegenteil. Mit der Clownerie ist es wie mit der Literatur und wie mit allem andern: es sind nicht die besten Kunststücke, die auch am besten gefallen.

Zur selben Zeit trat auch Grock auf, der viel Zulauf hatte und den man sich in Varietétheatern ansah.

Bedauerlicherweise ist der Zirkus schon seit fünf oder sechs Jahren aus der Mode. Man müßte – unabhängig von allen Modefragen – mindestens ein- oder zweimal im Jahr in den Zirkus gehen; dies gilt natürlich nicht für die echten Liebhaber, die wissen besser als ich, was sie zu tun haben.

Der Zirkus ist vielleicht das vitalste aller Schauspiele. Es ist ein Ort voller einfacher und machtvoller Zauber. Zauber der Kindheitserinnerungen. Zauber schon seiner Form, seiner Gerüche, seines Stimmengemurmels. Zauber des Rituals, das

Auftritte und Nummern einleitet. Diese Körperakte, diese Attraktionen – Töchter der universellen Attraktion – spielen sich unter großem Zeremoniell ab. Was könnte bewegender sein als dieser Trommelwirbel, der dem gefährlichsten Augenblick der Nummer vorangeht, und die dann eintretende absolute Stille. Erinnert dies nicht an die Elevation während der Heiligen Messe? Und was wäre nobler als die Hand des Akrobaten, die nach der Übung kerzengerade mit offener Handfläche emporschnellt, Zeichen selbst der getanen Arbeit.

Hier hat das Wort Arbeit ein Antlitz, eine Fatalität, das es sonst nirgends besitzt, bezeichnet es doch nur sie selbst, im Reinzustand. Sie ist dem Menschlichen fremd, steht ihm feindlich gegenüber. Sie entlockt dem armen tierischen Leib Mühen, die wieder nur von anderen Mühen gekrönt werden; sie befreit ihn von den gewöhnlichen Gesetzen lediglich, um ihn unter strengere Gesetze zu beugen.

Während die Konzentration des Asketen oder Denkers auf einen stabilen, harmonischen Zustand aus ist, in dem die Zeit aufgehoben ist, kennt die (Muskel-) Kontraktion des Akrobaten nur einen Zustand äußersten, nicht aushaltbaren Kampfes, der im besten Fall so lange währt, daß man bis zehn zählen kann – die ersten zehn Zahlen, eine nach der andern, feierlich und schrecklich wie die Herren der Existenz.

Deshalb ist die Vorliebe des Volkes für den Zirkus verständlich. Hier ist es zu Hause. Er ist ein Abbild seiner Welt, er gereicht ihr, die gänzlich aus Materie, Kampf, Gefahren, Lust und Illusion besteht, zum Ruhme.

Hier sieht es mehr Leiden, als es selbst erduldet. Jene, die es zum Lachen bringen, geben und empfangen pausenlos Ohrfeigen, Stöße, Fußtritte; sie werden zu Boden geworfen, mit Füßen getreten.

Hier spürt es die Gegenwart von Herren, die sich nicht aufdrängen, die man sich vielmehr freiwillig gibt und auf die man von oben herabsehen kann.

Hier kann es genießen. – Man muß schon mit eigenen Augen gesehen haben, wie irgendein alter Arbeiter, der auf den oberen Rängen sitzt, die Hände auf die Knie gestützt, mit von den Laugen des Lebens gebleichtem und verschlissenem Haupt, das ausgelassene Spiel der Hände eines Paares am Trapez mit sanften Blicken verfolgt.

Ja, mein letzter Besuch im Zirkus lag schon lange zurück, als ich neulich abends auf dem Boulevard des Filles-du-Calvaire an der Giebelseite des Cirque d'Hiver einen mir unbekannten Namen las: »Bouglione.« Ein herrlicher Name, insbesondere auf dem Giebel eines Zirkus. Welche Kraft, welch ein Getümmel in diesen Silben. Man denkt unwillkürlich an geschwollene Muskelbänder, Mähnen, an mächtige, mit Tomatenglasur überzogene Speisen. Bouglione, Bouglione, sagte ich den Namen vor mich hin und war davon ebenso bezaubert wie Kinder, die die schimmernden und seltsamen Namen asiatischer oder südamerikanischer Länder auswendig lernen.

Einige Tage später brachte ein Artikel Henry Thétards in *Voilà* mir die gewünschten Erläuterungen. Es war der Name von vier Brüdern, Nachfahren einer Dompteursfamilie aus dem Piemont; auch sie selbst waren Dompteure und die Direktoren des gerade gastierenden Winterzirkus. – Das Titelblatt von *Voilà* zeigte ihre Köpfe, die sich in jeder Hinsicht ihres Namens würdig erwiesen. Der Artikel Thétards war bezaubernd, voller Gutmütigkeit und Würze. Mir fiel ein, daß dieser Autor, dessen Bekanntschaft ich erst ziemlich spät gemacht hatte, bei Gallimard ein Buch unter dem Titel *Les Dompteurs* veröffentlicht hatte und kurz zuvor bei Plon ein weiteres, *Coulisses et secrets du Cirque* (Kulissen und Geheimnisse des Zirkus). Ich las beide Bücher an einem Tag durch, mit einem Vergnügen, das Geschriebenes mir nur selten gibt. Plötzlich bekam ich einen ungeheuren Appetit auf Zirkus. Ich erforschte mein Gewissen. Wie, seit drei oder vier Jahren war ich nicht mehr im Zirkus gewesen! Und warum? Gewiß, bei unserem letzten Besuch im Zirkus war uns aufgefallen, wie ermüdend er für die Hände sein konnte; jeder Künstler schien uns aller Aufmerksamkeit, aller Ermutigung wert, so daß wir uns, auch weil das Publikum sich eher gleichgültig zeigte, zwangen, aus Leibeskräften zu klatschen. An jenem Abend war uns die tragische Seite des Zirkus ins Auge gesprungen. Wir hatten die Clowns mit den Augen Henry Churchs und Rouaults betrachtet. *Pauvre Paillasse* (Armer August), die berühmte Melodie Léoncavallos (noch ein herrlicher Name), das Lieblingslamento der Königin Victoria und Burgins schlug über unsern Häuptern wie eine Grundsee zusammen. Es war einer jener Tage; dabei durfte es nicht bleiben.

Am letzten Donnerstag bin ich in die Matinee des Winterzirkus gegangen. Der Saal war voller Kinder; es war entzükkend.

Der erste Teil der Vorstellung war dem »Gesamtzirkus« gewidmet; gute Nummern. Zu meinem Bedauern gab es keine Trapezkünstler, sie sollten eigentlich immer dabeisein. Der zweite Teil bestand aus einem »großen zauberhaften Wasserschauspiel«: *Die Königin der Sierra*, ein Stück in fünf Bildern, verfaßt von den Brüdern Bouglione daselbst, wenn's beliebt. Ich hatte gehofft, alle vier Brüder, deren Gesichter mir auf der Titelseite von *Voilà* so gefallen hatten, zu sehen. Doch nur einer von ihnen war vertreten: Joseph. Zweifellos waren die andern mit ihrem großen Wanderzirkus auf Reisen. Aber auch so gefiel mir das wackere Schauspiel. Es war für jeden Geschmack etwas dabei. Es begann als Operette, was mich, wie ich zugeben muß, ein wenig beunruhigte, doch sehr bald erwies sich meine Sorge als unbegründet. Schon im zweiten Bild traten Cowboys auf und führten ihre Spiele als Söhne der Prärie vor. Dann kamen Indianer, vom Stamme der Biber, um genau zu sein. Ah, die Ausrufe der Kinder, als die ersten von ihnen erschienen, am Boden kriechend, mit dem Ohr am Boden. Eine sehr gelungene Postkutschenattacke. Im Lager der Biber folgten die »rituellen Handlungen«, eine Anrufung des Gottes Mava, ein Tanz der Schilde und Tomahawks sowie nicht weniger als zwei Scheiterhaufen: der eine für die Heldin Juanita, der andere – weitaus komischer, versteht sich – mit Bratrost für den ausgezeichneten Clown Beby. Das Schönste kam selbstredend am Schluß. Während Indianer auf Pferden in die überschwemmte Arena einritten, erklommen andere die Hänge eines angestrahlten Wasserfalls. Auf der Spitze des

Felsens wurden sie von Joseph Bouglione in Person empfangen und nach einem Handgemenge in die Fluten zurückgeschleudert. Das Ganze gekrönt von einem Feuerwerk. So verkündet es auch das Programm in Großbuchstaben: Apotheose – Finale.

(1935)

FOLIES-BERGÈRE-FOLIES

Warum tragen die »Folies-Bergère« diesen Namen, woher stammt er? Sie befinden sich nicht in der Rue Bergère, sondern in der Rue Richer. Offensichtlich konnte man sie nicht »Folies-Richer« nennen. Die Rue Bergère ist nicht sehr weit entfernt, aber auch nicht in unmittelbarer Nachbarschaft. Mir gefällt der Gedanke, daß jener, der sie getauft hat (wer mag es gewesen sein?), dabei weniger die Rue Bergère im Sinn hatte als eine Art Schäferin (bergère), und auch weniger die Schäferin als eine Form von Natur. Tier-Mädchen, Ding-Mädchen, Blumen-Mädchen. »Eine Rose, das ist ein Kosewort«. Wie pocht hier doch alles, seelenlos inmitten der Weltseele. Die Farben, Formen, Rhythmen, all diese aufsehenerregenden Effekte sind Empfindungen eines großen weiblichen Wesens, der ungeheuren Astarte, die dem Neumond ihre dünne, gezupfte Braue darbietet.

»Folies-Bergère«, dieser Name hatte es verdient, sein Glück zu machen, das größte Viertel der größten Stadt zu verführen: auf dem Broadway ist alles »folies« (Verrücktheit); »Folies-Bergère« ist der Name, den man dort unseren »revues à grand spectacle«, ihren »ooh-la-la-shows« gibt.

Als ich neulich abends die *Femmes en folie* miterlebte, die (gar nicht so schlechte) aerodynamische Revue, die im Augenblick in den Folies-Bergère zu sehen ist, kam mir der Gedanke, daß die Amerikaner uns zwar so manches verdanken, daß aber umgekehrt auch wir in ihrer Schuld stehen (ich spreche hier nicht von Geld-Schulden, wie Sie sich denken können). Die Idee der großangelegten Revue, der Zauberwelt ausschließlich für Erwachsene, stammt zwar von uns, aber mir scheint, daß der Orient uns früher stärker im Griff hatte. Die Schönen, die sich auf der Bühne hin- und herwiegten, waren alle mehr oder minder almées[2], denn – vielleicht erinnern Sie sich noch – sie wogten mit weiten, unterseeischen Schwingungen zu verderblichen Klängen, die

Namen hatten wie: Salomé, Cairo, Arabie. Die Parfums hießen Nirvâna, Yavana...

War es nicht der Orient, dann war es das Mittelmeer, alles, was im Süden liegt: Spanien, das antike Rom, Venedig, die Wüste (die Wüste ist immer in Mode, man will die Fata Morgana nicht missen). Die nackten Frauen hatten weite Hüften, den ausladenden Busen von Gopis[3]; wollten sie ihm den Anschein von Festigkeit geben, warfen sie die Arme nach hinten oder hielten sie gewölbt über dem Kopf. Man verband sie zu Trauben oder Girlanden. Es gab lebende Fächer, gekreuzigte Schöne, riesige, von entbrannten Dunkelhaarigen gegürtete Glocken. Inmitten dieser Gemälde, dieser der Venus geweihten Fleischmassen defilierten Girls, die Dienerinnen des Vulcanus; ihr schroffer, elektrisierender Rhythmus, ihr Fließbandtanz waren anmutige Symbole des Maschinenzeitalters, dem man damals nur Wohltaten zuschrieb.

Heutzutage gibt es noch, und mehr denn je, Boys, aber seltsamerweise keine Girls mehr: sie heißen jetzt Bluebell's Beautiful Ladies, Spark Balett, Helena Stars oder einfach nur Ballet.

Man hat den Parisern noch nicht erzählt, was alles sie dem großen New Yorker Produzenten Ziegfeld und seinen follies (mit zwei »l«) verdanken. Morand erwähnt ihn nur en passant in seinem »New York«. Wir verdanken ihm die sportliche, vollendet geformte Blondine mit den Brüsten einer Göttin. Erinnert sei nur an unser erstes Entzücken angesichts der Gertrude-Hoffmann-Girls; sie gehörten zwar nicht zu den Truppen Ziegfelds, aber sie waren Töchter seines Genies. Schauen Sie sich heute die nackten Frauen der Folies-Bergère an: sie betreten die Bühne in natürlicher Haltung, mit den Armen am Körper; alles spielt sich in hellen Farben ab: Weiß, Rosa, Crème, Azurblau. Früher war der Gedanke an Schwarze Messen stets präsent; die Farben spielten ins Violett, ins Schwefelgelb, das Rot überwog. Die Freudsche Lehre, die Freikörperkultur, Leibesübungen und Sonnenbaden haben ihre Spuren hinterlassen. Zwei Szenen aus *Femmes en folie* spielen in der Kirche: »Eine stattliche Hochzeit in

Hollywood« und »Der Altar der Vamps«, doch spielt sich alles am hellichten Tage ab, man verdrängt nicht mehr, fast zu keusch ist es schon, aber vielleicht bin ich auch übersättigt.

In der Hochzeitsszene in Hollywood gab es ein kurzes Ballett, das mir bemerkenswert schien. Dem Programm nach handelt es sich bei den Hochzeitsgästen um sehr junge, weiß gekleidete Mädchen in langen, mit Röhrenfalten besetzten Kleidern aus Organdy; die Kostüme haben im übrigen keine Bedeutung, was zählt, ist die eigentliche Bewegung des Balletts. Das zappelt, wünscht Glück und stampft auf mit den Füßen, die Fühler sind rührig, es wird Essen geben, man ißt, die lebhaften Pfötchen reiben am Brustschild, er, sie, man lacht, jubiliert, die Flügeldecken surren, voilà, da sind sie!

Nachdem ich die bezaubernde Entwicklung des weiblichen Aktes in den Folies-Bergère konstatiert hatte, bekam ich Lust, mir den Verlauf der Dinge im Casino de Paris anzuschauen (beide Institutionen hatte ich sieben oder acht Jahre lang nicht aufgesucht, selbst Cécile Sorel hatte mich nicht dazu bewegen können). Ich erinnerte mich, daß die Kostüme im Casino de Paris immer einfallsreich und oft sehr stattlich gewesen waren, die völlige Entblößung dagegen nur selten vorkam. Im allgemeinen waren die Brüste der Frauen bekleidet oder zumindest gut gestützt, wohingegen andere Körperteile großzügiger freigelegt wurden. Ich machte es mir also zur Pflicht, mir die *Parade de France* anzusehen, eine große Revue für Touristen, die mit viel Geschmack und Gefühl inszeniert war. Es ist fast eine Familienvorstellung, abgesehen von zwei oder drei ooh-la-la-Nummern. Zum einen gab es das »Mitternachtsbad« Arabelles, zum andern, und meiner Ansicht nach von größerem Interesse, den sehr anstößigen Tanz einer Schwarzen, die, wie man uns glauben machen wollte, aus Martinique stammte; sie stürzt auf die Bühne, Schreie einer Besessenen ausstoßend, zuckt und zappelt auf tausendundeine Weise, und bevor sie abtritt, wirft sie dem Saal das schrille Meckern einer Wudu-Ziege zu, man schaudert.

Abgesehen von Arabelle ist der Akt kaum vertreten. Damit mußte man rechnen, das ist ja nie ihre Spezialität gewesen.

Als ich das Casino de Paris verließ, sagte ich mir, daß es nun ganz und gar tugendhaft wäre, ins Alcazar de Paris zu gehen, um mir *La Revue nue, A la manière des Burlesques de New-York* anzusehen, »prunkvolle und stattliche Nacktheiten«, wie die Werbung verkündet. Was mich zurückhielt, war der Preis. Sie war nicht teuer genug: fünf bis achtzehn Francs! Nein, für diesen Preis ist keine »prunkvolle und stattliche Nacktheit« nach New Yorker Art zu haben.

(1935)

KLEINER SPAZIERGANG

Die ersten Tage der Rentrée. Wir schmollen mit Paris, und Paris schmollt mit uns. Und doch wird man sich aufraffen müssen und wieder anfangen, einander zu verstehen und zu lieben.

Wie an das Herz der Stadt rühren und wie vorgehen, damit es an das unsre rühre?

Im letzten Jahr habe ich mir einen rituellen Spaziergang, eine kleine Pilgerung, ausgedacht, die mir gut bekommt. Ich huldige der Seine und den beiden Inseln, die sie mit ihren Armen umschlingt, und bitte sie um Unterstützung. Ich möchte Ihnen davon erzählen.

Wie bekannt, wohne ich in der Rue de l'Odéon. An einem schönen Morgen mache ich mich auf den Weg und gelange zur Place Saint-Michel. Bei den Quais angelangt, wende ich mich nach rechts. Quai Saint-Michel. Als erstes umfasse ich Notre Dame de Paris mit einem weiten Blick. Ich bin zwar nicht katholisch, aber man weiß ja, daß ich die Göttinnen verehre, und jene da ist eine große Göttin. Es ist nicht notwendig, daß ich ihr Haus aufsuche, ich kenne es auswendig und es genügt, daran zu denken, um dort zu sein.

Die beiden Läden Gibert. Noch dieselben Bücher im Sonderangebot wie vor den Ferien. Nichts Neues, abgesehen von einem Rabelais in modernem Französisch, der recht schicklich aussieht. Als junges Mädchen kannte ich den Vater Gibert; ein kleiner Buckliger, scheu, wahrhaft redlich und seinem Beruf zugetan. Bei ihm kaufte ich meine Schulbücher, und ihm verkaufte ich sie auch wieder; er nahm sie zu einem angemessenen Preis zurück und vergaß nie, mir ein Lob auszusprechen für ihre bemerkenswerte Sauberkeit; es war ihnen auch kaum eine Abnutzung anzusehen, ich bediente mich ihrer nur selten, ich war keine gute Schülerin. Zu welch einem Unternehmen sind die Librairies Gibert inzwischen angewachsen, fast könnte man von einem Trust sprechen!

Messein. Sieh an, ein Photo Verlaines, das ich nicht kenne. Immer noch dieselben Ausgaben von *Hommes d'Aujourd'hui*. Lustig, diese Leda, oberhalb des Portraits unseres guten Royère.

Chacornac. Geheimwissenschaften. Chacornac... ein ausgezeichneter Name: in ihm sind enthalten die schwarze Katze (chat), die Hörner (cornes) des Bösen, und dieses spöttische (nique) »nac«. *Der Schleier der Isis* ist immer noch da, auf seinem Posten. Auf dem Ehrenplatz eine Neuheit: *L'Astratarot*; eine Art Gänsespiel, dessen Felder mit Tarocktafeln besetzt sind; man befragt sie mit Hilfe von Würfeln; das Ganze für fünfundzwanzig Francs. Ein »aufrichtiger Freund«, laut Werbung. In der Tat, jedes Ding, über das wir verfügen können, ist uns freundschaftlich verbunden und aufrecht, wenn ihm nicht daran gelegen ist, uns wie die Leute zu belügen; würde es uns etwas X-Beliebiges antworten, wären wir dann nicht auch x-beliebig?

Ah, diese *Librairie-Cartes postales*, zum Teufel auch, wenn ich sie je bemerkt hätte. Sauber und hübsch gemacht. Ebensogut wie jene am Palais Royal.

Inzwischen sind wir am Square Saint-Julien-le-Pauvre angelangt – Square René-Viviani werden wir ihn nicht nennen, oder? – Den Pont au Double werde ich nicht überqueren, sondern an der Seine entlanggehen; auf der Häuserseite gibt es nichts Kurzweiliges mehr, abgesehen von den Straßennamen: Rue du Haut-Pavé (Straße des hohen Pflasters), Rue des Grands-Degrés (Straße der hohen Stufen), Rue Maître-Albert... Man repariert den Helm von Notre Dame; er ist mit zarten Gerüsten umgeben, wie ein Pagodenturm sieht er aus.

Die Buden der Quais sind fast alle geschlossen. Viele angelnde Fischer, nur wenige Chlochards. Seine, Seine, was soll ich dir sagen? Im Gesang an den Mississippi heißt es: »Ol' man river«, aber du bist nicht alt! Du bist jung, wie alle Flüsse, die Städte durchqueren. Unsere Städte dagegen sind schon alt bei ihrer Geburt, mit ihren grauen Gesichtern, den Furchen der Straßen und den Passanten. Die Wasser bleiben jung und haben vom Schicksal nichts zu befürchten, sie werden immer Oberwasser behalten.

Pont de la Tournelle. Sainte Geneviève. Ich liebe diese starre Geneviève, mit den langen geraden Falten, sie gleicht einem erhobenen Finger. Eine gute Idee, sie hier aufzustellen. Überqueren wir die Brücke? Nein, warten wir auf die nächste. Aber stützen wir uns ein wenig auf der Brüstung des Brückenzugangs auf. Dort drüben der Turm Saint-Jacques. Die Schleppkähne ziehen vorbei wie in dem Lied, das ein Kind neben mir trällert. Es ist eine sehnsüchtige Melodie, voller Auf und Ab, die zu einer gewissen Zahl von Gefühlen paßt, vom leichten Weltschmerz bis hin zur schmerzvollen Klage. Ein richtiger Ohrwurm im übrigen.

Die Halle aux Vins. Welch unauffälliger, stiller Ort, der mit den Hallen, in denen feste Nahrung verkauft wird, so wenig Ähnlichkeit hat. Die Weine schlafen in ihren Tonnen und warten darauf, ein tolles Leben zu führen.

Ich überquere den Pont Sully. Zur Rechten Kräne und Fabrikschlote. Zur Linken Notre Dame und Geneviève. Den Boulevard Henri-IV werden wir nicht nehmen, statt dessen die schöne Breitseite der Ile Saint-Louis entlangschlendern, bis hin zu ihrem Bug. Die Häuser auf dem Quai de Béthune erscheinen (innerlich) gesammelt, ihre schlichte Ausrichtung ist ergreifend. Ein Haus in verblichenem Rosa an der Ecke zur Rue Bretonvilliers wirkt mit seinem kleinen vergoldeten Balkon wie eine zärtliche Erinnerung. Die polnische Bibliothek, die Rue Budé, Arvers. Halten wir inne an dieser Biegung des Quai d'Orléans. Die Seine öffnet ihre Arme und umschlingt die Cité. Kein Wort mehr verloren, dies alles ist zu schön! Stadt und Fluß singen im Einklang. Jetzt mag der Winter kommen.

Nun hinüber zum Bug, wo eine Gruppe von Bäumen tagt, einer davon gänzlich geneigt. Und dort die drei Bänke für die Liebenden. Die Schlepper schmiegen sich der Inselkrümmung an, ihr Kielwasser weitet sich und erreicht den anderen Flußarm. Die Luft ist erfüllt mit flüchtig-feierlichen Worten, die hier gemurmelt wurden, davongetragen von den Wassern oder angespült von ihnen. Es ist ein Ort bewegungsloser Aufbrüche, die Seele erzittert leise an ihren Wurzeln…

Auf, auf, genug der Gefühle für diesen Morgen. Als nächstes ein Gang über den Markt vorm Rathaus, eine meiner Leidenschaften.

Würden Sie es mir abnehmen, daß die Abteilung zu einem Sou noch existiert? Sie existiert, und gar auf mystische Weise, in vollem Bewußtsein ihrer Bedeutung. Sie hält sich im übrigen bloß mittels eines Kunstgriffs am Leben; sie nimmt nur noch eine Ecke der Abteilung zu fünf Sous ein und enthält auch nur wenige Dinge. Winzige Küchengeräte gibt es dort, Schwämme für Schiefertafeln, Spielmarken aus Holz, drei Arten von Pfeifen, den größten Raum aber nehmen die Wäscheklammern ein – zwölf für zehn Sous. Armseliges Kinderspielzeug, gänzlich vermengt mit den Hausaufgaben und der gräßlichen Wäsche Mamans, die außer sich ist, der die Haare in die Stirn fallen und deren Hände es nach Ohrfeigen gelüstet.

Es gibt keine Abteilung zu zwei, drei oder vier Sous.

Wann immer man auf den Markt geht, sollte man sich die Phantasie- und Kunstobjekte anschauen. Sie füllen nicht weniger als vier Abteilungen; am schönsten sind die Bronze- und Holzimitationen aus Gips. Auf kleinen, am Sockel befestigten Kupferplatten sind die Titel der Objekte zu lesen: *Mignon* (Liebling), *Seebär*, *Die erste Zigarette*, *Kabylenchef*, *Rasender Tiger*, *Alter Landmann*, *Wachhund*, *Die Kartenleserin*, etc.… Neben dem Voltaire Houdons[4] eine Maske Mistinguettes[5]. Zwei Wachtelhunde aus echtem Metall sind als »Einzelstücke« ausgezeichnet und kosten 360 Francs. Mit Bedauern stelle ich fest, daß in der Abteilung für Rauchwaren die Tabakdosen *Jean qui pleure* (Der weinende Hans) und *Jean qui rit* (Der lachende Hans) fehlen, sie werden nicht mehr hergestellt.

Die Buchhandlung ist ganz auf dem laufenden. Auf einem Hochgestell werden folgende Titel präsentiert: *Sainte Anne d'Auray* von Henri Ghéon, *8-Zylinder-Samourai* von Maurice Dekobra, die *Gespräche im Loir-et-Cher* Paul Claudels, *Das dritte Geschlecht* Willys und *Lucie-Paulette* von Jean Prévost.

Das Radio sendet leidenschaftliche, einlullende Wellen aus. Die Menge umgibt mich wie Wasser. Doch dann ist es des Bades genug, weiter geht's.

Rue de Rivoli. Wir werden ihr bis zum Turm Saint-Jacques folgen. Obschon es erst elf Uhr morgens ist, fällt es der dichten Menge wegen schwer voranzukommen. Das Café *Aux Armes de la Ville* verkündet über die ganze Breite seiner Fenster: »le vin blanc doux est arrivé« (der liebliche Weißwein ist eingetroffen); mit den Brioches de la Lune von nebenan ergibt das eine gute Mahlzeit, man muß nur einen kräftigen Magen haben.

Der Turm Saint-Jacques, den ich liebe, stattlich ist er. Ein mächtiger Geist bewohnt ihn, möge er uns geneigt sein!

Place du Châtelet. Im Théâtre du Châtelet laufen abwechselnd *Michel Strogoff* und *Au temps des Merveilles*, »die beiden berühmten Erfolgsstücke aus gänzlich verschiedenen Gattungen«. Im Theater Sarah-Bernhardt führt man *Le Courrier de Lyon* auf. Die Welt ist in Ordnung.

Quai de la Mégisserie. Blumen, Vögel, Fische. Lassen wir schnell La Belle Jardinière und La Samar[6] hinter uns, »zuviel Genie«, wie Gide von Claudel sagte. Eine Kniebeuge angesichts des Pont-Neuf, der eine Messe ganz für sich allein verdiente.

Quai du Louvre. Waren vorher Vögel und Blumen in der Überzahl, so sind es jetzt die Fische. *Au bon vieux chic*, ein Antiquitätengeschäft, das auf Rüstungen spezialisiert ist; in der Tat, das war die gute alte Lebensart, das könnte man wieder einführen.

Nun aber sind wir an einer der Hauptstationen unseres Spaziergangs angelangt, dem Pont des Arts, aufgespannt zwischen uns und dem Institut wie die Paradiesbrücke Allahs, zerbrechlich und furchterregend über wer weiß welchem Abgrund! Und guter Gott, warum dies alles? Um von einer saft- und kraftlosen République empfangen zu werden, deren Schwertspitze nach unten weist und die vier bestürzte Löwen zu Begleitern hat.

Für uns simple Gaffer ist sie von allen Brücken jene, die wir am langsamsten überqueren, weil Paris zu beiden Seiten sanft und prachtvoll ist, weil wir uns hier an der Schwelle zu den Inseln befinden, weil man einen Moment lang auf einer Bank Platz nehmen kann, versunken in den faszinierenden und spöttischen Blick der jungen Fluß-Frau.

(1935)

UNGEZWUNGENER BLICK AUF VENEDIG

In diesem Sommer habe ich Venedig zum ersten Mal gesehen und wurde nicht enttäuscht. Die Gondeln gefielen mir, sie waren durchaus auf der Höhe ihrer Legende. Und ein Empfinden stellte sich ein, das ich nicht erwartet hatte: das der Zukunft. Ich begriff, warum der Futurismus in Italien entstanden war. Diese mit Vergangenheit gesättigte Stadt, mit ihren beengten (Um-)Rissen, ihren starken Ausdünstungen weist in ihrem Wesen so weite Perspektiven auf, daß man darob ins Zeitlose gerät. Hier bestätigt sich stärker noch als anderswo, daß Widerstände die besten Schmiede großer Schicksale sind. Die meisten Städte haben bequeme, leicht zugängliche Standorte gewählt. Das auf dem Wasser, diesem unbeständigen Element voller Tücke für den Menschen, gebaute Venedig hat im Wasser die Quelle beständiger Jugend gefunden. In dieser Stadt, in der alles auf exzellente Weise erhalten und restauriert wird, gibt es keine Ruinen; die Gegenwart ist einfach die Reproduktion des Früheren, und doch ist alles lebendig und sehr präsent, gerade weil der Gedanke, sich ausschließlich an das zu halten, was da ist, ohne neue Elemente einzuführen, dazu führt, daß nichts alt erscheint.

Eins jedoch hat mich enttäuscht: die berühmten Paläste des Canale Grande. Angesichts dieser Paläste fallen einem die Namen Byrons, Wagners und anderer ein, ihre Architektur jedoch ist ohne Raffinement; die unvermeidlichen Rosetten, die sie schmücken, weisen hin auf einen Mangel an Vorstellungskraft; manche von ihnen haben gar einen undefinierbaren Jahrmarktscharakter.

Ja, die venezianische Architektur ist in ihrer Gesamtheit eher mittelmäßig; die eintönigen Oberflächen benötigten Gold, Mosaike, Basreliefs und Statuen. Auf dem Markusplatz gibt es all dies in Hülle und Fülle, obschon er dessen nicht bedürfte. Anderes macht seine Schönheit aus; er nähert sich dem Meer wie man sich einer Gottheit nähert: indem man ihr zuhört, über sich hinauswächst, sich erhebt. Einige einfache, glücklich gewählte Motive dominieren den Platz: das immense Rechteck, die drei Masten im Hintergrund, die Kuppeln der Basilika gleich schwellenden Brüsten, der gleichmäßige Anstieg aus dem schweigenden Stein des Campanile, die sich, Korsaren gleich, gegen den Himmel empörenden Mohren, die atomare Schwingung der Tauben – und nicht zuletzt die Piazzetta, die zum Meer spricht.

Dieser glanzvolle Ort Europas gab mir das Gefühl, mich in einer Stadt der Zukunft zu befinden, einer utopischen Stadt à la Wells, in der ein großes Element – Licht oder Wasser – vom Menschen beherrscht wird und ihm seinen Rhythmus überträgt. Das Leben der Menschen hier ist einfacher, subtiler, glücklicher. Ich mußte – warum, weiß ich nicht, denn es besteht kein Zusammenhang – an bestimmte sowjetische Filme denken. Überall sah ich die schmächtige, dicht gedrängte, in fröhlichem Eifer begriffene Menge, einem Taubenvolke gleich.

(1936)

ITALIENISCHE MÄNNER

Bei unserer Abfahrt aus Paris in Richtung Savoyen standen in den Gängen unseres Waggons, dessen Abteile gefüllt waren, ein Dutzend italienischer Männer, alle groß und stattlich. Als eine Familie in La Roche ausstieg, ließen sich drei von ihnen in unserem Abteil nieder, zwei Dunkelhaarige mit energischen Zügen und ein herrlicher Blondschopf, eine Art Apollo mit tiefliegender Stirn und weitem Blick, bei dem Kraft und Sanftmut strahlend von der Vermählung Jupiters und Latonas kündeten.

Dieser Olympier ließ sich mir gegenüber nieder wie ein mächtiges Tier – war Apollo nicht auch der Gott der Herden? – und zwang einen Pfarrer, der schon in der Ecke saß, sich noch weiter einzuengen. Dort schlief er ein, mit leicht geöffnetem Mund, die Beine ausgestreckt und gespreizt, so daß, gleich den Frauen, die ihren Busen zur Geltung bringen, die Schwellung seines Geschlechts hervortrat; die starken, bis zu den Ellenbogen entblößten Arme umgaben seine Schläfen nach Art der Jungen Parze. Am Gürtel trug er an einer Kordel ein Medaillon mit dem Bildnis der Madonna. Der Pfarrer, ein älterer Herr, der wie wir darauf gehofft hatte, es sich nach dem Aussteigen der Familie in La Roche (bei dieser Gelegenheit war er auf einen Eckplatz gerückt) ein wenig bequem machen zu können, gehörte nicht zu jenen, die sich salbungsvoll geben: ebenso verstimmt wie eingeengt vertiefte er sich in die Lektüre seines *Figaro*.

Gegen Mittag, kurz vor Dijon, erwachte unser Bursche; da er zum Essen den dritten Service abwarten mußte, holte er aus seiner Tasche eine große Tafel Milchschokolade und verspeiste sie, nachdem er höflich allen Anwesenden davon angeboten hatte. Sylvia, die ein wenig Italienisch spricht, begann eine Unterhaltung mit ihm. Wir erfuhren, daß er aus Turin stammte und daß er, zusammen mit seinen Kameraden, gerade ein Fußballspiel in Orléans absolviert hatte – dies erklärte die stattliche Sportlerstatur dieser Männer. Der Nachbar zu seiner Linken, der aus Sorrent kam, saß neben einer jungen Frau in Begleitung einer alten Gouvernante und zweier Kinder: ein hübsches, ungestümes Mädchen und ein Säugling, der schon gleich zu Beginn in einer zwischen den Gepäcknetzen aufgespannten Hängematte Platz gefunden hatte. Neben der Gouvernante saß der dritten Kumpan, den wir – aus welchen Gründen auch immer – nicht nach seiner Heimatstadt fragten; er erinnerte an einen Zenturio, während er lächelte, war es, als sei sein Gesicht von Sorge gezeichnet. Die junge Mutter war also von drei Italienern eingerahmt. Während der Blonde noch schlief, schickten die beiden Dunkelhaarigen – abgestimmt aufeinander wie Tänzer, die abwechselnd die Initiative ergreifen – sich an, sie zu unterhalten und ihr hilfreich zur Hand zu gehen. Zuerst gewahrte der Zenturio, daß der Säugling dem Netz der Hängematte zugewandt lag und daß die Schnüre ihm ins Gesicht schnitten; in der Tat war die Stirn des von ihm gedrehten Kindes gewürfelt wie eine Waffel; er legte es sorgfältig auf den Rücken; da der Säugling ständig in seine Lieblingslage zurückkehrte – eine Kreuzung zwischen Seiten- und Bauchlage –, so daß sein Gesicht unweigerlich wieder ins Netz gedrückt wurde und die Nase durch eine Masche schaute, betteten die beiden Männer ihn abwechselnd auf den Rücken, strichen ihm widerspenstige Haare aus der Stirn und rückten seine Kleidung zurecht. All dies begleitet von einem Lächeln in Richtung Mama; sie sprachen kein Französisch, dafür war dieses Lächeln um so beredter: mal war es das Lächeln des möglichen Liebhabers, dann wieder jenes des Gatten oder Vaters. Das Mädchen war deshalb nicht weniger umworben, die beiden lagen im Wettstreit, wer am besten, begleitet von nicht enden wollenden *Ciaos*, die Hände vor seinen Augen zum Tanzen brächte. Mir war nie aufgefallen, daß dieses Wort *tchao*, das in unseren Ohren so chinesisch klingt, etwas anderes bezeichnen könnte als »Auf Wiedersehen«; ich hatte es, will mir scheinen, zum ersten Mal im *Fahrraddieb* gehört, aber zweifelsohne wird es auch kleinen Kindern gegenüber gebraucht, um sie zum Spielen anzuregen, so wie wir »tiens«[7] oder »attends«[8] sagen. In jedem Fall ist das Wort glücklich gewählt und verdient einen Vorzugsplatz im kindlichen Esperanto.

Als unsere Italiener vom Speisewagen zurückkamen, entdeckten sie in einem Nachbarabteil ein weiteres, sehr hübsches und anmutiges Mädchen, dessen Mama ebenso jung und reizend war wie die unsrige. Da das Mädchen im Gang auf und ab lief, fiel es ihnen nicht schwer, es herbeizulocken, doch trat es nicht ein, sondern blieb im Türrahmen stehen und nahm von dort aus Anteil an den tanzenden Händen und dem *Ciao*, wobei es, einem Engel gleich, lachte; seine Mutter kam hinzu und blieb lange, sie fand Gefallen am Vergnügen ihrer Tochter; natürlich flog auch ihr immer wieder ein galantes, aufrichtiges Lächeln zu.

Unser Turiner verfolgte das Geschehen als Zuschauer und griff nur von Zeit zu Zeit ein; auch er lächelte, aber es war ein halb nach innen gekehrtes Lächeln.

Hinter Bourg stattete ein älterer Mann den drei Gefährten einen Besuch ab, setzte sich sogar für ein Viertelstündchen auf den Platz, den einer von ihnen für ihn freimachte; bald erfuhren wir, daß es sich um den Manager handelte: ganz Maestro, gut gekleidet, von angenehmer Korpulenz, mit ein wenig hängenden Augenlidern und intelligenten Zügen – ein Mann, den das Spiel des Lebens nichts mehr zu lehren weiß.

Diese Männer waren, wie alle Italiener, die etwas auf sich halten, sehr kokett; sie trugen goldene Gliederarmbänder, Taschenuhren an weißen Lederriemen, die Haare waren kunstvoll zurechtgemacht, die Kleidung gut geschnitten, dazu phantasievoller als bei uns. Während ich sie betrachtete, dachte ich wieder einmal nach über ihre Freundlichkeit, insbesondere über ihr Naturell, das an der Quelle des Lebens schöpft und zugleich all sein Theater umfaßt. Es sind zweifellos die praktischsten und künstlerischsten Menschen der Welt. Keiner kennt das Antlitz des menschlichen Genies besser, und keiner weiß ihm besseres Gepränge zu verleihen. Ihre Galanterie ist beispielhaft, wie beharrlich sie auch sein mag; fast immer bleibt ein gewisser moralischer Hintergrund spürbar, bleibt die Vorstellung des *pater familias* präsent, mit allem, was sie an Autorität, Verantwortung und Schutz mit sich bringt. Auch die Angelsachsen haben diesen Sinn für Beistand im Umgang mit den Frauen (vorausgesetzt allerdings, daß diese gewillt sind, sich beschützen zu lassen). Bei den Franzosen ist die Sachlage komplizierter, lassen wir sie für dieses Mal beiseite. Aber keiner von ihnen hat das Sprühen des Italieners... es ist das Sprühen jener Liebe, die Familien (be)gründet.

Im Palais de Chaillot gab man während der Besatzung eine Kinovorstellung, die aus italienischen Dokumentarfilmen bestand; alle waren bemerkenswert, insbesondere aber einer, der Pferde zur Zeit des Liebeswerbens zeigte; man sah dort Hengste, die Stuten den Hof machten: ihre Mähne eine Sonne, ihre Augen Sterne, ihr Wiehern erscholl wie ein kräftiges Lachen, das Feuer durchlief ihren gesamten Leib und schlug aus den Hufen. Man hätte sich nichts Schöneres, nicht Fabelhafteres vorstellen können; die Kamera hatte einen Aspekt der göttlichen Glut festgehalten, den die italienischen Künstler so oft in ihrer Malerei und Musik zum Ausdruck gebracht haben.

Unsere Reise in Begleitung unserer liebenswerten *Footballers* erinnerte mich an eine andere, weit zurückliegende, die mir aber stets gegenwärtig geblieben ist.

Maman, meine Schwester und ich kamen aus den Ferien zurück, mit dem Zug aus Modano, den wir in Chambéry bestiegen hatten; Maman war damals eine junge Frau, und die ältere ihrer Töchter, d. h. ich, war acht oder neun Jahre alt. In unserem Abteil befand sich ein Italiener, auch er jung, der zum ersten Mal nach Frankreich kam; er sprach ein wenig Französisch und begann sogleich eine Unterhaltung mit uns. Während der gesamten Fahrt umgab er uns beständig mit Aufmerksamkeiten, bot uns Früchte und Bonbons an und war bemüht, uns zu unterhalten, während er zugleich Maman, die bisweilen errötete, mit zärtlichen Blicken überhäufte. Natürlich stellte er viele Fragen zu Paris und dem Leben, das man dort führt, Maman bemühte sich, darauf zu antworten, sie lachten beide über ihr Ungeschick, sich verständlich zu machen. Bei unserer Ankunft in Paris blieb er, nachdem er das Gepäck entladen und uns Kindern heruntergeholfen hatte, bei uns auf dem Bahnsteig, bis unser Vater zu uns stieß; dieser betrachtete ihn mit heftigem Stirnrunzeln, ein Augenblick betretenen Schweigens folgte, aber der Italiener machte, ohne ein Wort zu sagen, eine Gebärde in seine Richtung, die bedeutete: hier haben Sie Ihr Hab und Gut zurück, und er verschwand in der Menge. Nach dieser Begegnung kannte Maman Augenblicke tiefster Träumerei. Bis ans Ende ihrer Tage gingen ihr die Italiener über alles.

(1953)

EIN BLICK AUF KLEOPATRA

Während einer Plutarch-Lektüre fand ich Gefallen daran, all das zu notieren, was mit Kleopatra zu tun hatte. Eine erstaunliche Person, von der man meiner Ansicht nach kein angemessenes und vollständiges Portrait entworfen hat – ich muß zugeben, daß ich die ihr gewidmeten Werke nicht gelesen habe. Shakespeare hat sie im Licht ihrer Leidenschaft für Marc Antonius gezeichnet und ist wenig auf ihre geistigen Fähigkeiten eingegangen. Mir steht vor allem folgende Stelle des Historikers vor Augen: »Als Kleopatra sah, daß die Scherze des Antonius von gewöhnlicher Art waren und nach Soldatenleben rochen, antwortete sie ihm in demselben Tonfall, schonungslos und mit größter Kühnheit.« Ich begann, mir die Komödie vorzustellen, die dieser Satz hätte eingeben können; Bernard Shaw hätte sie schreiben können und hat es nicht getan; er zog es vor, Cäsar eine Kind-Frau gegenüberzustellen, obschon Shaw die intelligenten Frauen liebte – natürlich nur jene, die sich »führen« ließen. (Es gehört schon die ganze Größe eines Sokrates dazu, Diotima das ihr Zustehende zu gewähren.) Kleopatra brauchte keine Führung; ihr Gesicht strahlte weniger Charme aus als ihr Gespräch; sie beherrschte eine große Zahl von Fremdsprachen und konnte auf Dolmetscher verzichten, während »die ägyptischen Könige, ihre Vorgänger, schon Mühe hatten, das Ägyptische zu lernen, und einige von ihnen das Mazedonische, ihre Muttersprache, vergessen hatten«.

Ihre Liebesaffären mit Cäsar und Antonius sind vor allem politischer Natur. Sie hätte liebend gern Octavius zu ihrem Nachfolger gewählt, aber der Stern des zukünftigen Augustus strahlte heller als die Augen der neununddreißigjährigen Frau, die der Umstände halber zur femme fatale geworden war. Es war nur natürlich, daß die Römer Abscheu empfanden für sie und jene ihrer Führer tadelten, die sich an ihre Gesellschaft verloren; doch war sie eine gute Hüterin der

Interessen ihres Landes und besorgt um seine Größe. Ihrer weiblichen Reize bediente sie sich auf männliche Art, d. h. mit großer Verstandesschärfe. Wenn sie zahllose Mühen auf sich nahm, um Antonius zu unterhalten, ihn mit unsinnigem Luxus zu blenden, mit unerschöpflichen Genüssen zu berauschen, so deshalb, weil es keine andere Möglichkeit gab, ihm zu schmeicheln, ihm zu gefallen, ihn in den Griff zu bekommen – und durch ihn Rom. Zweifellos hätte sie weniger materielle Genüsse vorgezogen, denn hat man Geist, so macht man gern Gebrauch davon, gewiß hätte sie andere Weisen gefunden, ein »unvergleichliches Leben« zu führen, wenn Marc Antonius ein Philosoph oder auch nur ein der Vernunft zugänglicher Mann gewesen wäre, aber er hatte ihre Begegnung nicht abgewartet, um zum großen Verrückten zu werden.

(1954)

DRITTER TEIL

Anhang

RUE DE l'ODÉON

7, Rue de l'Odéon – das helle Universum der Bücher war für mich eine bleibende Zuflucht während der langen Emigrationsjahre in Paris (das für mich zu einer kleinen Heimat wurde). Inmitten dieser Klarheit regierte Adrienne Monnier, fast immer in Grau gekleidet und nur um ein weniges dunkler als ihr Reich. Ich traf zu jeder beliebigen Tageszeit ein; vorzugsweise am Nachmittag, bevor draußen die Dämmerung einsetzte. Sie unterhielt sich mit mir oder blieb auch stumm. Bisweilen sprach sie mit einem anderen Besucher, während ich vor den Regalen stand oder auch untätig auf einem Stuhl saß. Ich erinnere mich noch an einen hochgewachsenen, kräftigen Mann, der mit lebhaftem Nachdruck auf sie einredete und sie lange Zeit in Anspruch nahm. Was tut er hier bei ihr, ging es mir mit einem Anflug von Eifersucht durch den Kopf. Sobald er draußen war, verkündete sie, dies sei Hemingway gewesen, im Begriff, nach Spanien aufzubrechen. Von Zeit zu Zeit verschwand sie in der Ladenstube und ließ uns, die Bücher und mich, allein zurück. Aber ich spürte noch ihre Gegenwart; mir kam es so vor, als wäre der Raum ein Teil ihrer Person, als hätte sich ein Teil von ihr auf die Bände, in denen ich herumschmökerte, übertragen. Abgesehen davon war sie ebenso unauffällig wie das Grau ihres Gewandes. Sie hörte mehr zu, als daß sie sprach, und schaute einen oft aufmerksam an, bevor sie antwortete oder die Aufmerksamkeit ihres Gegenübers auf einen Gedanken lenkte, der ihr während des Zuhörens gekommen war. Waren ihre Augen blau? Ich weiß nur, daß ihr Blick aus einer Tiefe kam, die mir nur schwer zugänglich schien. Die Klarheit ihres Äußeren, des Raumes und selbst ihrer Stimme war keine gewöhnliche Klarheit, sondern die Hülle oder Form eines inneren Ich, das sich im Dunkel verlor. Vielleicht war es diese Interferenz zwischen Vorder- und Hintergrund, zwischen strahlendem Äußerem und geheimnisvollem geistigen Hintergrund, der mich zu ihr hinzog.

Nicht, daß ich mir die geringste Mühe gegeben hätte, ihr intimes Ich zu entdecken. Ich glaube, daß sie dies unter keinen Umständen wollte. Wenn sie zuzeiten kalt und eher distanziert erschien, dann vielleicht deshalb, weil sie selbst sich ihrer innersten Persönlichkeit nicht bewußt werden wollte, dessen, was ihr Wesen ausmachte. Aber wie fremd ich ihr auch geblieben sein mag, so habe ich mir doch ein genaues Bild von ihr gemacht. Der Charakterzug, dem meine Verehrung und meine Liebe galt – er ist auf immer in mein Herz eingeschrieben –, war jene Mischung aus bäuerischem Wesen und Aristokratie, die Proust unablässig bei der alten Françoise und der Herzogin von Guermantes preist. Diese Gestalten sind noch in den guten Geruch des französischen Erdreichs gehüllt, und da sie in Haltung und Sprache Jahrhunderte altehrwürdiger Traditionen verkörpern, wie sollten sie da nicht von authentischem Stand sein. So also sehe ich Adrienne Monnier vor mir. Hinzu kommen einige kleinere Beobachtungen, die mir bei der Vervollständigung des Bildes helfen. In ihr war ein Zögern, eine gewisse Art, ein Urteil nur langsam oder gar nicht zu fällen, die mich zu dem Gedanken anregte, sie verberge so manches auf dem Grunde ihrer selbst und müßte sich Gewalt antun, es unter die Leute zu bringen. Wenn sie dann endlich einen Gedanken aussprach, spürte man, mit welch fast wahrnehmbarer Intensität sie sich bemühte, präzise zu sein. Was sie sagte, war sehr aufrichtig, sehr wirklich. Und sie war tolerant und voller Verständnis. Ich war immer ein wenig verlegen, wenn ich sie, einer unwiderstehlichen Neigung folgend, vielleicht sogar im Anschluß an eine ziemlich ernsthafte Unterhaltung, um Kriminalromane bat, aber sie akzeptierte mich so, wie ich war – mit einem Anflug von Ironie, wie mir scheint –, ohne mir je Vorhaltungen zu machen. Ihre Urteile über Menschen und Bücher waren meiner Ansicht nach oft zu gemäßigt. (Einzig Detektivromanen versagte sie sich, wenn ich mich recht erinnere.)

So spürte ich schon sehr früh das, was sich später, als der Krieg ausbrach, über alle Erwartung hinaus bestätigte – daß sie gut war und hilfreich, wo immer sie konnte. Die Klarheit, die sie umgab, kam aus ihrem Innern. Kaum hatte sie von meiner Frau zu Anfang des Krieges erfahren, daß ich als ehemaliger deutscher Staatsangehöriger interniert worden war, als sie sich auch schon an einen ihrer Freunde, Monsieur Henri Hoppenot wandte, der am Quai d'Orsay wohnte und der meine baldige Freilassung erwirkte. Ein anderer ihrer Schützlinge, zu dessen Gunsten er auf ihre Fürsprache hin einschritt, war mein alter Freund Walter Benjamin, dessen Originalität sie fesselte. In Marseille – bevor er das Risiko auf sich nahm, illegal die spanische Grenze zu überqueren – erzählte Benjamin mir später, daß er trotz allem eine große Zahl literarischer Werke habe speichern können und daß er es von nun an »der Sonne der Resignation« überlasse, ihn zu erhellen. Waren es die Strahlen dieser Sonne, die ihn wenige Tage später in Port Bou verbrannten? Aber all dies kam später, sagten wir. Als dann meine Frau und ich Adrienne unmittelbar nach der Befreiung aufsuchten, um uns bei ihr zu bedanken, stießen wir in ihrem Hause auf Arthur Koestler, der in derselben Absicht gekommen war. Außer ihm, Benjamin und mir selbst hatte sie noch weitere Intellektuelle, darunter auch John Rewald, gerettet. Auf wunderbare Weise hat sie von uns allen eine schwerwiegende Bedrohung abgewendet. Und wenn ich jetzt an sie denke, weiß ich, daß die Klarheit der Bücherwelt, in der ich einst Zuflucht fand, ein Widerschein war der Liebe, die sie in ihrem Herzen trug.

Siegfried Kracauer

BRIEF VON RAINER MARIA RILKE

Val-Mont, über Glion
bei Territet (Vaud) Schweiz
an diesem 3. Februar 1926

Chère Mademoiselle,

Wenn ich es so lange aufgeschoben habe, Ihnen die Zeilen zu senden, die ich mir vorgenommen habe, seitdem ich weiß, daß man mir dank Ihrer Güte immer noch regelmäßig den »Navire d'Argent« zukommen läßt, so deshalb, weil ich immer gehofft hatte, meinen an sich unzulänglichen Zeilen entweder die in Vorbereitung begriffene Übersetzung der »Cahiers« beizufügen oder aber jene wagemutig auf französisch abgefaßten Gedichte, denen Jean Paulhan den glücklich gewählten Titel »Vergers« verliehen hat. Doch bei beiden Büchern treten Verzögerungen auf. Und was mich betrifft, so hält dieser Aufenthalt in einer Klinik, in die ich mich erneut habe zurückziehen müssen, mich von jeglichem Gebrauch der Feder, und sei es auch brieflicher Art, fern. Seien Sie also nachsichtig, wie Sie es sicherlich zu sein verstehen, wenn ich mich so spät und so gerafft für Ihre freundliche und großzügige Aufmerksamkeit bedanke.

In meiner Einsamkeit in Muzot wird der »Navire d'Argent« stets voller Freude aufgenommen: mein kleiner Hafen hellt auf vom Widerschein seiner grauen Segel. Wenn man Ihr Schiff besteigt, ist man wirklich bei Ihnen zu Hause, und obgleich ich nie das Vergnügen gehabt habe, diesen geistigen Zusammenkünften und diesen Lesungen beizuwohnen, zu denen Sie vormals – welch reizvolle Gepflogenheit – Ihre Freunde luden, stelle ich mir vor, ein wenig von dieser innigst beseelten Atmosphäre zu atmen, wenn ich mich der reichen Ladung widme, die Ihr wendiger Segler jeden Monat herbeiträgt. Denn Ihre Zeitschrift – weit davon entfernt, eine Sammlung zur Ruhe gekommener Artikel darzustellen – besitzt das Geheimnis, den Kontakt spüren zu lassen, der sich so schwungvoll zwischen Ihnen und Ihren Mitarbeitern – fast hätte ich gesagt, Ihren Gästen – abspielt. Diese Seiten teilen ihre spontane Notwendigkeit mit und die Spannung des aktiven Denkens: man sieht, wie es unter Widerständen zur Vollendung gelangt.

Nun haben Sie, indem Sie dem jungen Pierre Klossowski ermöglichten, Ihrer »Gazette« Angaben zu meiner Übersetzung von »Charmes« zu liefern, mit einem Schlag meine Dankesschuld bei Ihnen vergrößert; dies stellt, wenn ich mich nicht irre, sein literarisches Debut dar, und wenn ich diesem jungen Freunde dankbar bin ob der Wahl seines Themas, so fühle ich mich doch gerade Ihnen gegenüber zu Dank verpflichtet dafür, ihn ans Rednerpult gerufen und ihm das Wort erteilt zu haben.

Die Verehrung von Paul Valéry ist einer jener Gipfel, mit unbegrenztem Ausblick, auf denen Sie und ich einer Begegnung stets sicher sein dürfen; aber wie viele andere Orte gibt es noch, an denen wir, in gemeinsamem und gegenseitigem Einverständnis, ein Rendezvous vereinbaren könnten! Würden nicht auch Sie jene bewundernde Freude teilen, die ich anderntags empfand beim Lesen von Jean Barreyres Artikel im »Navire Aveugle«? Der Zufall ließ mich, noch bevor irgend jemand mir davon berichtet hatte, dieses außergewöhnliche Buch in einer Kurzwarenhandlung in Glion entdecken; ich habe mehrere Exemplare bestellt und hatte keine Mühe, meine beglückende Überzeugung von allen hier geteilt zu wissen. Aber man fragt sich, *wer* wohl es war, der mit diesem epischen Chef-d'œuvre sein Debut gegeben hat, das seiner Sparsamkeit wegen reich ist und dessen dichte Poesie sozusagen die Gelenke darstellt, die über seine Beweglichkeit entscheiden?

Bitte nehmen Sie, chère Mademoiselle, als Huldigung meine ehrerbietigen und ergebensten Erinnerungen in Empfang.

Rainer Maria Rilke

Anmerkungen

ERSTER TEIL

La Rue de l'Odéon: Rendezvous am Carrefour der Gedanken

An der Türschwelle des 20. Jahrhunderts

1 Wörtl.: Selbst-bedienung ist immer noch die beste Bedienung.
2 Physique, Chimie, Sciences Naturelles: ein Studienzyklus.
3 matière grise: die Gehirnmasse.
4 Franz. Schriftsteller (1874-1909); erzählt vom Schicksal der Ärmsten in Dorf und Stadt.
5 Andere ziehen die Wiese vor
Doch die Weisesten werden leugnen
Die Rose in Deiner Boutique
O Mademoiselle Monnier
6 Debussy
7 Anspielung auf den »König Ubu« von Jarry.
8 Figuren aus der Stummfilmzeit.
9 Etwa: o, tu (es) un gentil. Du gehörst zu den Edlen, Noblen.
10 Das schöne Auge (argot).
11 FARGUE
Wie ein treuer Stern
Erscheint er jeden Abend
Seine Stunde ist ungewiß
Den Wolken unterworfen
Den Blicken fügsam.
Jedes Licht entflammt ihn
Jede Zartheit hält ihn.
Mit einer Wunde
Süßer als Wonne
Spaltet er die feigenfarbene Nacht.
Poet, geliebte Klage,
Die nichts zu versöhnen vermag
Leben, stets von neuem verwüstet
Im Griff der Dämonen,
O verweigerte Gnade
Zeige deine von langem Mißklang

Entstellten Augen,
Zerstöre mit deinem Vorwurf
Die leeren Mauern jener Tage
An denen du, Jäger der Zärtlichkeit,
Das Wild nicht erjagtest
Um nähren zu können
»Das Biest des Glücks«.

12 In jenen Zeiten war die Kohle
ebenso wertvoll
und selten wie Gold
und ich schrieb auf einem Speicher
wo der Schnee sich, beim Fall
durch die Ritzen des Daches,
blau färbte

13 Der Winter hat mich
auf die Straße getrieben.

14 Hat man einmal
die Augen geöffnet
kann man nicht mehr
ruhig schlafen

15 Kap der Guten Hoffnung.

16 Selige Säulen, mit
Tag auf den Hüten und
wirklichem Vogelschritt
rings um ihr obres Rund[1a]
R. M. Rilke

17 Wir durchschreiten die Zeit,
unser Leib setzt weit
unbeschreibliche Schritte,
in Sagen bleiben die Tritte…[2a]
R. M. Rilke

Die »wörtlichen« Versionen:

1a Sanfte Säulen mit
Simsen verziert mit dem Tage
Geschmückt mit echten Vögeln
Die auf dem Rande stolzieren

2a Wir schreiten in der Zeit
Und unserer glänzenden Leiber
Unsagbare Schritte
In den Sagen hinterlassen sie Spuren…

18 Apparat, der aus einer unten durchbohrten (bisweilen mit einer Figur beschwerten) Kugel besteht, die innerhalb eines durch eine Membran

abgeschlossenen Gefäßes auf- und absteigt, wenn man den Druck verändert.

19 jeu du tonneau: Tonnenspiel. Wurfscheiben sind in die mit Zahlen versehenen Öffnungen einer Kiste zu werfen. Grenouille du jeu du tonneau: eine Abwandlung dieses Spiels, bei der die Scheiben in ein geöffnetes Froschmaul geworfen werden.

20 Hottehü; Steckenpferd.

21 stimmt an hornisten die umfassende glasklare kunde rüpel des seefahrtsamtes
aerostatischer waldhüter alles was ist sitzt rittlings in hellem galopp auf dem leben

22 unanimité: wörtl. »eine Seele«.

23 Dt. von Ré Soupault, Wunderhorn, 1990.

Die Weberin an der Schwelle des Ruhms

1 »Quand il (Teste) parlait, il ne levait jamais un bras, ni un doigt: il avait tué la marionette. Il ne souriait pas, ne disait ni bonjour ni bonsoir.« Monsieur Teste, p. 19.

2 O Rundungen, Mäander,
Geheimnisse des Lügners.

3 Wotan, höchster germanischer Gott, u. a. Gott der Krieger, der Runenschrift und der Poesie, war einäugig.

4 Übertragung von Hans Wollschläger, edition suhrkamp, 1981.

5 Die Rückkehr aus den Sommerferien.

6 Schäfername bei den bukolischen Dichtern.

7 Society of Jesus, Jesuiten.

8 Diese Studien sind in England und Amerika ausgearbeitet worden. Die beste von ihnen ist sicherlich jene Stuart Gilberts: *James Joyce's Ulysses* (Faber and Faber, London).

9 Wörtl.: Notre-Dame-de-Sous-Terre, Unsere Ehrwürdige Frau aus dem Unter-irdischen.

10 DAS GROSSE VERGEBEN
Man erzählt, aber weiß man's?
daß irgendwo der Engel des Vergessens,
strahlend, sein Gesicht dem Winde aussetzt,
der unsere Seiten umblättert. Reiner Grenzstein.
Und hinter ihm all diese Landschaft,
die niemand zu erlernen wüßte:
die man einst gewußt haben muß,
Stück für Stück, so wie unsere Sinne,
so wie der Zorn sie uns brach

unseren Bedürfnissen gemäß. (Ohne gegenwärtig
verneinen zu wollen die unerwarteten Heilungen
zwischen den Dingen, die uns zu Zeugen nahmen,
ohne daß wir sie je zu rufen gewußt hätten...
Und trotz allem ertrugen die Früchte
unsere Namen, und die Gestirne
schüttelten sie selten nur ab:
jene Namen wie Schwämme, die unsere Tränen tranken...
Jene Namen, deren zartester noch
nur Gußform ist eines Schreis.)

11 causer: plaudern; verursachen.

12 palais: Palast; Gaumen.

13 Eine zweite, psychoanalytisch-erotische Lesart bietet sich an: *»En attendant, le besoin se fait sentir d'un clichage instantané des érections du subconscient propre, d'une langue qui décharge nos besoins d'exonération, d'une langue sortie de la succulence intérieure, du mystère bonhomme, sensible et sensuel, du borgne à roulettes, de la force et de la France!«*
érection = Erektion
décharge = Abfuhr, décharger = éjaculer, ejakulieren
les besoins = die Notdurft
exonération = Entleerung der Fäkalien
sucs intérieurs = innere Säfte
le borgne (der Einäugige) = Penis
roulettes = Hoden

14 Französischer Zeichner und Graphiker (1822-1885).

»Commerce intellectuel«: Grenzübergänge in Odénia

1 Geistiger Austausch.

2 »sujet« hat im Franz. u. a. noch die Bedeutungen: Thema, Stoff.

3 »le parler javanais«: diese Form des argot zeichnet sich dadurch aus, daß innerhalb der Wörter die Silben »va« oder »av« eingeschoben werden. Beispiel: »chaussure« wird zu »chavaussavurave«.

4 Eine andere Lesart wäre: Die Frau ohne Köpfe.

5 Diese Aufzeichnung ist am 1. Juli 1952 im *Mercure de France* erschienen, als Einleitung zu: *Der Erzähler, Betrachtungen zum Werke Leskovs.* Ein Brief Pierre Klossowskis, eines Übersetzers und Freundes von Benjamin, schloß sich an.

6 Vorgedruckte Postkarten mit Texten, die gewichtigen Anlässen vorbehalten waren.

7 In Zusammenarbeit mit Franz Hessel hat Benjamin *A l'ombre des jeunes filles en fleurs* und *le Côté de Guermantes* übersetzt.

8 Pseudonym, unter dem Adrienne Monnier damals publizierte.

9 In der Übersetzung von E. Tophoven, Rowohlt Verlag, 1959: »Wenn er körperlich verfiel, fühlte er, wie er geistig lebendig und frei wurde, um sich zwischen seinen Schätzen zu bewegen. Der Körper hatte seinen Bestand, der Geist seine Schätze.«

10 Eine Gruppe von Sängern (u. a. auch humoristischer Chansons) der fünfziger Jahre.

11 In sehr feine Streifen geschnitten.

12 Ihr Geist ist in Verzückung versunken
Über den Gedanken, Gedanken, Gedanken an den eigenen Namen
Ihren unsäglichen leutseligen
Leutseligunsäglichen
Tiefen, undurchdringlichen und einzigartigen Namen.

Die Freundin des Buches

Gedanken: Ein Leben an der Schwelle des Buches

1 auch: Umgang, Verkehr.
2 angemessener wäre eigentlich: LOB DES ARM-SELIGEN BUCHES.
3 Gestalt aus dem Werk Rabelais'.

Lesungen: Stimmen und Gesichter

1 Anspielung auf den *Monsieur Teste* Valérys.
2 Eine Sauce aus Eigelb, Butter und Essig.
3 Franz. Schriftsteller und Politiker (1862-1923).
4 Bekannte Pariser Hotels.
5 Wie in den Wurfbuden der Jahrmärkte.
6 Franz. Sänger und Komiker (1869-1935).
7 ronchonneur: peinlich genauer Offizier; Nörgler.
8 Dt.: »Sagen Sie, ich habe eine ausgezeichnete Wachtelpastete gegessen beim Aushängeschild mit dem aufrechten Meeraal.«
Der Schüttelreim würde lauten: »Dites, j'ai mangé une excellente tarte aux couilles à l'enseigne du Congrès debout.« »Tarte aux couilles: »Eier-kuchen«; »Congrès«: sexuelle Vereinigung.
9 Der Vers lautet im Original: *Je suis venu calme orphelin*... (Ich bin gekommen still ein Waise...)
10 Die korbförmig geöffneten Hände (als hielten sie imaginäre Bälle) werden dabei aus dem Unterarm heraus geschüttelt.
11 Franz. Schriftsteller (1874-1909).
12 Franz. Schriftsteller (geb. 1924).
13 In der Tradition symbolisiert Jean den Dummkopf, den Idioten oder den Unglücklichen, dem nichts gelingt. Hier: der bettelarme Hans.
14 Franz. General (1770-1842), berühmt für den ihm zugeschriebenen Fluch: »Merde! La garde se meurt, mais ne se rend pas.« (Scheiße! Die Garde stirbt, aber sie ergibt sich nicht!), den er in Waterloo ausgestoßen haben soll.
15 Gemeinde in den Vogesen, in der seit dem 15. Jh. Papier hergestellt wird.
16 »Die siegreichen Kapitäne verströmen einen starken Duft.«
17 André Gide hat versucht, das Geheimnis aufzuklären. 1948 erschien in der Aprilnummer von *Biblio* in der Form eines Briefes an Adrienne

Monnier eine Anmerkung von ihm: »Was den *Tancrède* von Léon-Paul Fargue betrifft.«

18 Die Koketterie heilt die Liebe.

19 Mädchenzimmer.

20 Eine Gestalt aus dem Werk von Edgar Allan Poe.

21 S. Fußnote 10.

22 Gestalt aus dem Werk Colettes.

23 »fumiste« hat noch eine zweite, moderne Bedeutung: Blender, Bluffer; unsicherer Kantonist.

Lektüren:
Physiognomien und Miniaturen

1 »sage« hat auch die Bedeutungen: klug, besonnen, sittsam, vernünftig, gewitzt.

2 Orientalische Tänzerinnen, die ihre Tänze oft mit improvisierten Gesängen begleiten.

3 Begleiterinnen und Verehrerinnen Krischnas.

4 Franz. Bildhauer (1741-1828).

5 Franz. Variétékünstlerin (1873-1956).

6 Drittgrößte Insel der Philippinen; ein Restaurant, ein Geschäft?

7 Da! halt mal!

8 Wart mal!

Nachwort

Für Alice Jacoby,
einen der freien Geister jener Zeiten

Adrienne Monnier, La Maison des Amis des Livres, 7, rue de l'Odéon, Odéonia: Die Rue de l'Odéon ist eine kurze, gerade, unauffällige Straße in der Mitte von Paris. So unprätentiös ist sie, daß man sie leicht übersieht, obwohl sie im sechsten Arrondissement liegt, im Herzen der Rive gauche. Steht man vor dem Haus Nummer 7, das etwa in der Mitte dieser Straße liegt, und schaut die leicht ansteigende Straße zu ihrem oberen Ende hoch, hin zur im Stil des 18. Jahrhunderts anmutig gegliederten Place de l'Odéon und ihrer schlichten Eleganz – »einer der entzückendsten (wenn auch ein ganz unbekannter) Winkel von Paris« –, dann spürt man, wie ein beruhigendes Gefühl der Sicherheit von den nüchternen Geschäftsfassaden und den ordentlichen Schaufenstern der Buchhandlungen in der Rue de l'Odéon ausgeht – »bürgerlich, und gerade darin liegt sein Reiz«, bemerkte Paul Cohen-Portheim, der schon 1926 Buchliebhabern dorthin den Weg gewiesen hatte. An ihrem Ende, das unendlich weit entfernt scheint, wie eine entlegene Küste oder eine gänzlich andere Zeit, brechen sich die Wellen, fließt etwas von dem Menschenstrom, der gleich um die Ecke sich hinzieht, auf den Carrefour de l'Odéon über. Denn ein wenig weiter unten, auf dem Boulevard Saint-Germain, wogt ein wahres Meer von ausländischen Touristen und Studenten, Intellektuellen und Unterhaltungssuchenden, ein Passantenstrom, der sich von den Cafés am Montparnasse und in St.-Germain-des-Prés zu den Restaurants des Quartiers, von der Sorbonne und dem Panthéon zur Academie Française und zur Ecole Nationale Supérieure des Beaux Arts wälzt. Der Menschenfluß erinnert daran, daß das linke Seine-Ufer immer schon ein internationales Zentrum von Kultur und Bildung war, der Stoff literarischer Legende und künstlerischen Rufs, wenngleich heute Autos, Kinos und Bistros da zu finden sind, wo einst in Kutten gehüllte, mittelalterliche Kleriker wandelten und dubiose Bohémiens sich herumtrieben.

Die Rue de l'Odéon jedoch scheint dieser Strom nicht zu erreichen. Sie ist ein magischer Ort. Selbst heute wirkt sie fast so, als ob ein *genius loci*, eine der »divinités protectrices«, von denen Walter Benjamin sprach, diese Straße bewohne und auf subtile Weise über jene »Friedlichkeit eines Dorfes« wache, die Simone de Beauvoir empfand, als sie 1927, noch Studentin, die Maison des Amis des Livres entdeckte und sich dort Bücher auszuleihen begann, in einer Zeit, in der man, »wenn man genau hinschaute, die Eignerin, Adrienne Monnier, im Eingang sehen konnte, mit kurzgeschnittenem Haar und langem, wallendem Kleid« – das heißt zu einer Zeit, als die Buchhandlung »jene faszinierende Welt, so nah und doch so fern, der modernen Literatur symbolisierte«. Heiliger Boden? Gewiß nicht mehr, nicht für uns. Oder...?

Kann diese Welt für sich – nüchtern-realistisch, aber von unaufdringlichem Charme, zentral gelegen und doch oft übersehen –, diese Welt von Odéonia, deren Luft wir in den Schriften Adrienne Monniers atmen und wann immer wir die Seiten der Rue de l'Odéon durchblättern, kann diese Welt wirklich der geschäftige »carrefour« der Ideen gewesen sein, an dem die Verbindungslinien der literarischen Moderne aufeinandertrafen, das Epizentrum der legendären Rive gauche in der Zeit zwischen den Weltkriegen, die Schwelle, von der aus sich die Avantgarde des 20. Jahrhunderts auf den Weg machte, und der Umschlagplatz, an dem sich ihr geistiges Geschäft und ihr internationaler Austausch entfalteten?

Mit sehr bescheidenen Mitteln im Jahre 1915, mitten im Ersten Weltkrieg, von der unbekannten, 23jährigen Adrienne Monnier gegründet, war diese Welt von Beginn an ein Zufluchtsort, ein sicherer Hafen: in einem vielbewunderten Gedicht aus dem Jahr 1923 bekannte sich Adrienne Monnier offen zu der geistigen, fast schon mystischen Mission und moralischen Leidenschaft, mit der sie »ein Haus, halb Bauernhof, halb Kloster« für den »verirrten Wanderer« gegründet habe, damit sie (die ihre eigene Rolle mit der einer »religieuse ancienne« verglich) ihn »nach Hause« zurückhole. Ihre unverbrüchliche Treue zur literarischen Kunst, ihre unprätentiöse Hingabe an die Werke und ihre heroische Solidarität mit deren Autoren wurzelten in einer Vorstellung von sich selbst und ihrem gesamten Unternehmen, die heute schlicht undenkbar ist.

Jean-Richard Bloch nannte sie, zweifellos an jene ihren berühmten »Brüdern« gewidmeten Verse denkend, »Protectrice des Lettres«, zugleich jedoch war sie nicht minder, fügt ihr Freund Sisley Huddleston hinzu, eine »Animatrice«, deren Begeisterung ansteckend, deren Anstrengung unermüdlich und deren Einfluß ungeheuer war. Nicht passive Schirmherrin des literarischen Lebens war sie, sondern Freundin und Mitarbeiterin im Leben der Literatur, die ein Höchstmaß an persönlichem Engagement in einer Gemeinschaft freier Geister aufgehen ließ, die sie von Generation zu Generation formen half, von der Geburt des Zeitalters zu den »Goldenen« zwanziger Jahren, von den Jahren der Weltwirtschaftskrise und den politisch aufgeheizten Dreißigern bis zur Nachkriegszeit. So eng war diese Mitarbeit, daß Paul Valéry, als er nach 25 Jahren der Freund- und Partnerschaft ein Buch für sie mit einer Widmung versah, nicht umhin konnte, sie mit dem Titel selbst zu verbinden: »Exemplaire d'Adrienne *Mélange*... de femme, d'ange, de démone et de fée, et d'un certain génie d'organisation, auquel son ami rend hommage.« Ihr Leben war so sehr ein Teil der Literatur, daß wir ihren Weg in der Literatur buchstäblich ausmessen können: von der proto-surrealistischen Zeitschrift *Littérature* zu ihrer Edition des Valéryschen Buches gleichen Namens sowie von dort zu den von ihrem jüngeren Partner Maurice Saillet und von Maurice Nadeau begründeten *Lettres Nouvelles*.

Die Rue de l'Odéon war nicht nur eine Zufluchtsstätte, sondern ein Versammlungspunkt und Freihafen lebendiger Literatur, moderner Bücher, geistiger Unabhängigkeit und klaren Urteils, ein Ort des Nachdenkens und des Gesprächs voller Esprit, ein Treffpunkt kreativer Schriftsteller und Leser. Hinter der grauen Fassade der Buchhandlung, dieser beständigen Erinnerung an Adrienne Monniers unerschütterliche Verbindung mit der Alltagswelt, lag der direkte, elektrisierende Kontakt nicht nur mit den neuesten oder seltensten Veröffentlichungen, sondern auch mit Literatur im Augenblick ihrer

Entstehung und mit denen, die daran teilhatten. Doch anders als die Salons reicher »femmes de lettres« bot Monniers stets offenes Haus etablierten Autoren neben der Gelegenheit, sich spöttischem Geplänkel und erhitzter Debatte hinzugeben, einen Ort, auch über Vertrauliches offen zu sprechen und Gedanken frei auszutauschen (vor allem, nachdem das gewöhnliche Tagwerk erledigt war).

Léon-Paul Fargue hat behauptet, die Maison des Amis des Livres sei schlicht »une fesse de pion« (eines armen Teufels Hinterteil) gewesen... das heißt, befreit von den Machenschaften, die das diabolische Wortspiel unterstellt, »une pièce du fond« (ein Teil des Fundaments). Und wie zum Beweis ließ sich der »Poète de Paris« selbst – über viele Jahre hinweg eine der Hauptinstitutionen der Buchhandlung und lange bevor er offiziell die der Stadt wurde – »wie ein treuer Stern« (obgleich stets auf berechenbare Weise unberechenbar und verspätet) an seinem gewohnten Platz auf einem Stuhl zwischen dem langen Tisch und dem Ofen nieder. Umgeben von diesem blitzenden Geist (Benjamin beschreibt ihn als kleinen »Feuerregen von Erinnerungen und Maximen«) und eingehüllt in die Schwaden, welche die rauchenden Autoren verbreiteten – was, wie Fargue zu verstehen gab, etwas mit dem »göttlichen Funken« zu tun habe –, wurde dort das Gespräch zum Kontrapunkt, in dem frische Denkanstöße und ungeschriebene Weisheit, Ereignisse des täglichen Lebens und literarische Branchengeheimnisse von Mund zu Mund gingen und in Gemeineigentum sich verwandelten. In dieser aufgeladenen Atmosphäre wurden aus Lesern Schreibende, aus Stimmen Manuskripte, aus Büchern öffentliche Lesungen, aus Zusammenarbeit Kampagnen, aus persönlichen Rivalitäten Kontroversen, die wenige der amis des livres (und in der Tat wenige der Bücher des 20. Jahrhunderts) unverändert ließen.

Von gleicher Bedeutung war, daß Adrienne Monnier ihre Gastfreundschaft auch denen bot, denen kein Salon offenstand: leidenschaftlichen Lesern und jungen Talenten, die für die Zukunft der Literatur standen und die der Buchhandlung fortwährend neue Impulse zuführten: »Diese Spinnerin des

Ruhms«, schrieb André Chamson, »diese Stickerin (...) der literarischen Tapisserie unserer Epoche begegnete den unbekannten Kunden mit der gleichen Aufmerksamkeit wie den berühmtesten ihrer engen Vertrauten.« Der Ehrgeiz jener Leser und Talente entzündete sich an der gleichen Ungezwungenheit und den klarsichtigen literarischen Urteilen, die von Beginn an die berühmten Bewohner Odéonias zu Adrienne Monnier gezogen hatten – und wohl auch an der Hoffnung, einen flüchtigen Blick von jenen illustren Gestalten selbst zu erhaschen, wenn sie plötzlich, nicht länger eingesperrt in die Portraitfotos, die an den nüchternen, grauen Wänden aufgereiht hingen, leibhaftig den Laden betraten.

Monniers vernünftigen Rat und ihre kritische Einsicht suchten führende Autoren aus Paris und dem Ausland. Ihr Wissen und ihre Erfahrung erregte die Aufmerksamkeit von Studenten und Gelehrten. Ihre Spontaneität und Zugänglichkeit inspirierte die Jugend und gewann ihr Vertrauen, besonders das jener jungen Frauen, die – oft heimlich – der bedrückenden Einengung durch konventionelle Rollen in der Familie entflohen. »Adrienne Monnier«, erinnerte sich André Breton, »wußte damit die attraktivste Ideenplattform jener Epoche zu schaffen. Die klugen Anregungen, die sie den Diskussionen vermittelte, die Chancen, die sie der Jugend gab, bis zur aufreizenden Parteilichkeit ihrer Vorlieben: sie hatte genug Trümpfe in der Hand. Die anziehendsten Persönlichkeiten der Epoche zeigten sich früher oder später bei den ›Bücherfreunden‹, ob es nun Fargue oder Reverdy oder Larbaud oder Satie waren. Ich richtete es so ein, daß Valéry und Apollinaire den Weg dorthin fanden – den sie nie mehr verloren. Im Hinblick auf Valéry hat Paul Léautaud ohne allzu große Übertreibung sagen können, daß dessen ganze Reputation und seine beispiellosen öffentlichen Erfolge unmittelbar von dort ausgegangen sind.«

Zwar kann es Breton sich hier nicht verkneifen, seine eigene Rolle übermäßig aufzuwerten, seine Situation jedoch war repräsentativ: er selbst sollte dort erstmals – wenn auch nicht mit Paul Valéry – so doch mit Dada und Louis Aragon zusammenkommen, und in den dreißiger Jahren, nachdem sich sein Weg von dem jener schicksalhaften frühen Begegnungen getrennt hatte, mit Jacques Lacan, der schon seit 1919 Kunde der Buchhandlung war. Seine Erfahrung ist bezeichnend dafür, wie enorm viel er und die zeitgenössische Avantgarde den literarischen und geistigen Anregungen verdankten, die aus der Buchhandlung hervorgingen. Man ist versucht, die von Breton erwähnte, eher boshaft gemeinte Übertreibung Paul Léautauds an Bretons Adresse zu richten. So viel ist jedoch richtig, daß für beide, den älteren »schweigenden« Dichter Valéry und den zukünftigen Kopf der surrealistischen Bewegung, Breton, die Ankunft in der Rue de l'Odéon mit den ersten Schritten zu ihrem meteorhaften Erfolg und ihrer Wirkung auf die Epoche zusammenfiel.

Die Leistungen, der Ruhm und die Freundschaft des Triumvirats, auf das sich Breton oben bezieht – Valéry, Fargue und Larbaud, Geschöpfe der Maison des Amis des Livres und in gleichem Maße Mentoren von Monnier, der Schriftstellerin –, übten den nachhaltigsten Einfluß auf die Gründung und Entwicklung des Hauses aus, ungeachtet des Beitrags von Jules Romains, André Gide, Sylvia Beach, James Joyce und so vieler anderer. Sie halfen Monnier, Brücken zwischen Generationen von Neuerern zu bauen, Übergänge, die sowohl geographische wie geistige Grenzen überspannten. Indem sie unentdeckten, zu Unrecht vergessenen und verbotenen Werken, unbekannten, vertriebenen und verbannten Autoren, den »verirrten Wanderern« Zuflucht bot, führte Adrienne Monnier eine Zusammenkunft von Geistern herbei, die für das 20. Jahrhundert kanonisch wurde.

Als sie sich für die erste »verlorene Generation« einsetzte, die eine kriegsmüde Jugend mit einer nicht ganz so jungen künstlerischen Vorhut der Jahrhundertwende verband, jenen vereinzelten Überlebenden der allerersten Umbrüche und Verwerfungen, die das Auftauchen der Moderne begleiteten, da war keiner von ihnen eine Berühmtheit. Die frühen Arbeiten der älteren Modernen, etwa die, welche Paul Fort, der »Prinz der Poeten«, in *Vers & Prose* veröffentlichte, waren seltene symbolistische Früchte einer Zeit, in der Dichtung der Allgemeinheit als Gegenstand des Mißtrauens und des Spottes galt; diese Arbeiten sollten jedoch eine tiefe Wirkung auf die erwachende Avantgarde besitzen, selbst bevor noch die ersten dadaistischen Zeitschriften den sicheren Hafen der Rue de l'Odéon erreichten. So war etwa der »absolut freie«, weltverdrossene A. O. Barnabooth, das mythische Geschöpf und der Doppelgänger des ruhelosen Valery Larbaud, eine Gestalt, die zusammen mit André Gides Lafcadio und Paul Valérys Monsieur Teste der nächsten Generation zum Kumpan und zur Leitfigur wurde; dennoch mußte er, laut Larbauds Widmung, auf die Maison des Amis des Livres warten, um »Asyl und wirksamen Schutz zu einer Zeit, in der er in Ungnade stand«, zu finden.

Ebenfalls eine Legende war Léon-Paul Fargue, der letzte Flaneur und berüchtigt wegen seines endlosen nächtlichen Durchstreifens der Stadt; auch er fand in Monniers »Haus« einen Platz, um von seinen Wanderungen, zumindest zeitweise, auszuruhen. Auf den ersten Blick erscheint es widersinnig zu behaupten, dieser umherwandernde Fußgänger habe sich je verirrt, denn man konnte ihm so ungefähr überall in Paris begegnen (außer dort, wo er eigentlich hätte sein sollen, oder wenn ein Taxifahrer auf ihn wartete, damit er die enorm hohe Rechnung bezahle). Von Gaston Gallimard, dem Verleger (in dessen Büro er des Nachts gern kam, um auf einer Couch und mit Manuskripten zugedeckt ein Nickerchen zu machen), zu Picasso, von Marcel Abraham, dem Kabinettschef, zu Edith Piaf (deren Karriere Fargues Besprechung in Gang setzte) gab es fast niemanden in der Pariser ›monde‹, der nicht an der Lawine seiner enzyklopädischen, wenn auch abstrusen Gelehrsamkeit, an seiner genauen Kenntnis jedes Zentimeters in Paris und vor allem an seinen spontanen metaphern-gespickten Monologen Vergnügen fand – solange man nicht versuchte, ihn dazu zu bringen, sie niederzuschreiben. Sein alter Freund Gallimard schloß ihn einmal in einem Zimmer ein, um ihn zum Schreiben zu zwingen, aber drei Stunden und drei Päckchen Zigaretten später kam Léon-Paul Fargue heraus, ohne auch nur eine Zeile geschrieben zu haben. In dreißig Jahren hatte er nur zwei schmale Bändchen herausgebracht, veröffentlicht mit der Hilfe und verzweifelten Beharrlichkeit Valery Larbauds, seines engen Gefährten vieler Jahre, sowie einen kleinen Privatdruck eines Gedichts, den sein früher Förderer und Gönner, der junge Industrielle Pierre Haour, finanzierte.

Adrienne Monnier war es, die Fargues frühe Dichtung vor dem Vergessen bewahrte und für sie mit zwei Lesungen in den Jahren 1918 und 1920 eine wichtige neue Leserschaft gewann. Später brachte sie seine Gestaltung poetischer Prosa auf den Weg, welche als Fargues »deuzième manière« bekannt geworden ist, der Schritt, der ihn zu weitaus größeren Schöpfungen und höherem Ansehen führte. Diese späteren Werke bewahrten einerseits sehr viel von dem, was zur symbolistischen Vergangenheit gehörte: die fein abgestimmte Musik, die den kaum spürbaren Widerhall kurzlebiger Dinge einfing; auf der anderen Seite radikalisierten sie die verbale Alchimie, die unerwarteten Entgegenstellungen und Verrükkungen, das Übermaß an Phantasiebildern, das zu seinem charakteristischen Merkmal wurde und ihm großen Einfluß als dem »wahren Surrealisten« und rabelaisschen Gegenstück zu James Joyce einbrachte.

1930 nannte Walter Benjamin Fargue, dem er in der Buchhandlung sowie auf dessen mitternächtlichen Runden begegnet war, den bedeutendsten lebenden französischen Lyriker... den bedeutendsten, so fügt Benjamin allerdings hinzu, nach Fargues langjährigem Freund Paul Valéry. Darüber hinaus hält Benjamins lebendiger Bericht über seinen Besuch in der Rue de l'Odéon fest, was selten eingefangen wurde: das lyrische Kraftfeld zwischen dem Lyriker Fargue und der Dichterin Monnier, das die Quelle ihrer kreativen Zusammenarbeit wie auch ihres bitteren Streits bildete. Benjamin beschwört die Magie ihres »wundervollen Duetts« über die Priester der nahegelegenen Place Saint-Sulpice herauf, »in dem ihre alte Freundschaft den vollsten Klang gab« – und endet mit einer dunklen Anspielung auf Fargues »Mitleid mit dem Schicksal der armen Wörter« ... und den anderen phantastischen Vorwänden, die Fargue anführte, um nicht schreiben zu müssen. Er war, behauptete Larbaud einmal, das einzige Hindernis bei der Veröffentlichung seines Werkes.

Seltsamerweise hatten Fargues Unfähigkeit zu schreiben und sein hektisches, nachtwandelndes Programm, das ihm dazu kaum Zeit ließ, weitreichende, positive Konsequenzen für Adrienne Monniers Karriere. Nachdem Fargue seinen Weg »nach Hause« in die Rue de l'Odéon gefunden hatte, machte er sich sofort daran, ihn auch seinen Freunden zu weisen. 1918 wurde Pierre Haour für einen Zeitraum von zwei Jahren bis zu seinem Tod stiller Teilhaber der Maison des Amis des Livres, Adrienne Monnier et Cie., und versetzte sie in die Lage, die »Cahiers de la Maison des Amis des Livres« zu verlegen, in denen Fargue gemeinsam mit dem kosmopolitischen, unersättlichen Reisenden Larbaud zu Wort kam, der 1919 den Schauplatz betreten hatte. Larbauds Beratung, seine feinsinnige Aufgeschlossenheit für fremde Literaturen und seine Leidenschaft für die Übersetzung wurden zu einem zentralen Faktor bei den Entscheidungen, die zur Publikation sowohl der französischen wie der englischen Ausgabe von James Joyces *Ulysses* führten, und bei der Richtungsvorgabe für viele andere verlegerische Projekte, die aus der Rue de l'Odéon hervorgingen.

Zwei Lesungen aus dem Jahr 1921 unterstreichen die Kontinuität und den Umfang von Monniers Unternehmungen. Nachdem sie zuvor schon Larbauds Vortrag über Samuel Butler veröffentlicht hatte, gelang es ihr mit viel Mühe und Geduld, über Larbaud dessen widerspenstigen Freund Fargue dazu zu bringen, an der Einleitung zu Gedichten eines verstorbenen Freunds mitzuwirken. Das Ergebnis (ein »Gespräch«, das sie in der Buchhandlung veranstaltete und dann druckte) war ein kleines Meisterwerk von solcher Kraft, daß es bei dem im Sterben liegenden Marcel Proust eine bewegende Antwort auslöste. Indem Fargues und Larbauds moderner sokratischer Dialog den Leser in das von ihnen bewohnte, verborgene Reich der Erinnerungen und melancholischen Echos führte, rief er die Empfindung der Entdeckung und des Verlustes wach, die ihre Jugend und das Experiment des Fin de siècle charakterisierte. Wenige Monate später und nun dem 20. Jahrhundert zugewandt, organisierte Monnier mit Larbaud die Vorstellung des *Ulysses*, die eine Weltkarriere einleitete und die weitesten und höchsten kulturellen Kreise durchdrang: sie schickten so auf französisch ein noch nicht veröffentlichtes, ja noch gar nicht auf englisch beendetes Buch auf den Weg, das für viele gleichbedeutend mit dem Roman der Moderne wurde. Valery Larbauds aufsehenerregende Worte machten die literarische Welt mit dem Begriff des »inneren Monologs« bekannt, der Technik, die eine ganze Generation in Erstaunen versetzen, herausfordern und tief beeinflussen sollte. In *Glückliche Liebende* (1923) wandte er selbst die Joycesche Technik des Bewußtseinsstroms zum erstenmal in französischer Sprache an, in dem Text, den er ursprünglich Adrienne Monnier zueignen wollte, die jedoch darauf bestand, er solle ihn Joyce widmen.

Zehn Jahre lang spielte Adrienne Monnier eine Schlüsselrolle bei der Organisation des Unternehmens, James Joyces Werk weltweite Beachtung zu verschaffen, sowie bei der Herstellung der Übersetzungen, die europäischen Autoren neue Horizonte eröffneten. Natürlich ist der Name Sylvia Beach untrennbar mit der enorm schwierigen und mutigen Publikation des verbotenen *Ulysses* im Jahre 1922 verbunden, jedoch ist Adrienne Monniers Rolle als Beraterin der ersten Stunde und Mitarbeiterin bis zum wahrlich bitteren Ende bis vor kurzem oft übersehen worden, vielleicht weil die ersten erläuternden Darstellungen aus dem englischsprachigen Publikum stammten und an dieses sich richteten und sodann weil auch Sylvia Beachs Bericht die eigene und Monniers Rolle untertreibt. Ihre vereinten Anstrengungen, ihr lebenslanges Engagement füreinander und für die Literatur sowie ihre gemeinsamen Bemühungen, Larbaud und andere bedeutende literarische Persönlichkeiten in ihre Kampagne einzubinden, sind ein Muster an beharrlicher Werbung, internationaler Zusammenarbeit und Solidarität von Frauen. Jedoch hatte dies schon lange vor dem *Ulysses* begonnen und auch lange bevor Paris zum Mekka einer Flut ruhelos umherziehender amerikanischer Schriftsteller wurde, die der bedrückenden geistigen Enge ihres eigenen Landes entflohen und durch unterirdische Ströme in den 20er Jahren ihren Weg in die Rue de l'Odéon fanden. Zu diesem Zeitpunkt hatte Adrienne Monnier schon ihrer »Schwester von jenseits der Meere« Odéonia geöffnet und ihr voller Begeisterung einen gleichen Teil ihres Reiches vermacht – als enge Freundin, Vorbild, kluge Ratgeberin, Mitarbeiterin und lebenslange Gefährtin. Hatten zunächst die Namen Valéry, *Vers et Prose* und Jules Romains Sylvia Beach wie so viele andere im Jahre 1916 in die Rue de l'Odéon gelockt, so sollte sie allmählich die »große Leere« in Monniers Herzen ausfüllen, die laut Saillet der Tod Pierre Haours hinterlassen hatte.

Ende 1919 öffnete Sylvia Beach die Türen einer um die Ecke in der Rue Dupuytren gelegenen Buchhandlung, dort wo Monniers ursprüngliche Teilhaberin Suzanne Bonnierre eine kurze Zeit lang ein dem Monnierschen Vorbild nacheiferndes Buchgeschäft betrieben hatte, nachdem sich ihre Wege getrennt und Haour ihren Platz eingenommen hatte. Keineswegs aber war Shakespeare & Co. jemals ein bloßes Pendant, sondern ein Brückenkopf für das gemeinschaftliche Abenteuer Odéonia, dazu ausersehen, gerade gegenüber in der Rue de l'Odéon Nummer 12 seinen legendären Ort zu finden. Besucher der einen Buchhandlung kolonisierten auch die andere und schufen so ein komplexes Gewebe von Strömen und Mitwirkenden, Korrespondenzen und Kreuzungspunkten, Lesungen im vertrauten Kreis und öffentlichen Skandalen, improvisierten wie organisierten. Aus der Rue de l'Odéon wurde eine Welt, deren gemeinsame Sprache die Literatur war. Mehr als nur eine Kreuzung, wurden hier sprachliche und nationale Grenzen überspannt wie auch Trennungslinien zwischen Autoren und Verlegern, zwischen Straße und Geschäft und selbst zwischen Geschäft und Zuhause – wenn bei besonderen Gelegenheiten das Gespräch und das Vergnügen an gelebter Literatur überquollen und sich die Straße hoch in Adrienne Monniers Wohnung im Haus Nummer 18 fortsetzten, wohin auch Sylvia Beach 1920 gezogen war.

Der großmütige, demokratische, kooperative Geist, den die in wachsendem Maße präsente und einbezogene Sylvia Beach verstärkte, macht auch genau das so verblüffende wie förderliche Merkmal aus, das die unter der Ägide Adrienne Monniers stattfindenden Übersetzungen des Joyceschen Werks charakterisierte. Bestand die Leistung von Sylvia Beach aus weit mehr als dem reinen Verlegen des Joyceschen Buchs, so schloß auch Adrienne Monniers Beitrag zu Sylvia Beachs Bemühen und zum Erscheinen jenes Werks mehr ein als, wie bisweilen unterstellt wird, bloßes Korrekturlesen, die Weitergabe ihrer verlegerischen Erfahrung oder die Vermittlung ihres Druckers. Von Larbauds Lesung im Jahre 1921, die ihm, wie James Joyce behauptete, seine Pariser Karriere eröffnete, bis zur Lesung des Jahres 1931 in der Maison des Amis des Livres, die das Erscheinen der »Anna Livia Plurabelle« in der *Nouvelle Revue Française* zum Anlaß hatte und mit der Joyces Beziehung zu Monnier und Beach mehr oder weniger ihr Ende fand: Adrienne Monnier führte Regie über ein komplexes Netzwerk von Autor, mehreren Übersetzern und anderen Beteiligten und war so ganz wesentlich in den Übersetzungsvorgang eingebunden. Ihre Essais über das Übersetzen von Joyce, über den *Ulysses* und Becketts Rolle beschreiben nur teilweise, wie ihre Teams bei diesem ungeheuren Unternehmen mit Erfolg zusammenarbeiteten oder auch nicht. So scheint z. B. der Grund für die Entfremdung und den Bruch mit ihrem engen Freund Valery Larbaud in dessen immer stärkerem Rückzug von der Übersetzung des *Ulysses* in einer kritischen Phase, kurz bevor sie das Buch veröffentlichte, gelegen zu haben. Die Übersetzung des Fragments aus *Work in Progress* von 1931, die Philippe Soupault einleitend vorstellte und die Adrienne Monnier las – zusammen mit ihrem Aufsatz »Der *Ulysses* von Joyce und das französische Publikum« –, war das Ergebnis fast beispielloser internationaler Teamarbeit, an der unter anderem Samuel Beckett, Eugène Jolas, Ivan Goll und auch Adrienne Monnier selbst beteiligt waren. Der bei der Lesung anwesende Joyce hielt sie für »eines der Meisterwerke der Übersetzung«, zollte Adrienne Monnier jedoch charakteristischerweise keine besondere Anerkennung.

Wie sehr auch die Jahre zwischen 1921 und 1931 einen Zeitraum angespannter Beschäftigung mit der Vorstellung, der Veröffentlichung, der Übersetzung, dem Verkauf und der Analyse des Joyceschen Werkes markieren, so wird diese Tätigkeit doch weder dem riesigen Ausmaß an internationalem Austausch gerecht, der sich in der Rue de l'Odeon vollzog, noch dem weitreichenden Interesse an allseitiger Zusammenarbeit, das die Maison des Amis des Livres wachrief. In den zwanziger Jahren konnten Adrienne Monnier und Sylvia Beach zusammen außer dem Emigranten James Joyce zahlreiche andere Schlüsselfiguren der amerikanischen und britischen Moderne mit offenen Armen begrüßen. Daß im Ausland lebende Autoren wie T. S. Eliot, Ernest Hemingway und Bryher (Winifred Ellerman) in den dreißiger Jahren sich wieder dort einfinden, nach dem Exodus der Amerikaner und dem Beginn der Wirtschaftskrise, als für Sylvia Beach die Not am größten war, ist ein Tribut an die Stärke der einmal geknüpften Bande. In ihrem Artikel von 1936 »Lesungen bei Sylvia« weist Adrienne Monnier auf die eindrucksvollen Lesungen hin, die in jenem und im folgenden Jahr bei Shakespeare & Co. stattfanden, um die Buchhandlung zu retten.

Zweifellos schuldete die kollektive Anstrengung, die diesen Lesungen zugrunde lag, einiges dem Geist der Zeit, dem Geist der riesigen »Internationalen Schriftsteller-Kongresse« sowie der die Gemeinsamkeit betonenden Politik der Volksfront, in der viele der bei den Lesungen Anwesenden, auch Adrienne Monnier, eine gewichtige Rolle innehatten. Wie dem auch sei: dieser internationale Kongreß en miniature kam auf Initiative der »Freunde von Shakespeare & Co.« hin zustande, mit Adrienne Monnier als Schatzmeisterin und ins Leben gerufen von einem vielköpfigen Leser-Komitee hohen Ranges, das sich beinahe vollständig aus echten Odéoniern zusammensetzte, aus André Gide etwa, seinen alten Freunden Paul Valéry und Jean Schlumberger, Jean Paulhan, Luc Durtain, Jules Romains und Georges Duhamel, von denen die meisten nie den Kontakt zur Rue de l'Odéon verloren oder sich trotz enormen Erfolges nie sehr weit entfernt hatten. Adrienne Monnier bemerkt, daß sie sich den Ehrfurcht einflößenden Namen Paul Claudels auf der Liste gewünscht hätte, aber er verzieh ihnen die Veröffentlichung des *Ulysses* nicht. Angetrieben vom Wunsch, ihre große Schuld zurückzuzahlen und öffentlich Solidarität zu demonstrieren, versammelten sich die »Freunde« zwei Jahre lang und von weither kommend, um miteinander zu sprechen und einander zuzuhören – André Chamson und Jean Prévost waren da, um Stephen Spenders und Hemingways gemeinsame Lesung zu hören, James Joyce, Bryher und Walter Benjamin kamen extra herbei, als Paul Valéry seine Gedichte vortrug. Hinter den Kulissen warben, wie etwa Bryher und Dorothy Richardson in England, sie Unterstützer, opferten Zeit und spendeten Geld – Bryher das meiste von allen.

Diese Konstellationen am Sternenhimmel der Literaturgeschichte entsprangen allerdings der prästabilierten Harmonie der Maison des Amis des Livres. Die Quelle dieses anscheinend endlosen Stroms, der so viele so sehr weit vorangerissen hatte und dessen Unterströmung, der nicht auszuweichen war, alle Zuflüsse zu neuen Zusammenflüssen trieb, lag in den frühesten Jahren der Buchhandlung. Bis zum Jahre 1923 hatten kämpferisches Engagement, Zusammenarbeit und gegenseitige Achtung bereits die Atmosphäre von je drei Lesungen Jules Romains' und Paul Valérys, je zwei Duhamels und Claudels sowie vielen anderen geprägt. Wir finden dort nicht nur Valery Larbaud, der James Joyce vorstellt, sondern auch Romains und Léon-Paul Fargue, die Claudel lesen; Gide, der Texte Fargues darbietet; Fargue, Gide und André Breton, die sich Arbeiten Paul Valérys widmen; Darius Milhaud, der Gide vertont; Fargues Freund und Mitarbeiter Satie, der seinen *Socrate* mit Cocteau als rezitierendem Sprecher uraufführt.

Hinzu kommt, daß diese von Adrienne Monnier auf den Weg gebrachte offene Gemeinschaft des geistigen Austauschs in ihrem »Hause« von Beginn an durch einen in gleichem Maße rührigen »Auslandsdienst« ergänzt wurde. Über die inoffiziellen Vermittlungen Sylvia Beachs oder Valery Larbauds hinaus gab es da noch die offiziellen Diplomaten, die mit ihren Gedanken, Briefen und häufig mit ihren Werken zu ihrem »Haus« zurückkehrten: nicht nur der düstere Claudel, sondern auch der junge Jean Giraudoux (dessen Ideal wohl eher Larbaud als Claudel war), Saint-John Perse (Alexis Leger) und Henri Hoppenot. Sie führten ihre Missionen des Quai d'Orsay mit der Monniers zusammen und geleiteten einen stetig sich vergrößernden weiten Kreis von »Freunden« zu der Schwelle, von der, wie Hoppenot sich ausdrückte, ein Licht zu »allen Schwellen des Exils« ausging. Während er diese Worte schrieb, mag er sich der unauffälligen Ankunft Marcelle Auclairs oder der tragischen Abreise Walter Benjamins erinnert haben oder des einen wie des anderen, denn an beidem war er beteiligt. In beiden Fällen war das Jahr 1923 der Anfang einer langen Reise, für sie eine Reise aus dem »Exil« zum Erfolg, für ihn eine ins Exil.

Der Vergleich verdeutlicht darüber hinaus, wie sehr die »Mission« von Monniers »Haus« – das heißt seine Funktion als Schutzmacht und sein tätiges Engagement, der internationale Austausch und die Dimension der Zusammenarbeit – nicht nur ihrem ursprünglichen Begriff treu blieb, sondern im Fall neuer Freundschaften und angesichts ernster neuer Notlagen, sozialen Umbruchs und wirtschaftlichen Niedergangs eher noch an Gewicht gewann.

Kaum abzuschätzen ist der frühe, aber entscheidende Einfluß Monniers auf die Karriere Marcelle Auclairs, der Romanautorin, Übersetzerin und Begründerin sowie Herausgeberin von *Marie-Claire*. Nachdem sie 1923 Chile verlassen und Hoppenot sie in die Rue de l'Odeon geschickt hatte, führte Adrienne Monnier sie in ihren Kreis ein und integrierte sie dort, wurde ihre Verlegerin, sandte sie zu Larbaud – der für ihren ersten französischen Roman ein Vorwort schrieb – und brachte sie sodann zu Marie Laurencin, die für das Buch ihr Portrait malte und im Laufe der Zeit für Marcelle Auclair zur lebenslangen Freundin und zum Modell einer emanzipierten Frau wurde, wie auch Monnier es war. Die immer engere Freundschaft zwischen Walter Benjamin und Adrienne Monnier in den Jahren von 1930 bis 1940 illustriert sehr präzise, wie sehr sich das literarische Leben in Paris und die politischen Umstände in Europa – und daher das Klima in der Rue de l'Odéon – geändert hatten.

Die Rue de l'Odéon blieb ein bedeutender Kreuzungspunkt in einer sich verändernden Welt, die neue Antworten verlangte, und Monnier baute auch weiterhin auf verborgene Kontinuitäten in einer Zeit, in der sich alle der historischen Implikationen ihres Handelns und der politischen Konsequenzen ihrer Position bewußt waren. 1923 wurde das Manuskript von Legers *Anabasis*, das Larbaud Monnier vortrug, aufgrund ihrer Bemühungen sofort gedruckt und als Meisterwerk begrüßt. Das Exemplar, das Rilke besessen und mit Anmerkungen für die von ihm begonnene und dann von Benjamin zu Ende geführte Übersetzung versehen hatte, kehrte 1940 an seinen Ursprungsort zurück, allerdings verwandelt. Gleichsam die Narben der dazwischenliegenden Jahre des Kampfes tragend, gelangte dieses Exemplar nun als ein Zeichen der Dankbarkeit zu Henri Hoppenot. Der hatte – kurz bevor Walter Benjamin bei dem Versuch starb, aus Frankreich in die Freiheit zu entkommen – auf Adrienne Monniers Fürsprache hin in den Jahren 1939 und 1940 zweimal interveniert und so Benjamin aus großer Gefahr gerettet. Immer wieder hatten Adrienne Monnier und ihr Kreis Freunde mobilisiert und Geld aufgebracht, um Walter Benjamin vor Internierung und Haft zu bewahren, Freunde wie etwa Bryher, die das Geld für die versuchte Flucht nach Amerika zur Verfügung stellte. Auch war Adrienne Monnier zu Benjamins Lebzeiten die allerletzte, die ihm – in der letzten Ausgabe ihrer schmalen *Gazette des Amis des Livres* – Raum für die Veröffentlichung einer Arbeit bot, der Analyse eines Buchs, das sie beide liebten und diskutierten, eines Buchs von Monniers engem Freund Georges Salles. Indem sie nach dem Krieg Aufsätze von ihm und über ihn in Zeitschriften publizierte, Würdigungen des von ihm Geleisteten, war sie ebenfalls eine der ersten, die sein Werk aus den dreißiger Jahren für die Nachwelt retteten und das Andenken an seine Bedeutung bewahrten.

Zusammen mit seinen Freunden Siegfried Kracauer und insbesondere Gisèle Freund, beide wie er deutsch-jüdische Flüchtlinge und kritische Denker, hatte Walter Benjamin in der Rue de l'Odéon nicht nur Asyl gefunden, sondern auch fruchtbaren französischen Boden, in dem sein Denken Wurzeln schlug und aus dem neue Werke hervorgingen. Für Adrienne Monniers Einfluß gibt es deutliche Anzeichen – so man weiß, wo danach zu suchen ist – in der Gesamtheit seiner Schriften aus den 30er Jahren, deren Entstehung ihre zahlreichen Diskussionen begleitete. In ihren eigenen Schriften, von vor und nach dem Krieg, mehren sich von Jahr zu Jahr die deutlichen wie auch die verdeckteren Spuren dieser Gespräche. Ihr »commerce intellectuel«, wie Adrienne Monnier es ausdrückt, war möglicherweise für ihrer beider Denken »am ertragreichsten«. So hat Gisèle Freund (vielleicht nur ein wenig übertreibend) hervorgehoben, daß sich Adrienne Monnier unter all den anderen gerade Walter Benjamin geistig am nächsten fühlte.

Es war Mitte der 30er Jahre, als die schon an die geschützten Gestade der Rue de l'Odéon gespülte Gisèle Freund Walter Benjamin, kein Fremder dort, in diese Straße zurückführte. Daß Adrienne Monnier beide herzlich aufnahm, beweist einmal mehr ihr sicheres Urteil und ihre vorurteilsfreie Offenheit. Als Benjamin 1930 zum erstenmal Monnier besuchte, war es als Auslandskorrespondent, bedeutender Kritiker und etablierter Übersetzer der größten französischen Literatur. Er hatte bereits Saint-John Perse, Marcel Proust, Aragon und Baudelaire übersetzt. Zahlreiche Schlüsselfiguren in der literarischen Welt Odéonias, allen voran Paul Valéry und André Gide, hatte er interviewt oder über sie geschrieben. Kurze Zeit später sollte er auch Erzählungen Adrienne Monniers ins Deutsche übertragen. Als er jedoch als Verbannter zurückkehrte, eines Publikums für seine unorthodoxen kritischen Schriften zumindest in seiner Muttersprache so gut wie beraubt, da mußte er nicht weniger einen neuen Anfang machen als Gisèle Freund, die gerade begonnen hatte, mit der Photographie zu experimentieren, und versuchte, ihr Studium der Soziologie und Ästhetik an der Sorbonne fortzusetzen.

Adrienne Monnier betrachtete schon bald die junge Frau als ihren, wie es ihr Witz ausdrückte, persönlichen »Dreyfus-Skandal«. Nüchterner formuliert, Gisèle Freund wurde Monniers Protegée. Es ist kaum übertrieben zu behaupten, daß die Rue de l'Odéon bei Freunds rascher Entwicklung zu einer Pionierin der Photographie einen ganz erheblichen Beitrag leistete. 1936 übernahm es Adrienne Monnier selber, die Gisèle Freund den ganzen Weg über beigestanden hatte, deren Doktorarbeit zu verlegen, die zukunftsweisende soziologische Studie über die Entstehung und Entwicklung der *Photographie en France au 19ième siècle.* In der Maison des Amis des Livres fand Freund, räumlich wie geistig, die Umgebung, die es ihr ermöglichte, ihre Portraits berühmter Schriftsteller und Künstler in Angriff zu nehmen, mit denen sie ihrem Namen als einer vollendeten Portraitistin und Meisterin ihres Fachs Geltung verschaffte. Einer der frühesten Versuche, sich das nagelneue Medium der Farbphotographie nutzbar zu machen, nahm sich das zur Rue de l'Odéon an sich gehörende Symbol der Beherrschung des künstlerischen Mediums zum Sujet: Paul Valéry. Die Lichtbild-Vorführungen, die 1939 in der Rue de l'Odéon stattfanden, waren eine Sensation. Auch heute noch legen Gisèle Freunds bewunderte Photographien von Joyce, Monnier und Beach, ganz zu schweigen von all den anderen Odéoniern, Zeugnis ab von dem riesigen Territorium von Adrienne Monniers Reich. Auch helfen sie uns, visuell etwas von dem schöpferisch-kritischen Geist zu empfinden, den Gisèle Freund mit Benjamin, Fargue und vor allem Adrienne Monnier teilte, aus deren scharfen Einsichten in den kreativen Menschen sie mit Sicherheit sehr viel lernte.

Hier, mit der von Monnier in den 30er Jahren geleisteten Arbeit, zeichnen sich die wahren Konturen ihrer literarischen Ethik und die vollen Ausmaße ihrer eigenen Kreativität immer deutlicher ab. Sie enthüllen uns neue Aspekte ihres Bewußtseins von ihrer eigenen Rolle und nicht zuletzt die mögliche Stärke einer Frau in einer entschieden von Männern geprägten Umwelt. Monnier begriff die Doppelrolle von »Protectrice« und »Animatrice« als ein Engagement für neue Formen des Sehens und Tuns, das ihr gestattete, aus dem ›Schutz‹ die Aktivierung oder Wiederbelebung schlummernden Talents werden zu lassen. Sie ignorierte dabei die starren konventionellen Trennwände zwischen Alter und Jugend, Erfahrung und Unerfahrenheit, Männlichem und Weiblichem. Ihr offener, unabhängiger Geist erfaßte und förderte neue Impulse, wo immer sie entstanden und lange bevor andere darauf stießen. Für diese schöpferischen Impulse ist die übliche Vorstellung vom geistigen Austausch oder sogar von Kreuzung einfach zu dürftig. Monniers eher organische Vorstellung von Fruchtbarkeit und Ernte mag wohl angemessener sein, um den kreativen Stoffwechsel in der Rue de l'Odéon zu fassen, der jenen kollektiven Körper entstehen ließ, mit dem Monnier sich selbst identifizierte. Denn die Rue de l'Odéon war weniger eine Durchgangsstraße als ein mächtiger Strom, ein »Flußarm« der Göttin Seine, »der jungen Fluß-Frau«, wie Adrienne Monnier ihre Schutzherrin in ihrem »Kleinen Spaziergang« nennt. Es war an diesem imaginären Pariser Fluß – der seine Gaben von weither beförderte, durchs Quartier hin zum Jardin du Luxembourg, und der zwischen den fruchtbaren Ufern der Rue de l'Odéon dahinfloß, wo Monnier, wie wir uns entsinnen, ihren »Bauernhof« gründete und Aufmerksamkeit durch ihre an Bauerntracht erinnernde Kleidung auf sich zog, ganz die in Paris geborene und aufgewachsene Savoyardin, die sie war. Aber, so müssen wir bekennen, eine Bäuerin war sie nicht.

Eine Stadtgründerin war sie, die Begründerin eines Paris im kleinen, eines idealen Paris mit seinem eigenen Glaubenssystem, seinem eigenen Handelsverkehr und Hafen, mit Import und Export. Und tatsächlich machte sie sich das Wappen und den Wahlspruch der Stadt Paris zu eigen: kein Motto eignet sich besser für Adrienne Monnier als »Es treibt dahin und geht nicht unter«, kein Symbol entspricht ihr besser als das der vom Wind geblähten Segel des »Silberschiffs«. Kein Unternehmen, auch nicht die Buchhandlung, die das Projekt anregte und stützte, war eindrucksvoller als das ihres *Navire d'Argent*, das, so kündigte die Herausgeberin in der ersten Nummer vom Juni 1925 an, »wie das der Stadt Paris« sein sollte, »zu allen Reisen bereit und zu allem Tausch, Beförderer eines geistigen Vermögens, das zur Verbreitung und Vermehrung bestimmt ist«. Wie kaum eine andere verkörpert diese Zeitschrift die Freiheit, das Engagement und die Erfahrungen der Epoche der Avantgarde und deren geistiges Erbe. Mit ansteckender Begeisterung und mit einer scharfsinnigen und weitsichtigen Urteilskraft, um die manch ein Verleger oder Kritiker sie wohl beneiden dürfte, hat Adrienne Monnier ganz neue Konstellationen in den Himmel der literarischen Moderne eingezeichnet. Für ihre damaligen Leser, wie etwa den ans Bett gefesselten Rilke, fingen die Seiten der kurzlebigen Zeitschrift die kreative Spannung und geistige Erregung in der Monnierschen Gemeinschaft unmittelbar ein. Für uns, denen einige der kühnsten Experimente heute ganz solide vorkommen und für die der ursprünglich vom »Modernsten« ausgehende Schock verschwunden ist, wird darin die nicht greifbare Stimmung der Epoche spürbar und die jenes Abenteuer begleitende geistige Erregung wieder wachgerufen. In dem idealen Gesamt-Paris dieser Seiten, wo »Stadt und Fluß im Einklang singen«, spiegelt sich die ganze dynamische, facettenreiche Adrienne Monnier: beispielhafte Gesprächspartnerin und vollendete Poetin und Erzählerin, couragierte Verlegerin unbekannter Autoren und mit scharfer Zunge versehene Kritikerin ehrgeiziger Rivalen, begeisterte Mitarbeiterin und anspruchsvolle Lektorin, wagemutige Übersetzerin und kenntnisreiche Bibliographin ausländischer Literatur, geistreich-amüsante Reporterin an den Schauplätzen des Tages und Wegweisende zu den aufsehenerregenden Ereignissen zeitgenössischer Kultur, unermüdliche Förderin anderer schreibender Frauen und herausragende literarische Gestalt in einer Welt, die Frauen nicht als gleiche anerkannte.

Die allererste Ausgabe war schon bestimmend für das Folgende. Kein einleitender Aufsatz hätte Monniers Unternehmen besser charakterisieren und mit dem Anliegen der Zeitschrift mehr in Einklang stehen können als »Lob von Paris«, Larbauds Erkundung eines Terrains, die man fast schon für surrealistisch inspiriert halten könnte. Es war jedoch der zentrale Gedanke, Larbauds Ausweitung und Neubestimmung des »Begriffs Parisertum«, der großen Reiz auf Ernst Robert Curtius ausübte und auch dessen Freund Max Rychner faszinierte, der diese Arbeit übersetzte, die für beide das Beste der europäischen Kultur verkörperte. »Man ist in dem Maße Pariser, als man die materielle oder geistige Macht von Paris bereichert«, urteilt Larbaud, und sein Beispiel »Walt Whitman, ein echter Pariser, ohne in Paris geboren zu sein«, dient seinem Essai als Motto und Thema. Valery Larbaud verstand dieses den Fremden nicht nur einbeziehende, sondern preisende Bild des sich alles einverleibenden Paris, eines Magneten, der seine Stärke von außen hereinzieht, auch als Hommage an die Übersetzung überhaupt und insbesondere als eine Bezeugung von Solidarität mit seiner Freundin Sylvia Beach, die seine Leidenschaft für Whitman teilte. Zusammen mit Adrienne Monnier übersetzte sie einen langen, bislang unveröffentlichten Text Whitmans für ein Sonderheft der Zeitschrift, das sich jungen nordamerikanischen Autoren widmete und das sie mit ihrer Freundin gemeinsam herausgab.

Für die erste Nummer aber übersetzten sie T. S. Eliots »Prufrock«, was, wie er bestätigte, sein Werk dem französischen Publikum bekanntmachte. Internationale Zusammenarbeit und Übersetzungen gab es in der Folgezeit reichlich: Rilkes Übertragung eines Gedichts von Paul Valéry und die ersten auf französisch erschienenen Passagen seines *Malte*, ein Blake- und ein Svevo-Heft, die Sondernummer mit den Autoren William Carlos Williams und e. e. cummings, McAlmon und Hemingway, Übersetzungen aus dem Spanischen von Marcelle Auclair, Auszüge aus Literatur und Dichtung von Luther bis Lawrence. Als James Joyces *Work in Progress* woanders abgelehnt wurde, stellte es Monnier dem französischen Publikum auf englisch vor – der Strom der Wörter in »Anna Livia« ist ebensosehr eine Huldigung an die Seine wie an die Liffey, an die zwei Frauen aus der Rue de l'Odéon wie an die Wäscherinnen von Dublin.

Diese Übersetzungen und die Beiträge solcher Autoren wie der in Lateinamerika geborenen Jules Supervielle und Auclair, von denen Larbauds gar nicht zu reden, waren von internationaler Breite und hoher Qualität, ganz wie diejenigen, die in der sehr viel berühmteren und exklusiveren Zeitschrift *Commerce* (die Monnier ebenfalls auf den Weg brachte) erschienen, und man kann in Anbetracht der »kommerziellen« Natur des Monnierschen Unternehmens mit ebensolcher, vielleicht sogar noch größerer Berechtigung auf diese wichtige Seite von Monniers *Navire d'Argent* das Lob beziehen, das Franz Hessel jener Tätigkeit ausgesprochen hat:

> Commerce? Kommerz? Der Deutsche denkt bei diesem Wort zunächst an Handel, aber der Gott des Handels und Wandels behütet dieses Unternehmen, (...) nicht als Patron der Kaufleute und Diebe, sondern als Götterbote, Seelengeleiter und Mittler zwischen getrennten Welten. Dieser Commerce ist Austausch im internationalen und zeitverbindenden Ideenreich. Hier werden »gute Europäer« zu einer Gemeinschaft versammelt, und dabei gibt es überraschende und glückhafte Begegnungen (...) Hier ist Verantwortung, Mut und Aufrichtigkeit. Hier wird gute europäische Geistespolitik getrieben.«

Auch sollte es nicht überraschen, daß das erste Heft einen langen Aufsatz zu Paul Valérys *Cahiers* enthielt, geschrieben von dem jungen Mann, den Adrienne Monnier zum Chefredakteur gemacht hatte, ein Essai, für dessen Deutung der Autorintention Valéry dem Verfasser hohes Lob aussprach. Überraschend ist indes, daß dieser junge Mann, Jean Prévost, kaum bekannt war. Später, als anerkannter Schriftsteller, sollte er bestätigen, daß »ihre Wahl ein Zeichen von Verwegenheit (war)«, er fügte jedoch, ihr für Loyalität und hilfreichen Rat dankend, hinzu: »Nie war ich an einem großmütigeren und heitereren Unternehmen beteiligt.« Unzweifelhaft gerechtfertigt war ebenfalls ihre Intuition, was Prévosts Freunde Chamson und den völlig unbekannten Antoine de Saint-Exupéry betraf, der sein Debut als Autor mit den Gedanken gab, die ihn weltberühmt machen sollten. Auclair, die an diesem Ort eine Anzahl von Erzählungen veröffentlichte, wurde bald Prévosts Freundin und schließlich seine Ehefrau. Geradeso unerwartet erscheint ein weiteres Debut, das des jungen Pierre Klossowski, der eine treffende Analyse der Beziehung zwischen Rilke und Valéry vorlegte. Solche Entdekkungen füllen die Seiten des *Navire d'Argent* mit der Atmosphäre des literarischen Aufbruchs und verstärken das selbstbewußte Engagement, das aus den hitzigen Kontroversen der verschiedenen Schulen und Bewegungen der Avantgarde seinen besondern Ton bezieht.

Diese neuen Glanzlichter der literarischen Pariser Szene trafen nun zusammen und verbanden sich mit den noch bedeutenderen aus dem Kreis der frühen Freunde und Verbündeten Monniers, die inzwischen zu Berühmtheit gelangt waren und von denen fast alle ihre neuesten Arbeiten oder unkonventionellere, persönliche Beiträge beisteuerten (mit der großen Ausnahme von André Gide, der sich in Afrika aufhielt, und Léon-Paul Fargue, dessen Abwesenheit, wie wir sehen werden, kein Zufall war). Diese Verbindung – besonders vor einem Hintergrund, den die Auswahl von Texten vergessener Klassiker bildete, welche ihre aktuelle Bibliographie übersetzter Werke illustrierte – ist in ihrer Wirkung überwältigend. Vielleicht hieße es zu weit gehen, das *Navire d'Argent*, Christopher Marlowe variierend, ein »Schiff, das an die tausend Antlitz' zwang zur Meerfahrt« zu nennen, jedoch hat sich ihm deutlich derselbe Charakter eingeprägt, der in dem Handabdruck zum Vorschein kommt, den zehn Jahre später die Psychologin Dr. Charlotte Wolf, eine der ältesten Freundinnen Walter Benjamins, deutete: Sie sieht »die Dichterin, Adrienne Monnier«, wenngleich gebunden an die »materialistische Welt«, als die weltlichste aller Spiritualisten – das heißt, ihr »zusammenfügender Geist, dem es um die breite

Verknüpfung der Ideen zu tun ist«, wurzele in seltenen intuitiven und schöpferischen Kräften, die »eine prophetische Gabe und ungewöhnliche Hellsicht« erkennen lassen. Wie hätte Adrienne Monnier ohne diese Gabe die, wie Bryher mitteilt, erste sein können, die in Hemingway, den noch niemand ernst nahm, den Autor erkannte, dessen Ruhm den all der anderen überstrahlen würde?

Bryher gegenüber bemerkte sie, es habe daran gelegen, daß ihm sein Metier am Herzen lag. Diese Betonung des Metiers, der Technik, wie man es später nannte, gehörte zu den elementarsten von Adrienne Monniers kritischen Prinzipien und war ein Schlüssel zu ihrer sicheren Urteilkraft, ihrem »mystischen« Glauben an das innere Empfinden, das es ihr möglich machte, über wahren künstlerischen Wert in einer Zeit zu urteilen, in der die Grenzlinien zwischen den Schulen der Moderne, zwischen Formen und Gattungen und selbst zwischen Kunst und Leben fließend geworden waren. Der spontanen Herzlichkeit, der freundlichen Ermunterung und dem heiteren Wohlwollen, die sie den jungen Autoren, die zu ihr in die Lehre kamen, entgegenbrachte, stand auf der anderen Seite ihr Appell an Strenge und künstlerische Disziplin gegenüber. Ob sie eine Bewegung wie etwa den Surrealismus ablehnte oder nicht, hing in hohem Maße davon ab, wie ernsthaft deren Anhänger die eigenen technischen Experimente betrieben. Auch für ihr Lob der Leistungen dieser Autoren und Maler galt der gleiche Maßstab, wie man den Kritiken aus *Navire d'Argent* und späteren Essais wie etwa »Ein Liebhaber des Surrealismus« entnehmen kann sowie ihrem »Portrait André Bretons« und den Gesprächen mit Walter Benjamin von 1930, die über ihre Beziehung zu Breton gleichfalls einiges zu berichten haben.

Bis zu einem gewissen Grad erklärt diese Haltung Monniers auch den »intelligenten Eklektizismus« ihrer Zeitschrift und ihres Projekts als ganzem, das man als bewußte Alternative zu den surrealistischen Zeitschriften und Unternehmungen betrachten kann, die von autoritär-männlicher Exklusivität geprägt waren. Ihr Begriff von Metier erlaubte es ihr, gleichzeitig die ausgefallenen Stickereiarbeiten ihrer Schwester zu fördern wie die gesamte lange Karriere des »guten Genies« Paul Valéry, der »le plus familier et le plus transcendent des Maitres« war. Seine geistige Behendigkeit, sein Scharfsinn und Esprit gründeten sich einzig und allein auf den »Imperativ« Monsieur Testes: die absolute Beherrschung des Metiers. Folglich war es Paul Valéry, den Adrienne Monnier 1924 bat, die Einleitung für den Katalog zur ersten Ausstellung der Handwerkskunst ihrer Schwester zu schreiben, sowie der »Handwerker« Léon-Paul Fargue, der den Ausstellungskatalog von 1927 einleitete – mit einem Text, den er Paul Valéry widmete. Dennoch nutzte sie das, was sie von diesen Meistern gelernt hatte, nicht bloß, um Hemingway auf den Weg zu bringen.

Das *Navire* versuchte gleichfalls, die Erzähler-Karriere eines/einer gewissen J.-M. Sollier anzukurbeln. Mit einem experimentellen, den »inneren Monolog« verwendenden Text, der »Wein trinkender Mann« betitelt war und in der allerersten Nummer erschien, gab auch J.-M. Sollier, niemand anderes als Adrienne Monnier selbst, ihr Debut. Einige Monate darauf folgten »Die Klatschbasen« (»Godwives« in Sylvia Beachs recht unglücklicher Übersetzung). Zwei Jahre später griff Eugène Jolas Adrienne Monniers »Mann« wieder auf und übersetzte ihn für seine Zeitschrift *transition*, die ebenfalls von Monnier und Beach die Publikation des *Work in Progress* übernommen hatte; für Monniers Erzählung fand er zwischen James Joyce und Carl Sternheim, zwischen Gertrude Stein und Kay Boyle einen angemessenen Platz.

Ihr Freund früherer Jahre, Jean Paulhan, nun Herausgeber von Gallimards *Nouvelle Revue Française*, veröffentlichte zwischen 1927 und 1931 drei weitere ihrer Erzählungen. Folgt man Walter Benjamins Aufzeichnung seines Gesprächs mit Adrienne Monnier aus dem Jahre 1930, so war es auch Paulhan, der sie dazu ermunterte, eine Fortsetzung zu »Vierge Sage« von 1929 zu schreiben, woraus »Vierges Folles« hervorging. Walter Benjamin schrieb ihr nach erneuter Lektüre sämtlicher ihrer Erzählungen, die Adrienne Monnier in dem

Band *Fableaux* gesammelt und 1932 selbst gedruckt hatte. Er zeigte sich »tief beeindruckt« von den »großartigen Seiten« und äußerte den Wunsch, sie zu übersetzen, da er meinte, wie er es ausdrückte: »Es gibt in diesen Versuchen etwas, was mich anblickt.« »Kluge Jungfrau« erschien in der Kölnischen Zeitung, während eine Übersetzung der 1927 geschriebenen »Servante en Colère«, die für die Frankfurter Zeitung bestimmt war, offenbar nie erschienen ist.

Zweifellos fiel der Erfolg ihrer Geschichten bescheidener aus als der, den Hemingways Erzählungen hatten. Über diese sprach jeder, von Claudel bis Gallimard, der auf der Stelle vorbeikam und ihm einen Buchvertrag anbot – bemerkenswert für einen Autor, der kaum damit begonnen hatte, seine Geschichten auf englisch zu veröffentlichen. Allerdings muß man sich klarmachen, daß es geradeso sensationell wie der Hemingwaysche Erfolg war, daß überhaupt eine von einer Frau verfaßte Erzählung in einer Zeitschrift wie dem *Navire d'Argent* erschien. Mehr noch, Adrienne Monnier veröffentlichte in einer französischen literarischen Welt, die so gut wie nur eine große Ausnahme von der Regel kannte, nämlich Colette, noch weitere Erzählungen sowie Geschichten einer anderen unbekannten Frau, Marcelle Auclair. Dazwischen berichtete sie bei jeder sich nur bietenden Gelegenheit über schreibende Frauen, druckte Gespräche mit Frauen ab sowie Übersetzungen und zahlreiche Gedichte von ihnen, darunter im letzten, der Dichtung sich widmenden Sonderheft des *Navire* vom Mai 1926 zwei ihrer eigenen. Im darauf folgenden Monat veröffentlichte sie einen Gedichtband, *Les Vertus*, unter ihrem eigenen Namen, einem Namen, der, wie sich Valery Larbaud in seinen lobenden Briefen ausdrückte, so fest mit der zeitgenössischen französischen Literatur verbunden sein sollte wie der Marianne Moores mit der amerikanischen.

Valery Larbaud forderte sogar dazu auf, eine Studie oder kritische Würdigung zu schreiben – aber weder er selbst noch jemand anderes stellte sich dieser Herausforderung. Jedoch stand Larbaud dem *Navire d'Argent* begeistert zur Seite, sah sich mehr oder weniger als sein »Steuermann« und nahm während der gesamten zwölf Monate, die das Unternehmen dauerte, aktiven Anteil, zunächst mit Aufsätzen und dann, von Lissabon aus, indem er sich an dem lebendigen Austausch von Briefen und Informationen beteiligte, den die Zeitschrift veröffentlichte. Solch entschiedener Rat und Beistand wie der Larbauds für Monnier, Beach und Auclair war ganz und gar ungewöhnlich in einer Gesellschaft, die Frauen in allem, was Literatur betraf, den gleichen Status verwehrte, sie vielmehr, wie de Beauvoir so umfassend dargetan hat, als in jeder Hinsicht Bürger zweiter Klasse ansah. Noch bemerkenswerter jedoch ist es festzustellen, daß Monniers scheinbar ganz harmloser »Brief an Larbaud« (eine Betrachtung zu ihrer mit Sylvia Beach unternommenen Übersetzung von Whitmans Manifest gegen politische Mißstände und Robert McAlmons rauher, freimütiger Erzählung) eine emotionale Zustimmung zur feministischen Sache und eine heftige Verteidigung der unerschrockenen weiblichen Intellektuellen von Paris enthielt.

Kaum hatte das *Navire* den Mittelpunkt seiner Entdekkungsreise erreicht, hatte Adrienne Monnier damit begonnen, ein für sie als Schriftstellerin neues Gebiet zu erobern. Der Larbaud-Brief stellte nur einen Anfang dar. Aus dieser neuen Welt, ihrer Gazette, entsprang ein Strom glänzender Essais und Kommentare, mit denen man ihren Namen am meisten in Verbindung bringt und die sie auch lange nach dem Ende des *Navire* in anderen Zeitschriften fortführte – in ihrer ebenfalls eigenen, in den 30er Jahren erscheinenden Zeitschrift *La Gazette des amis des livres*, in der *NRF*, dem *Mercure*, den *Lettres Nouvelles* und anderswo. Mit der Berichterstattung über literarische Ereignisse beginnend und fast dreißig Jahre später mit Filmkritiken und rückblickenden Kommentaren endend, machten diese fortlaufende Dokumentation ihrer kulturellen Umgebung und ihr vierzig Jahre währendes literarisches Leben aus ihr so etwas wie eine französische Janet Flanner. Mehr noch: Wie in den Briefen ihres amerikanischen Pendants spielen Frauen-Bilder eine immer herausragendere Rolle, bis sich ihre Sache wie ein parallel laufender Subtext liest, gleichgültig, welcher eigentliche Text ihm zum Vorwand dient. Mag sie auch bei sich bietender Gelegenheit auf besondere Leistungen von Frauen von London bis Buenos Aires ein Schlaglicht werfen, so bringt sie doch Fragen, die auf den Status von Frauen in der literarischen Welt und auf das von ihr selbst als Frau Erreichte sich beziehen, auf eher indirekte Weise zur Sprache.

Vielleicht bewußt die Stellung der Frau in ihrer Gesellschaft reflektierend, tut sie es hauptsächlich vermittels gelegentlicher gewandt vorgebrachter Nebenbemerkungen in ihren Dialogen mit Zeitgenossen und mit uns, in ihren aufschlußreichen Anekdoten und ihren Gesprächen. Ohne Biographie oder Autobiographie zu schreiben, hält Monnier dennoch Wesentliches in den Stimmen anderer und in den kleinsten Bruchstücken ihrer eigenen Erfahrung fest. Sie konstruiert eine eigene Identität als Frau durch die Erschaffung einer eigenen Welt – Odéonia – ein Land der Bücher, der menschlichen Gesichter, der Erinnerung, und vor allem ein Land, »in dem die Mütter uns wiegen und immerfort zulächeln«. Es ist eine Welt, in der Monnier gleichsam, mit Virginia Woolf zu reden, durch »Tausende von Ahninnen« gemeinschaftlich denken und als Person sprechen kann. Besteht eine gewisse Ähnlichkeit zwischen den vielseitigen persönlichen, politischen und literarischen Interessen in Monniers Gazetten und denen in den sozialkritischen, journalistischen und biographischen Schriften ihrer Zeitgenossin Woolf, so treffen sich die beiden unverkennbar in den Rhythmen und Resonanzen dessen, was Woolf in der 1923er Kritik ihrer Vorläuferin Dorothy Richardson den »Satz einer Frau« nennt. Dieser soll ein Satz sein, der »unaufhörlich die vielfarbigen und zahllosen Fäden des Lebens« zusammenwebt. Auch wir können wie André Gide nur mit Erstaunen vermerken, daß wir Monnier in ihrer Gazette *sprechen* hören, daß wir in ihren Worten wiederfinden, was er als den vollkommen natürlichen »Ton ihrer Stimme« pries, ein Ton, der, wie ein anderer Freund ihm beipflichtet, nur von jemandem stammen kann, der »aufs engste mit der Wirklichkeit verbunden ist«.

Uns mag Adrienne Monnier in ihren Essays zunächst nicht

als eine radikale Vertreterin der Moderne erscheinen, da sie keine augenfällig gegen alle Konventionen sich richtende Haltung einnimmt oder provokativ literarische Konventionen aufgibt, jedoch drücken ihre Stimme, ihr persönlicher Stil und ihre Fähigkeit, Szenen lebendig darzustellen, eine ethische Haltung und kritische Methode aus: als ›Moderne‹ versucht auch sie, die Kluft zu überbrücken, den Bruch zwischen Kunst und Leben zu überwinden, und mit Techniken, die nicht weniger kühn waren als die der extravaganten Surrealisten. Mit der ihr eigenen robusten französischen Natürlichkeit und Klarheit findet Monnier in der vornehmlich Frauen zugewiesenen Sphäre des innig Persönlichen den Ursprung und Kraftquell ihres Verfahrens. Takt und Feingefühl, menschliche Wärme und spielerische Leichtigkeit mit hoher Kunstfertigkeit und Präzision verschmelzend, entwickelt sich Adrienne Monnier zu einer der großen literarischen Portraitistinnen, die es vermag, ein unerschöpfliches Beziehungsgeflecht zu schaffen, das jeder Prosafabel ebenbürtig ist, verborgene Korrespondenzen in den Linien einer Hand oder den Zügen eines Gesichts offenzulegen sowie ganze Weltanschauungen in einem Blick oder einer unbewußten Geste, die Kraft einer literarischen Bewegung im Ton einer Stimme, einen ungesagten Gedanken in einer witzigen Anekdote. In dieser äußerst genauen Evokation von Ort und Stimme lassen sich die Portraits der Gazette mit den Bildern und den ironischen »inneren Monologen« in ihren Geschichten vergleichen, die vielleicht deutlicher von den sprachlichen und visuellen Experimenten ihrer Lehrmeister und Zeitgenossen angeregt wurden. Die Figuren, die ihre Erzählungen bevölkern, sind zum Teil die Gestalten vom Land aus Les Déserts, ihrem Zufluchtsort in den Bergen, wo ihre Mutter herrührte. Es sind zum Teil ins Leben gerufene architektonische Gestalten, allegorische Jungfrauen, Tugenden und Wasserspeier, die in der Stadt ihren Blick erwidern. Offenbaren jedoch diese Figuren, Stimmen und Orte Monniers ganz modernen Spürsinn für die scheinbar unbedeutenden Gegenstände und kurzlebigen Erscheinungen des täglichen Lebens, so ist es das unaufgeregte Untergraben aller Konventionen des Genres in den Gazettes selbst, das das Alltägliche in die Schwelle verwandelt, die uns in den wahren Raum ihrer kritischen Beobachtungen einführt, in dem sich ihre persönliche Weltsicht entfaltet.

Als sich später die Wolken des Kriegs und ökonomischer Umwälzung am sozialen und politischen Horizont verdichten, erleben wir, wie Adrienne Monnier ihre physiognomische Sehweise immer stärker auf die unscheinbaren Phänomene ihres urbanen Alltags anwendet und deren historische Dimensionen offenlegt. Ihre städtischen Miniaturen, kleine Meisterwerke ihrer »mikrologischen« Methode, erschließen Neuland in einem modernen Genre, das man gewöhnlich mit ihren Freunden Hessel, Kracauer und Benjamin in Verbindung bringt. Zusammen mit dieser erhöhten Sicherheit des Verfahrens und Ausdehnung des Fokus sehen wir, wie die vertrauten Themen und Ansichten ihrer Gazettes sich auf subtile Weise verlagern, vertiefen und erweitern und desgleichen mit der übergreifenden Sichtweise solcher Freunde wie Freund, Kracauer und Benjamin übereinstimmen. Schon 1930, also ganz von Anfang an, hatte Adrienne Monnier mit ihren Gedanken über »kollektive Schöpfungen« und »mechanische Reproduktionsmethoden«, über den Kunstgenuß einer kultivierten Elite und den universellen Zugang zur Kunst Benjamin beeinflussen können. Über die Jahre hindurch erhielten solche Ideen immer mehr einen zentralen Stellenwert in ihren Diskussionen und mündeten auch in Monniers philosophische Betrachtungen über Krieg und Antisemitismus, Massenkultur und die Stellung der Frau. Diese füllten zwischen 1938 und 1940 die Seiten ihrer *Gazette des Amis des Livres*, in der ganz am Ende auch Benjamin erschien.

Zusammen mit dieser ausgeprägt gesellschaftskritischen Orientierung zeigt sich auch eine bedeutsame Verschiebung ihrer Perspektive in bezug zu der Rolle der Frau, ein wachsendes Selbstbewußtsein. Dachte Monnier oft an Benjamin, als sie die Seiten ihrer *Gazette* entwarf, so mußte sie auch immer mehr an Bryher denken, deren Schlüsselrolle und immer engere Zusammenarbeit mit der Maison des Amis des Livres und Shakespeare & Co. hinter die avantgardistische Gründungszeit des *Navire d'Argent* zurückreichte und über Monniers Tod hinausgehen würde. Daß Monnier die erste Ausgabe der *Gazette* fast gleichzeitig mit ihrer französischen Übersetzung von Bryhers soziologisch ausgerichteter Autobiographie *Paris 1900* herausbrachte, kann als angemessenes und symbolisches Zeichen dieser Zusammenarbeit verstanden werden. In diesen Jahren übersetzte Bryher auch Monnier und machte sie als Schriftstellerin dem englischsprachigen Publikum bekannt. Ein unmißverständliches Signal war es, daß 1940 die letzte Ausgabe der *Gazette* mit Monniers »femmage« an die engagierte Herausgeberin von *Life and Letters Today* schloß, die erwiesene feministische Autorin und Förderin von Dichterinnen, Wegbereiterin einer feministisch-freudianischen Filmästhetik und Mitbegründerin der bahnbrechenden Filmzeitschrift *Close Up* war. Die symptomatische Präsenz dieser wahlverwandten Figur symbolisiert, vielleicht besser als jede andere, den neuen Anfang, den die *Gazette* für Adrienne Monnier bedeutete. Denn die *Gazette* stellt einen entscheidenden Schritt auf Monniers Lebensweg dar, der auf andere bedeutende Schritte ein Licht wirft und letzten Endes sowohl ihre vorherige wie nachfolgende Entwicklung als Autorin und Herausgeberin erhellt.

Es wäre verlockend, an dieser Stelle Monniers Entwicklung nach jenem Wendepunkt, insbesondere in der Nachkriegszeit, hervorzuheben: die wiederaufgenommenen Verbindungen und die erneute Übersetzungstätigkeit; Bryhers steigenden Einfluß, ihre Solidarität mit der Rue de l'Odéon und in ihrem Gefolge den Aufstieg neuer, doch berühmter amis des livres; die Vorstellung und die Unterstützung Henri Michaux'; und die spektakuläre Entdeckung, Förderung und Unterstützung für Yves Bonnefoy. Den besten Einblick in die Kontinuitäten der 50er Jahre gewähren die Seiten von Nadeaus und Saillets *Les Lettres Nouvelles*: – die Vorstellung Walter Benjamins; Monniers offene Gespräche mit ihren jüngeren Freunden Jacques Prevert und Michel Leiris, denen sie »kämpferische Zuneigung« entgegenbrachte; und vor allem ihre neuen Gazettes, mit ihren von Benjamin und Bryher beeinflußten Analysen neuer Filme und populärer Kultur, die nun Seite an Seite mit denen des jungen Roland Barthes standen und den Vergleich nicht zu scheuen brauchten. Aber gerade solche Erfolge weisen wieder auf frühere Etappen ihrer Entwicklung hin. Die wichtige Rolle Maurice Saillets in dieser letzten Zeit erinnert nicht nur daran, daß Monnier den damals Unbekannten für ihre *Gazette* entdeckt und ermuntert hatte, sondern auch an ihre frühere Entdeckung Prévosts. Monniers beinahe wundersame Fähigkeit oder vielmehr die wiederkehrende Notwendigkeit, einen Kreis von Mitarbeitern von neuem zu begründen – wie in den 50er Jahren mit neuen Freunden unter der Jugend und alten Freundschaften aus den Tagen der *Mesures*, die im Hafen der Rue de l'Odéon auch den Krieg überdauert hatten –, führt uns unweigerlich zu den in den 30er und 20er Jahren etablierten Mustern zurück und schließlich zu den Hintergründen ihrer Entscheidung, das *Navire d'Argent* ins Leben zu rufen.

Die Vorgänge, die zur Gründung des glanzvollen *Navire* führten und mehr als zehn Jahre später zu der des zweiten, kleinen »bulletin«, Monniers persönlichem Schaukasten für ihre eigenen Betrachtungen, weisen erstaunliche Parallelen auf. Prägte das erste Unternehmen der Überschwang und wurde es angetrieben von einer frischen, demokratischen Brise, die aus dem Amerika der 20er Jahre herüberwehte, und erfüllte das zweite der für die 30er Jahre typische selbstbewußte Geist der Gesellschaftsanalyse, so waren doch beide eindeutig als demonstrative Geste und letztlich als Unabhängigkeitserklärung gedacht. Schaut man mit Hilfe der »oral history« und der feministischen Geschichtsschreibung zurück, stellt man fest, daß Adrienne Monnier das Selbstvertrauen und das leidenschaftliche Unabhängigkeitsverlangen teilte, die beide für die vom Ersten Weltkrieg geprägten jungen Frauen charakteristisch waren. Aber im Unterschied zu vielen anderen gab sie sich darüber hinaus nicht damit zufrieden, sich in Demut zurückzuhalten – trotz der oft übermäßigen

Ansprüche seitens der legendären männlichen Schriftstellergestalten, der Gleichgesinnten, von denen sie soviel gelernt hatte und denen sie einen so reichlichen Teil ihrer Zeit, ihrer Sachkenntnis und ihrer eigenen literarischen Inspiration schenkte.

Auf den ersten Blick mag es so aussehen, als hätte Adrienne Monnier 1937 ihre Joyce-Rechte an Jean Paulhan und Gallimard bloß verkauft, um sich ihre ökonomische Freiheit zurückzukaufen. Aber indem sie die Verlegerin Bryhers und ihrer eigenen *Gazette*, das heißt ihres eigenen Schreibens, wurde, sagte sie den Jahren des Dienstes für Joyce, dieser männlichen Gallionsfigur der Moderne, für immer Lebewohl wie auch ihrer untergeordneten Rolle als selbst nichts beisteuernder Geschäftsführerin der Zeitschrift *Mesures*, eine Position, die ihr Paulhan bei der Gründung angeboten und die sie von 1934 bis 1937 innehatte. Ihr brillantes Management der elitären, international orientierten *Mesures*, der Nachfolgerin von *Commerce*, war keine undankbare Aufgabe. Monnier konnte sogar gleich eine Übersetzung von Dorothy Richardson veröffentlichen, aber die Zeitschrift eröffnete ihr als Autorin und Feministin nicht das gleiche Betätigungsfeld, wie es ihr hinter den Kulissen ausgeübter Einfluß und ihre leitende Tätigkeit bei der für Frauen bestimmten Sonderausgabe von *Vendredi* taten, der in Massenauflage erscheinenden kulturellen Wochenzeitschrift der antifaschistischen Volksfront, die ihr Protegé Chamson mitherausgab. Dennoch war Paulhan der erste, der sie ermutigte, ihre Gazettes in der *NRF* weiter erscheinen zu lassen, nachdem das *Navire* eingestellt worden war, und der außer diesen »Airs du Mois«-Berichten ihre Erzählungen veröffentlichte.

Trotz all seiner aufrichtigen Unterstützung ist allerdings der Ton seines »Die törichten Jungfrauen« betreffenden redaktionellen Briefwechsels verräterisch, wenn es um den realistischen Jargon der Mädchen und die »Schwäche« der männlichen Person geht. Die Autorin bot ihm Paroli und setzte sich in ihrer Entgegnung durch: »Übrigens hat es Sollier nicht mißfallen, daß die Jungen ein wenig vergessen worden sind.« Aber diese Situation war einer Sollier-Monnier nicht fremd, die – obwohl sie Joyce in Frankreich bekanntgemacht hatte und die einzige war in all den Zirkeln, in denen Joyce sich bewegte, die es wagte, ihm die Stirn zu bieten – bis 1940 warten mußte, um ihren Vortrag von 1931 über den *Ulysses* im Druck zu sehen, und dann auch nur, weil sie ihn selber in ihrer *Gazette* veröffentlichte (vielleicht nicht zufällig in derselben Nummer, die Bryher vorstellte), denn die männlichen Fachleute hatten von ihm bis dahin (und bis heute) keine Notiz genommen.

Bei weitem verheerender für ihre Selbstachtung war Adrienne Monniers ungeheurer Erfolg als erster Geschäftsführerin des *Commerce*, und doch regte er sie ohne Zweifel an, eine Zeitschrift zu gründen, die sie wirklich ihr eigen nennen konnte, denn sie hätte nicht stärker an der Herstellung des ersten Heftes im Jahre 1924 und auch an der Abfassung der Texte selbst teilhaben können. Die Idee zur Gründung von *Commerce* keimte in den Diskussionen, die Paul Valérys erstem öffentlichen Vortrag folgten, den er 1922 in der Buchhandlung hielt; sie entwickelte sich und nahm Gestalt an, als sie bei den Mittag- und Abendessen aufgegriffen wurde, zu denen eine einflußreiche, kreative »femme de lettres«, die gebürtige Amerikanerin Margherite Caetani, Princesse de Bassiano, lud. Sie übernahm, anonym bleibend, die Finanzierung und gewann Ansehen durch eine Zeitschrift von hohem Rang, die als Quelle der Unterstützung Valérys diente – er stand damals an einem Kreuzweg seiner Karriere – und die ihn vor dem Bel Esprit-Spendenfonds »rettete«, den eine weitere einflußreiche Neuerin unter den »ladies bountiful« (den »guten Feen«), Nathalie Barney, die »Amazone« von Paris, initiiert hatte. So kam es, daß die Stützpfeiler der Maison des Amis des Livres, Léon-Paul Fargue, Valery Larbaud und Paul Valéry Regie führten; St.-J. Perse arbeitete mit, und eine Zeile aus seinem *Anabase* lieferte den Titel: »Ce pur commerce de mon âme«; die kommerzielle, praktische Seite war Monniers Aufgabe.

Der epochemachende Inhalt des ersten Heftes war in einem beträchtlichen Maße ebenfalls ihr Werk: Jeder Text läßt erstaunen, das Ganze überwältigt einen und macht einen schwindeln, folgt man dem Lauf des verbalen Drahtseils über Valérys schwindelerregende Abgründe, vorbei an Fargues Kaskaden, entlang Larbauds ruhigen, geschliffenen Oberflächen und durch St.-J. Perses widerhallende Landschaften, um schließlich in den Rausch der Joyceschen typographischen Explosion zu fallen. Kein Bild gibt besser die »geistigen Zusammenkünfte« der Maison wieder, das schöpferische Ergebnis von Geselligkeit und Gespräch, Geduld und Mühsal, Humor und Wortspiel, das eine Lebensweise war, ein Leben in der Literatur. Die Welt der Arbeit und des Spiels, die Adrienne Monnier ihren Mit-*Potassons* erschuf, war so radikal avantgardistisch wie irgend etwas von dem, was Joyce, eingeschlossen in seinem Arbeitszimmer, mühevoll später ersann, so erregend wie und vielleicht schockierender als das, was von den Surrealisten im *Commerce* in den Jahren erschien, als Monnier die Zeitschrift schon verlassen hatte. In diesem Heft erkennen wir zudem, über die Quellen hinaus, aus denen die Autorin und Herausgeberin, zu der sie wurde, schöpfte, die verborgenen Ressourcen der Schriftstellerin, die wir hätten haben können, wären ihre Entscheidungen und die Bedingungen andere gewesen.

Monniers Abschied vom *Commerce* war zum Teil der Versuch, sich von Ausnutzung und untergeordneten Aufgaben sowie von den Verspätungen, Unmäßigkeiten und dem unverantwortlichen Verhalten der daran Beteiligten zu befreien, allen voran Léon-Paul Fargues. (Unfähig, etwas zu schreiben, ersann Fargue seine berühmte 2ième manière, als er um zwei Uhr morgens auftauchte, um der erschöpften Monnier in die Feder zu diktieren. Nicht ohne Grund nannte ihn sein Freund Paul Valéry den »Prinzen der Finsternis«). Daß ihm jedoch Monnier schließlich ihre Buchhandlung versperrte (obwohl sie ihm nicht die Freundschaft aufkündigte, wie es Larbaud kurz darauf tat), war nur zum Teil das Resultat seiner legendären Unpünktlichkeit, seiner Versuche, für Gallimard herumzuspionieren, oder auch der Verleumdungen und Intrigen, die er in seiner Unfähigkeit, Verantwortung zu übernehmen oder eigene Schuld anzuerkennen, ausheckte – die Ursache lag weniger in seinem Verhalten als in einer grundlegenden Voreingenommenheit, eine Haltung, die symptomatisch für ein weit größeres Problem war, das sich Adrienne Monnier stellte:

Mit der größten Freude sehe ich sogar, wie in ihr eine vorzügliche Schriftstellerin heranwächst und sich entfaltet, die sie mit immer weniger Mühe verkörpert und die nur zu fragen braucht, wenn sie ihren Platz einnehmen will. Sie hat also Besseres zu tun, als die Klatschbase (»commère«) der Literatur zu sein, und jemand sollte ihr dies wirklich mal sagen. Denn wenn ihre guten Eigenschaften die eines Mannes sind, so sind ihre Schwächen, die vielleicht jene übersteigen, die einer Frau.

Es besteht kein Zweifel daran, daß die Autorin in ihrer Geschichte von zwei starken Frauen eines Dorfes – Matriarchinnen mit unendlichem Gedächtnis, »omnipotent« jetzt, da ihre Männer nicht mehr da sind, Klatschbasen vom Land, die sich täglich in ihrer Straße treffen und die das Dorf als Königinnen betrachtet – ein Stück Selbstironie im Sinn hatte. Léon-Paul Fargue hingegen, der Mann, der so viele Gerüchte in Umlauf setzte wie keine Concierge in Paris und der in jenen Jahren mehr von Monniers Zeit und Energie verschlang als irgendein anderer, er war nicht fähig, eine sanfte Satire auf die beschränkten Auswahlmöglichkeiten und nicht akzeptablen Rollen richtig einzuschätzen und zu verstehen, die Adrienne Monnier, die Herausgeberin und angehende Schriftstellerin, im Innersten ablehnte und doch gezwungen war anzunehmen.

Heute läßt sich kaum ermessen, wieviel Kühnheit und Mut, Willenskraft und unabhängiger Geist Monnier (noch dazu als junger Frau) abverlangt wurde, um überhaupt eine Zeitschrift zu gründen oder ihr ihren eigenen Stempel aufzudrücken und allmählich das von ihr selbst Geschriebene zum Kernstück zu machen. Sie tat dies mit minimalem Etat, ohne Rückhalt bei Verlegern wie Gallimard, ohne die Protektion aristokratischer Salons, die Unterstützung durch reiche »femmes de lettres«

wie Barney und Caetani oder das Privatvermögen einer Bryher. Als ihre Schulden sie erdrückten und das *Navire* sank, ironischerweise ihr Motto »Geht nicht unter« Lügen strafend, da lehnte sie zahlreiche Hilfsangebote ab, um ihre Selbständigkeit zu wahren, und opferte statt dessen ihre wertvollsten Besitztümer: die Ausgaben der Bücher, welche ihre Autoren mit Widmungen an sie versehen hatten, wofür man sie als gewinnsüchtig angriff (obwohl ihre Freunde dem ihren Segen gegeben hatten und solche wie Valéry ihr signierte Exemplare speziell zum Verkauf übergaben).

Die größte Hilfe leistete wie immer Sylvia Beach, die sie mit angelsächsischen Vorbildern für Zeitschriften bekannt machte, die von kooperierenden Frauen herausgegeben wurden, so mit Marianne Moores *Dial* und Harriet Weavers *Egoist*, wie auch mit vorausgegangenen Beispielen in Form der »little magazines«, die Frauen gehörten und von ihnen auch herausgegeben wurden, so etwa Margaret Andersons *The Little Review*, für die es in Frankreich so gut wie kein Beispiel gab. Das *Navire* teilte mit ihnen die Frische und den Mut, völlig unbekannte, erst im Entstehen begriffene Arbeiten und Frauen zu fördern; es vermied jedoch ihre Wahllosigkeit und ihre Betonung des Neuen um jeden Preis. Sein Ehrgeiz ging nicht dahin, eines von jenen »little magazines« zu werden, »die starben, um die Dichtung zu befreien«, wie Gertrude Stein es ausdrückte, sondern mit dem *Commerce* und der *NRF* zu konkurrieren – nicht indem es deren Autoren auslieh, sondern indem es sie hervorbrachte. Tatsächlich begann in den frühen 30er Jahren die *NRF* wie eine Erweiterung und Fortsetzung des *Navire d'Argent* auszusehen, und Adrienne Monnier hatte dort mit Erzählung und Essai ihren Platz in vorderster Reihe eingenommen.

Bedeutete der Stapellauf des *Navire d'Argent* Monniers streitbare Ablehnung der Ungleichbehandlung von Frauen und der weiblichen Passivität, so war ihre mutige »Reise hinaus« in den Gazettes und anderen Schriften ein Versuch, ihre Identität zu bekräftigen, indem sie mögliche Rollen für kreative Frauen und für sich selbst erkundete. Sie wagte es, subtile, subversive Bilder kreativer Frauengestalten, von Kleopatra bis Gisèle Freund, zusammenzubringen, zumal sich die Verhältnisse nicht erheblich geändert hatten – wie der im *Navire* abgedruckte Auszug aus dem Werk der deutschen Äbtissin Hroswitha verdeutlicht. So wie sich die Nonne im 10. Jahrhundert genötigt sah, sich in ironischer Form dafür zu entschuldigen, daß sie es je gewagt habe, ihren »schwachen Geist einer Frau« auf das Verfassen von Gedichten zu wenden, worin sie von den »weisen Gelehrten« nicht gerade bestärkt wurde, so erschien es Monnier passend, genau diese ironische Entschuldigung in ihren »Brief an einen jungen Dichter« (eine Dichterin?) aufzunehmen, kurz bevor sie ihre eigenen unbesungenen Gedichte veröffentlichte. Die Risiken, die sie bei dem Unternehmen einging, ihre eigenen Arbeiten herauszubringen und bekanntzumachen – ganz zu schweigen von den vielen Portraits unbekannter, nicht beachteter oder vergessener Frauen (und auch Männer) –, waren weitaus größer als die, die zum Beispiel ihre männlichen Zeitgenossen, die Surrealisten, auf sich nahmen. Indem sie durch ihre provozierenden Zeitschriften und »schockierenden« demonstrativen Aktionen die Aufmerksamkeit auf sich zogen, konnten sie darauf rechnen, als die zukünftige Elite, als die kommenden großen Männer der Literatur entdeckt zu werden.

Monniers Gazettes sind zu einem Teil die persönliche Suche nach einer Antwort auf die Frage, wo und wie eine Frau Gleichheit finden könne oder gar Anerkennung ihrer Verschiedenheit, inmitten jener legendären zeitgenössischen ›Modernen‹, deren Talent sie entdecken half, deren Werk sie förderte – ja sogar inspirierte – und an deren Ruhm sie mitspann. Möglicherweise erscheint sie konservativer als die Surrealisten, insofern sie ihrem alternden Lehrmeister Valéry treu blieb, der für jene die Zielscheibe ihres Spottes darstellte, aber er war es, mit dem zusammen sie, gegen Ende seines Lebens, ihrem Publikum eine neue, aktive, intellektuelle Heldin präsentieren konnte, die zur Feier des 25jährigen Jubiläums der Buchhandlung paßte – es handelt sich um die erste öffentliche Vorstellung der »Lust« aus seinem *Mon Faust*. Obwohl sie in »Ein Liebhaber des Surrealismus« betont, daß sie die passiv-romantische Seite des Surrealismus nicht akzeptieren kann, fordert ihr satirisches Portrait eines einzigen sehr jungen weiblichen »Objekts« unter so vielen älteren männlichen »Subjekten« doch die Frage heraus: Wo sind die großen Surrealistinnen? Oder zumindest: Wo sind die französischen Frauen der Moderne von gleichem Rang, ob nun die Zeitgenossinnen oder Vorläuferinnen?

Monnier war eine der wenigen, die auf diese Fragen eine Antwort geben konnten. Beginnend mit dem *Navire* registriert sie den Weg einer unabhängigen Frau, Raymonde Linossier, einer Dadaistin avant la lettre, die an der Geburt der Bewegung und der Gründung der Zeitschrift *Littérature* beteiligt war. Ebenso macht uns Monnier darauf aufmerksam, daß ihre Freundin Marie Laurencin Malerin und Dichterin war und nicht bloß die Geliebte des Poeten Apollinaire. Auch erweist sie einer großen Schar anderer Frauen ihre Reverenz, die sich die Haare trotz der ironischen Mahnungen Laurencins kurz schneiden ließen, so daß nun ihre Ohren zu sehen waren, und sich keine Sorgen darum machten, »zu intelligent« auszusehen. Durch ihre Schriften und ihre Buchhandlung übte Monnier einen enormen Einfluß auf die folgende Frauengeneration aus. Bei allem Respekt vor den großen Lehrmeistern, denen sie soviel verdankte, erinnert sie uns auch daran, daß es ein Fehler ist, vom Ruhm der wenigen sich blenden zu lassen und die zahllosen anderen, die im Schatten stehen oder vergessen wurden, zu übersehen, denn ihre Leistungen sind manchmal genauso entscheidend und ihre Taten die in Wahrheit heroischeren. Wenn sie daher die Geschichte vom Captain Hemingway erzählt, der 1945 die Rue de l'Odéon befreit, so macht sie dies anders als die zurückhaltende Sylvia Beach, die den Mythos des zurückkehrenden, siegreichen Kriegshelden ausschmückt. Monnier bringt dieses Bild wieder ins Gleichgewicht, indem sie eine ganze Reihe »namenloser« und vergessener Frauen verzeichnet, unter denen Sylvia Beach zu jener Zeit an erster Stelle rangiert, die trotz großer Not das sinkende Schiff nicht verließen, und erwähnt nebenbei zahlreiche andere Schriftsteller, unter ihnen Frauen, deren schöpferische Leistungen genauso maßgebend waren wie die Hemingways.

Ist Adrienne Monnier, gehüllt in ein langes, wallendes Kleid oder einen ihrer Röcke in den Farben von Paris tragend, dem Perlgrau des Winters, dem blassen Blaugrau des Sommers, zu einer dieser Vergessenen geworden? War sie wirklich Mutter der Moderne oder bloß eine »commère«? Die Breughelsche Bäuerin von Paris, auf ihrem Bauernhof der Literatur, Äbtissin oder Nonne? Traditionelle Frauenrollen – sie fand sie in ihrer Jugend, um die Jahrhundertwende, und formte sie um, füllte sie mit neuem Geist und neuer Bedeutung. Sie erinnert sich an zwei ethische Optionen, die ihr in jenen frühen Jahren entgegentraten, als sie auf die rebellischen, »prä-existentialistischen« Imperative des Symbolismus stieß, verschmolzen mit dem exotischen Zauber, der vom Stil der Präraffaeliten ausging: Die Theorie der Androgynie dort berührte sie so tief, daß sie »(ihre) weibliche Gestalt verachtete und (ihre) Brüste flachdrückte wie eine Nonne oder eine Amazone«. Zum androgynen Ideal weiblicher Schönheit, seiner effeminierten Männlichkeit und erotischen Suggestion fühlte sich die sinnenfreudige Monnier auf natürliche Weise hingezogen, und es beseelte auch zweifellos die Leidenschaft ihrer Mädchenjahre für ihre erste Gefährtin, Suzanne Bonnierre.

Um jedoch die Leidenschaft zu begreifen, die ihrem beispiellos egalitären und von gegenseitigem Beistand geprägten Bund mit Sylvia Beach und so mit der Welt Odéonias als ganzer zugrunde lag, muß man auf einen anderen Einfluß jener Jahre den Blick richten, eine Zeile Maeterlincks, von der sie »gebannt« war: »die Schwestern – die Schwestern, die dorthin kamen zu leben, im Buch«. Urteilt man nach ihrer unermüdlichen Suche nach amis und amies des livres, nach Lesern – ihren Ebenbildern – ihren Schwestern, könnte man mit gutem Recht in der Rue de l'Odéon dieses Buch sehen, die Bücher, die sie schrieb und nicht schrieb. Ihre Lösung war eindeutig nicht die der »Amazone« Barney und ihrer »Académie des femmes«. Wie aber ist es mit der »religieuse ancienne«? Sicher, sie verbarg ihr Geschlecht, schnitt sich die Haare kurz und hüllte sich in ihr Cape – aber nur um in der Schlacht den Kampf für die Sache der Freiheit anzuführen, eher eine Jeanne d'Arc verkörpernd, als die Marcel Auclair und Cohen Portheim sie sahen. Prévost und Bryher betrachteten sie als Offizierin im militärischen Cape, die treue Kommandantin ihrer Truppe. Sie war die Kommandantin ihres Schiffs, »bereit zu allen Reisen« durch ein Leben der Literatur, hin zu den Horizonten des freien menschlichen Geistes.

(Aus dem Amerikanischen von Herbert Weiß)

DANK

Mein aufrichtiger Dank gebührt insbesondere Mme. Gisèle Freund, denn aus ihren frühen Anregungen und aus unseren Gesprächen in den Jahren 1979 und 1980 ging mein erstes Konzept für dieses Unternehmen hervor und nahm Form an. Gedankt sei ebenfalls der Society for the Humanities, Cornell University, deren Unterstützung diese Gespräche ermöglichte. Ganz herzlich möchte ich mich auch für die Hilfe, persönliche Teilnahme und Geduld bedanken, die ich bei M. Maurice Imbert und seiner Maison des Amis des Livres gefunden habe. Dankbar erwähne ich zudem Viviane Calfon-Jaslet, die mir seit vielen Jahren bei meinen Pariser Forschungen geholfen hat, sowie D. I. B., I. B. und E. K., die mannigfach meine Arbeit gefördert haben. Nachlaßmaterialien und Unveröffentlichtes von Adrienne Monnier, Sylvia Beach, Paul Valéry und Walter Benjamin sind bei den folgenden Archiven und Forschungsinstitutionen aufbewahrt: der Bibliothèque de l'Institut Mémoires de l'Édition Contemporaine (IMEC) und der Bibliothèque Jacques Doucet, Paris; dem Department of Rare Books and Special Collections, Princeton University Libraries; und den Literatur-Archiven der Akademie der Künste, Berlin. An sie alle geht mein ganz besonderer Dank für ihre freundliche Kooperation und ihre Hilfsbereitschaft.

QUELLEN

Die Gründung des Ladens (Souvenirs de l'autre guerre).
In: Adrienne Monnier, Rue de l'Odéon. © 1960 by Éditions Albin Michel, Paris, S. 37-63

Raymonde Linossier: Dada avant la lettre (Raymonde Linossier).
In: Adrienne Monnier, Les Gazettes. 1925-1945. Copyright 1953 by René Julliard, Paris, S. 63-69

Memorial: Die Jugend der Rue de l'Odéon (Mémorial de la rue de l'Odéon).
In: Rue de l'Odéon, S. 78-116

Valéry – Rue de l'Odéon (Valéry – rue de l'Odéon).
In: Rue de l'Odéon, S. 119-124

Brief an Larbaud (Lettre à Larbaud).
In: Les Gazettes, S. 28-32

Die Übersetzung des »Ulysses« (La traduction d'»Ulysses«).
In: Rue de l'Odéon, S. 153-162

Der »Ulysses« von James Joyce und das französische Publikum (L'Ulysse de Joyce et le public français).
In: Les Gazettes, S. 211-228

Rilkes Passage (Passage de Rilke).
In: Rue de l'Odéon, S. 149-152

Fargue und die Wörter (Fargues et les mots).
In: Les Gazettes, S.58-62

Die Swastika (La Swastika).
In: Les Gazettes, S. 80-82

Boshaftigkeit (Méchanceté).
In: Adrienne Monnier, Dernières Gazettes et Ecrits divers. © Mercure de France, 1961, S. 184-185

Ein Liebhaber des Surrealismus (Un amateur de surrealisme).
In: Les Gazettes, S. 284-288

»Verve« (»Verve«).
In: Les Gazettes, S. 233-237

Unsere Freundin Bryher (Notre amie Bryher).
In: Les Gazettes, S. 243-246

Die Amerikaner in Paris (Les Américains à Paris).
In: Les Gazettes, S. 300-305

Saint-Exupéry und Der kleine Prinz (Saint-Exupéry et Le Petit Prince).
In: Les Gazettes, S. 306-310

Anmerkung zu Walter Benjamin (Note sur Walter Benjamin).
In: Rue de l'Odéon, S. 170-175
»Warten auf Godot« (La Pièce de Samuel Beckett).
In: Dernières Gazettes, S. 15-20
Ein Besuch bei T. S. Eliot (Visite á T. S. Eliot).
In: Dernières Gazettes, S. 45-51
La Maison des Amis des Livres (La Maison des Amis des Livres).
In: Rue de l'Odéon, S. 219-229
Brief an einen jungen Dichter (Lettre à un jeune poète).
In: Les Gazettes, S. 39-46
Eine Berichtigung Valérys (Une correction de Valéry).
In: Les Gazettes, S. 47
Lob des schlichten Buches (Éloge du livre pauvre).
In: Rue de l'Odéon, S. 249-255
Nummer eins (Numero un).
In: Les Gazettes, S. 152-171
Die Freundinnen der Bücher (Les amies des livres).
In: Dernières Gazettes, S. 179-183
Eine Beschreibung der Stimme Claudels (Description de la voix de Claudel).
In: Les Gazettes, S. 9
Die Stimme Paul Valérys (La voix de Paul Valéry).
In: Les Gazettes, S. 23-24
Fargue, der Plauderer (Fargue Causeur).
In: Rue de l'Odéon, S. 134-138
Erste Begegnungen (Premières recontres).
In: Rue de l'Odéon, S. 125-133
Ein Besuch bei Marie Laurencin (Visite à Marie Laurencin).
In: Les Gazettes, S. 35-38
Im Land der Gesichter (Au pays des figures).
In: Les Gazettes, S. 254-256
Ein Essen mit Colette (Un déjeneur avec Colette).
In: Les Gazettes, S. 289-293
Ein Porträt Walter Benjamins (Un portrait de Walter Benjamin).
In: Rue de l'Odéon, S. 176-180
Die weise Jungfrau (Vierge sage).
In: Adrienne Monnier, Fableaux. © Mercure de France, 1960, S. 91-97
Der Zirkus (Le Cirque).
In: Les Gazettes, S. 92-95
Folies-Bergère-Folies (Folies-Bergère-Folies).
In: Les Gazettes, S. 99-102

Kleiner Spaziergang (Petite promenade).
In: Les Gazettes, S. 142-146
Ungezwungener Blick auf Venedig (Vue cavalière de Venise).
In: Les Gazettes, S. 125-126
Italienische Männer (Hommes italiens).
In: Rue de l'Odéon, S. 211-216
Ein Blick auf Kleopatra (Un aperçu de Cléopâtre).
In: Dernières Gazettes, S. 110-111
Rue de l'Odéon
von Siegfried Kracauer.
In: Le Souvenir d'Adrienne Monnier. © Mercure de France, 1956, S. 26-28
Brief von Rainer Maria Rilke.
In: Le Souvenir d'Adrienne Monnier. S. 119-121

BILDNACHWEIS

Maurice Imbert/Maison des Amis des Livres, Paris: Abb. 3, 5, 6, 7, 8, 9, 10, 12, 15, 16

Princeton University Libraries, New Jersey: Abb. 1, 2, 4, 11 (Foto: Man Ray © VG Bild-Kunst, Bonn 1995), 14, 17, 18, 19

Ullstein Bilderdienst, Berlin: Abb. 13

LITERATUR

Sylvia Beach, *Shakespeare and Company. Ein Buchladen in Paris.* Aus dem Amerikanischen von Lilly v. Sauter. Frankfurt am Main: Suhrkamp, 1982.

Walter Benjamin, »Pariser Tagebuch«, in: *Gesammelte Schriften* IV, 1 (Bd. hrsg. von Tillman Rexroth) herausgegeben von Rolf Tiedemann und Hermann Schweppenhäuser. Frankfurt am Main: Suhrkamp, 1972. (Der Text erschien zuerst 1930 in: *Die Literarische Welt.* Seine Übersetzung der Erzählung »Kluge Jungfrau« erschien zuerst am 8. 11. 1932 in der *Kölnischen Zeitung* und wird wohl im Supplement I der *G.S.* veröffentlicht. Siehe dazu auch seine *Briefe*, hg. u. mit Anmerkungen versehen v. G. Scholem und T. W. Adorno, Frankfurt am Main: Suhrkamp, 1978.)

Shari Benstock, *Women of the Left Bank. Paris 1900-1940.* Austin: University of Texas, 1986.

Noel Riley Fitch, *Sylvia Beach. Eine Biographie im literarischen Paris 1920-1940.* Aus dem Amerikanischen von Angelika Schleindl. Frankfurt am Main: Suhrkamp, 1988.

Gisèle Freund, *Drei Tage mit James Joyce.* Mit einem Vorwort v. Philippe Sollers. Aus dem Französischen v. Franz-Heinrich Hackel. Frankfurt am Main: Suhrkamp, 1983. (Siehe dazu Gisèle Freund / V. J. Carleton, *James Joyce in Paris: His Final Years*, prefaced by Simone de Beauvoir. New York: Harcourt, Brace, 1965.)

Gisèle Freund, Gespräche mit Rauda Jamis. Aus dem Französischen von Peter Wanninger. München; Paris; London: Schirmer/Mosel 1993.

Gisèle Freund, *Photographien*, München: Schirmer/Mosel, 1985. (Siehe insbesondere die »Portraits« von Adrienne Monnier, Walter Benjamin, und *Mesures.* Dazu auch Gisèle Freunds autobiographisches Werk *Le monde et ma caméra*, Paris: Denoël, 1970, von dem Auszüge – übersetzt und kommentiert – in dem Buch *Gisèle Freund* von Hans Joachim Neyer, Berlin: Argon, 1988, zu finden sind.

Valery Larbaud, *Lettres à Adrienne Monnier et Sylvia Beach, 1919-1933.* Correspondance établie et annotée par Maurice Saillet. Paris: Imec éditions, 1991, coll. »Pièces d'archives«.

Adrienne Monnier & la Maison des Amis des Livres. Textes et documents réunis et présentés par Maurice Imbert et Raphaël Sorin. Paris: Imec, 1991. (Dieses Werk wurde konzipiert und realisiert in Zusammenhang mit der Ausstellung »Adrienne Monnier et la Maison des Amis des

Livres 1915-1951« der Imec, die zuerst vom 18.10. bis zum 22.11. 1991 im Centre national des lettres stattfand.)

»Le souvenir d'Adrienne Monnier« (numéro spécial) *Mercure de France*, n° 1109, 1er janvier 1956. (Dieses Sonderheft enthält Würdigungen u. Briefe von den im »Nachwort« erwähnten literarischen Figuren und Texte, die im »Anhang« wiedergegeben sind, sowie auch von Erik Satie und Françis Poulenc, Antonin Artaud und René Char, Archibald Macleish und Arthur Koestler.)

»Sylvia Beach« (numéro spécial) *Mercure de France*, n° 1198-1199, août-septembre 1963.

The Very Rich House of Adrienne Monnier. An intimate Portrait of the Literary and Artistic life in Paris between the Wars. Translated, with an Introduction and Commentaries, by Richard McDougall. New York: Scribner, 1976. (Marie Monnier-Bécat und Maurice Saillet, Adrienne Monniers Freund und literarischer Nachlaßverwalter, gewährten dem Herausgeber des Amerikanischen Buches ihre enge Zusammenarbeit und Unterstützung.)

»Ein weites Feld«
Dreizehn Frauenleben

»Ich bin kein Vogel, und kein Netz umgarnt mich, ich bin ein freier Mensch mit einem freien Willen – das werde ich zeigen, indem ich Sie verlasse«, sagt Jane Eyre selbstbewußt zu dem Mann, den sie liebt. Emma Bovary, die Frau eines biederen Landarzts, versucht der ehelichen Langeweile zu entfliehen und zahlt ihren Ehebruch mit dem Leben. Zwei Frauenleben des 19. Jahrhunderts.
Die Portugiesin Sibylle kann den Mann, den sie liebt, nicht heiraten, weil das vom Vater vererbte Stück Land zur Mitgift nicht reicht. Sonja scheitert an ihrer Liebesbeziehung mit Judith, sie bringt sich ums Leben. Zwei Frauenleben des 20. Jahrhunderts.
Und wie erging es Eva, Vera, Emma oder Emily L.?
Dreizehn Bücher, das sind dreizehn Stimmen, die verführerisch von Lebensträumen und Lebenswirklichkeit von Frauen erzählen – ein weites Feld, Luise.

Frauenleben
Ein Lesebuch

Herausgegeben von Susanne Gretter

st 2904. 288 Seiten

Die in diesem Band versammelten Texte von Isabel Allende, Ingeborg Bachmann, Kim Chernin, Angeles Mastretta, Sylvia Plath, Luise F. Pusch, Lisa St Aubin de Terán, Alissa Walser u.a. zeigen Facetten eines Frauenlebens und erzählen von Liebe und Haß, Glück und Unglück, Erfolg und Scheitern, Eigensinn, Übermut und Selbstbehauptung.

Tschingis Aitmatow
Dshamilja

Mit einem Vorwort von Louis Aragon

st 2888. 123 Seiten

Während ihr Mann im Krieg ist, verliebt sich Dshamilja in Said, seinen fünfzehnjährigen Bruder. In Kirgisien, einem Land, wo Männer und Frauen noch eng an die patriarchalischen Traditionen der Nomaden gebunden sind, entwickelt sich das Drama dieses ungleichen Paares, »die schönste Liebesgeschichte der Welt«. *Louis Aragon*

Isabel Allende
Eva Luna

Roman

st 2889. 393 Seiten

Ihre Mutter: ein Findelkind, ihr Vater: ein Indio mit gelben Augen, sie selbst mit sieben Jahren ein Waisenkind und bereits als Dienstmädchen bei einer strengen Patronin. Aber trotz all den turbulenten Ereignissen und politischen Wirren findet die lebensfrohe Eva Luna, die sich, außer zur Liebe, nur zum Erzählen berufen fühlt, ihr Glück.

Agustina Bessa-Luís
Die Sibylle
Roman

st 2893. 301 Seiten

Nach dem Tod des verschwenderischen Vaters verlassen die Brüder das Dorf, die Schwester heiratet. Joaquina aber kann den Mann, den sie liebt, nicht heiraten, da das vom Vater vererbte Stück Land zur Mitgift nicht reicht. Den Menschen ihrer ländlichen Umgebung, Bauern wie Adelsfrauen, wird sie zur »Sibylle«, deren Rat gesucht wird, die aber undurchschaubar und für menschliche Regungen unerreichbar zu bleiben scheint.

Charlotte Brontë
Jane Eyre
Eine Autobiographie

st 2894. 646 Seiten

Jane Eyre ist die fiktive Autobiographie einer Frau, die sich zwischen ihrer Leidenschaft zu einem Mann und ihrem Wunsch nach Selbständigkeit entscheiden muß: »Ich bin kein Vogel, und kein Netz umgarnt mich, ich bin ein freier Mensch mit einem freien Willen – das werde ich zeigen, indem ich Sie verlasse«, sagt Jane Eyre zu dem Mann, den sie liebt.

Marguerite Duras
Emily L.
Roman

st 2895. 160 Seiten

»Liebe wie Verzweiflung leben«: Die Frau, die erzählt, und ihr Begleiter befinden sich am Ende ihrer Liebes-Geschichte. Sie wird sie aufschreiben – sie verweben mit anderen Geschichten, vor allem mit der Geschichte zwischen ihr und dem jungen Verwalter, der ihr den Namen Emily L. gegeben hat, um ihre wahre Existenz nicht zu verraten, wenn er sie sehnsüchtig anruft.

Gustave Flaubert
Madame Bovary

st 2896. 415 Seiten

Emma Bovary, die Frau eines biederen Landarztes, sucht der häuslichen Enge und ehelichen Langeweile zu entfliehen. Sie begeht Ehebruch und stürzt sich in Schulden. Am Ende bleibt ihr nur ausweglose Verzweiflung, der Freitod.

Theodor Fontane
Effie Briest

st 2897. 354 Seiten

Effie Briest ist die wahre Geschichte einer Ehe, eines Ehebruchs und einer Duellaffäre mit tödlichem Ausgang.

Luise F. Pusch
Sonja

Eine Melancholie für Fortgeschrittene

st 2898. 392 Seiten

Sonja, 1981 unter dem Pseudonym Judith Offenbach erstmals erschienen, erzählt die Geschichte der Liebe zwischen Sonja und Judith 1965-1976. Sie probieren ein »normales« Leben zu zweit, das doch von vornherein ausgeschlossen ist.
Die »Melancholie für Fortgeschrittene« ist das Protokoll einer Trauer. Der nicht spektakuläre, sehr detaillierte Bericht über den verborgenen Alltag lesbischer Paare.

Emile Zola
Nana

st 2899. 512 Seiten

Nana, Tochter der Wäscherin Gervaise Macquart und des Trinkers Coupeau, arbeitet sich von einem armseligen Straßendirnendasein empor in die Pariser Gesellschaft des Zweiten Kaiserreiches. Sie ist so verführerisch, daß sie Macht über alle Repräsentanten der Regierung und der Presse gewinnt.

Frauenforschung und Feminismus im Suhrkamp Taschenbuch Verlag

Aus der Zeit der Verzweiflung. Zur Genese und Aktualität des Hexenbildes. Beiträge von Gabriele Becker, Silvia Bovenschen, Helmut Brackert, Sigrid Brauner, Ines Brenner, Gisela Morgenthal, Klaus Schneller, Angelika Tümmler. es 840

Johann Jakob Bachofen: Das Mutterrecht. Eine Untersuchung über die Gynaikokratie der alten Welt nach ihrer religiösen und rechtlichen Natur. Eine Auswahl, herausgegeben von Hans-Jürgen Heinrichs. stw 135

Seyla Benhabib: Selbst und Kontext. Kommunikative Ethik im Spannungsfeld von Feminismus, Kommunitarismus und Postmoderne. Aus dem Amerikanischen von Isabella König. es 1725

Berühmte Frauen. Kalender 1996. Von Luise F. Pusch. st 1996

Silvia Bovenschen: Die imaginierte Weiblichkeit. Exemplarische Untersuchungen zu kulturgeschichtlichen und literarischen Präsentationsformen des Weiblichen. es 921

Briefe berühmter Frauen. Von Liselotte von der Pfalz bis Rosa Luxemburg. Herausgegeben von Claudia Schmölders. it 1505

Judith Butler: Das Unbehagen der Geschlechter. Aus dem Amerikanischen von Kathrina Menke. es 1722

Caroline Walker Bynum: Fragmentierung und Erlösung. Aus dem Amerikanischen von Brigitte Große. es 1731

Dekonstruktiver Feminismus. Literaturwissenschaft in Amerika. Herausgegeben von Barbara Vinken. es 1678

Denksachen. Zur theoretischen und institutionellen Rede vom Geschlecht. Herausgegeben von Gesa Lindemann und Theresa Wobbe. es 1729

Denkverhältnisse. Feminismus und Kritik. Herausgegeben von Elisabeth List und Herlinde Studer. es 1407

Feminismus. Inspektion der Herrenkultur. Ein Handbuch. Herausgegeben von Luise F. Pusch. es 1192

Nancy Fraser: Widerspenstige Praktiken. Macht, Diskurs, Geschlecht. es 1726

Das Geschlecht der Natur. Feministische Beiträge zur Geschichte und Theorie der Naturwissenschaften. Herausgegeben von Barbara Orland und Elvira Scheich. es 1727

Geschlechtsverhältnisse und Politik. Herausgegeben vom Institut für Sozialforschung Frankfurt. Redaktion: Katharina Pühl. es 1730

Susan Griffin: Frau und Natur. Das Brüllen in ihr. Aus dem Amerikanischen von Renate Stendhal. es 1405

Barbara Hahn: Unter falschem Namen. Von der schwierigen Autorschaft der Frauen. es 1723

104/1/7.95

Frauenforschung und Feminismus
im Suhrkamp Taschenbuch Verlag

Die Hexen der Neuzeit. Studien zur Sozialgeschichte eines kulturellen Deutungsmusters. Herausgegeben von Claudia Honegger. es 743

Luce Irigaray: Ethik der sexuellen Differenz. es 1362

– Speculum. Spiegel des anderen Geschlechts. Aus dem Französischen übersetzt von Xenia Rajewsky, Gabriele Ricke, Gerburg Treusch-Dieter und Regine Othmer. es 946

Ann Jones: Frauen, die töten. Aus dem Amerikanischen von Ebba D. Drolshagen. es 1350

Die Listen der Mode. Herausgegeben von Silvia Bovenschen. es 1338

Mütter berühmter Männer. Zwölf biographische Portraits. Herausgegeben von Luise F. Pusch. it 1356

Psychoanalyse der weiblichen Sexualität. Herausgegeben von Janine Chasseguet-Smirgel. Aus dem Französischen übersetzt von Grete Osterwald. es 697

Luise F. Pusch: Alle Menschen werden Schwestern. Feministische Sprachkritik. es 1565

– Das Deutsche als Männersprache. Aufsätze und Glossen zur feministischen Linguistik. es 1217

Rechtsalltag von Frauen. Herausgegeben von Ute Gerhard und Jutta Limbach. es 1423

Reflexionen vor dem Spiegel. Herausgegeben von Farideh Akashe-Böhme. Mit zahlreichen Abbildungen. es 1724

Adrienne Rich: Um die Freiheit schreiben. Beiträge zur Frauenbewegung. Aus dem Amerikanischen von Barbara von Bechtolsheim. es 1583

Heidi Rosenbaum: Formen der Familie. Untersuchung zum Zusammenhang von Familienverhältnissen, Sozialstruktur und sozialem Wandel in der deutschen Gesellschaft des 19. Jahrhunderts. stw 374

Giselher Rüpke: Schwangerschaftsabbruch und Grundgesetz. Eine Antwort auf das in der Entscheidung des Bundesverfassungsgerichts vom 25. 2. 1975 ungelöste Verfassungsproblem. Nachwort von Peter Schneider. es 815

Werner Schiffauer: Die Gewalt der Ehre. Erklärungen zu einem deutsch-türkischen Sexualkonflikt. st 894

Schreibende Frauen. Frauen – Literatur – Geschichte. Vom Mittelalter bis zur Gegenwart. Herausgegeben von Hiltrud Gnüg und Renate Möhrmann. st 1603

Schwestern berühmter Männer. Zwölf biographische Porträts. Herausgegeben von Luise F. Pusch. Redaktionelle Mitarbeit: Jutta Wasels. st 2348

104/2/7.95

104/3/7.95

Französische Literatur in der edition suhrkamp und in den suhrkamp taschenbüchern

Alain: Die Pflicht, glücklich zu sein. Aus dem Französischen übertragen und mit einem Nachwort versehen von Albrecht Fabri. st 859

Yann Andréa: M. D. Aus dem Französischen von Renate Hörisch-Helligrath. es 1364

Eugen Bavčar: Das absolute Sehen. Aus dem Französischen von Sybille Kershner. Mit Fotografien. es 1909

Samuel Beckett: Gesammelte Werke in Einzelbänden. Elf Bände in Kassette. st 2401-2411

– Endspiel. Fin de Partie. Französisch und deutsch. Deutsch von Elmar Tophoven. es 96

– Endspiel. Fin de partie. Endgame. Deutsche Übertragung von Elmar Tophoven. Französische Originalfassung. Englische Übertragung von Samuel Beckett. st 171

– Flötentöne. Französisch und deutsch. Aus dem Französischen von Elmar Tophoven und Karl Krolow. es 1098

– Glückliche Tage. Happy Days. Oh les beaux jours. Deutsche Übertragung von Erika und Elmar Tophoven. Englische Originalfassung. Französische Übertragung von Samuel Beckett. st 248

– Das letzte Band. La dernière bande. Krapp's Last Tape. Deutsche Übertragung von Erika und Elmar Tophoven. Englische Originalfassung. Französische Übertragung von Samuel Beckett. Mit Szenenphotos. st 200

– Malone stirbt. Roman. Aus dem Französischen von Elmar Tophoven. st 2407

– Mercier und Camier. Aus dem Französischen von Elmar Tophoven. st 943 und st 2405

– Molloy. Roman. Aus dem Französischen von Erich Franzen. st 229 und st 2406

– Der Namenlose. Roman. Übertragen von Elmar Tophoven, Erika Tophoven und Erich Franzen. st 536 und st 2408

– Warten auf Godot. En attendant Godot. Waiting for Godot. Deutsche Übertragung von Elmar Tophoven. Vorwort von Joachim Kaiser. st 1

– Wie es ist. Deutsch von Elmar Tophoven. st 1262 und st 2409

Samuel Beckett. Glückliche Tage. Probenprotokoll der Inszenierung von Samuel Beckett in der ›Werkstatt‹ des Berliner Schiller-Theaters. Aufgezeichnet von Alfred Hübner. Fotos von Horst Güldemeister. es 849

Emmanuel Bove: Armand. Roman. Aus dem Französischen von Peter Handke. st 2167

109/1/7.95

Französische Literatur in der edition suhrkamp und in den suhrkamp taschenbüchern

Leonora Carrington: Unten. Aus dem Französischen von Edmund Jacoby. st 2343

E. M. Cioran: Die verfehlte Schöpfung. Übersetzt von François Bondy. Das Kapitel »Die neuen Götter« wurde von Elmar Tophoven übersetzt. st 550

– Vom Nachteil, geboren zu sein. Übersetzt von François Bondy. st 549

Colette: Diese Freuden. Aus dem Französischen von Maria Dessauer. st 2154

Marguerite Duras: Blaue Augen, schwarzes Haar. Aus dem Französischen von Maria Dessauer. st 1681

– Eden Cinéma. Aus dem Französischen von Ruth Henry. es 1443

– Emily L. Roman. Aus dem Französischen von Maria Dessauer. st 1808

– Ganze Tage in den Bäumen. Erzählung. Deutsch von Elisabeth Schneider. st 1157

– Heiße Küste. Roman. Aus dem Französischen von Georg Goyert. st 1581

– Hiroshima mon amour. Filmnovelle. Deutsch von Walter Maria Guggenheimer. st 112 und st 2522

– Im Park. Roman. Aus dem Französischen von Andrea Spingler. st 1938

– Im Sommer abends um halb elf. Roman. Aus dem Französischen von Ilma Rakusa. st 2201

– La Musica Zwei. Theaterstück. Aus dem Französischen von Simon Werle. es 1408

– Liebe. Aus dem Französischen von Barbara Henninges. st 2460

– Der Liebhaber. Aus dem Französischen von Ilma Rakusa. st 1629

– Der Liebhaber aus Nordchina. Roman. Aus dem Französischen von Andrea Spingler. st 2384

– Der Matrose von Gibraltar. Roman. Aus dem Französischen von Maria Dessauer. st 1847

– Moderato cantabile. Roman. Aus dem Französischen von Leonharda Gescher und W. M. Guggenheimer. st 1178

– Das Pferdchen von Tarquinia. Roman. In der Übersetzung von Walter M. Guggenheimer. st 1269

– Ein ruhiges Leben. Roman. Deutsch von W. M. Guggenheimer. st 1210

– Sommer 1980. Aus dem Französischen von Ilma Rakusa. es 1205

– Sommerregen. Aus dem Französischen von Andrea Spingler. st 2284

109/2/7.95

Französische Literatur in der edition suhrkamp und in den suhrkamp taschenbüchern

Marguerite Duras: Das tägliche Leben. Aus dem Französischen von Ilma Rakusa. es 1508
– Der Tod des jungen englischen Fliegers. Aus dem Französischen von Andrea Spingler. es 1945
– Vera Baxter oder Die Atlantikstrände. Aus dem Französischen von Andrea Spingler. es 1389
– Die Verzückung der Lol V. Stein. Deutsch von Katharina Zimmer. st 1079
– Der Vize-Konsul. Roman. Deutsch von W. M. Guggenheimer. st 1017
Marguerite Duras/Michelle Porte: Die Orte der Marguerite Duras. Aus dem Französischen von Justus F. Wittkop. es 1080
Georges-Arthur Goldschmidt: Ein Garten in Deutschland. Erzählung. Aus dem Französischen von Eugen Helmlé. st 1925
Lucien Malson: Die wilden Kinder. Aus dem Französischen von Eva Moldenhauer. st 55
Victor Margueritte: Die Aussteigerin. Roman. Aus dem Französischen von Joseph Chapiro. Mit einem Nachwort von Ursula Krienes. st 1616
André Pieyre de Mandiargues: Schwelende Glut. Erzählungen. Aus dem Französischen von Ernst Sander. st 2466
Robert Pinget: Apokryph. Aus dem Französischen von Gerda Scheffel. es 1139
Marcel Proust: Auf der Suche nach der verlorenen Zeit. 10 Bände in Kassette. Aus dem Französischen von Eva Rechel-Mertens. suhrkamp taschenbücher
– Auf der Suche nach der verlorenen Zeit. Erster Teil: In Swanns Welt. st 644
– Zweiter Teil: Im Schatten junger Mädchenblüte. 2 Bde. Deutsch von Eva Rechel-Mertens. st 702
– Dritter Teil: Die Welt der Guermantes. 2 Bde. Deutsch von Eva Rechel-Mertens. st 754
– Vierter Teil: Sodom und Gomorra. 2 Bde. Deutsch von Eva Rechel-Mertens. st 822
– Fünfter Teil: Die Gefangene. Deutsch von Eva Rechel-Mertens. st 886
– Sechster Teil: Die Entflohene. Deutsch von Eva Rechel-Mertens. st 918
– Siebter Teil: Die wiedergefundene Zeit. Deutsch von Eva Rechel-Mertens. st 988

109/3/7.95

Französische Literatur
in der edition suhrkamp und in den
suhrkamp taschenbüchern

Marcel Proust: Briefe zum Leben. 2 Bde. Ausgewählt und aus dem Französischen übersetzt von Uwe Daube. st 464

– Freuden und Tage. Übertragen und herausgegeben von Luzius Keller. st 2172

– Der Gleichgültige. Erzählung in zwei Sprachen. Mit einem Vorwort von Philip Kolb. In der Übersetzung von Elisabeth Borchers. st 1004

Yann Queffélec: Barbarische Hochzeit. Roman. Aus dem Französischen von Andrea Spingler. st 1682

– Der Geisterbeschwörer. Roman. Aus dem Französischen von Hinrich Schmidt-Henkel. st 2413

– Tita. Roman. Aus dem Französischen von Sylvia Antz. st 1924

Raymond Queneau: Zazie in der Metro. Aus dem Französischen von Eugen Helmlé. st 1598

Christiane Rochefort: Frühling für Anfänger. Roman. Aus dem Französischen von Eugen Helmlé. st 532

– Kinder unserer Zeit. Roman. Aus dem Französischen von Walter Maria Guggenheimer. st 487

– Das Ruhekissen. Roman. Aus dem Französischen von Ernst Sander. st 379

– Die Tür dahinten. Roman. Aus dem Französischen von Eugen Helmlé. st 2160

– Zum Glück gehts dem Sommer entgegen. Roman. Aus dem Französischen von Eugen Helmlé. st 523

George Sand: Geschichte meines Lebens. Aus ihrem autobiographischen Werk ausgewählt und mit einer Einleitung versehen von Renate Wiggershaus. st 2345

Jorge Semprun: Algarabía oder Die neuen Geheimnisse von Paris. Roman. Aus dem Französischen von Traugott König und Christine Delory-Momberger. st 1669

– Europas Linke ohne Utopien. Essays. Aus dem Französischen von Wolfram Bayer. es 1915

– Die große Reise. Roman. Aus dem Französischen von Abelle Christaller nach der Originalausgabe. st 744

– Was für ein schöner Sonntag. Aus dem Französischen von Johannes Piron. st 972

– Der weiße Berg. Roman. Aus dem Französischen von Eva Moldenhauer. st 1768

– Yves Montand: Das Leben geht weiter. Aus dem Französischen von Uli Aumüller. st 1279

109/4/7.95

